全国服务外包技能考试系列教材

服务外包综合教程

（初级）

◎ 张云飞 主编

中国言实出版社

图书在版编目（CIP）数据

服务外包综合教程. 初级 / 张云飞主编.
—北京：中国言实出版社，2012.9
ISBN 978 - 7 - 80250 - 981 - 8

Ⅰ.①服…
Ⅱ.①张…
Ⅲ.①服务业-对外承包-教材
Ⅳ.①F719

中国版本图书馆 CIP 数据核字（2012）第 202348 号

出版发行	中国言实出版社
地　　址	北京市朝阳区北苑路 180 号加利大厦 5 号楼 105 室
邮　　编	100101
电　　话	64966714（发行部）　　51147960（邮　购）
	64924853（总编室）　　64963105（二编部）
网　　址	www. zgyscbs. cn
E - mail	zgyscbs@263. net
经　　销	新华书店
印　　刷	北京嘉实印刷有限公司
版　　次	2012 年 9 月第 1 版　　2012 年 9 月第 1 次印刷
规　　格	787 毫米×1092 毫米　　　　1/16　　20 印张
总 字 数	400 千字
总 定 价	68.00 元　　　　ISBN 978 - 7 - 80250 - 981 - 8/F. 426

编 委 会

前 言

　　20世纪70年代以来，随着计算机和互联网的飞速发展，服务的"可贸易性"成分不断提高，继制造业后，全球范围内又掀起了以高端服务为特征的新一轮产业转移浪潮，即"服务外包"。在IT技术背景下发展起来的新型社会技术现象——离岸服务外包（ITO、BPO、KPO），已经被越来越多的组织及国家采用以提高自身的核心竞争力。2004年以来，服务外包不断地在中国国内各种场合被提及，服务外包作为企业的一种竞争和发展策略，很早就已经出现并为发达国家的企业尤其是跨国公司所采用。20世纪90年代以来，在经济全球化和企业之间的竞争愈演愈烈的形势下，跨国公司越来越多的在全球范围内寻找承接外包业务的合作伙伴，外包业务出现了全球化趋势，越来越多的国家和企业被纳入跨国公司的全球网络中，从而给发展中国家带来巨大的发展机遇。

　　从我国的情况来看，自引进服务外包这门学科以来，这门学科迅速得到普及，各财经院校、综合大学甚至工科院校都普遍开设了此课。这门学科对我国企业适应市场经济发展新形势的需求，实现从制造业向服务业转向作出了很大贡献。但是，在服务业的普及过程中，还存在着一个明显的薄弱环节，即服务外包。虽然有些院校已开设此课，但还远远没有得到普及，尤其是这方面的教材和专著尚不多见，不能满足教学和研究的需要，从根本上说，是不能满足实践发展的需求。为了满足实践发展和教学的迫切需要，全国服务外包考试管理中心与苏州工业园区服务外包职业学院开展紧密合作，在参阅了大量国内外最新资料的基础上，编写了这本《服务外包综合教程（初级）》。

　　本书是以教材的体系编写的，全书共有15章。第一、二章介绍了服务外包的产生背景与服务外包的一些基本概念以及服务外包的特点与优势；第三、四章介绍了国际服务外包市场的状况与发展趋势以及我国国际服务外包产业发展的现状与发展中面对的问题和对策；第五、六、七、八章分别分析信息技术外包（ITO）、业务流程外包（BPO）、知识流程外包（KPO）、离岸外包与在岸外包的行业特点情况，介绍了各种外包产业的主要业务与发展动态以及我们相应产业的发展情况，使读者对服务外包的客观环境及其发展有所了解；第九到十五章是服务外包的一些基本能力与素养的讲解，从学习能力、分析判断能力、计划能力、团队、沟通能力、法律法规、职业素养等多方面进行了详细的分析和探讨。为了教学方便，本书引用了大量的案例作示范性分析，以帮助读者掌握案例分析方法。通过案例分析，可巩固所学内容，加强实际运用的能力。教师可根据实际教学需求，从不同途径选编一些案例供学生分析、讨论。

　　编写这样一本服务外包学教材，对我们来说还是一种新的尝试，加之编者水平有限，书中尚有不足之处，敬希读者指正。

目|录

第一章 服务外包产生的背景

学习目标

1. 了解服务外包发展的背景
2. 掌握外包的定义、特点、分类及目的
3. 掌握服务外包的定义、发展及特点

引 言

随着信息技术革命的深入和经济全球化的发展，当代国际分工展现出一个新特征，就是很多产品生产过程包含的不同工序被拆分到不同国家和地区进行，形成了以工序、环节为对象的分工体系，被称为国际间垂直分工。由于分工的细化，跨国公司跨出企业范围的限制，根据其比较优势，将产品的不同工序承包出去，形成一个新的日益流行的概念——外包。

第一节　时代转变：从工业化到信息化

自第一次工业革命起，历史上每一次重大的技术革命，都对工业社会的结构进化产生长久且深远的影响。离我们最近的一次技术革命带来的是被称为信息技术的广泛使用。在20世纪后半叶，信息技术日益渗透到工业生产和日常生活的方方面面，它帮助人们提高生产效率，提高信息的利用效率，改变了人们的生活。正是由于信息技术的广泛应用，渐渐地使服务在整个经济中所占比重越来越大。比如互联网的使用，极大地缩短了地区之间的距离，使得许多从前无法异地协作或分工共同完成的工作现在可以很轻易地进行。一位美国的工程师可以通过电子邮件、视频会议、即时通信软件等技术平台与中国伙伴进行无障碍的沟通，共同进行开发活动。

计算机是20世纪的重大科学技术成果之一，有力地推动各门科学技术的发展，其应用已深入到科学文化、工农业生产、国防建设甚至于家庭厨房等各个领域，成为科学研究、工农业生产和社会生活所不可缺少的设备。计算机的应用几乎包括人类活动的一切领域，计算机的出现及广泛应用改变着我们的生活。

一、信息技术应用带来的变革

信息化社会既是科技革命的成果，也带来了一场经济革命。尤其是21世纪以来，科学技术，尤其是计算机网络技术、电子信息技术的飞速发展，使得手机、计算机步入寻常百姓家，成为我们生活的必需品。想象一下，如果没有手机，我们如何随心所欲地与亲人保持联系呢；如果没有网络，我们又如何与远在异国他乡的朋友谈天论地呢；如果没有高清晰的电视技术，我们又如何享受华丽的好莱坞电影呢？计算机走进人类社会，无疑比工业革命带来的影响还要深远。

（一）信息技术应用引起了人们工作、学习和生活方式的革命

1. 信息技术应用引起了工作方式的革命

在互联网时代，许多工作的办公地点可以选择在家中或者野外。办公场所的变化，既提高了工作效率，又增加了工作乐趣。如在互联网时代，根据网上的求购信息，商店把货物直接送到消费者家里，银行则自动处理转账支付业务。这就是所谓的"室内购货"和"室内银行"。

2. 信息技术的应用给人类的生活带来了革命性的变化

当今社会，网络成了人们生活中不可缺少的部分。同时，计算机及其系统的运用减轻了劳动强度，增加了人们的闲暇时间，而人类赢得了时间，也就赢得了自身的发展。

3. 国际互联网作为人类最大的资源库、知识库，为教育提供了更大的发展空间，引发了一场学习的革命

随着信息高速公路的发展，信息技术在教育领域中广泛应用。学生可以利用网络收集相关资料，进行自主探究学习；教师可以通过各种教学录像、电视教育和人工智能课程来指导学生的学习。网络使原先相对狭小的教育空间，变成了全社会的、开放性的教育

空间。

（二）信息技术的应用提高了管理的效率，带来管理模式的创新

20 世纪 50 年代以后，市场环境产生了很大的变化，顾客需求趋于多样化和个性化，市场竞争激烈，要求企业具有快速的市场反应能力，传统的大规模、大批量、单功能的生产方式已经不能适应市场要求。在这种背景下，越来越多的企业意识到仅靠自身的能力难以完全掌握把握市场机遇的知识资源。20 世纪 70 年代以后，以微电子技术为基础的计算机技术和通信技术发展迅速，并向各个领域发展，CAD/CAM、CIMS、MIS、MRP、ERP 等信息系统的运用提高了管理的效率，为企业间的合作提供了技术支持。20 世纪 90 年代以来，光纤通信技术、计算机网络技术蓬勃发展，Internet 为企业创造了一种超越时间、地域的交流方式改变了企业内部和企业之间的业务联系方式，为深层次的产品信息共享和交换提供了技术条件。

计算机、通信及网络技术为管理模式的改变提供了技术条件，虚拟企业管理模式由此而生。所谓虚拟企业管理模式是指为完成向市场提供产品或服务等任务，分布在不同空间、不必相互熟悉的、有着不同利益追求的成员相互联合形成一个合作的组织形式，各个成员在各自专业领域内拥有卓越的知识资源，利用现代信息技术将它们连成一个网络，优势互补，可以更有效地向市场提供商品和服务，完成一个企业不能承担的市场功能。

（三）信息技术的应用为企业的外包提供了技术支撑

20 世纪 90 年代以前，跨国企业之间主要通过电话、邮件、传真等方式进行沟通与协调，这类沟通方式具有高成本和高风险的缺点。90 年代以后，普遍应用的互联网技术，使全球范围内的沟通变得非常容易，它不仅使服务变得可以交易，还大大降低了跨国企业间的交易成本和风险，从而使服务外包成为一种应用得越来越广泛的交易方式。在互联网没有得到普及与发展的过去，企业即使愿意外包，在选择服务提供商时，地理上的距离也始终是一个不容忽视的因素。因为距离的远近不仅关系到成本的高低，有时甚至影响到服务提供的可行性。而现在，随着互联网的普及与发展，即使服务提供商远在几万里之外，实行业务外包的企业通过互联网也能使服务提供商与自己的业务运作相协调。也就是说，互联网的发展扩大了企业的选择范围，使其可以打破地域限制选择理想的服务提供商。

综上所述，以电子计算机为代表的现代信息技术为服务外包奠定了坚实的技术基础和有力的技术支撑。互联网的延展性和灵活性使地理位置、自然资源对企业的约束化于无形，市场可以无限制地延伸到任何时间、任何地方，从而为服务外包跨越时空障碍提供技术支持。计算机技术、通信技术、光电子技术、自动控制技术和人工智能技术等的发展大幅度降低信息处理的成本，增加信息储存的容量，提高信息的传播速度，消除人们搜集和应用信息的时空限制，保证信息传输的安全可靠，为服务外包各方参与者之间方便、快捷、安全地交流和传递信息提供技术支持。电子计算机、通信技术和互联网这些现代科技成果改变了经济运行方式和企业管理模式，有了这种技术手段，企业之间的分工与协作将易如反掌，相互协作的企业通过信息网络，进行信息搜集、加工、传递，而且成本费用极其低廉。

二、信息化时代的主要特征

18世纪欧洲工业革命开始了第二次浪潮，铸造了几十个工业化国家，先有英、法、德、美、日等强国通过工业化而崛起，后有20世纪60年代以后以发展中国家（地区）为主体的世界工业化进程。按照托夫勒的观点，第三次浪潮是信息革命，大约从20世纪50年代中期开始，其代表性象征为"计算机"，主要以信息技术为主体，重点是创造和开发知识。随着农业时代和工业时代的衰落，人类社会正在向信息时代过渡，跨进第三次浪潮文明，其社会形态是由工业社会发展到信息社会。第三次浪潮的信息社会与前两次浪潮的农业社会和工业社会最大的区别，就是不再以体能和机械能为主，而是以智能为主。信息化时代的特点可以归纳如下：

（一）电子化

信息化是在计算机技术、数字化技术和生物工程技术等先进技术基础上产生的。光电和网络代替工业时代的机械化生产，人类创造财富的方式不再是工厂化的机器作业。

（二）智能化

知识的生产成为主要的生产形式，知识成了创造财富的主要资源。这种资源可以共享，可以倍增，可以"无限制"地创造。这一过程中，知识取代资本，人力资源比货币资本更为重要。

（三）全球化

信息技术正在缩小时间和距离的制约，大大加速了全球化的进程。随着互联网的发展和全球通信卫星网的建立，国家概念将受到冲击，各网络之间可以不考虑地理上的联系而重新组合在一起。由于我们正在进入的时代是以信息/知识为基础的时代，最主要的资源是全社会可以共享的信息资源。

（四）信息产业化

信息时代造就信息产业，工业化国家的产业结构正在实现制造经济向信息经济的转化，从而引起经济结构的调整和革命。信息时代使工业化国家和企业从信息和信息经济中获得了活力。

第二节　产业转变：从制造业到服务业

服务业位于产业链的高端，大力承接国际服务外包有助于产业结构升级，服务外包的发展有助于提升我国产业结构在国际产业分工和价值链的层次和地位。产业转型始终和服务外包紧密相关。

一、产业的含义及分类

产业是国民经济中按照一定社会分工原则，为满足社会某类需要而划分的从事产品生产和作业的各个部门。产业介于企业和国民经济之间，相对于企业它是某些同类企业的集合体；对于国民经济，产业是国民经济的一个部分，它包括农业、矿业、工业、建筑业、商业、交通、邮电、金融、保险、咨询、旅游业等产业部门。

三次产业分类法是产业分类中的一种重要方法。三次产业的划分法是由于经济实践活动的需要，最早是由新西兰经济学家费歇尔首先创立，他在 1935 年著的《安全与进步的冲突》一书中提出对产业的划分方法。在世界经济发展史上，人类经济活动的发展有三个阶段：第一阶段即初级阶段，人类的主要活动是农业和畜牧业；第二阶段开始于英国工业革命，以机器大工业的迅速发展为标志，纺织、钢铁及机器等制造业迅速崛起和发展；第三阶段开始于 20 世纪初，大量的资本和劳动力流入非物质生产部门。费歇尔将处于第一阶段的产业称为第一产业，处于第二阶段的产业称为第二产业，处于第三阶段的产业称为第三产业。这种划分法，是以工业时代的产业经济发展为现实背景的。当时，经济发达的美国、英国、法国、德国还处在以工业化为主导的阶段，其划分的依据是物质生产中加工对象的差异性。也就是说，第一产业的属性是取自于自然界；第二产业是加工取自于自然的生产物；其余的全部经济活动统归第三产业。即把产业门类划分为第一、第二和第三产业。这一产业分类方法提出后，得到广泛的认同，并一直沿用至今。目前比较一致的三次产业的分类是：第一次产业在顺序上是社会再生产过程开始时以从事农业产品和矿产品的取得为主的产业（采掘业的归属是有争议的，在我国是划归第二产业）；第二产业则主要是对农业、矿业产品进行加工的工业和建筑业；第三产业是一个复杂的综合部门，其兴起和主要职能是为第一、第二产业在流通过程中服务。如交通、邮电等。

我国目前三次产业的划分为：第一次产业：农业、林业、蓄牧业、渔业；第二次产业：工业（采掘业，制造业，自来水、电力、蒸气、煤气的制造和供给业）、建筑业；第三次产业：流通部门、服务部门（流通业、为生产和生产服务的行业、为提高科学文化水平和居民素质服务的各行业部门、为社会公共需要服务的行业部门）。

二、产业结构的演变

产业结构是指各产业之间的相互联系及其数量比例关系。产业结构时时刻刻在发生变化，随着科学技术发展和需求变化，引起产业间的不平衡增长，不平衡增长导致产业间数量比例的变化以及产业间相互地位、相互关联方式的变化，这就是产业结构演变。当量变达到一定程度，产业结构就会发生质的变化，这意味着新的主导产业（群）取代了旧的主导产业（群），新的产业关联方式和数量比例形成，从而使产业结构进入了一个新的更高的水平。从量变到质变不断螺旋式上升的过程，就是产业结构的演变。

（一）从三次产业结构转换角度看，高服务化是世界经济发展的主要趋势

从整个国民经济角度看，产业结构由最初的第一次产业占优势向第二次产业占优势再向第三次产业占优势的方向发展，这一趋势可简称为"高服务化"。随着工业化的发展，首先是农业产值所占份额大幅度下降；然后是工业产值份额大幅度上升，并在产业结构中占有优势比重；接下来，进入工业化后期（20 世纪以后），工业产值份额下降，服务业产值份额持续上升，并最终占有优势比重。

（二）从国际社会角度看，产业结构的演变及产业转移过程

18 世纪 60 年代开始的第一次产业革命使英国成为世界工厂，随后便开始了制造业的转移。首先是从英国向美国、欧洲大陆等地区转移。20 世纪初，欧洲大陆和美国取代了

英国成为世界工厂。50年代，美国的钢铁、纺织等传统产业开始向日本、联邦德国等转移。60年代，日本、联邦德国等把一部分劳动密集型产品的生产转移到韩国、新加坡及我国台湾、香港（"亚洲四小龙"）地区。70～80年代，美、日等发达国家把失去比较优势的传统产业和部分低附加值的技术密集型产业转移到"亚洲四小龙"和东盟等国家和地区，而"亚洲四小龙"则把劳动密集型和一些高能耗、高污染、低效率的工业转移到中国和东盟。

产业转移随着交通、运输、通信条件以及国家经济合作关系的加强不断发展变化。从转移的内容来看，逐渐从有形商品的生产向服务的提供变化；从转移的方式来看，逐渐从"自己完成"向"外包"转变；从转移的价值链看，产业转移的附加值有逐步提高的趋向。国际新一轮产业转移主要是服务业的转移，开始于20世纪90年代，基于现代信息技术，以金融、保险、咨询等服务业和电子信息产业为重点的新一轮产业转移迅速发展，其突出特征是服务外包。日本是最早对中国发包的国家，NEC和富士通等公司从90年代初开始就把软件开发项目外包给中国的软件商。目前，日本和韩国在中国软件外包市场占据主导地位，欧美的服务外包发展也很快。

产业结构演进有一定的规律性，是社会生产力发展的必然结果，各国经济学家进行了研究和总结，这已被许多发达国家的经济发展实践所证实。然而，各国和各地区产业结构的具体演进过程和变化速度存在明显差异，受一国（地区）的现有经济基础、资源状况、对外开放程度、市场化程度、产业政策等的影响。因此，对于我国产业结构的调整，必须在正确认识产业结构变化一般规律基础上，创造有利条件，积极发展服务外包，加快产业结构的优化和演进。

第三节　地域转变：从商品贸易到服务贸易

英国经济学家大卫·李嘉图创立了基于比较优势的自由贸易理论，即如果每个国家专门生产自己具有比较优势的产品，然后用各自的产品进行交换，贸易双方都会从这种交换中获益。建立在比较优势的基础上，发达国家与发展中国家经济发展水平的差异以及各国产业的分工使得国与国之间可贸易商品的贸易发展迅速，而信息技术的发展使得服务贸易成为可能。

一、专业分工与国际分工

分工是交换的基础，没有分工就没有交换，也就没有国际贸易。

劳动分工是指劳动者从事各种不同的而又相互联系的工作。劳动分工对提高劳动生产率有着重要的作用。亚当·斯密在《国富论》中阐述了其中的原因，他认为：（一）分工能提高劳动的熟练程度；（二）分工使个人专门从事某项作业，可以节省与生产没有直接关系的时间；（三）分工有利于发明创造和改进工具。他认为即使在生产要素不变的条件下，依靠分工也可以提高劳动生产率。因此他提出，如果某种东西自己生产所费较多而向人购买所费较少，精明的人就不应自己生产而应向别人购买。每个人都应选择擅长生产的产品，而放弃不擅长生产的产品。例如，裁缝做 1 件衣服需要 1 天时间，而制 1 双鞋需要 2 天时间；相反，鞋匠做 1 件衣服需要 2 天而做 1 双鞋仅需 1 天，则裁缝应专门制作衣服，绝不要亲自制作自己穿的鞋，而应向鞋匠购买；鞋匠应专门制作鞋，绝不要亲自制作自己的衣服，而向裁缝购买，则这种专业化分工使他们都获利。由此可见，这种分工的网络和以此形成的经济组织结构对于劳动生产率的提高和财富的增长有着重要的作用。

人类社会的经济发展史就是一部社会分工的发展史。社会分工是指社会不同部门之间和各部门内部的劳动分工。在历史上，出现过三次社会大分工。第一次社会大分工使畜牧业从农业中分离开来；第二次社会大分工使手工业逐渐从农业中分离出来；第三次社会大分工创造了一个不从事生产而从事商品交换的阶层——商人。劳动分工使劳动者专门从事其擅长的劳动，提高了劳动生产率。当国家产生和社会生产力发展到一定水平后，部门之间和部门内部的社会分工扩展到国家之间的分工，从而形成了国际分工。在这个时期，商品交换开始超越国界，产生国际贸易。

国际分工是指世界各国之间的劳动分工。它是社会分工发展到一定阶段，国民经济内部分工超越国家界限发展的结果，是国际贸易和世界市场的基础。各国在国际分工的基础上生产和出口劳动生产率较高的产品，进口比本国便宜的外国产品，这种国际交换给贸易各国带来了贸易利益。

二、从商品贸易到服务贸易

（一）国际贸易的基本概念

国际贸易，是世界各国经济在国际分工的基础上相互联系、相互依赖的主要形式。国际贸易亦称世界贸易，泛指国际上商品和劳务的交换活动，是世界各国对外贸易的总和。国际贸易和国内贸易都是商品和劳务的交换，交易过程和货物流向大致相同，交易目的也都是取得经济利益和利润。但作为国际上的商品交换，国际贸易又有许多特点：1. 困难大。由于各国语言、风俗习惯、宗教信仰、法律和贸易法规等不同，世界市场上贸易障碍多，交易技术困难多，交易接洽不方便，贸易对手资信调查和市场调查不易，所以国际贸易的困难大于国内贸易。2. 更为复杂。国际贸易在内容、程序等方面均比国内贸易复杂得多，货币与度量衡制度、商业习惯、海关制度，以及国际汇兑、货物运输与保险等也均比国内贸易复杂。3. 风险多。经营国际贸易可能发生的风险多，包括信用风险、商业风险、汇兑风险、运输风险、价格风险以及政治风险等。

国际贸易属于历史范畴，它是在人类社会生产力发展到一定阶段才产生和发展起来的。国际贸易的发生必须具备两个基本条件：一是有剩余产品可以作为商品进行交换；二是商品交换要在各自为政的社会实体之间进行。因此，从根本上说，社会生产力的发展和社会分工的扩大，是国际贸易产生和发展的基础。人类历史上第一次社会大分工，推动了社会生产力的发展，开始有了少量剩余产品。于是在氏族公社之间、部落之间出现了剩余产品的交换，这是最早的、原始的、偶然的物物交换。人类社会第二次社会大分工进一步推动了社会生产力的发展。手工业出现后，渐渐产生了直接以交换为目的的商品生产，商品生产和商品交换不断扩大，产生了货币，商品交换逐渐变成了以货币为媒介的商品流通。随着商品货币关系的发展，出现了专门从事贸易的商人。人类社会第三次社会大分工，出现了一个只从事商品交换的群体。随着生产力的发展，商品生产和商品交换活动更加频繁、更加广泛地发展起来，加速了私有制的产生，阶级和国家相继产生。在这个时期，商品交换开始超越国界，产生了国际贸易。当然最初的国际贸易只是物与物的交换，即商品贸易。

（二）国际服务贸易的基本概念

国际服务贸易是指不同国家之间所发生的服务交易的活动。这种服务是指以提供劳动的形式而满足他人需要并获取外汇报酬的活动。贸易的一方向另一方提供服务并获得收入的过程称为服务出口或服务输出，购买他人服务的一方称为服务进口或服务输入。国际服务贸易自身的复杂性及其与货物贸易的差异，使其具备以下几方面的主要特征：

1. 国际服务贸易大多数具有无形性

众所周知，就货物贸易而言，在特定的时间和确定的地点，人们可以看见货物、资本或信息的跨国界移动。但是，人们要想亲眼看见服务出口或进口是相当困难的。随着科学技术的发展，虽然相当一部分服务可以借助现代科技表现出来，但是我们很难亲眼看见服务出口或进口，比如一个人跨国讲学、出国演出、提供咨询服务等。

2. 国际服务贸易中部分服务具有生产和消费的同时性

一般来说，与货物贸易相比，服务贸易中部分服务贸易交换的标的物——也就是"服务"是不能储存的，服务消费在生产过程中完成，并要求服务提供者和使用者存在某种形式的接触，如果没有消费者接受服务，那么原则上，服务并不发生。比如开演唱会，随着演唱会结束，服务也提供完毕，而作为服务消费者的听众，消费也就完毕。

3. 国际服务贸易交易标的物的多样化

国际服务贸易与货物贸易比较，其交易标的物不是单纯购货物，而是呈现出多样化的特点。例如，技术贸易作为服务贸易的内容之一，其交易标的物是专利、商标及专有技术。除此之外，很多服务贸易的交易标的物难以货物贸易形式的标的物体现。如运输服务、旅游服务、金融服务、保险服务，这类服务贸易的交易标的物我们自然不能认为是提供运输服务的承运人或飞机、轮船、火车、汽车，也不能认为交易标的物是旅游景点等。所以，国际服务贸易交易际的物具有多样化和无形性的特点。

4. 国际服务贸易服务质量的差别性

国际货物贸易的品质和消费效果通常是相同的，同一品牌的家电或汽车，除去假冒产品，其品质和消费效果基本上没有差异。而同一种服务的质量和消费效果往往存在显著差别。这种差别来自供求两方面：第一，服务提供者的技术水平和服务态度，往往因人、因时、因地而异，他们的服务随之发生差异；第二，服务消费者对服务也时常提出特殊要求。所以，同一种服务的一般与特殊的差异是经常存在的、统一的服务质量标准只能规定一般要求，难以确定特殊的、个别的需要。

5. 国际服务贸易涉及法律的复杂性

国际服务贸易与货物贸易相比，涉及的法律要复杂得多，货物贸易主要适用合同法、买卖法、国际货物销售合同公约等，相对而言比较简单。但是，国际服务贸易涉及的国内外法律及国际法要广泛得多、复杂得多。例如技术贸易合同所涉及的法律。除了适用货物买卖法、合同法外，还要受工业产权法、专利法、商标法、反托拉斯法、公平贸易法、高技术出口管制法等法律规范的约束。

6. 国际服务贸易标的物的使用权和所有权呈现复杂性

与货物贸易相比，国际服务贸易标的物的使用权与所有权在交易过程中比较复杂。在货物贸易中，交易过程一旦结束，货物的使用权和所有权同时转让。即卖方失去对货物的所有权和使用权，卖方无权支配和使用该货物。但是，在国际服务贸易中比较复杂，一般来说，国际服务贸易中服务提供者与消费者原则上是一种标的物的所有权与使用权相分离的贸易。

最初的国际贸易只是物与物的交换，被称为国际商品贸易。真正称得上是国际服务贸易的还是从中世纪开始，西方国家大规模的国际劳务出口，伴随着哥伦布1492年发现新大陆和资本主义国家大规模移民后得到进一步的发展。"二战"以后，随着科学技术的发展，知识越来越社会化、国际化，世界经济正向全球一体化、服务一体化的知识经济迈进，这为现代国际服务贸易的良性发展带来了很大的发展空间。然而，国际服务贸易不同于国际商品贸易的特点，使服务业具备更多不易贸易性。凭借互联网和电信技术的广泛普及，提高了服务业的可贸易性。根据世界银行和其他国际组织预测，未来5～15年世界服务贸易将继续保持较快增长，增长速度继续高于货物贸易。

三、从制造外包到服务外包

制造业早已深入广泛的全球分工体系，近10年来，服务全球化也开始加速。在制造和服务全球化分工的发展中，外包也得以全速发展。所谓的国际外包是指外包在国际上完成，发包方和接包方分属于不同的国家和地区。由于关于第一产业的外包情形很少发生，如果按照产业对外包进行分类，一般可以将其分为制造业外包和服务业外包，这里讲的制造业外包和服务业外包都是指发包方所属的产业，而并非业务本身的性质。随着社会化大生产和社会分工的发展，随着技术的进步，商品和服务的专业化要求不断提升，企业在追求规模效应的同时，削减成本、提高产品和服务质量、增强核心竞争力也必须保持与规模的同步发展，于是外包应运而生，在外包发展的最初阶段，制造外包是主要形式，特别是发达国家为了增强核心竞争力，将部分生产流程发包到发展中国家，利用当地生产企业所特有的廉价劳动力资源为其生产配件甚至整个产品，制造外包得以长足发展，如中国现在被称为"世界工厂"，表明中国是全球公认的国际制造外包业务的承包国，制造业早已深入广泛的全球分工体系。

服务业无形性、非标准化、同步性和不可储存性等特征，决定了服务的不可贸易性。然而，随着技术进步特别是信息技术的发展，服务业发生可贸易革命。比如信息服务业，它包括电信运营、软件与系统集成、信息传输、网络与数字增值业务等，信息服务不同于传统的服务，不仅可以远距离提供，而且成本低，本身就具备可贸易性。同时，信息技术的广泛使用还使其他许多服务具备了可贸易性。信息技术的发展能够使得服务生产和消费的国际距离联结起来，比如网上交易、远程教育和医疗、视频会议等；信息技术还使知识能够编码化和标准化，研发、设计、编程等以知识为基础的服务可以分解为模块或片断分散进行，同时通过网络即时连接和同步推进。除此之外，信息技术还可以为无形、不可储存的服务提供有形载体，比如以往必须"生产者"和"消费者"都到场的音乐会，可以通过数字技术音像制品变为有形和可储存产品，从而具备了可贸易性。也就是说，技术的进步引起服务业的可贸易革命，使得服务外包加速发展，服务全球化分工使得地球成为真正意义上的村落：美国的企业可以将产品的研发设计工作交给中国企业来处理，中国企业的人力资源也可以交由欧洲企业处理，他们之间也许只要通过网络视频或者一封电子邮件就可以完成交易。

四、服务全球化的发展趋势

经济全球化是最能概括世界经济发展趋势的词汇，世界生产的 1/3 如果离开了国际贸易和世界市场，其价值是不能实现的。国际分工的发展使得全球形成世界性的生产网络，各国都日益成为世界生产的一部分，这使得生产和产品的国界变得越来越模糊。近些年来，服务全球化后来居上，成为全球化的主导力量和重要内容。服务全球化的表现多种多样：美国研发机构为其他国家的企业研发产品，是出口研发服务；新西兰接待中国游客，是出口旅游服务；英国金融机构在新加坡设立分支机构，是服务业跨国投资，如果利润汇回就是金融服务出口；德国医生在法国投资开业并为加拿大游客看病，是德法之间的服务业投资和法加之间的服务出口。简言之，服务本身、服务消费者、服务提供者和其他相关要素中的任何一项跨境流动，都是服务全球化的表现。服务全球化有一种发展迅速的特殊形式，即服务外包，服务外包的发展进一步推动了经济全球化进程。比如，北京有一家保安服务公司，客户是远在大洋彼岸的美国保安公司，中方公司员工在北京的办公室内，通过互联网所联结的监控视频为美国社区提供保安服务，发现可疑情况立即通知对方公司。目前经济全球化的发展趋势如下：

（一）服务全球化深入发展

服务全球化的发展程度可以从宏观和微观两个层面看。宏观层面经常使用国际贸易和跨国投资两项指标，微观层面可以用企业跨国经营指标或跨国公司海外业务等指标来衡量。从这两方面看，服务全球化水平在迅速提高。服务贸易占全球贸易总额的比重达到 1/5 左右，服务业跨国投资占全球跨国投资的比重已达 65％ 左右。全球 500 强跨国公司中服务公司超过一半，这些公司的"跨国经营指数"也超过 50％，说明海外业务的重要性超过了本土业务。

（二）国际服务外包的兴起和加速

近些年来，国际服务外包迅速发展。服务外包的发包方主要集中在美国和欧盟，两者合计占 80％ 左右，接包方中印度有重要地位，占有约 50％ 的市场份额，全球 500 强企业中，已经近 400 家在印度建立离岸业务；其他还有美国、爱尔兰、西班牙、波兰、匈牙利、中国、俄罗斯、菲律宾等，包括中国在内的亚洲国家已占接包市场 20％ 左右的份额。服务外包的发展潜力巨大，九成以上的大型跨国公司企业已经实行或制定了公司服务外包战略。未来全球服务外包潜在市场规模巨大。

中共中央政治局委员、国务院副总理王岐山 2009 年 2 月 2 日在江苏南京主持召开服务外包工作座谈会上指出："我国发展服务外包产业具有难得的机遇和独特优势"，强调

"努力将服务外包产业打造成新的增长亮点"。国家发改委高技术司司长许勤说："在全球BPO外包业务中，'中国'这两个字代表着更低的成本和取之不尽的人才。同样的质量，不到五分之一的成本，加上政府土地、税收、人才的优惠政策，中国成为多数跨国公司公认的BPO目标市场。"那么，抓住机遇，迎接挑战，加快发展我国服务外包产业，推动由中国制造走向中国服务，由世界工厂走向世界办公室是当务之急。

案例分析

案例：A公司是通过制造业外包创造巨额财富

A公司最初和其他制鞋企业一样，有厂房，有工人，生产的鞋也主要是供给国内的消费者。但是美国国内市场的需求毕竟有限，而且在B公司和C公司两大巨头的打压下，A公司拥有的市场份额就更加有限了。一次偶然的机会，A公司创始人N先生路过一家养鸡场，看到鸡棚里活蹦乱跳的母鸡，突然联想到了他的业务。"借鸡生蛋"的想法也就产生了。N先生想，如果在世界上每个国家都设立一个工厂，公司只出资金和技术力量，而工厂的主管、工人都由当地人组成，这样不就可以既避免关税，又减少总公司的负担了吗？N先生决定立即实行这一想法，最先的目标是欧洲和日本。随着各地区生产成本的变化，A公司的合作对象不断变化：先是日本、西欧，其后是韩国、中国台湾，接着是中国、印度，到20世纪90年代，A公司开始看好越南等劳动力更为廉价的东南亚国家。

分析思考： 请分析A公司的这种经营模式。

课后习题

1. 简述外包产生的几个必备条件。
2. 简述从制造外包到服务外包的转变。

第二章

服务外包的概念和特点

1. 掌握外包的定义、特点、分类及目的
2. 掌握服务外包的定义、发展及特点
3. 掌握服务外包的优势

引 言

外包作为一种经济活动和经营方式，很早就被运用于企业的生产经营之中，从内容上来看，外包可以分为生产外包和服务外包。近 20 年，在服务业转移的过程中服务外包几乎同时发展，且服务外包日趋成为服务业转移的主要形式。

第一节　外包的定义、种类及目的

一、外包的定义

外包（outsourcing）作为一种经济活动和经营方式，很早就被运用于企业的生产经营之中。简单来说，外包就是做自己最擅长的，将不擅长做的工作，尤其是非核心业务剥离，交给更专业的组织去完成。英国的查尔斯·盖伊和詹姆斯·艾辛格在《企业外包模式》一书中提出的定义是：依据服务协议，将某项服务的持续管理责任转嫁给第三者执行。外包战略是在专业化分工日益细致的前提下，企业向非一体化的战略选择，其实质是企业对边界的一种重新界定。美国著名的管理学家彼得·德鲁克曾预言："在10～15年内，任何企业中仅做后台支持而不创造营业额的工作都应该外包出去。"

从本质上来讲，外包是企业的一种经营战略，是企业在内部资源有限的情况下，为取得更大的竞争优势，仅保留其最具竞争优势的功能，而把其他功能借助于整合，利用外部最优秀的资源予以实现。这样，企业内部最具竞争力的资源和外部最优秀的资源的结合，能产生巨大的协同效应，使企业最大限度地发挥自有资源的效率，获得竞争优势，提高对环境变化的适应能力。

总的来说，外包（outsourcing）是指企业将一些其认为是非核心的、次要的或辅助性的功能或业务外包给企业外部可以高度信任的专业服务机构，利用它们的专长和优势来提高企业整体的效率和竞争力，而自身专注于那些核心的、主要的功能或业务。

二、外包的种类

外包从内容上来看，可以分为生产外包和服务外包。

（一）生产外包

生产外包，习惯上又称之为"代工"，是指客户将本来是在内部完成的生产制造活动、职能或流程交给企业外部的另一方来完成。其中"客户"是作为买主的公司，通常称为委托制造企业。"企业外部的另一方"是指代工企业。"代工企业"和我们平时讲的原材料等有形产品的供应商不完全相同，它的职能本来是在买方公司内部完成的，并且内容涵盖了所有有形和紧密关联的服务，如部分设计和物流配送等。

按照代工企业是否完成产品研发设计活动，生产外包可分为 OEM 与 ODM 等合作形式。OEM（Original Equipment Manufacturing）是指具有生产组装能力的企业，在买主提供产品规格、制作技术规范、产品品质规范，甚至指定部分或全部零部件的情形下，提供买主所指定之产品的分工形态。ODM（Original Designing Manufacturing）是指产品生产者在不需要买主提供产品与技术的相关规范下，同时提供产品开发设计与生产组装的能力，生产符合买主所需功能（features）的产品，同时在买主所拥有的品牌下行销。OEM仅涉及产品的生产组装，而 ODM 则涉及产品设计开发及生产组装等两种活动。

（二）服务外包

有别于生产制造外包的服务外包，是伴随生产制造过程而来的，如企业在生产制造外包前的市场调研、产品设计，生产过程中的物流、库存管理，产品销售以后的客户服务等都可以外包给专业的公司来完成，这就属于服务外包。生产外包和服务外包都是外包的重要组成部分。目前，服务外包广泛应用于 IT 服务、人力资源管理、金融、会计、客户服务、研发、产品设计等众多领域，服务层次不断提高，服务附加值明显增大。根据美国邓百氏公司的调查，全球的企业外包领域中扩张最快速的是 IT 服务、人力资源管理、媒体公关管理、客户服务、市场营销。

三、外包的目的

众所周知，外包行业的发展始于制造业的外包，外包的目的是降低成本，在全球范围内实现资源优化配置，利用各自优势发展全球经济。如今这种经济策略进入了服务行业及各大领域，除了降低成本之外，服务外包不断前进的脚步赋予了其更多新的特征。

第二节 服务外包的定义、发展及特点

一、服务外包的定义

关于服务外包的定义，目前有不同的理解。

作为全球服务外包接包业务发展的最好的国家之一，印度先后用过两个词汇对应于欧美的 outsourcing，分别是 IT-ITES（2006 年之前）和 IT-BPO（2007 年后）。IT-ITES（Information Technology Enabld Services），定义为一种以 IT 作为交付基础的服务，服务的成果通常通过互联网交付。2007 年印度软件业和服务公司协会（NASSCOM）提出，服务外包是基于 IT 的业务流程外包，建立在 IT 和网络平台上，任何外包的作业是在数据化之后，转移出去的业务流程和办公作业都属于服务外包。两者对照，显然 outsourcing 是买家词汇，是从发包商视角来看，而 IT-ITES 是站在服务供应商（接包商）立场，重在寻求服务商机。

2006 年，中国国家商务部在实施的"服务外包千百十工程"中发布的相关通知指出："服务外包业务"系指服务外包企业向客户提供的信息技术外包（ITO）和业务流程外包（BPO）。国际服务外包系指服务外包企业向境外客户提供服务外包业务。服务外包企业系指根据其与服务发包商签订的中长期合同向客户提供服务外包业务的服务外包提供商。

中国服务外包研究中心在 2007 年 9 月出版的《中国服务外包发展报告》中提出：服务外包是指企业将价值链中原本由自身提供的具有基础性的、共性的、非核心的 IT 业务和基于 IT 的业务流程剥离出来后，外包给企业外部专业服务提供商来完成的经济活动。

2009 年财政部和商务部联合发文（财企〔2009〕44 号）的文件中，关于服务外包业务是指信息技术外包服务（ITO）、技术性业务流程外包（BPO）和技术性知识流程外包（KPO）。ITO 的业务范围包括软件研发及外包、信息技术研发服务外包、信息系统运营维

护外包三大类；BPO 的业务范围包括企业业务流程设计服务、企业内部管理数据库服务、企业运营数据库服务、企业供应链管理数据库服务四大类；KPO 主要包括知识产权研究、医药和生物技术研发、产品技术研发、数据挖掘、课件研发等等。

综合上述概念，本教材对服务外包的定义是：服务外包是指企业为了将有限资源专注于其核心业务，以信息技术为依托，利用外部专业服务商的知识劳动力，来完成原本由企业内部完成的业务和工作，从而达到降低成本、提高效率、提升企业对环境应变能力并优化企业核心竞争力的一种业务模式。它主要包括 ITO（Information Technology Outsourcing，信息技术外包）、BPO（Business Process Outsourcing，业务流程外包）、KPO（Knowledge Process Outsourcing，知识流程外包）。

二、服务外包的发展

随着经济全球化的逐步深入，继制造业的转移之后，从 20 世纪 80 年代后期开始，发达国家开始转移服务业。在服务业转移的过程中服务外包几乎同时发展，且服务外包日趋成为服务业转移的主要形式。具体而言，服务外包的发展进程主要经历了三个阶段。

（一）第一阶段：1970～1990 年早期

这个时期，是生产外包向服务外包过渡的阶段，服务外包主要集中在计算机、信息技术及相关服务领域。缺乏相应能力和成本压力是该时期外包的主要原因，因此，公司更加关注提高并不断积累自身的技能。

（二）第二阶段：1990～2000 年

这个时期，主要发达国家开始普及应用 IT，与此同时，IT 产业结构本身也产生了深刻变化，作为服务外包起源的 IT 服务外包得到了迅速的发展，IT 产业的重心也由硬件向软件转移。随着网络技术的发展和通信成本急剧下降，远程 IT 服务业应运而生，其效益大大超过制造业外包。

印度由于拥有大量掌握英语的人员和 IT 人才，并且同英语国家有着天然的文化联系，它在美、英 IT 服务业的外包中占据了主导地位。特别是在世纪之交出现的计算机"千年虫"问题，促使人力资源短缺且成本高昂的发达国家不得不将大量的软件开发工作外包给印度企业，这大大推动了印度 IT 产业，尤其是软件业的发展。

IT 服务外包的成功，拉动了企业一系列以 IT 为基础的技术性研发工作的创新和发展，特别是西方企业研究外包由电子部门向其他领域扩展，反映了他们的创新模式正在进行重大变革。大企业研发机构已由过去从基础研究到新产品原型研制无所不包转变为侧重高端应用研究。基础研究转交给大学，大量一般性的研发项目外包给亚洲等低工资国家。科技人员人数正随之下降，这样既可降低企业成本，又突出了研发重点，组织和调度全球范围的科技力量，并且同用户保持密切联系。

（三）第三阶段：2001 年至今

服务业正经历着与制造业相似的变化：由生产成本高的地区转移到成本低的地区。服务外包的领域逐渐由 IT 服务和其他单一的服务业向各种类型的服务业务扩展。比如，发包商的市场研究、人力资源管理、债务托收、审计、法律事务、保险承销等都可以外包，这不仅有助于发包商增强其核心竞争力，而且能够为发包商降低成本、提高效益。服务外包的实际效益要比制造外包更加明显，根本原因是信息传递要比物质运输便捷得多，成本也相应便宜得多，这使得西方发包商可以在更大的范围内广泛利用全球的智力资源。

随着世界范围内新一轮产业结构的调整和贸易自由化进程的继续推进，服务业和服务贸易在各国经济中的地位还将不断上升，服务外包产业整体趋于活跃。

三、服务外包的特点

（一）IT 技术应用为基础

绝大部分的服务外包合作双方都处于不同的地区，即通常所说的离岸外包，双方合作关系的确立以及业务的进行必须依赖现代化的通信手段——互联网和通信技术。正是互联网的出现，使得原先在国际上不可贸易的"服务"得以实现，并构成了服务外包的技术条件。

不论是 ITO，还是 BPO，不论是区域内服务外包，还是区域间服务外包，要么是以 IT 为内容，要么以 IT 为基础。特别是区域间的服务外包，对承接地信息化基础设施建设和信息化发展水平提出了很高的要求。如果一个承接地信息化基础设施建设和信息化发展水平滞后，就难以承接服务外包业务。即使已经承接到服务外包业务，一旦通信网络出现问题，业务就会终止，不能继续下去。相反，如果一个承接地信息化基础设施建设和信息化发展水平适度超前，就会更有机会承接到服务外包业务。

（二）跨国公司为主导

20 世纪 90 年代后期以来，跨国公司外包的规模和深度都有了令人瞩目的发展。跨国公司在扩大生产制造外包的同时，迅速扩大了服务外包的规模。随着全球竞争的加剧和科学技术的发展，很多跨国公司也从过去自我完善型的运营系统向资源外取型的运营系统转变。它们纷纷把价值链中的加工组装环节和辅助性服务外包出去，用市场这只"看不见的手"，来取代组织这只"看得见的手"，以便降低成本，增加效率。跨国公司在服务外包中的主导作用主要体现在以下三个方面。

1. 跨国公司"以世界为工厂，以各国为车间"，促成了服务外包的国际化，从而扩大和加强了世界经济与东道国、母国经济的联系，发展和加深了世界各国之间生产、交换、流通、消费、技术与产品研究开发等方面的协作关系。各国在制定一些国内政策如环境保护、货币政策时，都不能不考虑国际因素。

2. 促进了生产和服务的国际化分工，有助于建立新的全球性生产和服务的专业化协作体系，有利于世界劳动生产效率的提高。例如，通用汽车公司在全世界 30 多个国家设有 60 多家汽车制造厂，国外生产占全部生产的 31.7%。美国波音公司生产的 747 型客机的 450 万个零部件，是由包括美国在内的 26 个国家的 25000 家企业协作生产的。

3. 跨国公司内部及相互之间的贸易已成为当今世界进出口贸易的一个重要因素，跨国公司在全球范围内配置生产要素，设置工厂、组建子公司，进行生产和经营，从而大大推动了全球化的发展。

（三）流程化与标准化

服务外包具有强大的流程化管理和标准化运营体系。从服务外包的定义中，我们知道，服务外包是将基于 IT 的业务流程剥离出来后，外包给企业外部专业服务提供商来完成的经济活动，因此，服务外包本身就具有流程化的特征，尤其是对于业务流程外包和知识流程外包更为明显。

在服务外包行业中，标准化在提供技术互换性，遵守相应准则和提供客户信任度方面起着重要的作用，尤其是对于业务流程外包（BPO）。标准化能够起到以下三方面的作用：

1. 标准化使服务外包形成规模经济和技术经济

标准化的目的是通过减少流程错误来改进经营业绩并减少成本，促进沟通，达到获取利益的作用，因此，使业务流程标准化更能使接包方达到规模经济和技术经济，并且减少对不同客户的生产服务技术成本。

2. 标准化通过合同治理的条件影响服务外包的成功

标准化对合同工作的完整性有积极的影响，标准和透明的流程意味着更高程度的完整性，直接影响着服务外包的成功和客户接受的满意程度。

3. 标准化通过关系治理的调节影响服务外包的成功

标准化促进企业之间的沟通，如果使用标准的业务流程，可以更容易地实现双方的理解，从而促进沟通和流程执行改进。

（四）契约化管理

由于外包供应商是一个外部独立运作的法人实体，外包供应商和发包商的关系是一种合作关系，而不是行政隶属关系，也不是一般性的买卖关系，故此，发包商必须与外包供应商签订长期的合同或协议。外包合同是双方合作的基础，也是维持这种合作关系的可靠凭证，它直接关系到外包的成败，故发包商必须用具有法律效力的合同来约束供应商的行为，有效地降低外包的风险。

一个设计良好的契约对于增进双方的合作，对于契约的有效执行至关重要，尤其是在面对未来的不确定的情况下，如何保证契约在刚性和柔性间进行权衡，以及如何保证契约在长期和短期间进行权衡，就需要根据企业所面临的契约环境做出安排。服务外包的契约化管理，主要涉及的问题是信息甄别、激励投入和知识产权的保护等问题。通过信息甄别选择合格的服务提供商；通过契约条款的设计，激励双方进行专有资产的投入和努力水平的投入；通过法律和契约设计保护知识产权。契约设计的不合理会加重道德风险和逆向选择问题，以及投资的专用性所引起的事后的敲竹杠（HOLD-UP）问题。

发包方通过与接包方公司的谈判，最终确定的外包合同主要包括如下这些项目：外包项目的业务内容、外包的价格、双方的职责、双方的权利与义务、合作的期限、项目完成进度及要求、违规条款、商业保密条款、双方沟通机制、问题处理机制和退出外包机制。

四、服务外包与生产制造外包的区别

（一）对象不同

服务外包的对象是企业内部直接或间接帮助企业生产最终产品的一系列无形服务活动，例如，信息系统维护、应用程序开发、软件设计等；而生产制造外包的对象则是实物产品的生产和制造活动。例如，零部件的生产、组建的装配等。这两种不同的外包对象最关键的区别，前者是无形的产品服务，后者是有形的实物。

（二）主体不同

生产制造外包的主体，不论是需求方还是供应方，都是生产制造型企业，也就是说，他们的服务只出现在第二产业中。服务外包的主体远多于生产制造外包的主体，不仅包括制造业企业，还囊括服务企业、政府机构和非营利组织。

（三）质量控制手段不同

在生产制造外包中，供应方提供的实物产品的质量控制，可以通过详细的合同条款规定具体的尺寸、颜色等量化标准，此外，实物产品的生产和消费是分开进行的，在顾客消费之前，可以对产品进行监控和管理，防止不合格产品损害消费者利益。在服务外包中，对供应方提供的服务产品无法像生产制造业那样具有量化的标准来检测服务。因此，美国营销学家帕拉休拉曼等人提出可服务质量模型，来对企业的服务质量进行评估。例如，可靠性、敏捷性、能力、进入性、礼貌、沟通、可行性、安全性、理解客户和有型性，根据这些特性对服务质量进行有效评估。

第三节　服务外包的优势

近年来，基于外包的种种优势，外包作为企业的一个战略选择越来越受到重视。服务外包发展迅速，波及全球，它在节约成本、强化核心竞争力、提高生产效率、获取业务专长、拓展新的市场等方面具有明显的优势。在这些优势的驱动下，服务外包蓬勃发展，由过去的 IT 外包发展到了现在几乎价值链上的每一个活动均有可能外包。下面将详细讨论企业进行外包的各种优势。

一、节约成本，提高财务绩效

企业成本最小化、利润最大化的目标为服务外包提供了强大动力。外包成本是指将业务外包所需付出的代价，它不仅包括如合同价格这样的显性成本，也包括合同风险这样的隐性成本。根据美国学者 Gilley K. M. 和 Rasheed Abdul 在其论文《外包对公司绩效影响的分析》中指出，对于追求成本领先战略的企业，外包其非核心业务对于企业的财务绩效有着积极的影响。外包提高财务绩效主要表现在以下几个方面：

（一）降低运作成本

与企业内部的运作成本相比，外包服务的成本更低，而且由接包商提供服务，成本更易预测、更好控制。同时，将服务从具有固定成本的固定资产形式转换为具有可变成本的固定资产形式，这使服务在业务增长并赢利时更容易得到增加，在业务衰退时也更容易得到削减。另外，发挥接包商专业化运作与管理经验及其规模化的经营优势，发包商可以大量减少在非核心业务方面的投资，且只需要支付较低的可变成本。如今，众多欧美发包商纷纷将其服务业务转到中国和印度、菲律宾、墨西哥等地，利用其廉价的劳动力进行运作可以降低成本。

外包可通过接包商分担发包商的固定成本从而减少发包商的压力，接包商因规模效应和专业化优势等也能以较低的价格提供服务，使发包商在开发和生产新产品的核心业务上更加灵活和高效。通过外包，既能减少新业务重构所带来的固定资产投入，避免在设备、技术、研究开发商的大额投资，又能使发包商很快地进入新业务领域中，实现低成本快速运作。一个实例就是 Camino 卫生保健中心的数据外包项目，在考察了几个接包商之后，Camino 卫生保健中心选择了 IBM 公司接管其数据中心，IBM 公司为其提供了计划在 5 年内节约 500 万美元的合同报价。

（二）节约日常维护成本

外包并不意味着业务的放弃，企业需对外包合同的实施进行管理，保持对外包业务性能的检测和评估，并与外包商保持经常沟通联络。尤其当企业想与外包商建立长期性、战略性的合作关系时，这部分成本支出更是必要。

如果企业的规模太大，在硬件投入方面，必须花费大量资金来购置各种设备、工具；在人才培训等软件方面，企业也需要不断地、长期地投入，这些措施都将增加企业经营成本和负担。毫无疑问，外包企业获得的利益来自接包商的规模经济和专业技能。一方面，信息技术供应商可以在多个客户之间共享硬软件、人力资源和知识，从而使他们在固定成本投入上更加节约，与此同时，他们还可以通过批量购入硬件和软件而获得更多的折扣。另一方面，接包商通常会比客户拥有更全面的技术，或者具有客户企业所不具备的特定技术和资源。因此，接包商一般能高质量、高效益、高效率、低成本地以"几何级数"来提供其产品和服务。以海尔集团为例，自 1998 年起，东软公司在商流系统、物流系统、售后服务系统以及 IT 系统维护服务等众多方面为海尔提供了一系列 IT 系统解决方案，为海尔提供的 IT 外包服务内容涉及海尔集团商流及 42 家工贸的 IT 业务。东软公司为海尔集团建立的电子自动派工系统，使海尔集团一次性减少派送工 300 多名，每年节约派送成本 600 多万元，极大程度地节约了集团的成本，且提高了顾客服务的响应速度和服务质量。

在更多的情况下，特别是服务外包业务由发达国家向发展中国家转移的过程中，服务外包成本的降低主要是由不同国家间工资成本的差异造成的。如印度的平均工资水平约为美国的 1/10，通过服务外包利用国外人力资源优势，能有效降低生产成本。

（三）其他对降低成本的影响

1. 业务集中

一方面，业务集中可带来人力成本节约。将全球多个地区各个国家的可集中业务集中到中国或印度、马来西亚等低成本国家，可以实现 20%～45% 的成本节约；另一方面，业务集中可以优化组织结构，实现规模效益。各国家及地区的工作集中以后可以因为业务规模扩大，同类业务数量增加，使员工的经验加强，从而缩短单件业务处理的时间提高工作效率。

2. 持续改进

首先，各地区业务集中到共享中心后，可以共享各地区的最优化流程，从整体上改善业务流程，提高效率；其次，在分析各地区业务流程的基础上，结合全球流程一体化项目，实现流程标准化、全球化。流程标准化可以帮助企业减少流程培训压力，减少人才流动带来的专业知识流失的风险，进一步提高工作效率。

3.经营规模扩大带来的经济效益

业务外包具有因为形成规模经济从而降低成本的优势，即经营规模扩大带来的经济效益。当首批业务转移到业务共享中心后，可以逐渐地扩大业务外包范围，通过业务范围扩大给企业带来更多的经济效益。

因此，管理良好的服务外包有利于企业大幅度减少成本，提高效率，从而提高企业在国际市场上的竞争力。

二、强化核心竞争力

任何成功的企业都有自己的核心竞争力。核心竞争力是超越具体产品和服务，超越具体职能部门和业务单元的一种竞争力，并且这种竞争力不受单一产业变幻莫测的周期特征制约，能使企业面对多变的环境，处变不惊且行动迅速。在市场竞争日益激烈的今天，企业不仅需要保持更要不断开发和改进其核心竞争能力，这需要企业投入更多的资源。

根据迈克尔·波特的价值链理论，从研发、设计、采购、生产、库存、营销到运输等环节是一条完整的价值链，环环相扣，缺一不可。一个公司不可能在价值链的每一个部分都是最有竞争力的，因此，选择自己最具竞争力的环节才是明智之举。企业应该集中资金、人才、资源等优势于核心竞争力的业务环节，而将不具有竞争优势的业务外包给比自己更具成本优势和专业优势的企业，以此来获得竞争优势。

将非核心业务外包出去可以使企业将更多的精力和资源集中于核心业务上，提高核心资源的竞争优势。服务外包业务可以解放内部的员工，使他们能够更专注地投入到关键性的应用开发中去，获得更丰富的一流业务经验。企业的持续竞争优势是由核心竞争力决定的。企业拥有资源的有限性，决定其不可能在所有业务领域都拥有竞争优势，为此，企业必须把有限的资源集中在核心业务上，而通过外包来获得其他非核心资源，从而实现资源的优化配置。

外包可以使企业的高层管理人员更专注于核心业务，将更多的精力投入到核心业务中去，提高核心业务的绩效水平，同时外包为实现企业的主要战略目标提供了手段。与不实行外包相比，进行外包的最大好处也许就在于它可以更加充分地利用接包商的资金、技术创新和专业能力。对发包商而言，要复制接包商所拥有的这样一组能力所需的投入是非常巨大的，而通过服务外包，则可以较容易地获得这些强大能力，从而为提高发包商的核心竞争力服务。例如对于对人力资源部门来说，与企业竞争优势保持和组织战略成功实施高度相关的活动，如人力资源规划等综合性活动，可以保留在组织内部管理，而把薪酬管理、一般性培训、档案管理、劳动保险等交给外部专业机构负责，从而提高人力资源部门在企业中的战略地位，通过业务来提升企业的核心竞争力。

三、提高生产效率

效率指的是投入与产出之间或是成本与收益之间的关系。当效率概念应用于某一企业时，所要研究的问题主要是指企业是否利用一定的生产资源生产了最大量的产出，或者说是否在生产一定量的产出时实现了成本最小的原则，这种效率称为技术效率。服务外包是将发包商内部的部分职能外包给以服务为导向的专业化接包商，可以为发包商的顾客提供高效的服务与管理，发包商也因此获得服务成本的节约，有利于发包商把更多的财力、物力、人力集中到发包商的核心业务中去，使得资源在不同的环节得到合理配置，优化发包商组织结构，从而提高发包商的效率。

企业内部管理可以分为两个方面，一个是事务性的，另一个是战略性的。例如，人力资源管理中，事务性业务主要指普通职员的招聘、考核、教育培训、人事档案管理、薪资福利等，而战略性业务包括人力资源政策、执行及中高层主管的甄选、员工的职业生涯规划、组织发展规划和业务开发等。事务性的工作附加值较低，易使人分心。如果把这些过于细节化的事务外包出去，可有效防止从事这方面管理工作人员的继续增加。对企业而言，从专业服务公司那里获得人力资源方面的信息和提高质量服务远比企业自身拥有庞大繁杂的人事管理队伍更能节约成本和赢得对公司更大的价值。从理论上讲，专业服务公司通过聚集较多的客户可进行时间—费用设计，从规模经济和学习效应中获益，降低管理成本。因此，无论是专业服务公司的成本还是从客户支付的服务费用都能得到降低。相对于内部管理来说，由外包服务商提供的人力资源管理服务无论是从管理的专业化还是技术的先进性等方面来说，都占据着很强的优势。通过外包可以提高企业的管理效率，提高企业的反应速度，使企业更好地适应市场的变化。

四、获取业务专长，提高创新能力

（一）获取专业化的服务

供应商的专长和时间节约成为业务外包重要的理由。在业务工作日益复杂以及组织裁员导致的人力资源减少的情况下，企业对专长的需求却在增加。外部专家比内部专家在业务方案评估时更客观。当业务部门和公司管理层认为必要时，由外部被认为具有专长和客观性的供应商进行评估更具有可信度。

（二）获取先进的技术服务

在企业的管理中，技术常常扮演着重要的角色，例如企业的人力资源业务对信息技术依赖程度越来越高。许多外部供应商安装了包含人力资源信息系统（HIS）的整体企业管理软件，如 SAP 或 PEOPLESOFT（人民软件）。整体信息系统将简化人力资源服务的交易程序，使人力资源高级经理得以在操作层面和战略层面做出业务决策。尽管通过外包获得技术能力是操作性需求，更新人力资源信息系统则具有重要的战略意义。当企业建立新的信息平台时，必须重新思考组织整个流程。外包从不同角度提供了获得技术好处的另外一种方式，特别是在重视成本控制的组织文化中。

（三）提高管理效率和组织绩效

业务外包可以获取专业化的服务，通过获取专业化的服务可以提高企业的管理效率，从而提高企业的整体效益。在企业的管理中，各种类型不同的业务尽管管理的方式和水平各不相同，但彼此之间都是相互联系、相互影响的。在企业内部因为受各种因素的影响，内部的业务管理水平也不一样，一些管理水平比较弱的业务的执行效率会直接影响到其他业务的开展和企业整体运行效率的下降，即出现所谓的"短板效应"或"木桶效应"。在业务中，也可能存在着这样的"短板"业务，这些"短板"业务的存在直接影响了业务的整体水平。而企业又无法在短期内，以较小的成本来消除这些短板业务。而通过业务外包无疑是一项最直接和有效的解决问题的方式。因为在业务外部服务商中，业务职能属于他们的核心业务，同时具备技术专业上的优势，通过把业务交给这些专业公司负责，不仅可以弥补企业管理中的"短板"，同时也能够带动业务整体水平的提高。

（四）提高专业化水平，实现最佳资源分配

一个公司或部门，通常只是熟悉自己的业务领域，具有较大的局限性。而专业服务公司做过很多的调查研究，拥有大量的专业技术人才，发包公司有选择地把业务外包给专业服务公司，可大大提高专业化水平。把多家公司的优秀人才集中起来为我所用是业务外包的核心。企业可以通过利用专业服务公司的资源弥补自身的不足，从而更具有竞争优势。从整个社会来看，通过各个企业的优势互补，最终可实现社会资源的优化配置。

五、拓展新的市场

随着服务外包业务范围的拓宽，服务外包的市场无论是从区域上还是从具体业务上都在逐渐转移，新的市场不断得到拓展。由于信息技术及网络技术的发展，使服务外包所需的技术水平提高，许多公司不仅将数据输入、文件管理等低端服务转移，而且还将审计服务、税务服务、研发等技术含量高、附加值大的业务外包出去。从20世纪90年代开始，美国和印度企业间的服务外包活动主要集中于IT和软件领域，近几年出现的业务流程外包则拓展到金融、保险、医疗、人力资源、客服等业务领域。接包方一般也从基本的低风险服务开始，积累经验技术后，再提供更为复杂的高端服务。目前又出现了继BPO之后的第三代外包流程——KPO（知识流程外包），比如，商业研究、数据分析、风险分析、咨询服务、联合风险投资等业务。当前印度涵盖了全球70%的KPO市场。

随着服务外包离岸方式强化，服务外包承接国家增多，新的地域市场得到拓展。服务外包在发展中国家取得了蓬勃发展，据商务部提供的资料显示，根据不同机构的估计，全球服务外包的市场规模在3000亿～5000亿美元，并将在未来几十年继续保持20%～30%的增长速度。亚洲近几年一直从美国和欧洲国家承接业务外包中获益，目前，亚洲公司也开始将业务外包给一些大型跨国公司。在发展中国家中，印度已成为服务外包首选地和主要承接国。中国、俄罗斯、巴西等新兴市场国家也逐渐成为重要的外包承接国。南非、加纳、越南、柬埔寨等也相继参与到承接外包的服务行列。

案例分析 ||||

案例一：财务外包的优势

A公司系一家国际性的集装箱航运公司，拥有庞大的运输网络，业务跨越亚洲、北美洲、欧洲、中东和澳洲等地，在全球56个国家中建立了230多家分支机构。

B公司是全球最大的管理咨询、信息技术和外包服务公司，在全球49个国家设立了分公司。其业务范围主要包括管理及信息技术咨询、企业经营外包、企业联盟和风险投资。

A公司和B公司签订了外包协议。根据协议，A公司重要的财务职能将外包给B公司。这个为期8年的契约规定A公司账户资金的结存、取款、对账都由B公司来处理，

双方制订了详细的流程交接计划，清晰地界定了服务的水平。协议创新力度最大的一点是关于A公司授权B公司参与其成本控制的规定，这将有利于A公司节省财务成本，提高赢利水平。A公司认为，与B公司的协议是集团公司致力财务管理流水化作业方面前进的一大步。B公司具备优秀的操作经验、为人称道的管理流程和管理工具，将有助于A公司缩减成本、改善现金流和提高服务品质。A公司还认为，其核心业务是物流运输，而不是财务处理，B公司在财务管理方面有专业特长，把集团公司的财务管理外包给B公司，符合市场经济比较优势的原则，同时有利于公司把金融管理职能全部集中到为公司创造价值的核心活动上来。

分析思考： A公司为什么能将财务职能外包给B公司？

案例二：A银行的欧洲合作支付外包

A银行是甲国最大的商业银行集团之一。资产总额为2578.38亿美元，排在甲国第四位，在世界1000家大银行中排第27位。2001年，甲国A银行准备通过一个挑战性的项目来部分地集中其欧洲支付结构。这一项目覆盖了其为支持部门所设的七个运作中心、为国际现金管理而设的客户服务业务和相关的银行业务。2002年，A银行决定使用Quartz，因为其能够满足该项目所要求的高业务处理率、响应时间和操作可测性。

乙国B公司是乙国著名的企业集团。其主要业务包括为各类大中小型企业（如金融银行业、保险业、电信业、交通、零售业、制造业和医药业等）提供相应的软件和咨询服务。

乙国B公司对Quartz项目已经拥有一定的成功经验。接银行该项目后，B公司将此次项目置于和以往所有成功Quartz项目相同的实现标准之下。这是一个在线/离线（on-site/offshore）模型。通过于此，一支由Quartz顾问和客户代表组成的当地团队制定了产品改进规约，并受到在乙国的指定产品团队在开发、测试、维护、打包和运输方面的支持。通过这种方法，甲国A银行从高水平银行业务和产品专家及乙国的高质量待命技师身上获益。

分析思考： 如何评价该项目外包的优势？

第三章 国际服务外包市场状况

学习目标

1. 了解国际外包的概念形成和发展原因
2. 了解国际服务外包接、发包市场状况
3. 掌握国际服务外包市场的发展趋势

引 言

以 IT 为标志的新兴技术的兴起，带动了整个社会经济的迅速发展，全球社会经济处于重新整合的时期。服务外包是以现代网络技术和高层次人才为支撑的新型产业，是高端的现代服务业，随着全球产业转移的升级和通信技术的飞速发展，全球社会分工越来越细，基于信息数字技术基础上的服务外包，正在成为新一轮国际产业转移的热点，并将成为第二轮经济全球化的重要推动力量。

服务外包已成为当今全球新一轮产业革命和转移中不可逆转的趋势。与全球制造业经历了从欧洲向美国、从美国向日本与韩国、从日韩向中国台湾和东南亚以及 20 世纪 90 年代开始向我国内地的转移相似，全球服务外包目前正经历从爱尔兰等中等发达国家向印度、菲律宾和中国等发展中国家的转移。服务外包的飞速增长也为全球经济和产业提供了新的发展机会，成为跨国企业全球布局、提高国际竞争力的重要考虑因素。

第一节　国际服务外包的概念形成和发展原因

一、国际服务外包的概念

根据上文中对于外包定义的说明，接下来可以很容易地给国际服务外包进行定义。所谓国际服务外包是指跨国公司将原本自身的非核心服务生产业务，通过在国外建立可控制的离岸中心或者是国外分公司，又或者是通过合同方式，发包、分包或转包给本企业之外的服务提供者，以提高自身的资源配置效率，达到优化资源原配置的效果，从而使企业利益最大化。

二、国际服务外包的发展原因

目前，国际服务外包已经成为世界经济的发展潮流，现代信息和科技技术的发展为国际服务外包提供了有利条件，服务外包也日益成为企业生存和发展的重要经营手段。国际服务外包的发展有其深刻的原因。

1. 降低成本，追求企业利益最大化是发展国际服务外包的根本动因

由于世界各地的资源存在差异，而在当今经济快速发展的时代，对资源的需求进一步增加，而这种资源的供需矛盾在如此快速的发展中凸显出来，从而在西方发达国家中开始寻求全球范围的服务外包，这样可以达到降低成本和利润最大化的目的。根据联合国贸发会议和罗兰杰战略咨询公司对欧洲 500 强企业的调查，这些公司的成本降低幅度大都在 20%～40%，在这个程度上很显然降低了企业的成本。企业通过这种将非核心的业务进行国际服务外包的形式，降低了成本，增强了企业的竞争力，在这中间，跨国公司的这一特点是非常明显的。然而，国际服务外包也逐渐成为这些企业降低成本的首选方式，同时也是最有效的方式。

企业的利益最大化的目标追求不仅仅是降低成本如此简单，企业的专业化分工在当今社会也日益凸显，竞争的关键在于核心技术，西方发达国家的企业采用这种国际服务外包的手段，将非核心业务外包出去，而企业本身则加强对核心业务的研究，通过如此手段更加专注于核心业务，最大限度地保持企业的竞争力。

2. 当代信息技术的发展是国际服务外包发展的重要前提

随着第三次技术革命的发展，特别是在 20 世纪 80 年代以后，随着计算机技术的迅猛发展，互联网和电信服务的发展，从根本上改变了企业管理模式和运行方式，企业进行信息收集、加工、传递的成本也变得低廉，企业的操作费用得到降低，同时许多服务实现了跨国贸易。信息技术为无形、不可储存的服务提供了有形的载体，促进了国际服务外包的发展。

3. 当代世界各国的制度和政策的调整在很大程度上推动了国际服务外包的发展，是国际服务外包的重要推力

进入 21 世纪以来，GATT 乌拉圭回合的成果确立了 WTO 对服务贸易和知识产权保

护的多边规则，充分地降低了服务外包的成本。在全球市场中，最为突出的是印度的服务外包，其外包园建设的特色和优惠税收的政策，以及其优势的人力资源吸引了跨国公司的外包业务，推动了印度在承接国际服务外包领域的领先地位。

第二节　国际服务外包发包市场状况

国际服务外包发包国比较集中，主要是美国、日本和欧盟等发达国家和地区，约占全球服务外包发包总量的95%。美国是世界上最早也是最大的服务外包输出国，全球国际服务外包业务中美国占了将近一半。金融危机期间，这些主要发包国经济受到重创，服务外包的发包合同大幅减少。随着这些发包国经济的复苏，服务外包发包额迅速增加，服务外包市场前景广阔。

一、国际主要发包国的发包情况

美国是全球最主要的服务外包发包国，近5年其服务外包的总量占全球的45%，市场较为成熟，根据美国Cutting Edge公司最近发布的报告，目前90%的美国公司至少有一项业务被外包。美国服务外包业务主要集中在纽约曼哈顿、旧金山硅谷和亚特兰大、洛杉矶等地区。美国软件公司占据了世界2/3以上的软件市场，软件服务发包市场规模占据了全球市场的64%左右。

日本离岸外包兴起的时间比美国晚，但是近几年的发展不断加快，离岸服务外包约占全球的10%，占日本国内市场需求的5%。日本是全球IT外包第二大转移国，IT服务离岸外包的总规模仅为其IT服务市场的1%左右，增长空间巨大。在日本离岸软件外包市场中，日本公司主要在我国寻找软件外包承包商，我国获得的份额超过了50%。

欧盟的离岸服务外包业务开展得较晚，总量也不太多，但是其发展是非常迅速的。全球BPO的发包市场中欧盟占26%，中型公司和跨国公司是离岸外包的主要用户，许多西欧国家选择将其业务流程外包到东欧，旨在节省成本和增强竞争力。根据欧洲信息科技观测中心（EITO）测算，欧盟软件及IT服务市场将持续增长，增长幅度为4.4%，达到3200亿欧元。预计到2015年欧盟发包市场规模将上升到250亿美元，年平均增长率达到10%。

二、国际服务外包发包总体趋势

全球服务外包市场多元化发展十分明显。2010年传统的信息技术外包（ITO）占全球服务外包市场60%以上的份额，而业务流程外包（BPO）和知识流程外包（KPO）由于科技含量较高、涉及领域众多等特点，正逐步变成服务外包市场的主流。服务外包向高端化、科技化发展的趋势，也促使外包行业从比较分散的状况向更为综合化的方向发展。

随着新兴市场国家的兴起，大量廉价而优质的劳动力、良好的发展产业环境，将会促进新兴市场国家的服务外包迅速发展，2010年拉美的服务外包市场规模达到了2300多亿美元，2011年的增长率将达到9.2%。在未来，巨大的市场需求将会促使越来越多的服务外包企业在新兴市场国家进一步发展壮大。

目前发达国家在发包中，有两种明显的选择倾向。一种以欧洲和日本的近岸外包选择为特征，即在与本国距离较近和文化接近的区域进行服务外包，这样能够有很好的地理接近性和文化适应性；另一种是以美国的远岸服务外包选择为特征。不同的倾向，使得这些发包国会选择不同的国家作为主要接包地。这种倾向也决定了未来几年国际服务外包的发包将呈现出下列两大趋势：

一是美日欧企业外包业务很大部分将发给在岸高端接包方。金融危机后，更多的发包商开始重新考虑交付中心地点和布局，为了保证质量，发包商开始倾向在境内完成外包业务，从其选择接包企业的情况来看，预计欧美企业将多发给如 IBM、EDS、Accenture 等，日本企业将多发给 NTT Data、NRI 和 NEC 等，这样基本能保证外包的质量。

二是美欧日离岸外包发包仍将持续增长。离岸服务外包可利用海外廉价的劳动力来大大降低成本，且可以借助多个时区的外包提供商延长服务时间，以满足全球各地客户的要求。因此，未来一段时间，主要发包国仍会采取离岸外包形式。预计未来的离岸外包发包业务中，美国将占 2/3，欧盟和日本占将近 1/3。美国等发包国多会选择印度、菲律宾、中国等国接包；欧盟多会选择东欧国家和俄罗斯；日本会更多考虑在中国建立离岸业务。日本地震对其发包业务短时间内会有一定影响，但从长期看，仍会为世界最主要的发包国。

三、国际主要发包国未来外包业务重点

未来几年，美国各行各业都会有较强的 IT 外包需求，根据 IDC 的研究报告，IT 外包需求量前 10 位的行业分别为：制造业、银行业、政府、金融业、通信媒体、零售批发、服务业、公共事业、医疗健康、保险业。此外，美国业务流程外包将占全球业务流程外包的 60% 以上，其业务重点包括人力资源、金融和财务等后台管理业务；制造、物流、客户服务等运营业务；产品设计与开发、市场与营销等。

欧盟的软件发包约占全球发包市场的 16%，未来，软件发包仍是欧盟的业务重点。在欧盟年收入超过 1 亿欧元的大企业中，有 70% 会将其某一项业务流程外包，主要业务包括维护、物流等。

日本 IT 业的技术开发人才严重不足，将迫使其不断增加离岸业务量。日本仅 IT 软件编码业的技术开发人才的缺口就在 10 万人左右。由于人手不够，将使日本存储软件领域的国际外包继续增长，外包比率将达到其业务量的 80% 左右。

四、国际主要接包国市场状况

从承接方来看，服务外包承接国数量激增，但是发展的层次是不一样的。从发达国家来看，服务外包承接大国澳大利亚、新西兰、爱尔兰、加拿大等国国内服务外包行业成熟，已经形成了一定的产业规模和发展优势，但是和发展中国家相比，人力资源优势已经不复存在，因此，其在最近几年的发展中明显落后。许多国家已经跌出 2010 年 Gartner IT 排行榜的前 30 强。

从发展中国家来看，最近几年承接服务外包的发展中国家数量激增，已经成为全球服务外包市场上重要承接方。拉美、亚太地区的服务外包行业发展极为迅速，正在成为服务外包行业发展的重要引擎。亚太地区已经成为全球最具吸引力的服务外包投资地，中国、印度、菲律宾承接了全球服务外包60%以上的份额。拉美的巴西、墨西哥等国也是世界上重要的服务外包承接国，2010年拉美的服务外包IT市场规模达到了2300多亿美元，2011年将增长9.2%。另外，近几年许多中小贫困、落后国家，如柬埔寨、肯尼亚、斯里兰卡等，国内的服务外包行业得到了飞速的发展。如2010年斯里兰卡IT与商务外包产业产值达到3.9亿美元，同比增长了25%，国内从业人员达到35000人，相关企业达到150家。

第三节 国际服务外包市场的发展趋势

一、全球服务外包发展现状

（一）全球服务外包市场总体发展状况

目前，全球服务外包行业已经逐步摆脱了经济危机对其产生的消极影响，正处于产业恢复和快速发展时期。如印度2010年信息技术和业务流程外包行业出口额达到500亿～570亿美元，比上一财年增加13%～15%，该行业国内市场营业额将为7610亿～7750亿卢比，增幅为15%～17%；英国外包市场从2004年到2011年增长了36%，未来10年仅在IT领域的外包业务就将增长6倍。同时，2010年第四季度的TPI指数显示：2010年全球服务外包的年度收益达到931亿美元，同比增长了2%，5年复合增长率达到了5.1%；仅2010年第四季度全球服务外包市场合同总值达到216亿美元，环比增长了30%。

然而，受欧洲债务危机、美元持续贬值和全球性通货膨胀的影响，从整体上看，全球服务外包行业仍然处于不景气时期。TPI指数显示，2010年全球服务外包市场合同金额为794亿美元，同比下降11%，ITO合同金额为624亿美元，同比下降3.7%，BPO合同金额为170亿美元，同比下降31%。因此，全球服务外包仍然没有恢复到经济危机以前的发展水平。

（二）全球服务外包市场结构状况

到目前为止，全球服务外包市场的产业格局并没有发生大的变化，服务外包的需求方——美、日、欧等发达国家仍然主导整个产业的发展。

有关研究显示，全球服务外包增速短期减缓。2009年上半年，全球新签外包合同金额下降了22%。另外，服务外包反弹趋势明显。由于传统发包市场的复苏，新兴发包市场的增长、服务外包领域的拓展、商业模式的创新，2009年制造业、电信业、交通运输业外包合同总额分别增长了80.5%、59.3%和44%。

目前从发包国来看，美国、日本、欧洲是主要的发包方，提供了全球服务外包业务的绝大多数份额。美国占了全球市场的64%，欧洲占了18%，日本占了10%，留给其他国家的还不到10%。全球服务外包市场严重依赖于美日欧，使产业格局呈现出一种"中心—

外围"的发展格局。

二、全球服务外包市场发展的特点

以 IT 为标志的新兴技术的兴起，带动了整个社会经济的迅速发展，全球社会经济处于重新整合的时期。服务外包是以现代网络技术和高层次人才为支撑的新型产业，是高端的现代服务业，随着全球产业转移的升级和通信技术的飞速发展，全球社会分工越来越细，基于信息数字技术基础上的服务外包，正在成为新一轮国际产业转移的热点，并将成为第二轮经济全球化的重要推动力量。

受全球经济影响，2008 年金融危机后全球服务外包产业发展速度明显趋缓，特别是从 2008 年第四季度开始有收益萎缩，并在 2009 年上半年继续缩水，服务外包产业步入低谷，2009 年下半年市场有适度恢复，特别是研发外包与工程设计外包的增长比较明显。2010 年，全球软件与服务外包市场规模达到 1209.1 亿美元，相比 2009 年增长 8.13%，基本恢复到 2008 年水平，开始恢复性增长。从全球产业布局、服务产品结构、生态系统演变等角度，主要呈现以下几个特点：

（一）全球产业布局基本形成，发包方与接包方集中度较高

随着经济全球化的发展，欧美国家产业转移速度加快，越来越多的服务外包以离岸的方式进行。目前，以美、欧、日等发达国家作为主要发包国，发展中国家的新兴经济体作为主要接包国的全球离岸服务外包格局基本形成。

从发包市场看：服务外包发包方市场主要集中于北美、西欧和日本，总量约占全球的95%，其余国家所占比重仅为 5%。美国是全球第一大 IT 服务需求市场，占有全球 1/3 以上的市场份额，日本的 IT 服务市场排在全球第二位，占到了 14%。西欧共占到了 31%。亚太地区则占到了 7%。从离岸业务角度看，美国的份额超过 50%，为最大的服务外包发包国。

从接包市场看：越来越多的发展中国家已经认识到发展服务外包对推动本国产业结构调整、技术升级换代以及拓宽就业渠道的重要作用，纷纷立足政治经济稳定、人力资源基础技术完善、工资水平较低等自身优势打造错位发展格局。目前，印度、爱尔兰、加拿大、东欧、菲律宾等东南亚国家以及中国是离岸外包的主要承接国，占到全球的 94%左右。

（二）IT 服务产品结构调整加快，高端业务扩容，服务附加值增长

作为发展最早和市场份额最大的 ITO，在全球金融危机中显示出较强的抗危机性，成为支撑整个服务外包市场的中坚。而随着新兴技术的发展以及企业外包需求的不断细化，ITO 和 BPO 市场将向更高附加值方向延伸，同时，KPO 市场开始崭露头角，成为 ITO 和 BPO 市场的重要补充，推动服务外包向更专业化、技术密集化方向发展，服务外包层次不断提高。

在服务外包发展演变过程中，外包出去的业务从低技术含量走向高技术含量，从价值链的低端走向高端。如今外包的内容已不再仅仅是各种劳动密集型产业，企业从外包简单的制造加工环节，发展到外包集中在价值链高端位置的像数据挖掘、设计研发、供应链管理、金融服务等核心业务环节，并开始向法律服务、会计服务、审计服务、税务服务、建

筑设计服务、新兴 IT 基础设施服务、离岸设计研发服务、知识和创意产业等领域拓展。高端业务迅速细分，在向上攀升的过程中，接包方的业务利润率也在逐步提高，竞争对手不断减少，市场的空间却在显著放大，服务附加值快速增长。

（三）客户在制定服务外包采购战略时日见成熟，发包商需不断优化服务商系统，建立全球交付体系

发包商服务外包的目的在于集中自己的现有资源和经验来发展核心业务和开拓新的经营空间，离岸外包的目的从单纯降低人力成本，向获取人才、开发新产品、新业务和新技能转变，服务外包交易的结构变得愈加复杂，同时也愈加专注在战略成果方面。

海外外包服务正在变得更加复杂，不仅包括应用软件的开发与维护，还包括了借业务流程与技术而实现的企业转型。发包商会从服务商那里寻求成熟的产业化服务模式与方法，期待交付的外包服务中能够包括转型变革能力。在考虑大规模外包服务时，他们通常会寻求全球采购的方式，建立"一对多"（one-to-many）以及"多塔式"（multi-tower）的服务平台，这样他们就能够在规模优势中获利。客户只想同有资质及成功案例的供应商进行合作，发包商不断在外包地寻求最佳组合，进一步整合供应商，优化供应商系统，建立全球交付体系。服务外包对业务流程知识的要求，正考验印度等外包服务商的能力极限，这样，客户外包服务协议中的专业性与灵活性变得更为重要，只有那些在外包服务以及客户所在行业都具规模、经验和能力的服务提供商，才能获得可持续的成功。

（四）服务外包手段增多，多元化发展趋势明显

目前，全球服务外包市场多元化发展已经十分明显。虽然传统的 ITO 外包在最近几年的发展依然良好，2010 年全球服务外包市场上 ITO 外包占据了 60% 以上的市场份额，但是，BPO 和 KPO 外包正在成为发展的主流。

从 ITO 发展来看，TPI 指数显示 2010 年 ITO 全球合同总额达到 624 亿美元，同比下降 3.7%，远远达不到 2000 年的 766 亿美元，这说明全球 ITO 产业仍没有走出低谷。但是，全球经济复苏的势头已经十分明显，全球 IT 硬件出货量已经开始实现正增长，而 2010 年第四季度全球 ITO 市场规模达到 187 亿美元，同比增长了 59%。因此，ITO 仍将是服务外包产业的主流。

从 BTO 发展来看，TPI 指数显示，2010 年全年的合同总额仅有 170 亿美元，同比下降了 31%，但是 2010 年第二季度 BTO 合同总额达到了 59 亿美元，同比增长了 60%，而 2011 年第一季度更是达到了 66 亿美元，同比增长 111%，因此，BTO 上升速度极为迅速。

从 KPO 发展来看，作为服务外包业务新出现的发展方式，其发展前景更是不可限量。2008 年毕马威的研究报告已经把 KPO 列为现实的、主流的外包选择之一。目前其正处于发展的初期，产业规模比较小，但是，在新兴产业发展的浪潮之下，其一定能成为全球服务外包行业新的推动力量，极大地促进全球经济的发展。

因此，全球服务外包市场目前处于"三足鼎立"的局面，但是 ITO 仍然占有决定性的优势，而 BTO 和 KPO 将在服务外包未来的发展中迅速扩张。

（五）承接地发生重大变化，发展中国家独占鳌头

受到经济危机的影响，全球经济一片萧条。为了降低开支、提高效率，发包企业在选择服务外包承接企业时重点考虑外包成本，因此拥有大量廉价优质劳动力、国内产业发展良好的发展中国家就成为其首选之地。这就使近几年服务外包的承接地发生了重大变化，发展中国家正在成为全球服务外包新的发展基地。

例如，菲律宾凭借其在语言、人才、文化方面的优势，大力发展服务外包行业，2010年服务外包业务预计将增长23%，其话务服务行业营业收入达到63亿美元，超越印度成为全球最大的话务中心服务外包国家，预计到2016年其信息技术服务外包行业年收入将翻番，达到250亿美元，占全球市场10%的份额。乌克兰已经是世界上信息服务出口的第五大国，2010年信息服务出口已达10亿美元，其信息技术人才总数已经位列世界第四。

与此相对，因为成本、人力资源等方面的劣势，发达国家的服务外包行业的竞争力则逐年下降。2010年Gartner IT排行榜中，又有七家发达国家被挤出了榜单，到目前前30强中的绝大部分都是发展中国家。2010年TPI离岸外包前10强中，发展中国家已经与发达国家平分秋色，各占一半，印度已经成为全球第一。因此，发达国家的服务外包行业已经不占优势。目前，全球服务外包行业承接地已经进入新的发展状态，发展中国家独占鳌头。

（六）服务外包向高端扩展，KPO 得到快速发展

目前，新的服务外包方式——KPO已经在世界上大行其道，成为行业发展新的增长点。KPO外包涉及的领域大多为企业的核心技术、对员工的素质要求较高、业务流程复杂，是目前服务外包中的知识密集型产业。目前，全球KPO产业已经从最初的12亿美元发展到拥有100亿～120亿美元，年均增长率有望达到30%～40%的产业，其未来的发展更是不可限量。如印度工商协会估计仅印度的KPO外包规模在2012年就有望达到100亿美元。

KPO业务的快速发展导致国际服务外包行业开始向高端扩展。KPO涉及知识产权、股票、金融和保险、人力资源、生物工程等领域的核心业务流程，外包这些流程，无疑会推动行业摆脱低端化、缺乏科技含量的困境，使服务外包行业向科技密集型方向发展，推动整个行业进一步向高附加值、高科技行业进军。

三、全球服务外包产业发展趋势

（一）服务外包产业已经进入产业上升期，未来发展将十分迅猛

最近几年，受到经济危机的影响，全球服务外包产业的发展受阻，许多国家的服务外包产业陷入停滞，甚至出现了倒退。而从爱尔兰、希腊等国蔓延到整个欧洲的债务危机更使全球服务外包产业发展雪上加霜。如波兰、爱尔兰、印度等服务外包承接大国都遭受到了重大损失。但是，随着全球经济的复苏，服务外包行业正在重新实现快速发展。目前，这种发展势头已经十分明显，许多国家的服务外包行业都实现了大幅度的增长。

例如，印度2010年服务外包行业实现了10%以上的增速，据印度全国软件和服务企业协会估计，未来印度的服务外包行业将保持高速增长，到2020年，仅IT和BPO外包行业的出口额就可能增长近两倍，达1750亿美元；菲律宾的服务外包行业在2010年收入可达100亿美元，在2011年将为其带来120亿～130亿美元的收益，到2020年其将占全球服务外包业务总量的20%；拉美的服务外包行业也实现了一定程度的增长，IDC预测拉

美的服务外包业将在 2011 年扩大 11.5%。因此，服务外包行业正处在产业发展的上升期，亚太、拉美、EMEA 国家服务外包产业的快速发展，无疑将引领全球服务外包产业进入新的发展阶段，带动其迅猛发展。

（二）产业发展的国际格局短期内不会变化，但是已经有所改变

美、日、欧凭借巨大的国内市场、发达的科技和创新能力以及数量众多的大型公司的优势，仍然是全球服务外包市场上重要的需求方。例如，美国是全球主要的软件生产和出口大国，国内软件公司占据了 2/3 以上的世界软件市场，目前其提供了大约 70% 的全球服务外包合同；日本拥有索尼、夏普、佳能等国际 IT 巨头，国内信息服务产业销售额已经超过 1000 亿美元。

因此，在未来相当长的时间内，全球服务外包的主要需求方仍然是美、日、欧等发达国家，其仍能通过需求控制服务外包行业。但是这种产业格局正在改变。目前以印度、中国为代表的新兴国家快速崛起，其国内市场巨大、产业发展迅速。如果这些国家通过发展，国内需求能得到进一步的释放，则很可能成为新的服务外包需求方，打破现在的产业垄断格局。

例如，印度 IT 行业发展迅速，目前现在已经开始与中国、蒙古等周边国家合作，共同发展服务外包行业，其国内的离岸自建中心发展迅速，保持着 21% 的年复合增长率；我国国内市场巨大，国内服务外包行业的发展主要依靠自身的需求，在未来，随着市场规模的壮大，我国将成为世界上重要的服务外包发包国。

因此，随着新兴国家的兴起，产业格局有可能得到修正，出现多极化的发展趋势。

（三）服务外包承接方不断向新兴发展中国家扩展，导致承接国之间竞争加剧

国际服务外包的承接国能从服务外包中获取很多好处。如可以使承接国的经济和科技创新力得到提升，产业分配格局、出口结构等得到优化，吸引外资，促进服务业的发展，提升国家的国际形象和技术实力等。这导致国际服务外包的承接国数目急剧增加、竞争日益激烈。2010 年的 Gartner IT 外包排行榜中，新西兰、爱尔兰、加拿大、新加坡等许多成熟的国际服务外包的承接国最终没有进入榜单，这不仅说明国际服务外包的承接地正在向多元化发展，更加说明国际服务外包承接地之间的竞争日趋激烈。

受经济危机的影响，许多公司为了进一步降低企业运营成本、研发新的技术，不得不放弃对服务外包的偏见，把相当多的业务外包给成本低廉的发展中国家。同时，导致企业对承接地信息安全、知识产权、产业成熟度等因素的重视程度降低，对人力资源重视程度的提高。这些因素都促成了服务外包行业向发展中国家进一步扩充，导致服务外包承接国数量急剧增多。

KPO 和 BPO 领域需要较高的劳动力素质、科技含量较高，所以许多国家并不具备发展条件。因此，目前的竞争集中于 ITO 这一发展成熟、较为低端化的领域，这就导致各国之间的同质化竞争，竞争态势十分激烈。

四、全球服务外包产业的未来预期

（一）服务外包产业发展规模的潜力巨大，市场规模将得到进一步扩展

经济危机后，大型跨国公司纷纷采取外包来实现企业效率的提高，因此，服务外包市场规模得到进一步扩展。同时，随着全球进一步向绿色、科技、扁平化发展，新兴产业得到了全球各国的重视，正在逐步得到发展。而服务外包行业作为其中重要的发展方向，也成为未来全球经济发展的重要推动力量。因此，全球服务外包得到进一步发展已经成为一种共识。

从近期来看，据 Gartner 公司对全球市场的分析及预测，到 2012 年全球服务外包市场规模可达 9750 亿美元。从长远来看，据印度的产业组织估计，未来全球的服务外包产业将保持 30%～40% 的增长率，到 2020 年仅 IT 外包的规模就将达 1.5 万亿～1.6 万亿美元。2010 年我国商务部副部长王超曾表示，目前 95% 的全球财富 1000 强企业已经制订了业务外包计划，预计到 2020 年全球离岸服务外包市场将达到 1.65 万亿～1.8 万亿美元。可见，服务外包产业的发展潜力巨大，市场规模将急剧扩张，在未来无疑将成为全球经济发展的重要引擎。

（二）KPO 和 BPO 将成为未来发展主流，推动产业纵深发展

虽然 ITO 的市场规模占据了全球服务外包市场 70% 的份额，但是最近几年 KPO 和 BPO 外包也在快速发展。TPI2010 年第四季度的数据显示，全球 ITO 市场仍没有恢复到 2000 年发展时的高点，因此，全球 ITO 仍处于产业发展的恢复期。而 BPO 和 KPO 则正在进入产业迅速发展的时期。虽然，全球服务外包未来发展的重点仍在 ITO 外包上，BPO 和 KPO 外包不可能撼动 ITO 的市场地位，但是其凭借科技含量较高、涉及领域众多等特点，正逐步变成服务外包产业新的发展方向。如 Luxoft 公司预测未来在专业技术、地区优势和业务融合的推动下，外包行业将从比较分散的业务向更为综合化的方向发展。而这正是 BPO 和 KPO 外包的优势。因此，未来这两种外包方式将成为行业发展的重点。

同时，KPO 和 BPO 外包的是企业的各种业务流程，为了保证客户公司该部分业务的效益，需要外包供应商具有管理、运营、开发、财务、金融等方面的能力来优化其成本结构。这也就深化了服务外包产业的服务领域，使服务外包逐步向高端化、科技化方向发展。

（三）服务外包承接国数量增多，导致其逐步向差异化方向发展

随着发包方更加看重成本优势，那些拥有大量低廉、质高劳动力的发展中国家成为服务外包重点发展的地区，这就导致承接国数量的急剧增多，进而不可避免地导致承接国之间竞争的加剧。为了实现发展，避开同质化竞争，承接国必须找准自身的优势和特点，把握整个行业的发展趋势，向特色化、差异化的方向发展。

例如，乌克兰、俄罗斯等国的信息技术比较发达，国内相关行业的人力资源比较丰富，就选择 IT 行业作为重点发展方向；埃及拥有地缘、多文化汇集的优势，因此，其大力发展针对英国、法国、德国等欧盟国家的服务外包产业；南非的基础设施优越、英语人口多、金融服务世界一流，因此，通过重点发展语音业务，打开了英国、美国、澳大利亚、欧洲其他国家的市场。

因此，未来全球服务外包承接国极有可能实现差异化发展，通过产业成熟度、地缘、

人力资源优势等方面的特点，承接地服务外包产业正在形成不同的发展层次。如，目前澳大利亚、爱尔兰等发达国家虽然不具有人力成本优势，但是凭借产业成熟度、地缘等优势，开始向高端服务外包业务的方向转移。而那些刚刚进入服务外包行业的国家，如，斯里兰卡、柬埔寨等国，则凭借成本优势，承接低端的服务外包业务。

（四）国际服务外包的发展现状分析

20世纪80年代初，国际服务外包开始兴起，首先是由美国大企业与印度的中小公司开展合作，而这种合作主要集中在IT服务和软件领域。随着科学技术的发展特别是IN-TERNET、高速数据网络方面的迅猛发展，同时在发展中国家的投资环境得到进一步改善，至此，国际服务外包的规模得到进一步的扩大。

1. 国际服务外包市场的整体规模和服务范围正在迅速扩大

网络技术的发展和广泛应用为国际服务外包创造了必要条件，充分利用不同国家和地区的不同的比较优势和竞争力把一些业务的生产转移到成本更低的国家和地区，这无疑是对国际服务外包的交易规模放大。根据Gartner咨询公司的数据，世界服务外包市场从2004年的3040.83亿美元增长到2009年的4322.9亿美元。全球外包服务2004～2009年的年复合增长率预测为7.9%。同时根据联合国贸发会议预测，未来几年的国际服务外包市场每年将以30%以上的速度增长，而国际服务外包的贸易量在2010年已经超过200000亿。

2. 服务外包离岸方式强化，服务外包承接国家增多，发展中国家和一些新兴市场的发展为国际服务外包的迅速扩张创造了有利条件

这些发展中国家和新兴市场拥有大量成本较低却受过高等教育或专业培训、同时也熟悉外国客户语言和文化的高素质熟练劳动力，形成了可靠、快速、高效的信息网络基础设施，建立了较健全的、特别是针对保护知识产权的法律体系，制定了针对提供服务外包和承接服务外包企业的优惠政策等。这些有利条件都促进了服务外包的迅速发展。从全球范围来看，美国是服务外包的主要发包国，占1/3，欧洲和日本的跨国公司和国际机构也紧随其后。接包国为爱尔兰、加拿大等发达国家及以亚洲国家为主的发展中国家。亚洲是承接服务外包最多的地区，约占全球外包业务的45%。印度成为亚洲服务外包的中心。我国的服务外包也呈上升态势。各个发展中国家也不断加入到承接服务外包的行列中来。一些国家也形成了服务外包较为集中的新兴典型城市。

3. 高技术含量、高附加值的业务逐步提高

随着科学技术的发展，服务外包业务中的科技含量也不断提高，服务外包市场中知识、技术的比例越来越高，所需的知识技术水平也不断提高。目前，全球服务外包涉及的范围已由传统的信息技术外包和业务流程外包拓展到金融、保险、会计、人力资源管理、媒体公共管理等多个领域。仅就金融服务领域而言，KPO服务的市场规模在2010年将达到50亿美元。

案例分析

案例一：

如果你从英国伯明翰到德国柏林，你搭乘的是英国航空班机（British Airways）吗？

实际上，并不是。

虽然航机展现出英航的全套外观，机组人员身穿英航制服，舱务空服员也穿戴着充满浓厚英航企业色彩的服装，但是，其实你这趟旅行使用的是英航全面借助外包的某航运公司提供的客机、机组人员和舱空服务员，机舱乘客餐饮也由某空膳集团公司承制，机票则由旅行社代理销售。

实质上，英国航空近似一个虚拟公司（Virtual company）。维修工程外包，全球据点的地勤服务亦由当地同业接手代理。英航并不将这些领域视为事业核心，反而在另一项焦点资产——乘客身上，倾注全力。

分析思考：

1. 通过案例理解国际服务外包的概念。
2. 阐述国际服务外包的优势。

案例二：

2005 年 4 月 20 日，A 公司宣布将它 160 亿美元的企业养老基金移交给 B 投资管理公司。由于管理成本不断上升，公司对长期业绩感到忧虑，促使 A 公司聘用外部专业公司管理它们的养老金计划。作为交易的一部分，B 投资管理将收购 A 的投资管理分部，接受该部门帮助管理公司主要养老金计划的 55 名雇员。B 投资管理公司获得了 7 年基金管理权，管理 A 公司全部 160 亿美元企业养老基金。

成功的财务外包不仅仅缩减了财务管理成本，同时，这种方式提高了企业工作的效率和质量。合作之后，A 公司管理层顺利得到解放，得以把注意力集中到可以"增值"的核心业务领域，大大提高了企业的竞争力。

分析思考：

1. 根据案例论述服务外包发展的动因和优势。
2. 分析国际服务外包的发展原因。

案例三：

有这样一则家喻户晓的神话。在美国有一家生产鞋子的 A 公司，四层楼高的总部里看不见一双鞋，员工们只忙着做两件事：一是建立全球营销网络，二是管理它遍布全球的公司。不用一台生产设备，A 总公司缔造了一个遍及全球的帝国。那么 A 公司是怎样实现这么高的赢利的呢？

A 公司的成功，要归功于它的独创性生产经营思维。在当时的市场中，他们率先脱离传统的生产模式，不再亲自投资建立工厂、招募工人、组织庞大的基层部门生产鞋子。A 公司采用了价值链挤压模式，具体地说就是将生产外包。A 公司在早期发现，他们的生产已经不能满足消费者大量的需求，市场对他们的产品已经出现供不应求的情况。而且在当时，当 A 公司有了一种新的设计方案或者销售商要求的订单到达时，A 公司的生产部门却不能及时提供产品，这给 A 公司带来的不仅是经济方面的损失，更重要是信誉方面的损失。

此时，A 公司找出问题所在。他们在生产方面并没有比竞争对手更多的优势，生产跟不上企业的步伐，严重滞后了企业的发展。于是，他们开始寻找外部生产，也就是生产外包。生产外包的对象从日本、西欧转移到了韩国、中国台湾，进而转移到中国大陆、印度等地。这些都是世界上劳动力十分低廉的地区。A公司巧妙地把生产压力直接转向外地。这种特许经营的优势，不仅仅在于生产成本的降低，各方面的好处也远远大于他们的估计。

首先，生产外包可以使A公司的管理重点转向新技术的开发、产品营销和人力资源、品牌、企业形象等无形资产，从而大大地精简了企业繁重的机构部门，减少了许多费用，使A公司及时跟上时尚的要求，甚至成为行业的"领头羊"。其次，当A公司生产外包给其他发展中国家的时候，也促进了当地的经济发展，增加了当地的就业，甚至可能输出部分先进的生产技术及设备。因此，像A公司这样的跨国企业，很受当地政府的欢迎，不仅可以轻松地完成生产计划，还得到许多优惠政策。最后，在其国外外包生产，不仅仅在生产方面得利，在销售方面，A公司更是尝到了甜头。也就是说，在生产外包的同时，A公司的品牌也打入了该市场，开始深入人心。

这种经营模式给A公司带来的财富，不仅仅体现在经济利润上，还体现在其产品正在慢慢地蔓延至全球的每个角落，使A公司品牌成为消费者争相购买的对象，成为运动品牌中的权威。

分析思考：

1. 分析A公司的经营模式与取得成功的原因。

2. 通过案例从服务外包形式上，理解全球服务外包产业发展方向。

案例四：

有一家A公司是美国著名跨国供应链集成商在成都创建的独资公司。A公司总部拥有尖端的IT研发技术、规范的运作系统、巨大的市场份额、先进的设计能力的生产体系和高效的管理团队，其高效持续发展、可充分满足各方面业务需要的ERP系统，是A公司的基石，其丰富的电子商务功能，更是A公司的窗口。通过与其分布在中国、加拿大、墨西哥、英国等国家的分公司的整合运作，使A公司在电脑、存储设备、网络产品、通信产品、系统、配件和外围设备的生产和销售上，处于全球领先地位。A公司是中国华西地区的面向欧美和亚太客户服务的研发中心、运营中心和管理中心，为客户提供更先进、更满足需求的IT技术与服务，提供更规范的业务流程管理，提供全方位24小时的电子商务服务。

1. 软件外包服务（ITO）。作为一家高新技术企业和软件企业，A公司定位于国外软件外包服务和国内IT高端软件产品分销业务。A公司外包服务主要包括：客户定制的软件开发服务、产品软件开发服务、应用软件测试服务、IT基础架构管理服务、业务流程外包服务（BPO）等，主要业务分布于美国、加拿大、墨西哥、英国、日本等地区；在国内分销业务方面，以企业级基础应用软件为主要分销产品。A公司继续使用总部成功研发的能满足全球分销业务需求的各种软件系统，如在线交易系统、决策支持系统、财务管理系统、供应链管理系统、客户关系管理系统、物流配送管理系统、人力资源管理系统等，使企业能够有效地控制采购、运输、仓储、配送、网上订单、网上支付、信用管理、区域平台管理、资金管理等各项分销业务环节。

2. 业务流程外包服务（BPO）。BPO（Business Process Outsourcing）就是企业将一些重复性的非核心或核心业务流程外包给供应商，以降低成本，同时提高服务质量。由于进行 BPO 的流程是重复性的，并采用了长期合同的形式，因此，BPO 远远超出了咨询的范围。如果 BPO 做得成功的话，它能够增加公司的价值。BPO 与传统的 IT 外包之间的区别在于，BPO 能够帮助公司更快地完成外包。A 公司将凭借总部多年对美国、英国、加拿大、日本等国家和地区 BPO 经验，在成都地区大力发展以北美为主、广涉全球各地的业务流程外包服务。同时，利用总部在分销领域的多年成功经验和国际 IT 厂商的密切合作关系，以成都为核心辐射整个华西地区开展计算机软件、硬件、网络及相关设备的国内分销业务。

分析思考：

1. 分析 A 公司国际服务外包的市场的发展结构。
2. 简述 A 公司服务外包的发展特点。

课后习题

1. 理解国际服务外包的概念，以及其有哪些特征？
2. 国际服务外包发展的现状与特点是什么？
3. 全球服务外包产业的发展趋势怎样？发展中国家应该如何应对？
4. 当今全球服务外包市场的结构状态与发展特点。
5. 简述未来服务外包发展中 BPO 市场的发展动态。

第四章 我国服务外包产业现状和发展

学习目标

1. 了解我国在全球服务外包市场中的地位
2. 了解我国国际服务外包的发展现状
3. 了解我国国际服务外包存在的问题
4. 了解影响我国承接国际服务外包的国际因素
5. 了解政府对国际服务外包发展的对策

引　言

近几年，在世界经济增长放缓的背景下，跨国公司开始了新一轮产业结构调整。制造业全球产业转移仍然是其重要内容，但服务业跨国投资发展速度很快，以服务业外包和高科技、高附加值的高端制造及研发环节转移为主要特征的新一轮全球产业结构调整正在兴起。服务外包作为服务产业转移的重要形式之一，增长势头尤为迅猛。据联合国贸发会议资料，全球跨国直接投资已从制造业外包转向服务业外包为主，服务业外包成为跨国投资的主要引擎，预计未来几年全球软件与服务外包市场将以 30％～40％的速度递增。作为一种全新的商务模式和服务产业转移的重要表现方式，服务领域的外包现象成为全球经济活动转移的"领头羊"。

我国快速增长的宏观经济环境、巨大的制造业市场、优质低成本的劳动力、完备的基础设施，尤其是日益普及的通信设施以及入世之后在服务领域不断加大的开放力度，使其成为承接跨国公司服务外包的重要目标国之一。

第一节 我国在全球服务外包市场中的地位

目前，以现代服务业转移为主要特征的新一代世界产业结构调整方兴未艾，其中，服务外包作为现代服务业的重要组成部分，已经成为新时期推进全球经济一体化的重要引擎，产业正处于高速发展期，越来越多的国家和企业被纳入国际服务外包的全球网络中。我国也不例外，服务外包正加速推动着"我国制造"向"我国服务"转变的发展趋势。

一、从产业自身横向发展看

随着以 IT 为基础的交付方式逐步成熟，以及发包企业对成本、速度和灵活性的进一步需求，全球服务外包涉及的范围由传统的信息技术外包拓展到技术含量更高、附加值更高、层次更高的业务流程外包（BPO）。在过去 3 年里，BPO 成为离岸外包市场成长最快的模块，正在逐步成为全球范围内越来越多的企业竞相追逐的目标。我们认为在 2011 年 BPO 会和 KPO 一起实现飞速发展，而我国绝对是 BPO 的首选地之一。

二、从产业纵向转移趋势看

2008 年金融危机带来服务外包产业的大洗牌，受到成本相对较低、政局稳定以及拥有地域或语言优势的因素影响，使得国际市场上发包业务从传统接包国（老牌的接包国印度）向新兴接包国加速转移，如中国、马来西亚、菲律宾、越南、巴基斯坦、塔吉克斯坦、阿根廷、波兰、罗马尼亚、埃及、南非等不断加入接包国行列。这些新兴接包国的产生给传统接包国带来了诸多挑战，主要表现在：

1. 在欧洲地区，接包业务主要在欧洲内部消化，一般不考虑外包到其他地区，外包业务也主要集中在产业的中高端，主要是一些软件研发和流程外包服务；其中俄罗斯正成为新兴的全球服务外包研发中心，爱尔兰和西班牙主要从事软件开发和呼叫中心业务。

2. 在中东和北非地区，如埃及、约旦、突尼斯等国，由于人口受教育水平较高，劳动力成本相对低廉，并拥有接近欧洲市场的区位优势，正在成为另一个重要的服务外包承接地。

3. 在亚太地区，基于该地区人力成本低、政治环境稳定等因素，成为新型接包国。例如马来西亚政府积极培育强大的研究基地，致力于建成一个全球软件外包的中心和枢纽；菲律宾则凭借强大的会说英语的人才库，努力成为亚太地区最大的呼叫中心市场，越南则希望成为全球最大 IT 生产商和 IT 创新企业外包其业务的目的地；印度尼西亚是有吸引力的低成本运营地。其中，中国、印度、马来西亚等国由于具有成熟度高，交付能力强等优势，还是世界关注的离岸外包承接市场。

近年来我国随着服务外包产业高速增长，日渐成为全球重要的发包目的地之一。来自毕马威的我国服务外包市场趋势调查报告显示，高速增长的我国服务外包业已成为国际重要的外包市场，预计未来 5 年我国服务外包市场将保持约 26％的年复合增长率，三至五年或将超过印度。据业内人士预测，到 2020 年全球离岸服务外包市场将达 1.65 万亿～1.8 万亿美元的市场规模，这为我国积极承接国际服务外包带来了难得的机遇。与此同时，国内不断释放的市场潜能，也为我国服务外包产业提供了广阔的发展空间。

在我国服务外包发展历程中，强有力的政策支持是我国服务外包产业实现快速发展的最重要的支持因素。我国政府出台的一系列重要举措、IT 管理水平的提高以及内需市场的加速扩张，将大力推动服务外包产业的发展。同时，我国具有一切成为软件外包大国的内在比较优势，如低成本的技术人员、稳定的政治环境、软件开发人员数量规模巨大、比其他国家更好的日语和较好的英语人才等。

尽管自身发展迅速，但是我国服务外包产业仍然处于产业发展的初级阶段，从全球来看，目前我国所占份额仍然很小，即使经过高速发展，在 2009 年比重不会超过 4%，这与我国在全球产业分工中所占的地位极不相称。与我国国情接近的印度占有全球离岸外包业务 34% 以上的份额，我国仅有印度的 1/10，与打造全球第一发包目的地的目标还有很大差距。同时，我国服务外包产业还面临着菲律宾、马来西亚等众多新兴服务外包国家的严峻挑战。

第二节　我国承接国际服务外包的发展现状

我国快速增长的宏观经济环境、巨大的制造业市场、优质低廉的劳动力、完备的基础设施，尤其是日益普及的通信设施以及入世之后在服务领域不断加大的开放力度，使其日益成为承接跨国公司服务外包的重要目标国之一，目前，我国服务外包主要呈现出以下几方面特点：

一、服务外包行业快速发展、全面布局

最近几年我国的服务外包行业快速发展，虽然受到经济危机的冲击，但还是实现了大幅度的增长。

从国家层面上来看，截至 2010 年底，我国服务外包企业承接服务外包合同金额和执行金额分别达到 274 亿美元和 198 亿美元，同比分别增长了 37% 和 43.1%，全国有服务外包企业 12706 家，从业人员 232.8 万人。到目前已经形成了以北京、上海、大连、成都、合肥等 21 个服务外包示范城市为样板，以大连软件园、安徽服务外包软件产业园等 84 个服务外包示范园区为主力，以东软、海辉、华信等企业为龙头，动漫、软件、物流、金融、生物医药等多领域同步发展的多元化、全面化发展的格局。

从地方发展来看，服务外包行业已经成为各地实现产业结构调整与实现发展方式转变的重要推手。例如，大连通过大力发展以软件行业为特色的服务外包行业，现在已经成为我国重要的服务外包中心和软件中心，有我国的"班加罗尔"之称，2010 年，仅大连高新区就拥有 3000 多家企业，12.6 万从业人员；成都目前也已经走出一条以高新区为重点，以软件研发、服务外包、硬件制造等 IT 行业为主导的产业发展之路，预计到 2015 年高新区将有望成为 3000 亿园区，使成都成为我国 IT 行业的第四极。

二、我国服务外包市场未来快速壮大，潜力巨大

我国已经进入第十二个五年规划发展期，在新的发展时期，转变经济发展方式，调整

产业结构、节能减排、发展新兴产业等成为重点发展方向，而服务外包产业则具有调整经济结构、节能减排、快速拉动经济增长等特点，因此是国家重点发展的领域。同时，未来我国经济仍能保持 7% 的高速增长，保证了服务外包行业的巨大需求。因此，未来我国的服务外包行业将继续维持较高的增长速度，发展潜力巨大。

2010 年毕马威的一份报告显示，近几年我国服务外包行业快速发展，预计未来 5 年我国服务外包市场将保持约 26% 的年复合增长率，未来 3～5 年或将赶超印度成为新的全球外包中心。而据国际知名数据机构调查数据显示，我国 2010 年外包业务约占全球外包业务的 30%，达到近 400 亿美元，以预计 30% 的增长率估算，与增长速度为 14% 的印度之间的差距将不断减小，因此很有可能逐步实现超越。

三、跨国公司是我国服务外包中高端市场的重要力量

凯普勒调研数据显示，我国有跨国外企 40 万家左右，是目前国内 IT 外包服务最重要的力量。作为新一轮全球产业转移和服务外包模式的主体，它们既是最大的潜在服务外包市场又是颇有实力的外包服务提供商。目前，国内技术水平高、合同金额大、合作期限长、合作关系稳定的中高端外包业务，基本发生在外资企业，尤其是大型跨国公司之间。比如，IBM 向百安居（B&Q）中国提供 SAP 应用管理外包服务，宝洁人力资源 BPO 5 亿美元包给 IBM，HP 与 NOKIA、ERLSSION 的外包服务业务合作，柯达公司将其几乎全部的信息系统外包给 IBM 和 DEC 等公司已有 10 多年的历史。

四、中低端市场，国内外包服务企业发展迅速，实力雄厚的大企业与机制灵活的中小企业各占一半

大企业的机会在于规模经济与抗风险能力较强，比如东软与海辉集团一直致力于迅速扩大企业实力。目前，中讯、华信、启民、亚星等"老一辈"软件外包企业每年的利润增长率都在 30% 以上。

而小型企业在于其机制灵活，运营成本低。比如在技术水平要求不高的呼叫中心外包等服务领域，机制灵活的小型民营企业优势明显，发展迅猛。赛迪呼叫是国内最早建立的外包型呼叫中心之一，以专做呼叫外包起家，已在外包服务市场上占有一席之地。

即使在技术水平要求较高的研发外包领域，也迅速催生了一批业绩优良的企业。如医药研发领域的无锡药明康德在短短几年内，成长为最大的亚洲专业医药研发外包企业，为 70 多家欧美及日本客户服务，客户囊括了全球前 20 位药厂中的 18 家以及前 10 家生化制药公司的前 8 家。再如手机研发领域的德信无线以承接手机方案设计外包服务起家，很快成为美国纳斯达克的上市公司，在全球同行业中具有很强的竞争优势。

五、外包服务产业加速向第二梯队城市转移，有实力的企业开始积极走出去，参与国际竞争

外包产业的转移，最根本的原因在于更大程度地节约成本。目前，我国软件和信息服

务外包产业进入迅速成长期，北京、上海、大连、深圳等一线城市已经很难满足整个产业发展所需的人才资源，成本上升，产业开始加速向天津、武汉、西安、长沙、成都等第二梯队城市转移，区域市场结构逐步分散。

一些有规模、品牌优势和出口前景的软件企业开始实施"走出去"战略，在境外设立研究开发、市场营销及服务机构，更加贴近发包市场，为客户量身定做符合发包企业商业习惯并且能够适应我国市场特殊要求的解决方案，使客户满意度达到最大化。例如，2006年用友在日本东京成立了分公司，软通动力在韩国市场专门设立了第一离岸开发中心。收购海外企业也成为外包企业实施"走出去"战略开拓国外市场的重要途径。例如为进入美国市场，2007年初海辉软件（国际）集团公司成功收购了位于美国加州的 IT 解决方案提供商 Envisage Solutions；为扩展对日嵌入式软件开发的外包市场，浪潮集团有限公司与日本伸和软件外包业务的战略合并，伸和外包团队并入浪潮，在浪潮统一管理下开展软件外包业务，成为首批成功并购国外同行业公司的我国软件外包企业。

第三节　我国国际服务外包存在的问题

我国服务外包的发展起步较晚，规模很小，滞后于我国经济发展形势。专业化服务外包发展不足，尚未形成良好的市场秩序，企业内部运行不够规范，业务制度化、标准化、流程化程度低等因素制约了我国服务外包业务的快速发展。随着经济全球化的发展，提高我国企业竞争力，迫切需要我国服务外包市场的进一步成熟和发展。

一、服务外包的整体发展水平不高，国际服务业占服务业的比重较低

（一）服务外包的整体发展水平不高

1. 国际服务外包的承接水平不高

而这主要体现在两个方面：首先，虽然我国国际服务外包得到了迅猛的发展，但高新技术方面的外包承接量还相对较小，和印度相比，我国服务外包主要还是低端服务，利润空间很小，发展前景较小。其次，我国的国际服务外包的发包商主要依赖日本，而世界主要的发包国——美国占发包商的 50% 以上，因此，这影响了我国国际服务外包的竞争力，我国服务外包企业很难在世界市场中充分发展。

2. 国际服务外包的质量不高

这主要体现在我国服务外包企业的质量意识还存在缺陷，这直接导致企业国际竞争力的不足和外包业务的流失。我国大多数服务外包企业的国际质量意识淡薄，全国只有不到1/3 的企业正努力实施软件企业成熟度模型质量标准，而这一模型得到大多数发包商的认证。

（二）国际服务外包占服务业的比重较低

我国的服务业主要集中在传统服务业上，而金融、电信等现代服务的发展能力相对不足。我国服务业的发展决定了我国国际服务外包的规模，服务业的发展是国际服务外包发展的推动力，而服务外包的发展水平在很大程度上决定了服务业的水平。

因此，我国国际服务外包仍处于快速发展阶段，与印度等服务外包发达国家差距较大。我国必须结合服务外包的特性，根据自身优势制定相应措施，来不断推进国际服务外包的发展，将国际服务外包产业推向成熟。

二、发展服务外包产业存在的问题

（一）缺乏行业组织的引领

多年来全球服务外包发展，已经形成一套有效的行业游戏规则。各国代表产业的行业组织，在国际市场上的话语权至关重要，如 NASSCOM 对印度离岸服务产业的成长起到了至关重要的引领作用。我国由于是多个政府主管部门同时推动和指导产业发展，行业组织难以建立，各政府主管部门所公布的统计数字差异巨大。在离岸市场的交流活动中，地方政府直接参与商业活动并公布了大量版本各异的产业数据。让国际买家很难了解我国产业的真实交付能力，肢解了国家服务外包品牌的价值，在离岸市场上形成了一定的负面影响。

（二）企业经验不足服务能力单一

与印度相比，我们的服务外包起步时间晚了 15～20 年。企业的高端服务能力，如，行业咨询能力、帮助买家进行业务流程再造能力、系统解决方案能力等与离岸市场需求有差距。尽管近年来，我们企业有了长足的进步，但与印度一线企业相比，我们的高端服务能力仍有 5～8 年的差距。再有许多企业仅有服务供应链上的一段或几段服务能力，并未形成从解决方案、系统集成、设计、开发、测试、交付到运行维护及系统升级，提供云式服务的能力。

（三）高端人力资源不足

由于产业起步时间的关系，我国服务外包企业员工的从业时间，多在 5 年之内，超过 10 年工作经验的员工不足行业从业人员总数的 1%。服务外包是一个基于专有技术、服务流程成熟度和行业经验的产业，核心人员所积累的技术与经验，是服务企业的核心竞争力。印度 INFOSYS 首席执行官讲过：我们的核心竞争力，是我们 2700 名银发族（45～60 岁）员工。这刚好是我们的弱项，需要用时间来弥补。

（四）信息安全与知识产权保护

我国的信息安全立法滞后和知识产权保护执法不力，是关键数据和含有核心知识产权的服务业务难以向我国转移的主要原因。这同时也是国内买家（尤其是政府和国企）不愿轻易释放服务需求的重要因素之一。

（五）语言与文化差异

近年来，我国大学生的英语能力在快速提升。但我们的语言教育是基于之前为培养工程师达到阅读外文资料的读写能力而设计的语言教育架构。今天要面对大量的直接语言交流的服务业时，语言能力自然显得捉襟见肘。国际知名研究机构高德纳公司的研究文章曾指出："印度是全球说英语人口最多的国家，中国是全球学习英文人口最多的国家。"可见印度人长于语言交流能力，而我们则强在文件的读写能力。另外在历史及文化层面，我们与印度相比与离岸买家之间的距离较大。

（六）外包服务的管理能力不足

将 IT 业务及非核心业务流程剥离出来，交由专业机构提供服务，对委托方（买家）的管理能力是一个严峻的考验。一旦服务供应商（卖家）的服务链条断裂，就会打乱买家自身的整体业务流程，风险极高。国内的买家，大多还未形成成熟的管理经验，所以在岸市场释放仍会逐步进行。

（七）对市场与行业发展规律研究不足

印度的行业组织 NASSCON，每年自我或与全球一线咨询机构合作，对全球服务外包市场发展趋势、服务技术走向、释放服务的新行业、服务模式创新、买家的需求变化、服务瓶颈等都有详尽的研究，每年出版数十种具有指导意义的研究报告。这无形之中也在影响国际买家的服务选择取向，我们的研究工作与之相比仍存在不小的差距。

第四节 影响我国承接国际服务外包的主要因素

在全球角度看国际服务外包的影响因素主要体现在接包国方面，之所以这么说是发包国相对较少并集中，主要是美国、欧盟和日本，而接包国相对较多，且竞争激烈，因此，各接包方的各种资源禀赋和政策差异决定竞争力，服务外包的影响因素也就成了我们必须关注的重点和焦点。在此，我们把影响因素分为：国家因素、文化及区位因素和市场因素。

一、影响我国国际服务外包的国家因素

由于国际服务外包的发展，一个跨国家跨地区的外包活动，必然涉及双方国家之间的因素。在此，笔者将影响我国国际服务外包的国家因素归纳为：国家风险、政府政策、基础设施和发包国对企业的限制。

（一）国家风险

国家风险是发包方进入某国市场前首先要考虑的因素，发包方会对该国的国家风险进行评估。国家风险主要包括政治风险（政局是否动荡、国家间矛盾是否尖锐等）和经济风险（经济开放程度、通货膨胀程度、汇率变动程度等），这些因素直接关系到国际服务外包能不能进行，国家风险因素的稳定是国际服务外包发展的基本前提。我国的国家风险相对较低，首先我国政治局势稳定、周边局势稳定，其次我国的经济开放程度相对较高，市场经济体制比较健全，货币坚挺，在国家风险因素上我国对于国际服务外包具有很强的吸引力。

（二）政府政策

在全球范围内，主要的接包国中比如印度、菲律宾、捷克、爱尔兰等能够成功地拥有广阔的外包市场往往是因为其具有良好的政策支持，包括税收优惠、国民待遇以及各类企业发展政策等。在此，为了扩大国际竞争力，我国也相对出台了一些税收优惠政策和各类企业政策，在很大程度上促进了我国国际服务外包产业的发展，特别是国家的"十一五"规划中的"千百十"工程。在这一方面，虽然我国相对印度等国做得还不够充足，对国际

服务外包的发包商的吸引力还是不够强烈。

（三）基础设施

在当今经济发展高速的情况下，一国的基础设施条件是影响国际服务外包发展的直接影响因素。国际服务外包的发展很大程度上依赖于信息和通信技术等设施条件的发展。近年来，我国交通运输建设的突飞猛进，交通网四通八达，加之高速铁路的发展更是为国际服务外包的发展提供了有利条件。另外，我国的电信硬件设施、酒店、航空等基础设施发展较快，部分设施的服务水平已达到发达国家水平，同时相对于发达国家，这些设施的使用费用相对较低，很大程度上吸引了发包方，促进了国际服务外包的发展。

（四）发包国对企业的限制

这是来自于发包国国内的一个国家因素，这主要是由于国际服务外包引起的利益的转移是复杂的、多层次的。外包导致发包国自身就业率下降和税收降低，造成发包国施加压力给发包企业。例如美国业务大量外包而导致岗位流失，预测到2015年流失岗位将达到330万个，这就给社会带来许多不安定因素，因此，美国国内一些工会纷纷抵制国际服务外包。

二、影响我国承接国际服务外包的文化及区位因素

文化及区位因素包含了文化兼容性、人力资源储备、语言环境和地理差异，这些因素是国际服务外包发展的推动因素。

（一）文化兼容性

文化因素同时又是一个历史因素，文化是一个复杂但又相对稳定的因素。文化的亲和力能加强交流，促进良好人际关系的形成。在国际服务外包中，风险性和复杂性决定了国际服务外包双方必须建立起信任，这种信任对于外包关系的建立是非常重要的。我国在承接日本、韩国的服务外包是具有一定的文化相通优势的；但由于与欧美国家的文化差异较大，我国在承接这些国家的服务外包业务上仍落后于印度等国家。

（二）人力资源储备

人力资源在发包商选择外包提供时发挥着举足轻重的作用。服务外包业是IT和知识密集型行业，需要大量的高素质人才，既需要具备战略策划、项目管理、组织领导等综合素养的管理者，也需要具备外包业务运作能力的具体操作人才以及具备国际交流能力的语言人才。进入21世纪以来，我国已经成为世界在校大学生和应届大学毕业生最多的国家。目前，我国每年有400万～600万大学毕业生，为服务外包这一高端服务业的发展储备了大量人才，服务外包也为大学生就业提供了渠道。

（三）语言环境

服务外包行业对语言的能力要求较高。企业将服务外包出去后，对业务实施的每一个阶段，都要求服务提供商能够与发包商进行实时有效的沟通，以传递服务要求、协调业务进程以及纠正工作误差等。这些都需要外包提供方能够保证一定数量和质量的语言人才。目前，全世界主要发包国是英美系国家，我国语言和英美系语言有较大差别，相对于使用英语为官方语言的印度还有巨大差距；另外，虽然我国的主要发包国是日本，但是我国人

学习日语的积极性远不及学习英语的积极性，这也给我国国际服务外包的发包国向欧美转移提供了有利条件。

（四）地理差异

地理差异主要表现为地理距离和时区差异。两国在地理上越临近越能减少通信、差旅等交易费用，因而服务外包的发包商会倾向于选择地理上临近国家的服务提供商。时区差异为服务外包的发包国提供国向客户提供无休息日的昼夜服务支持创造了便利条件，有利于离岸外包方协调其业务管理和运营机制。

三、影响我国承接国际服务外包的市场因素

国际服务外包的发展前提是在某个市场中进行，这无疑要考虑这个市场的生命力。笔者在此将市场因素分为：市场规模、市场成本因素、市场的安全性。

（一）市场规模

国际服务外包主要是以市场导向型为主，以开拓承包国的市场为动力，市场规模大小将决定该国的接包能力以及其对发包国的吸引力。一国的市场规模大，首先体现出来的优势就是消费量大，增加利润，拓展了市场，另外对接包国而言，市场大可以让其接收到更多的发包商。我国的市场广阔，拥有的是 13 亿市场，这是一个巨大的潜力，另外我国经济发展迅速，促进了国民消费能力，市场潜在地扩大了。

（二）市场成本因素

成本是国际服务外包的驱动因素，各国市场的成本差别很大，最直接的体现就是市场中的劳动力成本，我国劳动力资源富裕，发包商在我国节约的成本相当于其在本国内的 $50\%\sim60\%$，且近年来高等人才不断地向市场输出，这对于发包商有一定的吸引力。

（三）市场的安全性

这一因素主要体现在知识产权保护和信息安全这两个方面。知识产权问题影响到服务外包的整体运行，服务外包双方在合同的签订和执行中如何按照知识产权法明确各自的权利业务，在发生纠纷时如何寻求法律援助，不仅保证服务外包合同的顺利履行，而且能够确保争议双方的权益。信息安全已经成为服务外包发包方选择承接方的一个必要的标准。我国虽然有保护知识产权的法律法规，但是执行力度较弱，软件市场整顿和监管不到位。知识产权保护已经成为我国进一步改善投资环境的主要障碍，直接影响着我国市场的吸引力。

第五节　我国承接国际服务外包发展的对策

国际服务外包的发展对我国经济的可持续发展有着深远影响，我国要获得服务外包的优势，需要我们立足自身情况，因地制宜地选择对策，合理确定承接服务外包的布局。

我国转变经济发展方式为服务外包的进一步发展提供了契机。一方面，产业结构调整、缓解资源能源制约、减轻就业压力等因素会促使我国市场对服务外包的需求越来越大。而服务外包产业因其具有低污染、低消耗、就业容量大等优势，会促进各界对服务外包产业的关注和支持。另一方面，跨国公司为进一步拓展全球业务、增强竞争力，在资

金、人才可以在全球范围内流动的条件下，许多跨国公司为实现其全球战略，将把部分服务业务转移到成本更低的国家，这也为包括我国在内的发展中国家承接国际服务业转移提供了机遇。

2008年，我国服务外包出口保持快速增长，合同金额同比增长83%，合同执行金额同比增长92.6%。2009年我国承接国际服务外包合同执行金额超过100亿美元，2010年1~11月，我国承接离岸服务外包业务执行金额115.2亿美元，同比增长70%。这表明，我国服务外包的市场是巨大的。大力发展国际服务外包业务，有利于转变对外贸易增长方式，扩大知识密集型服务产品出口。

基于以上我国服务外包业发展的机遇，我们可以采取以下应对策略。

一、健全服务外包体系

（一）推进服务外包市场体系的建设

在服务外包总体发展规模、产业发展布局、发展模式、价值链位置、区域政策、财税等方面，要加快形成配套措施。要从整体层面对发展服务外包形成发展规划，全面建立产业的政策、人才、企业扶持体系，从产业链角度建立行业支撑体系，建立一个统一的服务外包体系。

同时改善承接服务外包的基础设施。改善电信、通信、互联网和航空运输等基础设施。促进完善的具有一定规模的区域电子商务平台建设，支持服务外包的研究机构发展。规范承接服务外包的行业标准、完善标准体系，优化承接服务外包的法制环境。尽快制定规范服务外包整个商务流程的法律法规，加大执法力度，建立电子商务所必需的网上交易公证机构。

（二）实行有效资源整合

坚持以市场为导向，以企业为主体，通过合资、合作、跨地区、跨行业并购等方式，做大、做强服务业外包企业。要支持服务业企业"引进来"与"走出去"。通过国内市场和国际市场的联动，发挥地方优势的产业布局，扩大承接服务外包的业务领域，优化产业结构，形成参与国际分工和竞争的新优势，一方面增强国内业务的优势，另一方面大力开拓国际市场。整合信息资源，创建有利于服务外包的沟通和交易平台。建立服务外包电子化网站、举办服务外包交易会等形式，以核心企业为中心，加强企业间的业务合作和信息共享，发挥各种信息资源的价值。

（三）加强自主创新

立足于发展具有自主品牌和自主创新能力的服务业，通过技术创新、管理创新、流程创新等多种创新途径，提高企业处于价值链低端的地位。注重人才培养，加强对从事服务外包从业人员的培训，以及潜在接发包企业和政府管理部门人员的培训，使政府领导层面以及实际工作的人员，都能够了解为什么要发展服务外包和如何发展服务外包。

（四）实现制造业与服务业融合

制造业运营过程本身就包含了很多服务内容，如研发、物流、财务、市场营销等，随着市场竞争的加剧和市场分工的细化，制造业逐步向服务外包企业转变或孕育出新的服务外包企业。积极推动服务业企业采用与国际先进水平同步的质量标准，同时推动企业进行统一品牌策划、形象设计和对外推广等系列工作，形成"企业品牌"，进而推动区域打造

"城市品牌"，不断提高地区形象与知名度。

（五）加强知识产权的保护

知识产权的保护问题是我国国际服务外包发展的重要问题，国际服务外包不像制造业的发展，其发展过程中会涉及许多知识产权的保护问题，特别是高新技术的国际服务外包，而发包商对承包商所在国或地区的知识产权保护状况是非常看重的，这必然驱使我国加强知识产权的保护，以免在国际服务外包的持续发展过程中遇到不必要的阻碍。我国的各类知识产权法律已经比较完善，但相对于美国等世界强国还存在许多需要完善的地方。因此，我国政府还必须加强知识产权的保护与知识产权法律的完善。

二、服务外包企业自身的发展对策

（一）自主发展国际服务外包行业性组织，推动企业自身的发展

我国国际服务外包企业主要以中小企业为主，资金管理水平较低和技术创新能力较弱，客户群体分散，导致我国国际服务外包企业发展难度大。我国国内大企业必须联合中小企业共同发展国际服务外包业务，以大企业为中心，加强业内合作，自主建立起行业内协会，积极汲取外国经验，为我国国际服务外包的发展注入新的力量。

（二）推行国际化产业标准，提高企业的服务质量

首先，我国国际服务外包企业必须积极推行国际化产业标准，与世界其他地区拥有公平的市场竞争能力，加强自身管理，引进世界先进国家的手段和国际标准企业方法来规范自身企业，从而完善质量保障，促使企业达到国际水平，增强自身竞争力。

（三）创立全球国际服务外包品牌

近年来，我国政府一直在推行"China Outsourcing"，我国国际服务外包企业可以借此机遇大力发展民族品牌，在这个平台上建立起一流的国际服务外包品牌，从而为我国国际服务外包的发展提供自身民族标榜，为以后的可持续发展提供宝贵的经验。

案例分析

案例一：

A集团已与美国B公司签署了一份为期5年的客户服务和支持外包合同。对B公司来说，这笔合同有可能在5年内给它带来多达2.45亿美元的收入。

A集团在文件中表示，计划向其客户提供收费的技术支持、安装、部署和其他与PC相关的服务，借此扩大向客户提供的服务。

A集团没说这些新服务将在什么时候推出，但预计等待的时间不会太长：该公司预计当前财年（截至3月31日）就将根据双方签订的合同向B公司支付部分款项。

在一份以电子邮件形式发布的声明中，A集团发言人拒绝提供有关这些新服务的细节，但表示，大部分新服务将面向消费者和小企业用户提供。消费者和小企业用户是A集团在中国之外竭力争取的市场，尤其是在美国。

在考虑了几家服务提供商后，A集团最终决定将这些服务外包给B公司，这不仅是因为后者拥有一个遍及全球的服务网络，还因为两家公司一直就存在着合作关系。此外，B

公司也是 A 集团最大投资者之一。

A 集团预计这笔交易将使它在当前财年向 B 公司支付 1500 万美元。A 集团还表示，这个数目预计将在下个财年，即 2007～2008 财年提高到 3500 万美元，2008～2009 财年提高到 4500 万美元，此后 3 个财年将提高到每年 5000 万美元。

分析思考：

1. 分析 A 集团的发展策略。

2. 通过案例分析国际服务外包在中国的发展方向。

3. 分析国际服务外包在中国的发展潜力。

案例二：

2003 年 9 月，国际公司 A 与国际公司 B 签订了为期 10 年、价值约 5 亿美元的人力资源外包合同。从 2004 年 1 月起，A 公司全球各地的 800 名人力资源部门员工转入 B 公司，协同 B 公司原有员工一起为全球的 A 公司员工提供包括：工资管理、津贴管理、补偿计划、移居国外和相关的安置服务，差旅和相关费用的管理以及人力资源数据管理在内的服务。B 公司还将利用 A 公司现有的全球 SAP 系统和员工门户网站，为 A 公司的人力资源系统提供应用开发和管理服务。

人力资源职能外包的内容主要包括工资管理、福利管理、招聘及人员外派。中国人力资源外包服务商主要由人力服务中心、猎头公司以及专业的培训公司组成。而最近几年，随着 IT 与业务的不断结合，IT 外包服务商已经开始向人力资源等业务流程外包领域拓展。根据 IDC 的统计数据，2006 年中国人力资源职能外包产业规模达到 2.6 亿，基本由内需驱动，未来 4 年，人力资源职能外包市场将保持 25.8% 的高速发展，至 2010 年，预计该市场将增长到 6.5 亿美元。

招聘及人员外派为目前国内企业在人力资源职能外包的主要内容。而工资管理以及福利管理大多数国内企业还未接受，将这两个职能进行外包的企业也仅是停留在业务程序外包的层面。

通过外包，A 公司成功实现了业务转型，集中精力专注于产品的配送和公司资源的重组上。把更充足的资源放在开发核心业务上。B 公司专业的外包服务使 A 公司通过流程改造，技术集成和最佳实践来改进服务和减少人力资源成本，为高层管理人员提供统一、精确和标准化的实时员工报告，进一步改善决策质量，此外，还能够以更加实时、灵活和随需应变的方式提供各种员工服务。

分析思考：

1. A 公司的外包发展策略是什么？

2. 通过案例分析国际服务外包的发展状况。

3. 通过案例阐述国际服务外包的发展趋势。

案例三：

A 公司是进入中国的第一家计算机合资企业。

从进入中国的 1985 年到 1997 年初，A 公司先后在北京、上海、广州、成都等地建立了面积小于150平方米的库房。由于A公司员工自己进行所有的库房具体操作，且库房设在昂贵的公司办公室，库房租金及操作成本一直居高不下。

2001年，随着国内物流企业管理、服务水平的提高以及A公司业务的进一步发展，A公司备件物流外包水平也进入到更高的阶段。

为了降低风险并保持物流供应商之间的适度竞争，A公司以长江为界选择了两家供应商，分别经营长江以南、长江以北的业务。根据供应商的服务水平、价格水平、反应速度，A公司对供应商实行动态的比较、选择和淘汰机制，以提高整个物流服务能力，提升物流服务的竞争优势。为了激励、鞭策供应商，A公司建立了科学的物流供应商业绩考评体系，准确公正地反映供应商的业务水平，及时做出奖罚。为了和供应商共享利益，共同发展，A公司与供应商建立了长期、稳定、双赢的战略合作伙伴关系，从战略高度去认识、管理物流供应商。

2002年初，在A公司物流信息平台支持下，一个范围覆盖全国、反应迅速、成本领先、管理先进、服务水平超前的计算机维修备件物流网络，搭建成功。通过该平台，A公司培养了一支由A公司员工和物流供应商成员组成的高水平的专业物流队伍，不断为计算机客户提供优质的服务，赢得客户高度称赞，并连续在国家级计算机售后服务评比中名列第一，成为售后服务最好的企业。

同时，中国A公司利用其先进的物流平台，开始对外承接物流咨询、设计服务及物流服务承包项目，帮助一些企业迅速将物流服务扩展至全国，为它们节省投资，缩短建立网络时间，降低了物流成本，提升了服务水平，增强了这些企业的市场竞争力，也进一步降低了A公司的物流运作成本。从A公司的成功经验可以看出，物流业务的外包，可以借助专业物流公司的资源，迅速扩大企业物流服务范围，提高服务水平，降低运行成本，培养物流管理队伍。同时，利用物流平台，还可以承接公司之外的物流业务，增加物流收入，从而有力地促进公司核心产品的销售，提高企业的核心竞争力。

分析思考：

1. 简述中国A公司的发展模式。
2. A公司承接服务外包的现状与特点。

案例四：

1994年时，中国休闲服市场刚刚启动，靠加工夹克衫起家的温州商人周成建开始创立自己的服装品牌——A。

不过在迅速扩大的休闲服市场面前，A有限的资本很快成了最大的"瓶颈"。要想满足市场需求，需要成倍地购买机器扩大生产，而当时的A根本不可能做到这一点。思想超前的周成建决定借助外界的力量，来实现自己的跨越式发展。A采取定牌生产策略，先后与广东、江苏等地的100多家生产企业建立了长期合作关系，为公司进行定牌生产。而这些如果都由A自己投资的话，则需要3亿元。

有了生产能力，A还需要畅通的营销渠道。可是专卖店要开到全国，至少需要2亿元资金。善于"借助外力"的A决定采用特许经营的模式。现在A的1000家专卖店已经开到了全国，只有20%是直营店的品牌形象店，其余80%都是特许连锁专卖店。

1995 年开始的时候，A 的做法在业界一直被怀疑，甚至被人认为是"皮包公司"，生产、销售都拿给别人做，哪一天别人不和你合作了怎么办？

但周成建不这么看。为什么外国名牌卖得那么贵？品牌和设计才是服装高附加值的部分，如果高附加值的品牌能提供给上下游企业好的利润，在市场作用下是不愁别人不和你合作的！于是 A 把有限的资源都集中在了这两块，从请明星做代言到立体的市场活动，A 用 8 年的时间打造了中国最优秀的年轻品牌；而在设计上更是不惜血本地设立了和意大利、法国合作的上海设计中心。

8 年过去了，越做越"小"的 A 总部只有 200 多人，却爆炸性地把规模扩大了 300 倍。1995 年创立的时候年营收 500 多万元，2002 年时已经是 15 亿元。

分析思考：

1. 分析 A 公司成功发展的原因。

2. A 公司服务外包的特色。

3. 通过案例说明国际服务外包在我国的运用状况。

课后习题

1. 中国国际服务外包的发展现状与特点。

2. 当前我国国际服务外包面临的主要问题。

3. 影响我国承接国际服务外包的因素有哪些？

4. 针对国际服务外包的发展趋势，发展中国家服务外包市场的优化策略有哪些？

5. 简述中国发展服务外包的企业策略。

第五章 信息技术外包（ITO）

学习目标

1. 了解信息技术外包的相关概念
2. 了解国际信息技术外包的发展情况
3. 了解我国信息技术外包的发展情况
4. 理解我们发展信息技术外包的对策

引　言

信息技术外包（Information Technology Outsourcing，ITO）的实质，是企业以合同的方式委托信息技术服务商向企业提供部分或全部的信息功能。自从1989年，柯达公司外包其信息系统并获得成功，信息技术外包得到了许多企业的认可，被认为是一种潮流和极具潜力的IT治理模式。近年来，随着网络技术的日益成熟，信息技术外包得到了迅猛的发展，成为信息技术应用和发展的主要途径及企业外包服务的一种重要模式。随着越来越多的企业开始采用和实施信息技术外包，外包已经成为信息技术领域的基本战略，并得到众多国家的广泛关注。

第一节　信息技术外包（ITO）的概念

一、信息技术外包的定义

信息技术外包（Information Technology Outsourcing，ITO）是指企业专注于自己的核心业务，而将其 IT 系统的全部或部分外包给专业的信息技术服务公司。企业以长期合同的方式委托信息技术服务商向企业提供部分或全部的信息功能。常见的信息技术外包涉及信息技术设备的引进和维护、通信网络的管理、数据中心的运作、信息系统的开发和维护、备份和灾难恢复、信息技术培训等。

二、信息技术外包的内容

信息技术外包的蓬勃发展是有目共睹的。今天信息技术外包已经将越来越多的信息技术活动纳入其中：

（一）网络通信

网络通信外包过程中所提供的服务包括：设备的日常维护、系统集成、协调与电信运营商的关系、灾难恢复、协助制订长期规划、培训和设备出租等。

通常认为网络通信外包属于战术级的外包活动，不会具有太大的风险。但是风险的程度最终还是取决于企业对网络的依赖程度。如果服务商没有能够提供应有的服务，那么就会给较为依赖网络的企业带来很大的损失。

（二）软件系统开发与实施

大多数企业的信息系统部门的管理者很少有机会进行大型信息系统开发项目。在缺乏运作大型项目经验的情况下，管理者们对于如何进行项目的日常管理，确保项目的进度以及在预算内完成项目都没有太大的信心。此外，企业中的信息系统部门的人力资源结构也通常不支持运作信息系统开发项目。这时将系统开发外包给富有系统开发能力和经验的服务商便是理所当然。当然企业还可以选择直接购买软件包来避免开发项目，但是在软件包的安装实施、升级和培训中还是需要服务商来提供帮助。

（三）系统运行与维护

系统维护外包的任务是保证软件系统正常运作，解决系统运作中出现的问题，以及对系统进行改装、升级和重构。通常进行系统维护的服务商就是负责系统开发和实施的企业。通过将软件系统的维护工作外包，企业能够减小信息系统部门的员工队伍，把人员转移到新技术的应用领域，降低运行维护的成本，改进对内部系统用户的服务。

（四）技术支持

外包服务商能够为企业的内部系统管理提供整体的规划和服务。这些服务包括对硬件的预防性维护和故障排除，对企业中的软件、硬件、用户档案、系统布局等进行资产管理，为用户提供日常的技术问题咨询和培训、企业信息系统的安全管理、网络支持等。

（五）数据中心运作与数据网络管理

外包数据中心的基本出发点是规模经济性。由具有规模经济性的专业公司来运行和管理数据中心，既可以提高数据中心的服务水准，又可以降低企业的成本。而且数据中心的性价比提高很快，也就是说，技术的升级伴随着成本的下降，那么企业在数据中心上的投资总是面临着迅速贬值的危险。在这种情况下，对于拥有较小数据中心的企业要么设法降低成本，要么采取外包方式。

（六）网络应用服务

对网络应用服务外包的说明可以通过对网络应用服务商（ASP）的解释入手。目前的ASP分为三种类型：

1. 互联网服务提供商（ISP）：它们为个人或者企业提供互联网的接入服务。ISP所提供的内容五花八门，但是总的来说，它们都拥有自己的网站，并且具备提供电子邮件服务的能力。

2. 绑定服务提供商（BSP）：它们提供一系列相互联系的互联网应用服务，客户则通过互联网使用它们提供的系统。最常见的服务是企业资源计划（ERP）系统或者客户关系管理系统（CRM）。

3. 专卖服务提供商（PSP）：它们通过互联网有偿共享其软件，用户不需要购买软件，而是在网上链接到它们的系统中。这种情况类似于BSP。

因为ASP的服务启动成本低，能够快速应用，而且对地理位置和基础设施的要求不高，所以ASP所提供的服务被公认为适合中小型企业。但由于不需要购买软件就可以使用，当然也就意味着缺乏量身定制的服务。此外，它还适用于缺乏信息技术专家、需要快速上项目、企业用户在地理上较为分散等情况。

三、信息技术外包的方式

对于究竟应该对信息技术的哪一部分进行外包，有很多不同的观点和看法。归纳起来主要有三类：

（一）按信息技术外包程度划分

按照信息技术外包的程度可以将IT外包分为整体外包和选择性外包。

整体性外包是将信息化整个过程或者某个独立过程中绝大部分的内容由承包商掌握，这个绝大部分一般都占信息技术预算的80％以上。整体性外包并不是指完全外包，在整体外包中，应保留一部分的IT管理者，由他们负责：

1. 管理与承包商不断发展的外包关系；
2. 监督和审定承包商的技术决策；
3. 培养外包经验，并协助制定将来的外包决策；
4. 洽谈和履行以后的外包合同；
5. 制定组织将来的信息技术战略，因为该战略关系到对企业需求的支持；
6. 使信息技术的整体战略与随时间变化的公司总战略保持一致。

选择性信息技术外包是相对于整体性信息技术外包而言的，它是指选择一个或几个信息技术职能的外包，外包的总额远远低于整体外包。选择性外包范围是介于社会组织信息化过程中整体性外包和完全内制之间，它通常将15％～30％的信息建设任务交由承包商完成，而其他的信息技术需求则通过购入资源实施内部管理和由企业内部信息技术职员来完成。企业可根据自己需要而外包不同的信息技术内容。

（二）按外包关系划分

根据客户与外包商建立的外包关系可以将IT外包划分为市场关系型外包、中间关系型外包和伙伴关系型外包。克莱珀等将IT外包关系视为一个连续的光谱，其中一端是市场型关系，另一端是伙伴型关系，他们将占据连续光谱中间范围的关系称为"中间"关系。

1. 市场型外包关系适合于通常具有如下商品特质的IT外包项目：

①外包的IT职能主要是项目型的工作；

②任务可以在相当短的时间内完成；

③通常只是一次性的合同；

④需求的不确定性低，即环境变化搅乱需求的概率很小；

⑤外包服务商的行为易于监控；

⑥外包服务的结果易于测评；

⑦转换外包服务商的成本很低；

⑧没有什么真正的资产专用性；

⑨可提供外包服务的供应商数量很多。

在市场型外包关系中，可以明确规定完全合同的条款并加以实施，如果选择的外包服务商不理想，外包服务商的竞争者随时可以将其取代，短期合同的程序设计就是这样一个例子。

2. 伙伴关系适合于通常不具有如下商品特质的信息技术外包项目：

①外包的IT职能主要是流程型的工作；

②完成任务持续的时间较长；

③相关需求会随着不可预见的环境变化而变化；

④通常签订长期的合同或一系列续签的合同；

⑤外包服务商的行为难以监控；

⑥外包服务的结果难以测评；

⑦转换外包服务商的成本较高；

⑧资产专用性很高；

⑨可提供外包服务的供应商数量较少。

在伙伴关系中，通过赢得另一方回报的信任和互利行为使双方的伙伴关系不断延续和发展。但伙伴关系的管理成本和风险都很高，因而伙伴关系带来的收益必须足以抵消这些成本和风险。

3. 介于市场型和伙伴型之间的外包关系即为中间型伙伴关系。

（三）按战略目标划分

根据战略意图可以把IT外包划分为信息系统改进（IS improvement）、业务效果提升和商业开发（commercial exploitation）三种类型。

1. 信息系统改进型外包是指组织通过外包提高其核心信息系统资源的绩效，从而达到其改进信息系统的战略目标。这些目标通常包括节约成本、改进服务质量以及获取新的技术和管理能力等。信息系统改进型外包可以划分为四个层次：

①提高资源的生产能力；

②实现技术和技能升级；

③引进新的 IT 资源和技能；

④实现 IT 资源和技能的转换。

2. 业务效果提升型外包的主要目标是通过外包对 IT 资源进行重新配置，以便更有效地提升核心业务绩效。为实现这个目标，组织必须对其业务以及 IT 与业务流程之间的关系有一个清晰的认识，同时要具有实施新的系统和应对业务变革的能力。这种形式的外包要求在引进新技术和能力时重点考虑业务因素，而不是技术因素。为有效实现这种形式的外包，双方必须共同努力开发组织所需补充的技术和能力，而不是对外包商单纯依赖。业务效果提升型外包可以划分为四个层次：

①更好地整合 IT 资源；

②开发基于 IT 的新的业务能力；

③实施基于 IT 的业务变革；

④实施基于 IT 的业务流程变革。

3. 商业开发型外包是指通过外包为组织产生新的收入和利润，或降低组织的成本，从而提高 IT 投资收益。商业开发型外包可以划分为四个层面：

①出售现有的 IT 资产；

②开发新的 IT 产品和服务；

③创建新的市场流程和渠道；

④建立基于 IT 的新业务。

四、信息技术外包的特点

信息技术外包和其他业务功能的外包如人力资源外包、广告业务外包以及物流外包有很大的不同，信息技术不可能很容易地被移交给承包商，这是由信息技术所独有的特点所决定的。总的来说，企业信息技术外包具有以下特点：

（一）基于企业战略发展的选择

尽管信息技术外包服务的出现是源于降低企业在信息技术系统运营维护方面的日常开支，缩减管理成本，但是现在企业选择外包服务更多的是出于培育企业核心竞争力的考虑。企业将更多的精力和资源投入到自己擅长的核心业务中，而辅助性的业务、非核心的业务则交给外部的专业人士来承担，以获得更高的整体运营效率。信息技术外包服务正成为企业实施长期发展战略的重要选择。

（二）履行服务的时间一般比较长

信息技术外包服务是一种长期的委托行为，一般合同履行的时间比较长，三年、五年，或者十年、几十年。有些合同也比较短，在一年以内。许多外包服务合同规定一段时间的试用期，作为对外包服务商的考察和绩效指标体系设计的基础。

（三）信息技术系统或系统之上的业务流程为外包对象

传统外包服务涉及各个行业，而信息技术外包服务的外包对象则是针对信息技术系统或者信息技术系统之上的业务流程。随着信息技术外包服务的发展，特别是业务流程外包的发展，信息技术外包服务包含的内容更加广泛，介入用户内部管理的层面更加深入，信息技术外包服务中"I"的特征更加明显，而"T"的特征更加弱化。

（四）信息技术的进步可谓日新月异，企业信息技术需求也在日益变化

信息技术一般两三年就会有所更新。美国密苏里大学的 Mary C. Lacity 和英国剑桥大学的 Willcocks，剑桥信息系统研究所主任 David Feeny 等人的案例研究发现，大多数企业在实行外包的第三年就感到最初的合同已经阻碍了他们采用新的技术。企业可能在外包实施过程中遇到技术更新问题。正是由于信息技术发展迅速，未来的信息技术需求很难预测，使得企业在选择承包商时将创新与应变能力作为重要因素考虑。

（五）承包商本身的运作水平有时比规模经济效应对外包经济效益的影响更大

对于其他业务功能，外包决策时考虑更多的是承包商的规模经济效应。尽管信息技术在很多方面确实存在着规模经济效应，但是大多数大型企业和许多中型企业都能够达到足够的规模经济效应。在数据中心运行中，一般认为规模经济效应的临界点是 150Mips（相当于一台大型计算机的处理能力）。这些企业的信息技术功能足以达到规模经济效应，那么承包商又如何再降低成本呢？案例研究表明，承包商投标更多的是依靠其信息技术的运作和管理能力而不是规模经济效应。因此，在实施信息技术外包时，除了考虑承包商的规模经济效益外，如何评价承包商的信息技术运作能力也是非常重要的一个方面。

此外，信息技术外包合同金额巨大，其交易规模要比公司其他领域职能外包的规模大得多。同时，在进行信息技术外包决策和实施的过程中，企业管理者需要具备与其他业务外包决策所不同的管理技能及审慎的态度，而这在企业其他职能领域的外包中可能并不需要。只有精心管理外包关系才能确保外包需求的满足和良好的成本效率。

第二节　国际 ITO 市场

一、国际 ITO 的相关理论

（一）交易费用理论

交易费用概念，最早是科斯在 1937 年《企业的性质》一文中提出来的。他把交易费用定义为运用市场机制的费用，包括人们在市场上搜寻有关的价格信息、为了达成交易进行谈判和签约，以及监督合约执行等活动所花费的费用。

交易费用包括"运用价格机制的成本"，即在交易中发现相对价格的成本。1. 如获取和处理市场信息的费用，这是在交易准备阶段发生的费用。2. 为完成市场交易而进行的谈判和监督履约的费用。其中包括讨价还价、订立合约、执行合约并付诸法律规范而必须支付的有关费用，这是交易过程中发生的费用。3. 未来不确定性引致的费用，以及度量、界定和保护产权的费用。

由于交易费用的存在，当企业组织内部生产的费用远远高于外包交易的费用时，企业将选择外包。通常情况下，与外包相关的成本有三类：生产成本、交易成本和机会成本。生产成本是指自己生产时的生产成本或外包时的直接购买价格。交易成本包括：谈判合同细节时发生的成本；在合同签订后，当不可预见事件发生时进行合同变更所需花费的成本；监督另一方对合同的执行情况的费用；当另一方不愿意实施双方都认可的解决机制，特别是违约的解决机制时所需的争议成本等。机会成本的发生常常是交易的一方谋求自我利益并且不守信用造成的。机会主义更容易在外包环境下发生。尽管从理论上来说，可以对交易成本和机会成本进行明确的区分，但在实际情况中很难做到。机会主义的承包商常常声称其行为是由于外界环境的变化，例如不确定性造成的。而外包商通常无法判断这种声明是不是真实的。因此，我们将交易成本和机会成本合在一起讨论，统称为交易成本。

大量资料显示，外包可以降低生产成本。2008年，在对美国66个最大城市的外包业务的调查表明，每年生产成本的节约在16%～20%。这主要是由于承包商在生产方面可以产生规模经济以及外包商与承包商所在地存在区域价格差。

（二）核心能力理论

核心能力理论是由美国学者普拉哈拉德和英国学者哈默（C. K. Prahalad & G. Hamel）于1990年首次提出的，应该说，核心能力理论是当今管理学和经济学交叉融合的最新理论成果之一，源于战略管理理论、经济学理论、知识经济理论、创新理论等对企业持续竞争优势之源的不断探索，体现了各学科的交叉融合。

1. 核心能力是企业长期竞争优势之源

在今天，随着信息技术的迅猛发展和经济全球化的趋势，竞争日益激烈，产品生命周期日渐缩短。企业的竞争成功不再被看做转瞬即逝的产品开发或战略经营的结果，而被看做企业深层次的物质——一种以企业能力形式存在的、能促使企业生产大批量消费者难以想象的、新产品的智力资本的结果。在企业取得和维持竞争优势这一过程中，企业内部核心能力的培养和运用是最关键因素，而经营战略不过是企业充分发挥核心能力并把其运用到新的开发领域的活动和行为。因而核心能力对于企业的长远发展具有超乎寻常的战略意义。

2. 企业之间的竞争体现为核心能力的竞争

核心能力理论超越了企业之间具体的产品和服务，以及企业内部所有的战略单元，将企业之间的竞争直接升华为企业整体实力之间的对抗，所以核心能力的寿命比任何产品和服务都长，关注核心能力比局限于具体产品和业务单元的发展战略，能更准确地反映企业长远发展的客观需要，使企业避免目光短浅所导致的战略短视。同时，企业核心能力的建设，更多的是依靠经验和知识的积累，而不是某项重大发明导致的重大跃进。因此，很难"压缩"或"突击"，即使产品周期越来越短，核心能力的建设仍需要数年甚至更长的时间。这一方面使竞争对手很难模仿，因而具有较强的持久性和进入壁垒；另一方面，由于建设核心能力的投资风险和时间超过业务部门的资源和耐心，这个方面的明确追求可以促使公司高层管理人员超越部门利益的局限，更多地从企业整体战略的角度考虑问题，从而及早把握未来市场的需求，并及早投入到企业核心能力的建设中。

3. 企业的多角化战略应围绕核心能力来进行

多角化战略作为企业寻求快速扩张的一种战略被广为使用，许多企业通过兼并联合涉足众多行业，但效果不佳。20世纪80年代以来，企业界又兴起"回归主业"的潮流，众多大企业纷纷把与主业不相关的业务剥离出去，而只在自己擅长的领域寻求发展。

根据2009年美国外包研究所对1100家企业的调查，结果显示，降低成本的确是一个重要因素，但强化公司的核心业务则是最重要的因素，其他外包成因还包括：建立与世界级企业联系的通道、加速再造的收益、降低进入市场的时间等。调查发现，位列第一的外包因素是企业运行无法控制或者失去控制，第二位的因素是强化企业的核心业务，两者占的比重分别为48％和40％。而不同规模的企业对外包因素的考虑也有所偏重。规模最小的企业认为外包的首要因素是强化核心业务的占58％，而认为外包可以节约费用的比重为41％。中等企业的被调查者也认为外包主要是强化了企业的核心业务，而不仅仅是节约了费用。只有大企业把节约成本列为首要考虑因素。如今人们一致认为，外包要解决的绝不仅仅是降低成本这个问题，根本问题还在于强化企业的核心业务。

（三）价值链理论

理论上"价值链"这一概念，是哈佛大学商学院教授迈克尔·波特于1985年提出的。波特认为，"每一个企业都是在设计、生产、销售、发送和辅助其产品的过程中进行种种活动的集合体。所有这些活动可以用一个价值链来表明"。企业的价值创造是通过一系列活动构成的，这些活动可分为基本活动和辅助活动两类，基本活动包括内部后勤、生产作业、外部后勤、市场和销售、服务等；而辅助活动则包括采购、技术开发、人力资源管理和企业基础设施等。这些互不相同但又相互关联的生产经营活动，构成了一个创造价值的动态过程，即价值链。

价值链在经济活动中是无处不在的，上下游关联的企业与企业之间存在行业价值链，企业内部各业务单元的联系构成了企业的价值链，企业内部各业务单元之间也存在着价值链联结。价值链上的每一项价值活动都会对企业最终能够实现多大的价值造成影响。

波特的"价值链"理论揭示，企业与企业的竞争，不只是某个环节的竞争，而是整个价值链的竞争，而整个价值链的综合竞争力决定企业的竞争力。用波特的话来说："消费者心目中的价值由一连串企业内部物质与技术上的具体活动与利润所构成，当你和其他企业竞争时，其实是内部多项活动在进行竞争，而不是某一项活动的竞争。"

美国作业成本科技公司及美国供应链局曾联合界定何谓价值链：价值链是一种高层次的物流模式，内容由原材料作为投入资产开始，直至原料通过不同过程售予顾客为止，当中所有的增值活动都可包括在价值链中。企业作为一个整体，其竞争优势来源于设计、生产、营销等过程以及辅助过程中所进行的许多相互分离的活动，来自于为企业的相对成本地位和差别化程度奠定基础的整个产业价值链配置系统。为了营造和保持竞争优势，管理者必须在整个价值链配置系统中不断地寻求适合培育与强化自身核心竞争力的定位，并同时管理好与企业创造价值相关联的其他环节。

IT外包将帮助企业控制和降低内部有关组织结构的费用，还将有助于迅速执行各种解决方案。很明显，通过企业的结构重组和流程更新，IT外包能带来巨大的收益，但这并不是IT外包中的关键。在进行IT外包决策时，为其所作的企业结构框架更新极其重要。今天，IT 基础部门功能性和重要性的增强，要求公司的价值链分析更加深入，以帮助公司做出最优外包决策。决策的关键在于两个方面：功能性，例如速度、可信度、能力等；便利性，例如操作方便、用户界面友好等。对企业来说，哪个方面更重要，这都要依据当时市场的竞争情况而定。让每个客户充分了解你和你的产品，并且让他们认识到他们需要你的产品，这是战胜你的竞争对手，占据市场的关键。对企业内部来说，要整合你的价值链，决定适合外包的环节。

二、国际 ITO 的市场发展现状

IT 服务外包服务起源于国外 20 世纪 70 年代末 80 年代初，但是直到 90 年代初，IT 外包服务发展依然局限在以下两个方面：第一，由于公司对于特殊的专业或偶尔才会使用的计算机能力或系统开发技术等方面有需要，才决定通过外包来解决并取得成本效益；第二，避免在公司内部建设特殊的信息技术技能和技术装备，这主要是指那些小型的和只有低水平技术的组织。

真正推动 IT 服务外包的是 Kodak 公司，1990 年的柯达公司宣布将其几乎全部的信息系统职能外包给 IBM 和 DEC 等公司，当时柯达公司的 CIO 是一名高级经理而不是一名计算机专家，因此，他的思维态势使他得以跳出计算机专家的固有模式，在大型计算机主机、通信和个人计算机的外包方面采取了积极的态度，对在此之前被中、大型企业认为是细枝末节的 IT 服务外包问题予以了足够的重视。受柯达公司这一决策的影响，当时召开了一系列的如急风暴雨般的有关 IT 服务外包问题的研讨会；而且，这项史无前例的外包合约在市场上引起了强烈反响。此后，许多大公司纷纷效仿行事，IT 服务外包在国际上蔚然成风，尤以欧美国家为代表。业内有关人士指出，在今后很长一段时间内，很多客户虽然拥有服务器、中间件、应用软件、存储设备和 IT 人员，但是会有更多的客户购买 IT 服务，这是因为电子外包将从根本上改变计算机行业的市场运作模式，能有效降低成本、增强企业的核心竞争力。目前已有许多公司从 IBM、HP、EDS、CSC 等专业服务公司寻求服务支持，将那些仅做后台支持而不创造营业额的工作外包出去，以此来降低技术成本。20 世纪 80 年代以来，数据调查公司的研究显示，全球信息技术外包服务 1990 年只有 90 亿美元，而到 1994 年即达到了 280 亿美元，年均增长速度在 25% 以上。从 ITO 发展来看，TPI 指数显示 2010 年 ITO 全球合同总额达到 624 亿美元，同比下降 3.7%，远远低于 2000 年的 766 亿美元，这说明全球 ITO 产业仍没有走出低谷。但是，全球经济复苏的势头已经十分明显，全球 IT 硬件出货量已经开始实现正增长，而 2010 年第四季度全球 ITO 市场规模达到 187 亿美元，同比增长了 59%。因此，ITO 仍将是服务外包产业的主流。

Yankee 集团在 1996 年对 500 家公司的调查表明，其中 90% 的公司中至少有一项主要 IT 业务职能已进行了资源外包，而 45% 的公司的信息技术环境的某些主要部分也已进行了资源外包。

美国外包协会进行的一项研究显示：IT 服务外包协议使企业平均节省 9% 的成本，而能力与质量则上升了 15%。目前在世界许多国家和地区，外包服务得到了极大肯定和广泛应用，尤其是一些大型跨国集团公司。据外包协会的调查显示，2010 年全球服务外包市场上 ITO 外包占据了 60% 以上的市场份额，IT 服务外包服务正成为世界商业发展的趋势。

在欧美市场，外包服务商基本上由系统集成商或是增值代理商转变而来，如 EDS 等，当然也有像 HP、IBM、UnisyS 等硬件厂商的介入。IT 服务外包业务的收入目前已经占据 CSC 公司总体收入的 50％以上，并仍然在增长，对于我国市场，刘顺成表示，目前 CSC 在我国的客户主要还是那些跨国公司，比如北电网络、摩托罗拉等。

而对于 IT 服务外包公司来说，最重要的是经验和规模。经验是在长期的外包工作中积累下来的，跨国公司的要求很高，但是像 IBM、CSC 这样的 IT 服务外包巨头都几乎能满足任何苛刻的要求。这显然是我国的 IT 服务外包企业不可企及的，目前，国内的 IT 服务外包仍然停留在比较低的层次上。从规模上来说，国内几乎没有一个专业的、成规模的 IT 服务外包的公司，而 CSC 公司在全球共有 9 万多员工，年收入达到 121 多亿美元，IBM 就更不要说了，和国外的巨头相比，国内的公司几乎微不足道，但联想等公司正在加大进入这一领域的力度。

经济全球化的不断发展、信息通信技术的广泛应用、新兴市场国家基础设施的改善和劳动力素质的提高，为全球服务外包创造了有利条件。目前，尽管受到国内政界和公众的反对与阻碍从降低成本、提高收益和竞争力的角度出发，服务外包在欧美仍将获得继续发展。亚洲公司也开始将业务外包给一些大型跨国公司。外包咨询公司 TPI 认为，亚洲公司，特别是银行、航空和电信集团，将会把更多业务外包，全球服务外包的发展趋势正在不断加快。

长期以来，美国一直处于核心技术和标准制定的上游地位，全球有 90％以上的基础软件被美国所垄断。以印度为代表的国家，大多从事子模块开发和独立的嵌入式软件开发，并参与产业规则的制定，可以划分为第二集团。我国则处于第三集团，大部分企业则是从事一般应用软件和系统集成中的开发，处于全球软件产业格局的中下游。

第三节　我国 ITO 市场

一、我国 ITO 的市场发展现状

我国软件外包业起步较晚，始于 20 世纪 80 年代，到 90 年代开始迅猛发展。由于存在着后发优势，并且软件行业并没有如其他行业一般高度依赖于外部市场，反而是一直秉持着以内需为主逐步外销的健康经营策略，所以近些年来软件业的表现十分抢眼，尤其是软件外包产业，保持了 40％左右的增长速度，这个数字远远超过了国际市场的平均增长速度，见图 5-1。2004 年我国的软件外包的规模仅为 8.3 亿美元，到了 2009 年，我国的软件外包的业务量达到了近 40 亿美元，见图 5-2，这充分说明了我国软件外包行业有着广阔的发展潜力。

在我国的软件外包市场上，一直以来，日本软件企业都是我国的主要发包方，与欧美相比，日本的发包总量要大上许多，见图 5-3。以我国的软件外包龙头企业大连东软来说，对日的软件外包业务占了东软整个业务规模的 70％，这只是我国软件外包的一个缩影，其实很多企业都是如此，日本无可厚非地成了我国最重要的发包国。但是，随着我国软件外包的持续发展，这种局面也在悄然发生变化，以微软、英特尔为代表的一些欧美企业正在提高它们在我国的发包数量，使得我国对欧美的软件外包服务得到加强。

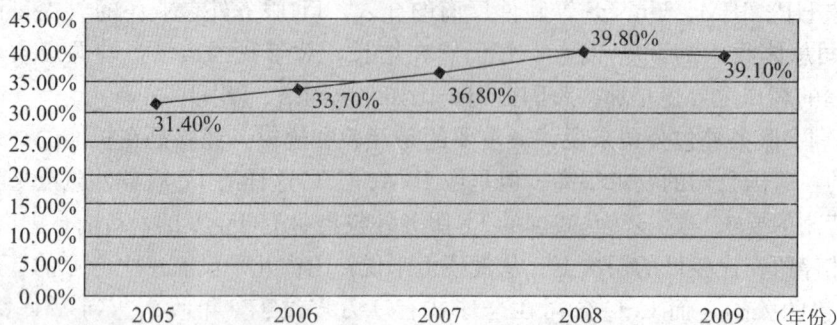

图 5-1　我国软件外包的年均增长率

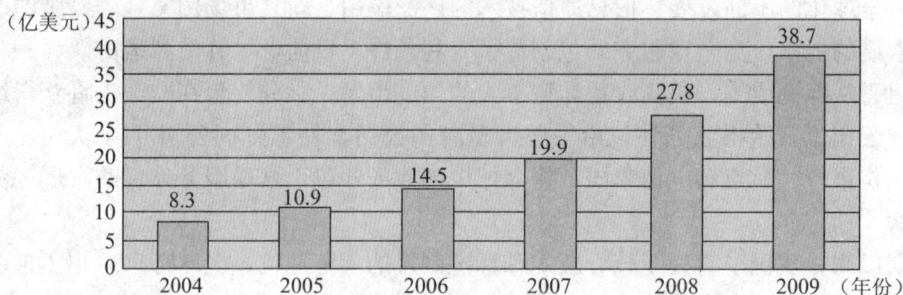

图 5-2　2004—2009 年我国软件外包市场规模

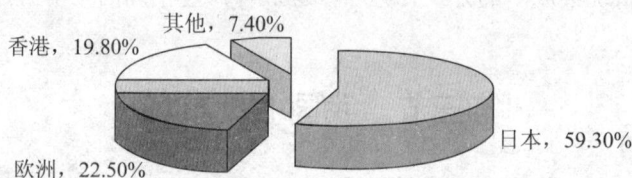

图 5-3　我国软件外包接包市场细分

截至 2009 年 1 月 1 日，我国软件外包企业数量约 3600 家，从业人员数量大约达到 41 万人，分别同比增长 20％和 36.7％。有这么迅猛的发展势头，无疑要归因于近年来我国经济发展稳定，市场需求巨大，产业发展环境改善，吸引了一大批海外留学人员纷纷回国创业，无论是东部沿海地区还是中西部地区，软件外包产业都呈现出蓬勃发展的局面。不过因各地区基础条件不同、发展环境不同，还是可以将目前国内的软件外包企业划分为四个梯次：

第一梯次：北京和上海。北京和上海分别作为我国环渤海经济圈和长三角经济圈的经济和贸易中心，战略地位显赫，无论是从影响力或是发展氛围而言，都是软件外包企业当仁不让的首选之地。另外，北京和上海是最旺盛的最终消费市场，在这一点上同样具有很大的吸引力。此外，北京和上海在产业软硬件环境方面的综合实力也是国内领先的。

第二梯次：大连和广东。大连和广东凭借着地缘优势和多年累积的产业先发优势，使得它们在国内竞争中占据了先机。大连临近日本和韩国，广东毗邻我国香港，在地理上与发包地相邻，交通便利。因此，两地在对日韩和我国香港开展服务外包业务时有着不可复制的特殊优势。

第三梯次：天津、江苏和浙江。这些地区的最大特点就是软件相关人才"性价比"相对国内其他地区要高，一方面人才质量和服务水平比中西部地区稍好，另一方面其人力成本相对于北京、上海较低，达到了一个质量和成本的最佳组合。

第四梯次：中西部地区。尽管在产业环境因素和宏观区域因素方面，中西部地区不具备明显优势，但其人力成本、运营成本和其他一些物资成本都明显低于前三个梯次地区，具有显著的成本优势。

除了以上的宏观区域划分之外，从产业集聚的角度出发，目前，我国软件外包已经形成了环渤海、长三角、珠三角三大产业集群。此外，中西部地区和东北地区在软件外包方面也开始不断突破发展"瓶颈"，初步形成了中西部产业集群和东北产业集群。集群内城市之间协同配合，发挥整合优势，整体参与国际竞争，在很大程度上提高了我国软件外包企业在信息沟通、成本控制和防范风险方面的能力。

1. 环渤海产业集群

环渤海经济圈在参与世界政治、经济、文化、交往等方面特点突出，管理协调。北京正在从我国政治经济和文化中心向东亚地区政治和经济中心转变；天津依托北方重要港口和毗邻北京的地理优势以及雄厚的轻工业基础，也正在不断地发展进出口贸易；大连在我国软件业领域里一直具有先发优势，已经成为东北亚的服务外包中心并在不断地发展壮大。

2. 长三角产业集群

长三角经济圈是我国城镇分布最密集、城市化程度最高、经济发展水平最高的地区。在这里有庞大的消费市场、有良好的商业环境、有进取的商业氛围、有强大的民营经济，同时还形成了以上海为中心，南京和杭州为辅的"一头两翼"结构。长三角产业集群依托上海国际航运中心和国际金融中心的优势，凭借多年形成的外包业务经验和良好的产业基础，在软件外包业务领域发展潜力巨大。

3. 珠三角产业集群

三十年良好的政策环境造就了这一地区深厚的经济优势，同时，珠三角地区还有着靠近香港、澳门和东南亚地区，文化契合度高的天然优势，凭借着这些优势，珠三角产业集群可以大力发展品牌战略，逐步打造具有自主品牌同时面向东南亚的软件与信息服务外包基地。

4. 中西部产业集群

近年来，中西部地区的经济发展令很多人眼前一亮，以重庆、成都、西安为核心的关中城市群 GDP 总额突破 15000 亿元，占到全国 GDP 总额的 6.3%，占整个西部地区 GDP 总额的 33%。以武汉、长沙、合肥等为区域经济中心的中部地区也形成了软件产业集群发展的格局，推动了中部地区软件外包的发展。此外，在国家公布的 20 个服务外包示范城市中，中西部城市大约占到 1/3 的份额，这势必对这一地区软件外包的发展起到一定的带头作用。

5. 东北产业集群

随着东北老工业基地改造步伐的深入，以沈阳、哈尔滨、大庆为代表的部分城市在软件外包发展方面也取得了长足的进步。它们借助靠近韩国、日本的区位优势，以及大连作为东北亚服务外包中心的技术带动作用，结合丰富的人才和研发资源优势，在对日韩的外包业务中取得了非常可喜的成绩。就企业层面而言，目前我国承接软件外包的企业仍然主要集中于北京、上海、深圳、大连、西安等几个地区，分别是几大产业集群和地域梯次的中心城市。这些城市有良好的基础设施建设和产业配套基础，有良好的市场竞争环境，有大量精通外语的软件人才资源，有较强的创新能力和研发能力，并且地方政府在政策上也给予了很大的支持，使得这些地区形成相对较为完整的产业链条并且逐渐形成了各自的区域特色，见图5-4。

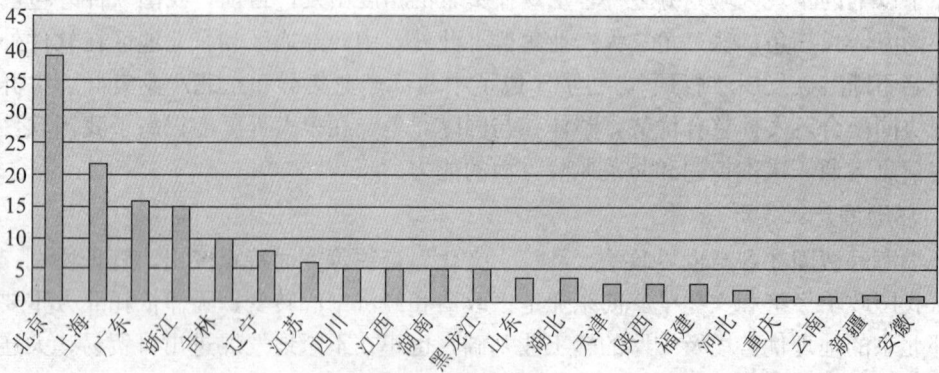

图5-4　重点软件企业地域分布情况

由图5-4可以看出，未来几年内，环渤海地区、长三角和珠三角地区仍然会是我国软件外包业增长的主要动力，不过随着中西部地区和东北地区软件业的崛起，势必越来越多地参与到软件外包业务的分工中去，同时，国内一线城市的人力成本在不断提高，而软件外包的目的就是降低成本，所以可以肯定地说，未来北京、上海等一线城市在国内业务中的比重会有所下降。而自然而然地会有更多机会转移到国内二线城市。

截至2006年底，我国通过CMM5级认证的企业共有29家（见表5-1），其中包括大连华信、宝信软件、上海博朗软件、东软、摩托罗拉软件中心、埃森哲中国信息技术中心、海辉软件等。

表5-1　2006年我国通过CMM能力等级的软件企业数量

CMM能力等级	中国通过的软件企业数量
CMM5	29
CMM4	40
CMM3	237
CMM2	＞600

综观国内4000家左右的软件外包企业，就总体格局来看仍然是重点企业"一边倒"，

到 2008 年 10 月，排名前 10 位的软件外包企业占据了全部市场份额的 34.6%（见表 5 - 2），虽然较前一个季度减少了 0.5%，可优势依旧十分明显，同几年前相比市场集中度仍然较高，见图 5 - 5。

表 5 - 2　2008 年前三季度我国软件外包企业 TOP10

市场排名	公司名称	外包业务收入（亿元人民币）	市场比率（%）
1	东软集团有限公司	3.22	7.1
2	浙大网新科技股份有限公司	2.08	4.6
3	海辉软件（国际）集团	1.86	4.1
4	文思创新软件技术有限公司	1.68	3.7
5	大连华信计算机技术有限公司	1.49	3.3
6	中讯软件集团有限公司	1.40	3.1
7	大展科技信息有限公司	1.27	2.8
8	中软国际有限公司	1.18	2.6
9	博彦科技集团	1.04	2.3
10	海隆软件股份有限公司	0.41	0.9

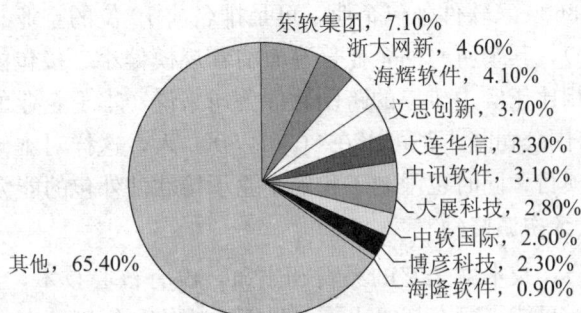

图 5 - 5　2008 年前三季度软件外包企业收入分析

由图 5 - 5 可以清晰地看出，占总量 0.25% 左右的软件外包企业却创造了 35% 的绩效，一般来说，这些企业进入外包行业时间较长，平均 10 年左右，在国际上已经树立了品牌，企业从事外包的人员也超过了千人。

东软集团国内第一家上市的软件企业（1996 年 6 月），是国内目前最大的软件外包企业，也是我国第一家进入全球外包 25 强的企业。东软将软件与医疗领域、安全领域、通信领域的结合，开发出了大型医疗设备系统、网络安全产品、汽车电子和移动通信设备软件等，使软件的价值得到了更好的体现。目前在我国 40 多个城市设立销售和服务网络，在美国、日本、中国香港设有分公司。

海辉软件（国际）集团成立于 1996 年，集团业务覆盖我国所有主要城市，是我国大陆首家整体通过 CMM5 级评估的软件企业。目前集团拥有员工 3000 人，凭借其综合解决方案平台和成熟的服务模式，现已发展成为我国最大的领先 IT 服务提供商之一，在美国、日本、中国香港、加拿大设有分公司。

文思创新软件技术有限公司成立于 1995 年，是国内软件外包行业的先行者和领军企业。公司将解决方案定位于商务和科技完美结合的动态环境中，从而为客户提供高质量的服务，满足客户在规模、效率、质量、专业能力等全方位的要求。目前公司已拥有全球员工超过 3000 人，在全球顶级风险投资机构红杉资本、DCM 和联想投资的强大支持下，已经成为国内发展最快的软件外包企业。

以上只是我国几千家软件外包企业中的代表，是我国软件外包发展过程的一个缩影。尽管发展时间不长，可我国软件外包业正在以惊人的速度发展，相信不久的将来，软件外包一定能够成为服务业发展的排头兵、先锋队，带动我国整个产业结构的优化升级和高技术企业在国际市场上的影响力和竞争力。

二、我国 ITO 发展中存在的问题

企业是市场的主体，提高我国软件外包的水平和质量归根结底是提高我国软件外包企业的发展级次和规模，只有这样才能够真正把我国的软件外包做大做强。从上一节我国 ITO 市场发展现状分析可以看出，我国软件外包的发展还存在一些不足，主要表现在以下几个方面：

（一）企业规模偏小，市场竞争力不强

我国目前有大约 3600 家软件外包企业，可是排名前 10 位的企业却占据着行业总产值的 34.6%（见图 5-5），其余所有的企业普遍面临着规模偏小、接包能力差的问题。从研发人员的角度来看，相比于实力雄厚的跨国软件公司来说，本土企业的研发人员只能维持在 1000 人左右，而跨国公司基本都可以在 3000～5000 人，这样对本土公司来说，很难开展战略性的长期研发项目，同时也限制了我国企业承接软件外包的能力和水平。

（二）高端研发人才资源紧缺

对于软件行业而言，技术就是它的灵魂和生命，没有核心技术，没有好的研发平台，那我们软件外包的发展只能徘徊在初级水平，只能去模仿和复制别人的技术，所以对于软件外包企业来说，目前比较紧迫的任务就是如何吸引招纳一批高素质 IT 人才。尽管目前我国的高等教育规模世界第一，软件人才也有很多，可是能够达到研发世界领先水平的软件产品的人才凤毛麟角，尤其是既懂外包专业知识，又是软件行业顶尖级水平的人才就更少。在这方面，海外留学人才也许具有一定的优势，可是我国政府在吸引这些人才回国创业方面的力度仍有待加强。

（三）行业协会的服务能力有待提高

尽管我国软件行业协会已经做了很多的工作，可是在推动外包业务发展，合理规范和引导人才流动，带领外包企业进行产业发展趋势研究，加强企业与政府间的沟通和交流，向国际市场推介我国软件产品，促进我国承接软件外包的特点环境等方面与发达国家相比，存在着不小的差距，也不及印度的 NASSCOM。

（四）政府相关支持政策不明确，落实存在障碍

目前，我国政府对软件外包的产品研发、CMM 认证、出国参展、软件出口、软件从

业人员的税收返还等方面有一定的优惠，但是在承接软件外包的定位上尚不明确。只要是外包符合城市发展的特点，就大力支持这个城市发展外包服务业，并没有区分不同类型的外包业务之间的差别，没有注意到不同的外包需要的承接模式不同，要求的发展空间不同，这就造成了相近城市之间的恶性竞争，不利于在国际上树立"我国外包"的品牌，也使得很多符合国际发展趋势和潮流的一些"非重点区域"的软件外包企业得不到应有的支持和发展政策。

（五）知识产权保护力度薄弱

知识产权的保护一直是西方发达国家攻击我国的一张王牌，各种知识产权方面的国际纠纷也屡见不鲜，我国政府充分认识到这个问题的重要性，一直不遗余力地保护知识产权，也取得了一些成绩。不过，应该承认的是，我国的知识产权保护力度仍然相当薄弱，就软件业来说，盗版一直是让所有软件企业头疼的问题，我国的盗版软件比例一度高达97%，虽然近年来有所好转，可是盗版软件满天飞，充斥在市场上的局面短时间内还得不到根除，人们对此也毫无察觉。其实对软件外包企业来说，在没有形成知识产权之前的商业机密保护是头等大事。尽管国内有相应的法律制度，可对于商业机密的保护只有当违法行为发生之后才能够进行惩罚，而且惩罚力度不大，相对于得到机密的商业性而言，可能这种惩罚只是流于形式。这就是很多国外客户不敢把高质量的外包项目交给我国来做的重要原因。

三、我国承接 ITO 的对策

针对国际 ITO 市场的分析及我国 ITO 发展现状，得出目前我国 ITO 发展中所面对的问题，从三个层面提出我国承接 ITO 的对策——政府、企业、行业三管齐下，对我国承接 ITO 会有非常大的影响和帮助。

（一）政府层面

政府应该从经济发展的总体战略出发，借鉴在承接 IT 外包业务方面走在前列的国家的经验与教训，从宏观方面进行管理，相应地给予有力的支持。

1. 加强政策措施方面的支持

为了尽快扶持一批 IT 接包企业，国家有必要研究制定一些促进企业承接 IT 外包的政策措施。建议制定正式的法律法规以规范市场，对于承接商和发包商的行为都从法律上加以适当的约束，例如合同制定、资产出售、风险赔偿等方面给予具体的规定。同时，地方政府也应根据当地情况出台相关政策措施，由于我国 IT 服务外包地域差异比较严重，所以对于已经成为 IT 服务外包中心的城市要保持数额，对于市场潜力很大还没有完全开发的城市要多一些鼓励和支持，从投融资、保险、税收等方面入手。

信息产业部、科技部、财政部、进出口银行、教育部、税务总局、海关总署、国家外汇局等部委应该共同参与制定全方位、多层次的 IT 服务外包相关政策，将这些问题真正提到日程上，而不是只限于口头的号召。

2. 重视 IT 相关专业的人才培训

对 IT 相关专业的人才培训应该给予重视和具体支持，为相关专业学生提供全英文授课、提供奖学金以资鼓励及面向产业的实践培训；通过职业技术学校及一些培训机构提高从业人员的技术和英语能力。

2008 年，大连市市长在大连举行的第六届中国国际软件和信息服务交易会上提出要建立全国第一所软件高级人才培养机构，不久，于 2008 年 11 月 17 日，大连软件高级经理人学院成立。该学院是针对软件和服务外包行业高端人才培养的专业机构，通过引进国际最先进的人才培养体系，提高软件和服务外包行业从业人员的专业和管理水平。学院邀请诸多实战管理专家和国内各优秀软件企业高层管理者对来参与培训的学生进行指导，使得以后有更多的 IT 精英为大连 IT 服务外包的发展作出贡献，来维持大连 IT 服务外包的竞争力。

对于人才培养方面，大连是很好的例子，其余各省市可以借鉴其经验培养本地的 IT 人才。

（二）企业层面

1. 积极推行国际化标准，提高接包质量

一个 IT 服务外包企业若想在承接 IT 外包方面具有强大的竞争力，一定要以国际化的产业标准为准则，对于 IT 产品、IT 系统的维护和开发都要标准化，对于管理过程和经营理念方面也要遵循国际通用的方法。每一个企业都规范化，有助于提高市场的公平化。企业管理层要严格把关，不能允许任何一个环节松懈，要创立自己的品牌效应，尤其要给国外客户树立良好的形象，以促进日后更为广泛的合作。更为具体的方法是，多多参与考核IT 业相关质量认证，如软件业专业认证 CMM 等。这些认证是代表一个企业接包质量的关键因素，也是吸引欧美一些十分注重外包质量的跨国公司的重要砝码。这样做，才能够使我国的 IT 外包企业进驻国际市场。

2. 重视国内外互动创新

我国现在在承接 IT 服务外包时走入了一个怪圈，就是国内的 IT 服务外包需求企业不会在国内市场寻求接包商，而是选择印度公司。同样，国内的 IT 服务外包承接商在选择承接哪一个发包商的业务的时候也会选择欧美等发达国家的大公司。这种不对称只会使我国 IT 服务外包市场停滞不前。应该重视国内国外两个市场的互动创新。我国作为最大的发展中国家，在承接 IT 服务外包的时候应该一方面通过国际 IT 服务外包积累国际化的管理经验和先进的技术经验，实现引进技术的吸纳并在此基础上进行进一步创新，最后将创新成果转化为实际生产力，切实提高接包质量；另一方面通过在国内市场承接国内 IT 服务外包大项目来强化企业自主创新能力，提升业务水平和积累技术经验，创建具有自主知识产权的 IT 解决方案和产品。

3. 注重知识产权保护

知识产权是国内 IT 服务外包接包企业容易忽视而欧美客户特别关心的一个问题。相当一部分欧美企业在选择 IT 服务外包供应商时就是因为能够达到他们信息安全要求的中国企业少之又少，才最终转向 IT 服务外包发展相对成熟的印度。因此，国内接包企业应从意识和行动上注重知识产权保护，这样才能让客户放心地把 IT 业务外包给我国企业来做。因此，我国 IT 服务外包接包企业应多多学习有关防范知识产权被侵犯以及处理知识产权纠纷的知识，注重自我知识产权的保护，创造属于自己的民族品牌。

（三）行业层面

1. 建立我国 IT 服务业行业协会

行业协会是社会中介组织，反映了各行业的企业自我服务、自我协调、自我监督、自我咨询的意识和要求，是企业与外界市场交流的桥梁。

IT 服务外包在我国的发展历史不过 10 年，无论是企业还是政府对它的重要性还没有非常充分的认识，我国 IT 服务外包企业在国外的知名度也非常小。一般欧美国家在想到 IT 服务外包的时候首先考虑的是印度。印度的 NASSCOM 这个组织负责推销本国的 IT 外包企业给有需求的国家。

我国亟须建立一个属于我国的 IT 服务业行业协会，应该鼓励外包基地的领头企业入会，并吸引一些正在发展中的 IT 外包企业，共同商讨对策，互相交流经验教训，集中力量为打造我们民族的品牌对外宣传，以促进我国承接 IT 服务外包的发展。

2. 通过行业协会规范 IT 服务企业

我国 IT 服务业行业协会应该选拔有经验有领导能力的服务业从业人员作为董事，并设立相关职位，形成领导班子，负责草拟一些规范 IT 服务业的法规，为 IT 服务企业提供即时信息，将行业内各个企业的实践经验做成宣传片以便各企业学习交流。一些已经立足的 IT 服务企业应该起到模范带头作用，多多传授成功的经验，或者适当开放以供学习参观。另外，应当集合资金和资源对行业内的企业进行推广宣传，例如在国外相关峰会上打出广告，使得我们本土企业能够被世界其他国家所认识，这样才能更多地吸引大的发包商开拓我国的 IT 服务外包市场。

在控制不正当行为方面，可以设立投诉热线等，行业内任何企业遇到同行以不正当手段窃取技术成果等行为，都可以打投诉电话，行业协会将统一处理和惩罚。

IT 服务企业有了秩序，才能使 IT 服务市场处于良好的运作状态，行业协会的作用在这里十分重要。

▌▌▌ 案例分析

案例：

印度的软件产业始于 20 世纪 80 年代早期，与我国几乎同步开始，不过时至今日，虽然软件产业的发展时间不长，可是印度取得了十分骄人的成绩，给印度带来了巨大的经济利益的同时，还为印度赢得了"世界办公室"的美誉。

20 世纪 80 年代全球服务外包市场开始迅速发展，当时的美国软件巨头们为了降低成本、缓解技术人员不足、提高市场竞争力，纷纷将自己的低端软件产品的研制任务外包出去。印度凭借自身科技人才相对丰富、劳动力成本低、英语能力强等优势抓住了机会，获得了大量的外包订单。到了 1986 年，拉·甘地政府出台了《计算机软件出口、软件开发和培训政策》，这对于印度软件产业的发展来说具有里程碑式的意义，标志着印度政府开始重视和鼓励软件产业的发展壮大。在同美国软件发包方长时间的合作过程中，印度本土的软件企业的技术水平得到了很大的提高，并逐渐开始尝试自己提供一些实际问题的解决方案。

到了 20 世纪 90 年代，外包已经成了一种发展趋势，发达国家开始习惯于把一部分低端业务发包给发展中国家来做。由于信息技术的发展以及互联网的广泛应用使得国际软件业务激增，在 TATA 公司等印度软件行业领军者的带动下，使得一大批印度的软件企业开始在国际市场上崭露头角。在这个阶段，印度软件企业获得了大量的知识、技能和机会，其软件产业开始迅速成长壮大。如今的印度已经拥有一大批开发与服务能力强以及具有开拓国际市场经验的软件企业，印度软件企业已经在国际市场上占据了十分重要的位置，具有良好的国际声誉和全球客户，其软件产品出口到世界各国，成为世界软件的供给中心与研发中心，是目前全球最大的软件外包承接国。

分析思考：

1. 列举印度大型的信息技术外包企业。
2. 结合本章相关内容，分析印度信息技术外包发展为何能如此迅速。

课后习题

1. 什么是信息技术外包，信息技术外包包括哪些内容？
2. 简述信息外包的方式和特点。
3. 简述国际信息技术外包市场的发展情况。
4. 简述我国信息技术外包的发展情况及存在哪些问题。
5. 简述我国承接信息技术外包有哪些对策。

业务流程外包（BPO）

1. 理解业务流程外包（BPO）的概念和特征
2. 了解 BPO 的发展动因与发展趋势
3. 了解 BPO 的业务内容及其运作流程
4. 了解中国 BPO 市场状况及竞争策略

■ **引　言**

业务流程外包（BPO）是指企业将重复性的和非核心的业务流程以及相应的职能部门，以长期合同的形式转移给外部服务供应商，并由服务商对这些流程进行支配、管理并完成，公司从非核心业务中解放出来，把有限的资源集中到核心业务上，达到降低成本、提高服务质量，从而使企业增值的目的。

BPO 在 20 世纪 90 年代就已经开始发展成熟，企业界开始外包诸如物流、设备运营管理、客户服务、销售营销之类的业务职能。但在最近两三年里，BPO 市场发生了深刻的变化。

这是由于 IT 技术的发展，特别在发展中国家的扩展，加上过去几年来发达国家（主要是美国、欧洲和日本）企业所面临的经济环境严峻，商业竞争更加激烈，它们开始重新评估其业务运作。在此过程中，它们开始制定新的目标，如严格专注于核心竞争力，实现高效运作，采纳最佳实践，管理成本/风险，评估/利用技术等。许多领先的企业开始探索和评估 BPO 在其业务运作中的适用性和可行性。想以较低价格外包非核心业务职能的企业需求增多。目前，BPO 服务涉及电信、制造、金融、医疗等各个行业，外包流程也拓展到人力资源、资产管理、顾客照料、销售营销、采购、物流等各个领域。

本章内容从 BPO 的概念内涵开始，介绍了 BPO 的特征和分类；分析了 BPO 发展的动因和发展趋势；详细论述了 BPO 相关的业务内容和流程，包括第三方物流、人力资源外包、财务和金融服务外包，以及呼叫中心；最后，对于中国 BPO 市场，如何能在激烈竞争的环境中发展和成长，给出了可参考采用的市场策略。

第一节　业务流程外包（BPO）的概念和特征

一、BPO 的概念

BPO 是英文 Business process outsourcing 的缩写（译为"业务流程外包"，简称"业务外包"），典型的定义有三种不同版本：

"把一个或多个对信息技术要求很高的业务流程委托给外部服务商运作，并且由该外部服务商根据双方拟定好的和可衡量的绩效考核指标拥有、支配和管理这些流程。"

—盖特纳（Gartner Group）

"与外部机构签订服务合同，使其对某一流程或职能承担首要责任。"

—埃森哲（Accenture）

"把非核心业务系统长期外包给外部的服务商以帮助实现股东价值的提升。"

—普华永道（PWCC 或 PwC）

综合以上观点，本书将 BPO 定义为"与外部服务供应商签订长期服务合同，将一个或多个业务流程或部门职能委托给服务商负责支配、管理、运作并完成，以达到降低成本、提高质量、从而使公司增值的目的"。

从这一定义中我们可明确三点：

第一，BPO 是将公司的部分业务对外承包，即把原来由公司内部处理的某些业务交给公司外部实体去完成。因此，对外包业务与外部承包人的确定有一个权衡与选择的问题。

第二，以 BPO 模式运作的公司与外部承包人之间是"长期合同"的关系。即一种责、权、利明确的，长期稳定的关系。

第三，实现 BPO 运作，其出发点与最终目的只有一个，使公司增值，即增大赢利。目前，BPO 服务的提供涉及金融、保险、医疗、人力资源、抵押、信用卡、资产管理、物流、客户服务以及销售和营销等领域。

二、BPO 的特征

BPO 有许多鲜明的特点，有利于加快企业的发展，有可能成为 21 世纪公司发展的新模式。

第一，BPO 能有效地改善辅助业务对核心业务的支持作用，增加整体赢利。公司业务可划分为核心业务与辅助业务，BPO 运作的主要对象是对整体业务起支撑作用的辅助业务，如财务、系统等。这些辅助业务对外承包给专业化公司后，其业务质量能得到显著而迅速的改善，从而对核心业务起到推动作用，增加整体赢利。

第二，BPO 能进一步突出对核心业务的重点管理，同时实现对辅助业务的有效控制。将部分辅助业务外包，有助于公司管理层以更多的时间和精力，将更多资源投入到核心业务上。而在辅助业务管理上，作为业务承揽方的外部专业化公司，对其承揽项目的服务等级、成本构成、质量检测等有着明确的标准和承诺，这样，公司就可根据合同的履行情况实行对辅助业务的成本—质量控制，实现预期目标。

第三，BPO在提高外包业务质量的同时，也将这一业务领域改变成为具有创造性的领域。在公司内部，辅助业务常被视为"日常性工作"，是一笔"经常性费用"。当由外部专业化公司的雇员们接手这些业务后，这些业务的性质不再是"日常性工作"，而是"新的就业机会"。他们能以一种充满激情的态度，富有创造性地去完成这些工作。此外，外部专业化公司常常是所从事业务领域中的技术领先者，他们对所承包的业务施以优化设计、科学运作与管理，并跟踪最新技术发展，不断更新公司的系统。

第四，BPO有利于在新的市场环境中打破传统的行业（业务）界限，与外部公司形成跨业务领域的联合，构成长期的战略伙伴关系，增强彼此的竞争力。

第五，BPO有利于控制和降低生产成本。由于实现了对辅助业务的成本—质量控制，对业务进行更新与优化设计，采用先进技术等，因此能有效地控制成本。

三、BPO 的分类

BPO服务市场可以根据其特征参数分为两大类：一种是按BPO服务提供商本身的性质分类；另一种是按BPO服务提供商实施业务的特点内容分类。

（一）BPO 服务提供商性质的分类

使用这种方法来区分BPO服务市场最著名和典型的咨询公司之一就是盖特纳（Gartner Group）。的研究认为，在BPO服务市场上总共有七种性质类型不同的BPO服务提供商：

1. 信息技术的外包商

从国外的经验来看，大量的BPO服务提供商来自于信息技术（ITO）服务提供商的背景，特别是印度许多大型公司（如Wipro，Infosys等）是从在美国实施终端客户软件开发起家的。这些玩家拥有非常丰富和广泛的信息技术外包的技能、服务和解决方案。因此，他们进入BPO服务市场是原有信息技术服务功能的自然衍生和扩展。尽管这样的玩家能够处理许许多多各种不同的流程业务，然而他们宁愿集中在一个或两个行业纵深的服务领域。属于这一类的BPO服务提供商有ACS，Unisys，EDS，IBM等。

举例而言，随着1996年并购Unibase，ACS成为最早进入BPO产业领域的信息技术服务供应商之一。Unisys进入BPO领域是在2000年初。IBM在2002年收购PWC的BPO部门踏入可以赢利的业务流程（财务分析和数据管理）外包市场。EDS比较晚，2004年才进入BPO市场。这些早期的信息技术服务提供商除了有一少部分中心仍然在发达国家（高薪资国家，如美国、英国等）外，大部分已经在发展中国家（低薪资国家，如印度、爱尔兰等）快速建立了离岸服务中心。

2.BPO 服务咨询商

这一类BPO服务提供商是通过咨询分析、信息管理，提供BPO服务的集成转包业务。咨询管理专家为客户提供一个完整的外包策略计划，并负责完成全部外包的执行任务。因此建立这样的关系，客户不再需要分别去寻找咨询师和服务提供商，减少外包起始的工作层次和成本。

在所有的BPO服务提供商本身性质的分类中，BPO服务咨询商的角色在过去几年中已经发生了许多急剧的转变。例如，普华永道咨询公司（PWCC）和IBM的全球服务部门的合并，安德森（Andersen）的BPO部门被ACS收购，两者都是传统的BPO咨询公司与信息技术服务提供商合作的角色变更。当然若干全球著名的大型BPO服务咨询商如ACccenture，Deloitte Touche Tohmatsu，Cap Gemini Ernst & young，BearingPoint还是继续保留原来的BPO服务咨询商功能。

3. 单纯BPO服务供应商

单纯BPO服务供应商是指所有收入都来自于业务流程外包提供服务的公司。国外很多这样类型的公司通常是由风险投资公司创建的。这类的例子有Exult和Xchanging。Xchanging是风险投资公司创建的典型例子。Xchanging成立于1998年，当初是由50亿美元资产的私营投资公司——通用大西洋合伙公司（General Atlantic Partners）投资创立的。现在Xchanging收入已经达到6000万美元，拥有3000多名雇员。给客户和相关企业提供的人力资源服务已超过25万人。在过去几年中，许多类似的风险投资公司创建的单纯BPO服务供应商雨后春笋般出现并获得发展。个别单纯BPO服务供应商已经挤进大型公司的行列，例如NASDAQ发表的报告表明，Exult是世界上最大的单纯BPO服务供应商之一，其收入超过4.8亿美元。

4. 流程专家

这类BPO服务提供商是被市场公认的，在特定领域具备流程方面的专业知识和经验。就这类BPO服务提供商而言，有些在信息技术方面做出了许多有益的探索，为客户提供创新服务；有些则基于资产或人力方面的探索和创新。信息技术在快速和高效完成业务流程外包过程中起着非常重要的作用。他们的竞争力因外包业务流程的不同而各异。

5. 行业专家

有的提供商是为特定行业提供解决方案服务。这些BPO服务提供商通常集中为一个行业提供各种功能的外包服务。例如CareScience和TriZetto是BPO服务提供商专门为健康保健行业提供广泛的技术产品和服务。类似的WNS是印度一家为航空公司提供服务的BPO行业服务提供商。

6. 离岸供应商

随着全球经济的变化，信息技术的外包市场一度增长速度减缓。印度的离岸服务外包商不得不去寻找和发现新的商业机遇。BPO市场的高速增长为这些公司提供了一个完美的多种经营方向的替代方案。2002年4月INFOSYS宣布启动BPO业务公司，叫Progeon，Infosys拥有其控股股份，该公司还有花旗集团（Citi Group）2000万美元的投资额度。同样，印度另外一家信息技术外包巨擘Wipro，成立Spectramind从事BPO业务，现在已经成为印度专做信息技术驱动的离岸BPO服务提供商（ITES）。

7. 商务服务供应商（BSP）

这些服务提供商是以衍生和扩展传统应用服务供应商（ASP）的模式而侵入BPO领域的。因为过去他们仅仅提供应用管理的服务，不足以满足客户的需求。许多重要的商务需求根本就没有加以考虑，因此严重地威胁到传统应用服务供应商（ASP）模式的生存问题。为了改变这种被动局面，应用服务供应商（ASP）企图将更多的业务流程外包的内容添加并包装到其应用范围之内。集成更多的功能装添到应用服务供应商（ASP）所提供的服务之中，形成了一个新的商业模式概念叫做商务服务供应商（BSP），它可以为客户提供由互联网驱动的标准的商务流程。商务服务供应商（BSP）负责商务流程的全过程服务，已大大地超出过去只提供技术方案的能力。

（二）BPO 服务提供商实施业务的分类

根据 BPO 服务提供商实施业务内容的分类方法，将会有三种不同的 BPO 公司：

1. 为客户专注业务支持的服务提供商

这类公司提供前端，客户专注的服务类型包括数据库市场营销、呼叫中心、网上销售和市场推广等。联络中心外包的市场十分拥挤。开始时，这些服务提供商大都是非行业专门化的，然而很快他们为了获得竞争的差异优势，迅速熟悉并占领了行业的纵深市场。现在提供客户专注业务支持的服务提供商可以给专门的客户群，直接提供诸如聚焦在商业对商业（B2B）的服务，或其他在产品方面的服务。提供客户专注业务支持的服务提供商的著名公司名字是 Convergys，Teletech，EDS 和 West Cooperation。

2. 支持特种功能的服务提供商

能够给特定行业提供多种功能服务的公司属于这种分类。然而，现在几乎没有 BPO 公司留下只为一个行业服务。通常他们至少为两个以上的行业服务。Unisys 是一个 BPO 公司，过去很长时间它只专注于保险的理赔流程处理，现在已开始提供为其他行业的服务，像运输、媒体等。

3. 通用型终端支持的服务提供商

这类公司通常提供终端的、非行业性的流程内容服务，诸如人力资源和行政处理服务。进行人力资源外包的典型例子是 Arinso 和翰威特 Hewitt Associates 公司，而 Spherion 主要提供行政处理服务。

第二节　BPO 的发展动因和趋势

一、BPO 的发展动因

BPO 动因主要包括外部环境动因和内部推动力量。

（一）BPO 的外部环境动因

1. 技术动因

信息技术和互联网对 BPO 的支持和促进作用表现在：

①互联网技术

互联网的延展性和灵活性使地理位置、自然资源对企业的约束化于无形，市场可以无限制地延伸到任何时间、任何地方，从而为 BPO 跨越时空障碍提供技术支持。

②信息技术

计算机技术、通信技术、光电子技术、自动控制技术和人工智能技术等的发展大幅度降低信息处理的成本，增加信息储存的容量，提高信息的传播速度，消除人们收集和应用信息的时空限制，保证信息传输的安全可靠，为 BPO 各方参与者之间方便、快捷、安全地交流和传递信息提供技术支持。

③决策支持系统

基于计算机技术、仿真技术和信息技术建立的决策支持系统（Decision Support System，DSS）帮助企业决策者以最快的方式尽可能多地获得有关企业内外部及企业之间的信息，及时对这些信息进行综合处理，为 BPO 管理者准确快速地决策提供技术支持。

所以信息技术的发展对 BPO 起支撑作用。

2. 经济动因

经济全球化的内容主要包括生产全球化、贸易全球化和金融全球化。经济全球化带动资本、信息、技术、劳动力、资源在全球范围内流动、配置和重组，使生产、投资、金融、贸易在世界各国、各地区之间相互融合、相互依赖、相互竞争和制约，整个世界连接成一个巨大的市场。任何企业想在此浪潮中"闭关自守"是注定要失败的，只有通过 BPO 与别的企业建立战略联盟，协调合作，互惠互利，才能获得长久竞争优势，享受全球化带来的胜利成果。因此，经济全球化程度越高，BPO 程度也越高。经济全球化也能大大促进 BPO 的发展。

3. 市场动因

市场环境迅速变迁迫使企业采用 BPO 战略。通过 BPO，企业以网络技术为依托，把具有不同优势资源的合作方整合成反应快速、灵活多变的动态联盟，各方资源共享、优势互补、有效合作，共同应对激烈而严峻的市场挑战。市场变迁越剧烈，BPO 程度越高。所以，市场环境的迅速变迁使 BPO 有用武之地。

（二）BPO 的内部推动力量

1. BPO 通过有效节省成本来提高企业绩效

降低成本，减少投入是企业提高绩效最原始的手段。根据美国外包研究所的估计，服务外包能够为企业节省 9% 的成本。BPO 实现成本节省的途径：

①通过供应方的规模经济获得成本节省

在 BPO 中，多个客户共享生产设备，不仅节约安装和建设费用，而且提高各种设备、原材料、能源的利用率和活劳动生产率。规模越大，成本越低。

②通过供应方的范围经济获得成本节省

同时生产两种产品的费用低于分别生产每种产品时，所存在的状况就被称为范围经济。在 BPO 中，供应方由于为不同客户提供多个不同的外包服务项目，实现范围经济，收获成本降低。

③通过供应方的学习效应获得成本节省

在 BPO 过程中，供应方的学习效应通过服务生产不同侧面发生作用。例如，员工在重复性的工作中对任务熟悉程度的提高，完成相同工序的速度加快，浪费越来越少；管理者在从原材料配送到组织协调方面逐步学会如何将生产管理安排得更有效率，生产系统的运行更加合理等。

④虽然交易成本会随着企业的 BPO 程度提高而增加，但在具体实施过程中，BPO 企

业可以依靠信息技术、与供应方通过建立长期稳定的合作关系等手段来降低交易成本。

可见，成本与BPO存在相关关系。实际上，成本越高，企业越希望通过BPO来降低成本，BPO程度也越高。

2.BPO通过关注核心竞争力来提高企业绩效

大多数企业在BPO过程中，为了充分利用资源，提高企业绩效，都会经过下列步骤：

①培育或找出一些精心挑选的核心竞争力，并确定自己从事这些核心活动是世界最好的；

②把人、财、物等资源和管理注意力集中到这些核心竞争力上；

③外包其他非核心活动。

这样，企业一方面集中资源和能力从事自己最擅长的活动来实现内部资源回报最大化；另一方面充分利用外部供应方专业的职业技能，这些技能对企业内部来说是过于昂贵和根本不可能复制或从事的。通过发展良好的核心竞争力可阻止现有或潜在的竞争者进入企业的利益领域，从而保护市场份额，增强战略优势。

BPO提高了企业对核心竞争力的关注，优化了企业资源配置，使得企业能够利用核心竞争力增加竞争优势，创造更多价值，进而提升绩效。综上所述，构建BPO动因机制的研究框架如图6-1所示。

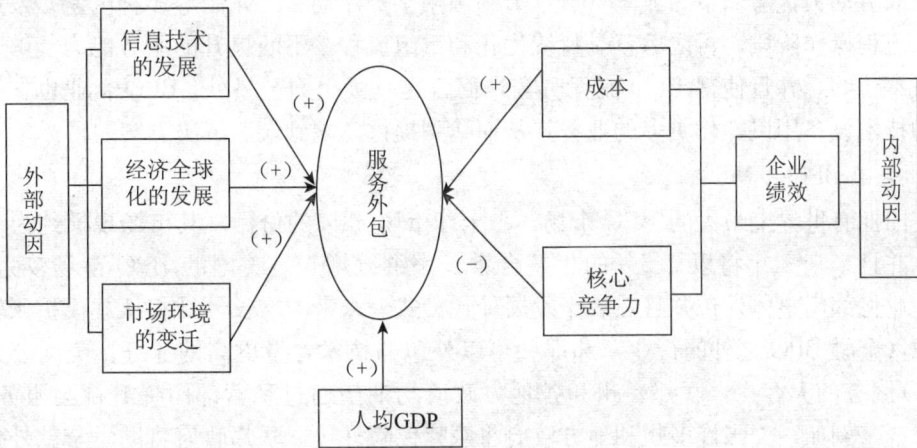

图6-1 外包服务发展动因机制

二、BPO发展的现状与趋势

美国管理学家詹姆斯指出，目前，"Do what you do best, outsourcing the rest"成为企业管理的一个新理念，外包战略也正在成为企业发展的一种重要战略工具。美国著名管理学家科特勒在《金融时报》上也称，"全球大多数公司60％以上的业务将通过外包实现，少数公司完全外包"。

（一）国际BPO发展现状

BPO（Business Process Outsourcing，业务流程外包）是指将金融、财务、客户关系、采购或一个完整的部门（如人力资源部门）的工作尤其是业务工作外包给第三方。

自 2002 年起，全球 BPO 市场进入快速增长期，美国地区市场增长最为迅速，有超过 90％的北美市场来自美国和加拿大。北美市场已经非常成熟，垂直市场和水平市场都非常发达，在北美市场，要针对不同行业如医疗、金融、人力资源和能源行业了解 BPO，使企业更专业化、更细分。中国正处于良性的 BPO 发展和进入时期，BPO 服务主要分布于政府和医疗等领域，尤其中国医疗行业的制造市场领域。

Accenture 埃森哲大中华区副总裁 Mark A Boyle 则认为，中国在未来 5～10 年有潜力发展为全球 BPO 市场，成为最大的外包服务提供商。全球性公司都在寻求支持手段，以实现核心业务的功能虚拟化，建立全球性服务共享网络，而将服务交给第三方实现可持续价值，很多机构和组织都有这样的能力来促进它们的利益最大化。

BPO 企业可以凭借技术含量较低的工作为企业提供长期的成本效益。通过构建一个廉价的劳动力和专业技能网络来提供所需服务，这同在企业内部运营相比具有成本优势。伴随着企业的不断发展，BPO 服务供应商在服务和专业技能方面亦有长足发展，服务范围从低端的客户服务呼叫中心到高端的业务转移一应俱全。虽然 BPO 产业刚刚起步，尚处发展初期，但是，随着客户对外包模式认可的加深，BPO 企业还将进一步拓宽其服务的深度和广度。

自从作为一种具有成本优势的解决方案诞生起，BPO 产业经历了许多变革，已经从简单地获取劳动力优势而节约成本（成本节约源于工资浮动、二元制等多种因素）发展到标准化的流程操作阶段，再之后就是持续优化和重组流程。不断提升的服务能力能够带来持续的成本节约，并且使得 BPO 流程对客户而言更具吸引力。另外，BPO 企业也在开发更强大的技术设备用以操作更多的业务，从而达到提供"端到端"解决方案的目标。

1. 美国 BPO 市场

美国拥有世界上最大的 BPO 市场，占全球市场 63％的份额，其市场规模约为 700 亿美元，并且未来 5 年将以 8.5％的年复合增长率继续增长。美国的 BPO 市场较为成熟，很多企业将部门整体外包并且热衷于发展外包模式，未来的增长领域将从规模扩张转向其他领域（金融 BPO 之外的行业）和那些可以外包的技术含量更高的业务。美国公共部门是 BPO 服务的大客户，联邦、州和各地方政府均期望通过私营部门提升社会服务质量、降低成本。例如，美国许多州和地方政府将医疗保险外包，联邦政府将助学贷款外包。美国政府开销持续增加，我们可以预见，其 BPO 市场需求规模也将不断扩大，这将惠及很多美国本土企业、跨国企业和诸如 ACS（Affiliated Computer Service，联盟计算机服务有限公司）和 ACN（电信直销公司）的服务中心。

2. 欧洲、中东和非洲 BPO 市场

欧洲 BPO 市场主要为医药、媒体和金融服务公司。但与美国不同的是，欧洲市场更加分散，比其他国家或地区更热衷于外包。欧洲、中东和非洲地区仍引起了许多离岸企业的关注，许多企业选择购买其本土企业的服务或与其达成战略联盟。在美国占有主要市场份额的 ACS 业已收购了英国和德国的大量企业，承接了其客户打入新兴市场并壮大在上述地区实力的新业务，这一举措大大削减了其进入新兴市场的初始成本。而在西欧地区有很强实力的埃森哲（Accenture）和 IBM 等大企业，发展战略则是将离岸市场逐渐向东欧和亚洲地区转移。

同美国一样，英国也采用外包和离岸模式提升运营能力、降低成本和提升全球竞争力。鉴于同美国市场存在相似性，印度国内主要的 BPO 企业更加注重为英国市场提供服务。

据 AT Kearney（科尔尼公司，全球领先的高价值管理咨询公司）全球服务外包地指数显示：由于比欧洲有更加优惠的政策和人才储备，爱尔兰（Ireland）一直是全球 IT/BPO 业务的绝佳外包地。

此外，欧洲其他近岸 BPO 基地还包括波兰（Poland）、捷克共和国（Czech Republic）、罗马尼亚（Romania）、爱尔兰（Ireland）和北非（North Africa）。

3. 亚洲 BPO 市场

亚洲市场一直在发包商、销售周期和满意度水平的共同作用下平稳发展，并且该地区市场的发展不仅由于成本驱动，其客户更注重获取全球竞争力和运营技能。

印度市场主要侧重于提供信息采集、客户服务、采购和分析服务。早期则为保险、制造业、医疗保健、银行和航空等提供服务，印度地方政府将 BPO 视作提高绩效的途径之一。印度国内市场利润和出口量都较小，但是其已经崭露了增长势头。据安永统计，印度有 90% 的外包工作为呼叫中心和客户中心。

中国 BPO 市场主要侧重于提供财务、分析、企业重组和来自银行和电信部门的客户服务。国内企业的外包业务需求主要来自日本、韩国和中国香港，这些地区不同于欧洲和美国市场，与中国有着地缘上的优势。同时，需求还来自于国内和亚太地区那些寻求提升运营能力和扩展区域语言支持服务的大型跨国企业。伴随着国内公司的不断发展和成熟，它们也逐渐追随其他地区或国家的外包模式。早期采用外包模式的行业主要集中在 BFSI（银行、金融服务及保险等金融）领域，外包业务为数据处理、数据核对和征信调查等中低端服务。但是，伴随着国内企业通过自身发展、同其他企业达成合作等方式打入国际市场，其更倾向于建立自身的外包模式以保持竞争力。

目前，大连、北京、上海、广州和深圳成为中国首批 BPO 基地；新兴 BPO 城市包括苏州、成都、西安、长春和天津。上海侧重于为金融服务公司提供中心和后台处理业务；深圳和广州则更侧重于发展成为语音基地。与那些规模较大的基地相比，这些新兴城市的劳动力成本要低 30%，并且人员流失率也相对较低，为 5%（北京、上海等地约为 30%）。

(二) 国际 BPO 发展趋势

尽管全球 BPO 产业的兴起时间才 10 年多，然而其规模发展之快，内涵变化之大是历史上任何产业进程都无法比拟的。由于计算机和互联网技术不断地深入到人类社会生活的各个领域，BPO 的服务内容和竞争市场正在不断创造、衍生和扩展。这是一个新型产业动态化的成长过程，以不断的产生、形成、组合和消失的方式为特征。

1. 不断扩大的 BPO 业务范围

BPO 是将企业内特定的业务流程外包给专业服务供应商。BPO 作为实现成本大幅度降低的手段吸引了全世界的注意。BPO 和信息系统委托给外部的 IT 外包不同，它本身是利用信息系统进行业务流程处理。比如说使用系统进行人事信息的管理以及工资计算等业务。

BPO覆盖的业务内容和业务领域很广。例如呼叫中心业务不仅仅包括回复查询，有时还包括接包受理以及之后的数据处理、销售等业务。除此之外，还有属于经营管理业务的支付、债务管理、材料的采购等业务。

2. 急速扩大的 BPO 市场

全球 BPO 市场从 2003 年之后以每年 8%~13% 的速度增长，而推动其增长的主要是提供的 BPO 离岸外包服务的印度、菲律宾、东欧等国家的供应商。欧美的金融机构、通信业最开始委托呼叫中心等业务给国内或者离本国比较近成本又相对低的国家，但是随着通信技术的进步以及成本的下降，远距离的 BPO 服务也变成了可能。像在印度、菲律宾、中国、东欧等国家，会英语以及欧洲国家主要语言的人才比较多而且劳动力成本也比较低，因此，BPO 市场逐渐扩大到世界范围。

分析欧美国家 BPO 的发展，大致可以分为以下三个阶段。第一个阶段，欧美的跨国企业首先外包的业务是信息系统的开发、运用，之后，以美国和英国的跨国企业为中心，开始外包联络中心业务。第二个阶段，企业把其内部的非核心业务标准统一化，在欧洲和亚洲地区开设共享服务公司处理可以外包的业务。第三个阶段，BPO 供应商收购金融、通信以及大型制造业等企业的地域共享服务公司并交接业务、开始提供服务。

3. 离岸外包和本地外包相比，离岸 BPO 逐渐变成主流

全球性外包是一个战略性决策。离岸供应市场的成熟、全球推荐的强化、离岸供应商的成长以及品牌的完善都有助于客户组织认识到服务全球化作为战略决策的重要性。这种趋势把离岸外包推向了主流。

经济全球化使客户在全球范围内挑选有资质的各流程供应商进行离散外包。但也出现外包公司的各外包业务夸大化，几乎涉及了所有的外包项目，所以其公司会选择一家外包公司进行大宗交易。

4. BPO 外包改变了企业模式

服务外包改变了企业的运营模式，企业不再负责具体的运营管理，而是负责对业务单位的咨询、制度政策和策略。BPO 服务外包使组织的结构重组，高级管理者的承诺需要验证，技术服务外包战略需要重新评估。安全和规范需要强调，变更管理也需要提高到战略层面上来，如果这些挑战性的任务能够完成，高级的服务模式就会出现，因为有些核心的业务也外包给第三方的供应商和企业自建的离岸公司。这种复杂性加剧了风险管理的责任。

5. BPO 与 ITO 互生互长

IT 技术的发展促使 BPO 发展。同时 BPO 又推动了系统集成和 IT 服务的发展，因为每一项业务流程外包中包括 IT 咨询、应用开发、IT 外包和流程管理。由于所涉及的领域日趋复杂，BPO 业务也日趋复杂。对 50 个信息主管的调研结果表明，他们在外包业务上的支出占其 IT 预算的 28%，甚至达到 50%。技术基础对商业的成功日益重要。当前公司必须从业务流程的角度入手来应用信息技术，对技术和业务层面进行管理。

第三节　BPO 的主要业务

一、物流外包

（一）物流外包的形成及动因

物流外包，是指制造企业或销售等企业为集中资源、节省管理费用，增强核心竞争能力，将其物流业务以合同的方式委托给专业的物流公司（第三方物流，3PL）运作。

物流外包是企业业务外包的一种主要形式，也是供应链管理环境下企业物流资源配置的一种新形式，完全不同于传统意义上的外委、外协，企业选择物流业务外包的主要原因有：

1. 专注于核心业务的需要

企业可以努力研发核心技术，大力发展核心业务，提高效率，保持或提高在核心业务上的优势。

2. 得到更好的运输解决方案

第三方物流企业服务商可以集合许多小批量的送货要求来获得规模效应。而且由于物流企业客源广，在回程的路上也会运用其他的业务，总的效益明显增大。

3. 提高柔性的需要

企业会更好地控制其经营活动并在经营活动和物流活动中找到一种平衡，保持两者之间的连续性，从而提高其柔性管理。

4. 提高用户满意度的需要

例如，企业在开拓新市场时，当地的物流企业可能更能满足新市场的用户。

5. 降低成本和提高服务质量的需要

与企业自营物流相比，第三方物流企业服务商在组织企业的物流活动方面更有经验、更专业化。

物流外包作为一个提高物资流通速度、节省物流费用和减少在途资金积压的有效手段，确实能够给供需双方带来较多的收益。尽管供需双方均有信心和诚意，但在实践的过程中，物流外包还是会举步维艰，常常出现中断，甚至失败。阻碍物流外包发展的因素既有体制的制约、人为的失误，也有观念的陈旧和技术的缺陷，这些因素既存在于物流供应商方面，也存在于物流需求商方面。

（二）物流外包的发展

中国对物流外包和专业化服务的探索始于 20 世纪 90 年代末期，但由于很多物流企业都是由传统的仓储企业转变而来，服务方式和手段比较原始和单一，技术装备和管理手段比较落后，缺乏必要的服务规范和内部管理规程等，导致了我国物流外包的程度和水平较低，发展缓慢。

从市场需求来看，我国物流外包的现状有以下特点：

1. 物流外包需求市场潜力巨大，增长较快，第三方物流业有较大发展空间；大多数企业物流需求量处于增长状态，即时性的服务需求也将增多。

2. 物流业务外包需求存在着明显的地域和行业分布特点。从地域上看，目前需求主要来自东部和南部沿海经济发达地区；从行业上看，电子、烟草、医药等行业生产和流通企业的平均物流量小于机械及原材料行业企业。

3. 生产企业自营物流的比例偏高，导致物流业务外包的有效需求不足。企业物流供应一般都由企业自身或供货方来承担，第三方物流公司承担得较少，据统计，我国生产企业原材料、生产企业成品、商业企业的物流外包所占比例分别为15%、47%、47%。

4. 物流外包需求企业对物流服务需求的层次还不高，服务需求仍集中在传统仓储、运输等基本服务上。生产企业的外包物流主要集中在干线运输，其次是市内配送；商业企业的外包物流一般依次集中在市内配送、仓储、干线运输等。

5. 物流企业的信息化程度还不够，难以满足需求企业要求下的信息系统无缝链接，从而达到物流运作的高效率的目标。

由此可见，现阶段我国物流外包市场尚未成熟，供需关系极不稳定，物流外包行业亟待发展。

（三）第三方物流（3PL）

第三方物流是指生产经营企业为集中精力搞好主业，把原来属于自己处理的物流活动，以合同方式委托给专业物流服务企业，同时通过信息系统与物流企业保持密切联系，以达到对物流全程管理控制的一种物流运作与管理方式。

第三方物流服务供应商面临的挑战是要能提供比客户自身物流运作更高的价值。他们不仅考虑同类服务提供者的竞争，还要考虑到潜在客户的内部运作。第三方物流提供商一般需要从提高物流运作效率、与客户运作的整合、资源整合和发展客户运作四个方面创造运作价值。

1. 提高运作效率

物流运作效率的提高意味着对每一个最终形成物流的单独活动进行开发（如运输仓储等）。例如，仓储的运作效率取决于足够的设施与设备及熟练的运作技能，除了作业技能外，还需要协调和沟通技能。在作业效率范围内，另一个更先进的作用是协调连续的物流活动。

2. 客户运作整合

第三方物流服务带来增值的另一个方法是引入多客户运作，或者是在客户中分享资源。第三方物流整合运作的复杂性很高，需要更多的信息技术与技能。一些拥有大量货流的大客户也常常投资协调和沟通技能及其资产，自行整合公司的物流资源。

3. 横向或纵向整合

对无资产主要是以管理外部资源为主的第三方物流服务提供商，这类公司为客户创造价值的技能是强有力的信息技术和物流规划管理与实施等技能，它可以通过纵向整合。在横向上，第三方物流公司如果能够结合类似的但不是竞争的公司，可以联合为客户服务，扩大为客户提供服务的地域覆盖面。

4. 发展客户运作

第三方物流公司为客户创造价值的另一类方式是通过发展客户公司及组织运作来获取

价值，这种第三方物流服务基本上接近传统意义上的物流咨询公司所做的工作，所不同的是这时候提出的解决方案要由物流供应商自己来开发，完成运作。

（四）物流外包（3PL）的运作流程

物流外包已经被许多企业视为一项有价值的战略，但任何物流业务的外包都需要认真计划、实施与管理。开始时的有效计划和协调要能保证平稳地过渡。企业必须确定在整合流程上有详细的计划，以便能够跟踪项目的进行情况，也必须有畅通的沟通渠道，以及高层管理部门的支持。审慎的 3PL 选择，建立服务和支持体系，制定对 3PL 公司明确的绩效期望，一致的绩效评价，将确保良好关系的建立。以下步骤可供实施物流外包的企业参考。

1. 拟定外包战略

应该结合自营方案，对外包进行审慎的考虑与衡量，了解自己的目标和 3PL 需求，明确的目标将有助于建立选择 3PL 的标准，这些标准包括 IT 能力、联盟伙伴、顾客服务和文化匹配。这将帮助发现各种选择的相关优势与劣势。

2. 制定严格的物流服务提供商选择程序

从开始就应把提供商纳入过程中，检查其行业来源、现有客户和财务状况，认真分析管理水平、战略方向、信息技术状况、劳动关系和企业文化及相容性。

3. 明确定义自己的期望

大量的外包关系之所以不成功，在于不切实际的期望。物流公司通常在提交标书时，对为之服务企业的运输能力、规模及频度等方面的信息了解得不充分，企业对自身的物流活动也缺乏准确的、详细的认知。此外，提供服务的成本，特别在信息技术方面，往往被低估或有误解。这样的结果会引发物流公司的成本计算及合同执行不能反映实情。

4. 签订有效的合同

详细列出责任、期望与解决问题的方法，建立激励机制做到双方利益共享，以提高作业水平与生产效率。

5. 制定良好的规范与流程

给物流公司一个作业说明书，并包含全部规范、流程与其他外包合同有效执行的必要信息。

6. 发现并避免潜在的冲突点

双方应经常注意可能发生的冲突点，提前发现它们并制定一个处理程序。

7. 与物流伙伴有效沟通

缺乏沟通是仅次于缺乏计划的又一外包关系失败的原因，必须在作业的所有方面进行频繁的、双向的沟通。3PL 公司必须被看做企业的延伸，纳入客户企业的战略规划中。

8. 衡量绩效、沟通结果

当关系建立的时候，双方应该对绩效标准予以明确，取得一致与进行沟通，并定期衡量绩效。

9. 激励与奖励物流服务提供商

根据良好的绩效进行奖励，绝不能想当然。问候、表扬、奖金、奖品或宴请等都可成为激励的方式。

10. 成为一个好的伙伴

良好的伙伴关系能使双方受益。为自己及其自己的客户服务的物流服务提供商的能力影响通常会影响到你的绩效。

（五）第四方物流（4PL）

业务流程外包包含了传统外包更多的内涵。外包通常需要承担一系列的工作、任务、责任或者功能，并将这些工作、任务等传递给外界服务提供商。新的流程将会以一种新的方式影响或者整合进入企业，这种方式能够为客户带来价值，甚至期望利润以及股东价值。

由于第三方物流企业遗留了服务空间，第四方物流产生了。一些第三方物流提供商还没有能够完全步入满足客户准确需求的阶段，提供商变得过于关注"管理"任务，而不是"流程"，过于关注母公司的核心业务，而错过了提供价值的机会。结果，第四方物流提供商成为业务外包的替代者。这些新的业务流程外包物流服务提供商能使企业通过跨多个企业实现可视化和资源整合，进而实现供应链核心部分的管理。它们设法管理流程、人员和技术三个主要的元素。

第四方物流提供商和第三方物流提供商是截然不同的。第四方物流是业务流程外包的提供商。这种领先的物流提供商将带来价值并且为满足客户需要设计一种新的方法。第四方物流是中立的，它将管理物流流程，而不考虑与企业合作的送货者、承运人和仓储方是谁。

简单地讲，第四方物流就是"提供与客户合作的第三方物流服务商运作流程的管理"。

第四方物流示例：亚洲的供应链管理对于美国而言，亚洲是主要的贸易区域。较为复杂的物流问题之一是从亚洲开始的内陆供应链管理。你怎样来管理在不同国家和不同地区中关键的供应链和位于数千英里以外的供应商呢？管理供应链中这个重要的组成部分是令人头痛的，也是耗费时间的。为了满足送货的需要，卖方确定装船日期、订单的不确定性、对混载者或第三方物流提供指导都是需要面对和处理的挑战。它不仅是一种无缝流程，它的功能比流程要多得多。

新的国际物流提供商已经开发并提供了管理订单、存货、供应商、货物运输和国际物流的方法。通过在亚洲使用信息技术和当地的物流人员，第四方物流有一种完善的方法来管理亚洲内陆的供应链。这种方法创造了真实的股东价值，并为第四方物流的客户创造了期望利润。它将需要转化为解决方案。与满足母公司需要的第三方物流相比，第四方物流真正满足了客户的需要。

二、人力资源外包

（一）人力资源外包的形成及动因

人力资源外包就是企业根据需要将某一项或几项人力资源管理工作或职能外包出去，交由其他企业或组织进行管理，以降低人力成本，实现效率最大化。总体而言，人力资源管理外包将渗透到企业内部的所有人力资源业务，包括人力资源规划、制度设计与创新、流程整合、员工满意度调查、薪资调查及方案设计、培训工作、劳动仲裁、员工关系、企业文化设计等方方面面。

随着以全球化和 Internet 为特征的新经济时代的到来，产品日新月异而生命周期加速缩短，企业面临着更激烈的竞争。为了适应更加快速的技术革命，迎接知识经济的挑战，参与世界竞争，许多企业都积极进行组织及管理方式的变革和创新，努力朝着柔性化、扁平化、虚拟化的方向发展。人力资源外包正是在这样的社会大背景下应运而生的，它是帮助企业提高效率、赢得竞争优势的一种新型管理模式。企业人力资源外包兴起的动因：

1. 人力资源外包减少了分配在行政性、事务性、非经常人力资源活动上的专门的人力资源，从而降低人力资源管理的开支。对企业来讲，从专营业主那里获取人力资源方面信息和高质量的服务，远比企业自身拥有庞大繁杂的人力资源管理队伍更能节约成本和赢得对公司更大的价值。因为专营业主往往以较低的价格提供较佳的服务。

2. 人力资源外包能使组织把资源集中于那些与企业的核心竞争力有关的活动上。在激烈竞争的情势下，企业没有过多的精力去关注企业价值链的其他环节。对公司的如招聘员工、新员工培训、工资发放、人力资源档案管理等转交给社会上的专业服务公司或顾问人员，从而使这些活动尽可能少地干扰企业构建核心竞争力。

3. 外包能够帮助企业建立完善的人力资源管理制度。当企业的人力资源部门无力、不擅长或不便于满足某些要求时，将任务外包给社会上的专业服务公司或顾问人员无疑是必然的选择。

4. 人力资源外包有助于企业留住优秀员工。人才安全问题已经成为企业人力资源管理过程中一个不可忽视的问题，如何留住关键性人才是企业发展所面临的最大挑战。优秀的外包服务公司通常拥有人力资源管理各方面的专家，他们有一整套可以普遍适用于多家企业的综合性专业知识、技能和经验，可以为客户公司做更为有效的人力资源管理工作。这些外部工作者了解员工的需求，能够提高员工的综合待遇，从而增加员工满意度，降低员工流失率。

5. 降低成本、减少投入，克服企业的规模经济弱点。在国内由于劳工权利意识的高涨、就业安全体系和劳动法令的普及，人力资源直接间接费用（包含遣散费、退休金）及外围成本不断上升，人力资源管理业务外包则可以降低企业风险，摆脱杂务干扰，最终引导企业专心经营核心资源，发展核心竞争优势。避免大量投资于人才所带来的不确定风险。

（二）人力资源外包的发展

外包这种管理模式早在 20 世纪 60 年代的美国就出现了，但真正发展为业务外包是在 20 世纪 80 年代以后。2003 年全球人力资源外包服务额为 120 亿美元，近年来人力资源外包服务额呈快速增长趋势。人力资源外包渗透企业内部所有业务，包括人力资源规划、制度设计与创新、管理流程整合、薪酬调查及方案、员工培训、劳动仲裁、企业文化建设、员工关系及满意度调查等，人力资源外包使现代人力资源管理理念和方法在国内得到了较快的普及，人力资源外包作为企业人力资源管理职能转变方向，在国内企业中发展迅速。

人力资源外包在中国可以追溯到改革开放初期，1980 年国务院出台了《关于管理外国企业常驻代表机构的暂行规定》，强制性规定了外国企业常驻代表机构应当委托政府指定的外事服务单位办理中方工作人员聘用手续，虽然这项被称为"向外国企业常驻代表机构提供中方雇员"的服务是强制性政策催生出来的，并且当时它离实际上的人力资源派遣服务相去甚远，但毕竟我们可以多多少少看到人力资源派遣的影子。

从 80 年代初到 80 年代末，大约十年间，是中国人力资源外包行业的萌芽期。其间，人力资源外包在中国以类似人力资源派遣的"提供中方雇员"方式为中国人力资源外包行业积累着宝贵的经验，为后来人力资源外包行业的起步和发展奠定了人才基础。现今中国人力资源外包服务领域的行业巨子 FESCO 和上海外服便是起步于此阶段的外事服务单位。

从 90 年代初到 90 年代末，又一个十年，是中国人力资源外包行业的起步期。此阶段，"提供中方雇员"继续着它的发展；另伴随着改革开放的步伐，民营企业和外资企业相继出现，人才也开始小范围流动，各地人才交流中心和职业介绍中心开始为民营企业和外资企业提供基于人事档案的劳动用工手续的服务，人力资源事务外包终于揭开了它的面纱；此外，由于外资企业进入和先进西方人力资源管理理念的引进，我国部分企业从人事管理概念转入人力资源管理的概念，特别一些发展快速的高科技企业投入了大量资金和精力打造自己的人力资源管理体系，此过程造就了一批人力资源管理实践专家，这些人利用自己的专业知识和实践经验纷纷成立了人力资源管理顾问公司，开始推动中国人力资源管理职能外包市场。从华为走出来的中华英才网总裁张建国便是这一过程的典型例子。可喜的是，在这一阶段中后期，由于国有企业改革、职工下岗，出于下岗职工就业的需要，真正市场运作的人力资源派遣开始粉墨登场。

从 21 世纪起，中国人力资源外包行业进入了发展期。人力资源管理职能外包先行一步，不但向规范化、专业性发展，还出现了市场细分，例如专业招聘网站：中国人才热线，例如薪酬数据咨询顾问：外企太和，例如人才测评机构：上海人才外服有限公司；人力资源事务外包由于众多跨国企业在华业务的发展、分支机构和人数的增多，纷纷开始由其在华总部牵头，将其人事事务统一外包出去，例如 IBM、Microsoft、GE、西门子、西安杨森等；人力资源派遣在这之前完成了初步探索，各个专业人力资源派遣机构露出"尖尖角"，官方和民间开始有组织地对人力资源派遣进行经验总结和理论研究，各个地方相继出台了一些相关发法规，行业协会的成立也开始提上议程。

麦肯锡公司调查研究表明，全球财富 500 强企业通过认识外包而使其劳工成本削减了 25％～30％。在美国，出现了各种各样的"临时雇员"公司和专业的 PEO（Professional Employer Organization）公司，这些公司为客户公司承担有关工资、福利、员工档案、招聘、录用、培训等管理工作并提供相关报告等，是为企业提供人力资源方面服务的专门机构。英、法等国新近出现的快速人员服务公司，也是专为企业提供人力资源外包服务的。他们花费大量时间去寻找、保留、培训自己及特许经营者、合作伙伴的人力。目前市场上盛行的猎头公司，也属于为企业提供人力资源管理外包服务的公司。

目前，国外 HR 人员与员工的比例通常是 1∶100，而在国内这个比例在 1∶30 左右。因为国外企业已纷纷将部分人力资源工作进行外包管理，从而使得人力资源管理摆脱了烦琐的事务性工作，企业将注意力集中在核心工作；而由于国内企业考虑保密性的问题，或便于操控的原因，HR 大多还是自己在操作，效率普遍低下。但我们应该看到，任何实务的发展都不是一蹴而就的，需要经历一个新兴期、成长期、发展期，最后走向成熟，人力资源的外包也是如此。新经济时代的到来，使得技术的发展、日新月异知识的更新瞬息万变，因而企业在提高效率、赢得竞争优势方面比以往面临更大的压力。越来越多的企业开始认同并接纳这一管理方式，逐渐改变传统的做法，将那些由外部力量完成的事情尽量交给"他人"去做。

2006年到2010年，中国HR外包年复合增长率在19％左右。虽然中国的本土企业目前大多处于"探路"阶段，HR外包市场还未完全成熟，但对于众多人力资源外包服务提供商来说，目前的确是一个好的时机，人力资源外包业务将会有很大的发展前景。

（三）人力资源外包的运作流程

1. 确定外包的内容

企业在进行人力资源管理外包决策时，首先要考虑的是外包的内容。我国尚无相应的、完善的法律法规去规范"猎头"以及其他外包咨询行业的运作，因此，在企业准备实施人力资源管理外包之前，必须先界定清楚，某一职能是否真的适宜外包。对于企业来说，首先通常是安全性，同时要坚持不能把关系企业核心发展能力的工作外包出去的原则。对于人力资源管理来讲，工作分析与岗位描述、员工招聘、培训与发展、薪酬、福利、劳动关系、人力管理信息系统等工作是可以考虑进行外包的。比如，企业对员工进行的各类在职培训，就企业本身而言一般是没有能力来全部完成的。再如，国家法定的福利制度，如养老保险、失业保险、医疗保险、住房公积金等事务性工作完全可以外包出去。

2. 选择外包的服务商

人力资源管理外包的内容确定好以后，就要考虑如何选择服务商，一般应从以下几个方面来考虑。首先，要考虑服务的价格。其次，注重服务商的信誉和质量，它将对整项工作的完成乃至对企业的正常发展起到决定性作用。企业在对涉及企业机密、员工满意度、工作流程等敏感性人力资源管理工作（比如工作分析与岗位描述、薪酬设计、人力资源管理信息系统等）选择服务商时，必须确信其可靠性。此外，企业还需根据本企业人力资源管理工作量的大小，考虑服务商的强弱，选择适合于本企业的服务商。

3. 选择外包的方式

接下来的工作就是要选择外包的方式。一般来说，企业寻求人力资源管理外包服务商的方式可分为三大类。第一类是普通的中介咨询机构，他们从事的业务很广，人力资源管理外包仅仅是他们诸多业务中的一项，企业可以把人力资源管理的某项工作完全交给他们去做；第二类是专业的人才或人力资源服务机构、国际盛行的猎头公司，如英、法等国新近出现的快速人员服务公司，就是专为企业人力资源外包服务的。第三类是企业可以寻求高等院校、科研院所的人力资源专家或研究机构的帮助，由他们来为企业出谋划策。当然，上述三类外包的方式不是各自孤立的，在实际操作中企业往往会召集各类人员，组成一个"智囊团"，力求把工作做好。

4. 外包的实施

经过上述工作，人力资源外包就可以由相应的服务商来负责实施。在这期间，作为企业的人力资源管理部门并不是消极等待，而应该积极参与，概括起来说也包括两方面内容。一方面，要注意人力资源外包风险的防范与控制，企业方应与服务商就相应的外包项目签订书面合同，明确双方的权利和义务以及违约赔偿等问题。在外包实施过程中对工作的进展做定时检查，确保工作的顺利、安全实施。另一方面，企业人力资源部门还应积极参与配合，为外包服务商尽可能提供帮助，双方应建立起双赢的合作关系，共同把工做好。

三、财务外包

（一）财务外包的形成及发展优势

财务外包（Financial Outsourcing），是近年来在西方国家发展较快的一种财务管理模式，是企业将财务管理过程中的某些事项或流程外包给外部专业机构代为操作和执行的一种财务战略管理模式。财务外包根据其外包形式可分为传统财务外包和现代网络财务外包。

传统财务外包主要是将整个财务管理活动根据企业的需要分解成若干模块，如总账核算、往来账款管理、工资核算、固定资产管理、报表系统、纳税申报等模块，将这些模块中企业不擅长管理或不具有比较优势的部分外包给那些在该方面居于行业领先水准的专业机构处理。如将财务资金管理外包给银行等金融机构管理、将应收账款外包给收账公司去管理等。

现代网络财务外包是利用提供财务应用服务的网络公司（如 ASP，即应用服务提供商）搭建的网络财务应用平台，通过合同或协议的形式，企业将全部或部分财务系统业务外包给服务商，由服务商通过互联网上的专营网站替代企业执行财务操作流程及财务信息的生产职能，而分析、决策的职能仍由本单位高层财务管理人员执行，同时服务商保证财务信息质量并给予必要的咨询和指导的一种财务外包方式。现代网络财务外包是网络技术普及后传统财务外包发展的高级形式，各项外包财务职能通过网络技术平台形成有机的逻辑联系，这种方式还可以实现整体财务职能的外包，而且效率极高。财务外包的优势有：

1. 降低成本和减少费用支出

财务外包将企业业务繁杂、价值含量小的环节或者企业并不擅长的环节进行外包，可以削减开支，而且能通过外包商获得的规模效应从而享受极低的外包成本。

据 IBM 的全球财务总监（CFO）调查显示：信息化、外包和共享服务是现代企业三种最有效削减成本的途径。随着现代财务管理的规范化和电算化的发展，企业必须购买相应的财务软硬件设备，而这些设备设施的购买成本非常高。

实施财务外包后，首先，企业不需要为完成一些财务职能而购建相应的软硬件设备，这样可以减少一次性资本支出，节省软件调试费用。

其次，财务外包使企业避免系统运行所需的日常维护成本和系统的升级成本，不会被财务软件和硬件系统的日常维护工作困扰，从而真正将资源投放在提高企业管理水平及发展企业自身的核心竞争力上来。而且，财务外包可根据实际使用外包服务的情况逐期发生运营费用，均衡了企业的运营费用。

最后，财务外包降低了人工成本。企业财务外包避免了维护财务管理应用系统雇用的 IT 人员和从事外包环节的财务人员的成本，尤其是 IT 人员，其成本往往高于企业整体人员的成本水平。不仅如此，财务外包还可以减少大量的附加成本，包括休假、福利、加班费等。从国外企业外包的实践来看，外包能够大幅度降低企业成本。

2. 实现科学管理，增加财务透明度

财务中的某些流程外包，必然会给管理者节省一些时间，管理者可以利用这些时间去

关注企业的主营业务，提高管理质量。而且，财务外包打破了财务管理的空间、时间界限，实现财务工作的在线办公，大大提高了工作效率，准确及时的财务信息可以使企业决策更加科学，更为迅速地应对市场的变化。

外包公司专业人员的专业管理能力会使财务信息作假的可能性降到最低，从而保证提供的财务信息的质量；另外，外包公司是作为第三方相对独立的，若其具有较高的声誉，那么通过它提供的财务信息，监管机构海外投资者更容易认可，能为企业树立好的市场形象。

通过财务管理的外包，可以将先进的财务管理技术引进到企业中来，促进企业自身的财务管理水平的提高，实现财务管理的科学化和国际化。

3. 促使企业专注于核心业务，提高核心竞争力

财务外包属于一种商业手段，目标是要实现内外部最优资源的整合，提升企业竞争力。随着市场经济的发展，在追求价值最大化的驱动下，企业间的竞争也日益增强，促使企业努力提高各方面的比较优势，以便在竞争中获胜。作为一个企业，资金、人员等方面的资源具有一定的限制，提高管理不可能面面俱到，主辅不分。这就使企业不得不将有限的精力专注于自己的核心领域，集中发展和管理核心部门，突出主营业务优势，占据更大的市场份额。财务外包一方面可以突出企业的主业，另一方面可以借用外部机构的专业优势来实现和挖掘外包流程的增值潜力。

财务外包服务商的性质和使命决定了它一般是市场上同类业务的领先者，具有先进的管理理念和技术手段。财务外包不仅使企业获得高质量的服务效果，而且可以使企业的相关人员接触该行业的先进财务管理方法，这对企业人员是一种最直接的培训和技术转移。而且外包服务商还可以给企业提供先进的技术帮助，帮助企业改善管理水平。如工资发放业务，美国的普华永道事务所就会给公司提供比较深入的计划，在不影响员工士气的情况下，安排福利的标准、人员的调拨以及帮助员工迅速适应当地环境等。通过他们的服务，企业借鉴并采用了一些先进的管理方式，受益匪浅。

（二）财务外包的内容

财务外包已在西方实践多年，并在外包服务市场中占有相当比重。在西方，市场经济高度发展，社会分工非常细化，财务外包非常普及，很多公司从成立之日起，财务工作便委托给专业化的财务公司去打理，这样做既规范了公司的财务管理，也规避了很多风险，同时也能从专业化的会计师那里得到自己所需求的财税信息。个人在进行投资、纳税、资产处理时也会征询会计师的意见，或直接交给专业的会计师进行处理，以免出现没有按规定期限进行纳税申报或漏报而遭受处罚的情形出现。

在我国，财务外包刚刚出现，且运用范围比较窄。目前企业一般会将会计记账、纳税申报等业务委托专业的会计服务公司，如会计师事务所、会计记账公司、税务师事务所来完成。但大多数的中国企业仍认为财务系统是企业最核心的机密，除公开上市必须公开的财务信息以外，其他的都不能让高层以外的任何人知悉，有时连管理者自己都搞不清楚实际的财务状况。但从中国企业陆续到海外上市以来，财务的不透明遭到了海外投资者的质疑，现金流和资金链危机频频出现，财务预测和预警功能的缺乏成为中国企业发展的致命伤，影响了中国企业的发展，这些都迫使中国企业开始思考如何完善财务管理，要不要通

过财务外包来实现科学的管理，进而实现财务的透明化。

目前，中国的财务外包市场发展还处于初级阶段，企业可以先尝试外包一些相对较为独立的工作操作环节，这些工作包括：

1. 纳税工作

目前，国内的税务制度十分复杂，合规性要求很高，如果企业违规会支付较高的成本，但企业一般很难配备专业的精通税务知识的会计人员或办税人员，所以企业可选择将和纳税有关的工作外包。一方面委托外包公司替企业申报纳税，完成规定的纳税任务，另一方面可委托外包方对企业现有的经营情况进行分析，然后进行纳税筹划，使企业合理避税，减轻税收负担。目前，国外企业在进行经济交易之前，都会先咨询税务顾问的意见，进行纳税筹划。

2. 财务报告的编制

随着企业会计制度的发展，财务报告的编写要求越来越高，由提供财务报表发展到提供财务会计报告，由主要按年提供发展到中期财务报告和年报的结合，另外要求企业提供现金流量表，而到现在为止，仍有许多企业的会计不会编制现金流量表。而社会在监督企业经营情况的时候，监督的主要形式就是对财务报告进行审查，投资者也是依据财务报告来决定自己的投资取向，所以财务报告是否能满足各主体的要求，是否符合会计制度和准则的规定对企业来说非常重要。因此，企业可选择专业服务机构来代为编制财务报告。

3. 应收账款的管理

应收账款对企业的财务管理十分重要，如果出现大量拖欠，会造成资金紧张、坏账损失，影响资金的流动，而催收应收账款又会耗费企业大量的时间和人力，需要企业有较强的专业化管理能力，有可能会得不偿失。所以，可以选择将应收账款外包，从而提高资金运转效率，减少企业内部的人力耗费。例如新加坡海皇东方轮船公司就将自己全球范围内的财务部门的应收、应付账款处理等功能集中统一外包给埃森哲公司，减少它在全球子公司里应收账款部门的设置，缩减了机构的配置和人员配备。

4. 员工工资的核算和发放

将员工工资外包可以解决员工工资保密性问题，使内部员工无从打听和比较攀比。

总之，企业可以将工资、财务报告、应收账款等外包，还可以委托专业公司设置财务制度、进行纳税咨询，可以将一个部门外包，也可以将一项具体的财务职能外包。

四、金融服务外包

(一) 金融服务外包的概念

金融服务外包（Finance Services Outsourcing），是指金融机构将其部分事务委托给外部机构或者个人处理。具体来看，金融服务外包不仅包括将业务交给外部机构，还包括将业务交给集团内的其他子公司去完成的情形；不仅包括业务的初始转移，还包括业务的再次转移（也可称之为"分包"）；不仅包括银行业务的外包，还包括保险、基金等业务领域的外包。从外包内容上看，金融服务外包包括金融信息技术外包和金融业务流程外包（BPO）。

金融信息技术外包，是指金融企业以长期合同的方式委托信息技术服务商提供部分或全部的信息技术服务，主要包括应用软件开发与服务、嵌入式软件开发与服务，以及其他相关的信息技术服务等。金融业务流程外包是指金融企业将非核心业务流程和部分核心业务流程委托给专业服务提供商来完成，主要包括呼叫中心、财务技术支持、消费者支持服务、运营流程外包等。

实施金融服务外包有以下优势：

1. 强化核心竞争力

通过金融服务外包，金融机构可以集中有限的资源，建立并强化自己的核心能力。目前，金融业在产品市场上的竞争焦点已由传统的价格竞争、功能竞争和品质竞争等转向了响应能力竞争、客户价值竞争和技术创新竞争。竞争形态的转换要求金融机构重新审视本机构在整条产品价值链上的增值优势，确立其核心业务范围，并将优质的资源和独特的能力集中到该领域，挖掘和寻求特定的客户群体，为客户提供最快的、能够带来最大价值的金融产品，形成强化核心竞争力的业务平台。

2. 降低成本以提高收益

金融机构最初将服务外包出去就是为了降低成本。将自己不擅长或做得不好的业务外包出去，集中精力做自己最擅长的业务，这样就可以直接降低成本，获得更多的收益。因为，与金融机构内部的 IT 部门相比，外包商提供的服务成本更低，而且有外包商承担服务的提供，成本更易预测、更好控制。

3. 充分利用前沿技术和技能

在信息、网络技术迅速发展的时代，金融机构要想掌握所有的先进技术往往难度很大或成本极其昂贵。因此，金融机构要么大量投资于这些新技术，但成本和风险都极大，要么在竞争中被淘汰。而把这些服务外包出去就可以很好地解决这个矛盾。

4. 转移或规避风险

金融机构和服务外包商之间是一种战略合作伙伴关系，是风险共同体，而不是单纯的雇佣关系。因此，金融机构在外包服务的同时也把一些风险转移给了服务外包商。这使金融机构能更好地应对迅速变化的外部市场环境和顾客需求。

金融服务外包的一项重要优势在于其能降低风险，与合作伙伴分担风险，从而使金融机构变得更柔性，更能适应外部环境的变化。此外，由于战略联盟的各方都利用了各自的优势资源，将有利于提高新的产品或服务的质量，提高新产品开拓市场的成功率。最后，采用外包战略的金融机构在与其战略伙伴共同开发新产品时，实现了与它们共担风险的目的，从而降低了由于新产品开发失败给金融机构造成巨大损失的可能性。

5. 提升组织效率

将部分金融服务外包后，金融机构组织目标更为明确、人员结构更为趋同、信息传播更为快捷、组织原则更为统一、组织文化更为融合，组织更加精简，从而可以更加灵活地进行竞争，使管理更有效率，可以更快、更好地满足顾客价值实现的需要。此外，金融服务外包能降低固定资产在资本结构中的比例，降低金融机构的退出屏障和转换成本，有利于提高自身的适应性。

6. 降低经营成本

节约经费是外包的最重要原因。在资源配置日趋全球化的背景下，将特定业务外包到资源和服务价格相对较便宜的国家和地区，能直接降低金融机构的加工成本、人力资源成本和管理成本。

此外，金融服务外包还有获得免费资源、推进组织整体变化和增强组织灵活性等方面的益处。

（二）金融服务外包的主要风险及防范

金融服务外包的好处是显而易见的，但金融服务外包也存在潜在风险，主要表现在以下十个方面。

战略风险：承包商采取与发包金融机构的整体战略目标不一致的做法。

声誉风险：第三方服务质量低劣，对客户不能提供与发包机构同一标准的服务。

合规风险：第三方不遵守关于隐私的有关法律，不能很好地遵守保护消费者以及审慎监管的相关法律，没有严格的确保合规的制度。

操作风险：技术故障；没有充足的财力来完成承包的工作，而且无力采取补救措施；欺诈或错误；发包机构难以对外包项目实施检查或检查成本过高带来的风险。

退包风险：过度依赖单一承包方；金融机构自身失去业务处理能力，无法在必要时将外包业务收回；快速终止外包合同的成本极高。

信用风险：信贷评估不当；应收账款质量下降。

国家风险：政治、社会和法律环境造成的风险。

履约风险：履约的能力；对跨国外包来说，适用法律的选择很重要。

监管障碍风险：被监管机构无法及时向监管当局提供数据和信息；监管当局了解承包方业务活动有一定难度。

集中和系统性风险：承包方给行业整体带来的风险相当大，体现在各个金融机构对承包方缺乏控制和行业整体面临的系统性风险。

要防范以上金融服务外包的风险，相关企业机构应该注意做好以下工作：

1. 订立完善的外包协议并对其进行有效监督

金融机构与服务外包提供商签订的外包协议必须涵盖外包业务的所有环节，包括日常作业流程规范、稽核监督、定期沟通和纠纷仲裁等内容。并且，要详细且明确地界定双方的权利和义务关系，以保证外包业务的规范运行。对外包协议的监督和管理是为了直接获得协议所要求的质量，却放弃了对这些活动的直接经营控制。为了达到要求的目标，成功的外包要求金融机构制定一个有效的管理框架。

2. 慎重选择服务外包提供商

如果金融机构选择的供应商不能达到要求，可能会产生沉没成本。因此，在决定外包前，应当对供应商进行全面的考核，结合外包业务的需求，科学、合理地评价和选用外包机构，要选择那些具有丰富经验、良好信誉的可靠厂商。外包机构的经验、能力、技术、资本、信誉、对金融行业的熟悉程度、自身发展的稳定性、已有的类似业绩等都是影响外包业务能否按约完成的重要因素。

3. 构建良好的控制机制

服务外包提供商自主按照合同要求来提供服务，金融机构对外包机构的控制直接关系到预期目标的实现。因此，金融机构必须建立良好的控制机制来保证供应商提供合格的服务，并应采取措施来保持这种控制的有效性，确保金融机构控制目标的有效执行。金融机构管理者要定期与服务供应商探讨这些保障措施的必要性。

4. 制订可行的应急计划

外包会使得金融机构对第三方服务供应商产生依赖，如果第三方服务供应商不能如期或按质履行合同，而导致业务中断所引起的后果令人堪忧。在这种情况的预期下，金融机构要审慎考察服务供应商的执行方案，并针对服务供应商不履行合同或者发生紧急事件制订应急方案。

（三）金融服务外包发展趋势

金融行业的服务外包可以追溯到 20 世纪 70 年代。当时，一些金融公司为节约成本，将打印及记录等业务外包。90 年代后，金融服务外包进入飞速发展时期，外包业务扩展到 IT 部门及人力资源等更多领域。近年来，发达国家出现了新一轮金融服务外包浪潮，在所有行业中，金融业外包规模已经排在制造业之后位居第二，覆盖了银行、保险、证券、投资等各类金融机构以及各种规模的金融机构。

1. 金融服务外包规模持续迅猛增长

当前，以软件及信息服务为代表的现代服务业正以空前的速度实现跨国界转移，专业化服务出现全球化的发展趋势，尤其是金融后台服务（外包）行业正进入高速成长期。金融机构在全球 IT 技术的发展、成本压力，以及自身安全要求和转移风险等因素的驱动下通过将前、后台业务分离，将金融后台服务包括金融数据处理、金融服务软件及系统研发、金融灾难备份、清算中心、银行卡业务等外包来提高效率、更专注于核心业务，以增加其在全球金融领域中的竞争力。

谋求低成本是金融服务外包迅猛发展的主要驱动力，而参与其中的金融企业也的确获益匪浅。

2. 金融服务外包的内容逐渐深化

从金融服务外包的发展历程来看，金融服务外包起步于金融 ITO，成长壮大于金融 BPO，而发展趋势将是金融 KPO。以前的金融服务外包主要是 IT 业务的外包，包括提供桌面协助、大型数据系统或网络连接等服务。近年来，许多大型银行竞相将其操作管理中一些具有特殊功能的业务派送到海外，离岸外包业务从一般 IT 服务扩展到金融服务领域，外包的商业模式也从一般软件配套服务进入了运营操作过程承包。目前，外包市场逐步向纵深发展，即逐步转向 KPO。一些专精特定业务的外包商目前很受市场欢迎。近年来，这些提供特殊专精功能的外包商为了保持其竞争力而不断加大外包业务的深度，正在大力开拓专家型外包业务，并配以高科技的智能应用，创造出新的知识资本，从而大力降低成本。

3. 离岸金融服务外包趋势不断扩大

离岸金融服务外包是指金融企业将自己的部分业务委托给外国企业的一种商业行为。由于行业竞争的加剧，各公司的利润率不断下降，同时客户提出更高要求的服务，这推动了各金融服务公司在不断降低成本的同时要提高服务品质。最初，欧美的公司进行离岸外包是充分利用全球的劳动力差价进行劳动力套利，发展中国家低廉的劳动力降低了公司成本，使公司在竞争中获得成本优势。许多跨国公司试图通过建立离岸交易及服务中心来提高本机构整体效率。金融机构除将业务外包给服务商外，也会把一些业务交由海外附属机构来完成。

4. 金融服务外包的全球格局初步形成

美国、欧盟、日本等国是主要的金融服务外包发包方，而印度、爱尔兰等国是主要的接包方。美国公司占据全球离岸经营业务的 70%。欧盟和日本占据剩余份额，其中英国居于主导地位。美国、日本和西欧的发达国家金融机构的商务流程已经实现了标准化，为降低成本，将其业务流程中非核心的业务外包给国外其他服务公司运作。

国际金融服务外包最主要承接国是印度、爱尔兰等。科尔尼咨询公司研究指出，从金融结构、商业环境和专业技术人才的获取三个方面来考察离岸目的地国家，印度处于绝对领先地位，中国、马来西亚、捷克等紧随其后。目前，国际金融服务外包市场已经形成以印度市场为核心，同时包括菲律宾、马来西亚等新兴服务外包市场的整体格局。

5. 我国金融服务外包迎来发展机遇

全球金融服务外包的蓬勃发展对我国而言意味着两大机遇：一方面，根据 WTO 协议，随着我国银行业的全面开放，越来越多的金融机构在华设立外包服务中心，我国有望成为继印度等国家之后又一个离岸金融服务外包中心，为国内金融服务外包商提供了大的机会。另一方面，国内金融机构也将越来越多地借鉴国外同行的成功经验，选择合适的外包商，将非核心业务剥离，提高自身经营效率。

有证据表明，中国、马来西亚及菲律宾也被视为开展外包的理想地区。我国也已经进入了金融外包高速发展阶段。在上海浦东举行的 2010 陆家嘴论坛聚焦"后危机时代"的金融变革。在主题为"战略新兴产业发展与金融服务创新"的分论坛中，中国人民政治协商会议上海市委员会副主席、中欧国际工商学院院长朱晓明认为，金融外包的政策已经在展示它自己的魅力，应当尽快地发展、投资，美好的机遇时不我待。

我国目前金融后台服务市场还处于初级发展阶段。具有以下特点：

一是从后台业务提供方式来看，以金融机构自建为主。完全外包的金融机构几乎没有，大部分是自建，其中部分流程外包，目前外包的主要是信用卡、保险公司的部分流程。

二是从后台业务层级分布来看，中国本土金融机构前后台业务的分离仍处于初级阶段，只有一部分建立了一些自身的后台服务中心。

三是从金融后台服务产业结构来看，主要是银行业金融机构后台服务为主，保险、证券等后台业务发展相对滞后。

五、呼叫中心

（一）呼叫中心的概念

呼叫中心（Call Center）可以这样定义，它是充分利用现代通信与计算机技术，如 IVR（Interactive Voice Response，交互式语音应答）、ACD（Automatic Call Distributor，自动呼叫分配系统）等，可以自动灵活地处理大量各种不同的电话呼入与呼出业务和服务的运营操作场所。呼叫中心在目前的企业应用中逐渐被认为是电话营销中心。

呼叫中心是在一个相对集中的场所，由一批服务人员组成的服务机构，通常利用计算机通信技术，处理来自企业、顾客的电话垂询，尤其具备同时处理大量来话的能力，还具备主叫号码显示，可将来电自动分配给具备相应技能的人员处理，并能记录和储存所有来话信息。一个典型的以客户服务为主的呼叫中心可以兼具呼入与呼出功能，任处理顾客的信息查询、咨询、投诉等业务的同时，可以进行顾客回访、满意度调查等呼出业务。

电话呼入型呼叫中心的特点是接听顾客来电，为顾客提供一系列的服务与支持，例如在IT行业中的技术支持中心，保险行业中的电话理赔中心等。而电话呼出型呼叫中心一般来说，以从事市场营销和电话销售活动为主，是企业的利润中心，这一类型的呼叫中心大多为邮购公司、电视购物与直销公司所拥有。

呼叫中心是一些公司企业为用户服务而设立的。早在80年代，欧美等国的电信企业、航空公司、商业银行等为了与用户密切联系，应用计算机的支持、利用电话作为与用户交互联系的媒体，设立了呼叫中心（call center），也可叫做电话中心，实际上就是为用户服务的服务中心。

早期的呼叫中心，主要是起咨询服务的作用。开始是把一些用户的呼叫转接到应答台或专家。随着要转接的呼叫和应答增多，开始建立起交互式的语音应答（IVR）系统，这种系统能把大部分常见问题的应答由机器即自动话务员应答和处理，这种呼叫中心可称为是第二代呼叫中心。

现代的呼叫中心，应用了计算机电话集成（CTI）技术使呼叫中心的服务功能大大加强。CTI技术是以电话语音为媒介，用户可以通过电话机上的按键来操作呼叫中心的计算机。接入呼叫中心的方式可以是用户电话拨号接入、传真接入、计算机及调制解调器（MODEM）拨号连接以及互联网址（IP地址）访问等，用户接入呼叫中心后，就能收到呼叫中心任务提示音，按照呼叫中心的语音提示，就能接入数据库，获得所需的信息服务。并且存储、转发、查询、交换等处理。还可以通过呼叫中心完成交易。所以未来的发展趋势是多媒体接入。

呼叫中心把传统的柜台业务用电话自动查询方式代替。呼叫中心能够每天24小时不间断地随时提供服务，并且有比柜台服务更好的服务界面，用户不必跑到营业处，只要通过电话就能迅速获得信息，解决问题方便、快捷，增加用户对企业服务的满意度。

目前，呼叫中心已经广泛地应用在市政、公安、交管、邮政、电信、银行、保险、证券、电力、IT和电子商务等行业，以及所有需要利用电话进行产品行销、服务与支持的大型企业，使企业的客户服务与支持和增值业务得以实现，并极大地提高了相应行业的服务水平和运营效率。

（二）呼叫中心的模式及其特点

建立呼叫中心系统，可以有两种模式："独建"模式 与 "外包"模式。

作为"独建"模式，要由企业自己购买硬件设备，并编写有关的业务流程软件，直接为自己的顾客服务。该种方式能够提供较大的灵活性，而且能够及时地了解用户的各种反馈信息。

在建立具体的呼叫中心系统时，主要有两种实现技术可供参考：基于交换机方式或基于计算机方式。这两种方式的区别主要是在语音接续的前端处理上：交换机方式由交换机设备完成前端的语音接续，即用户的电话接入；计算机方式中由计算机通过语音处理板卡，完成对用户拨入呼叫的控制。前者处理能力较大，性能稳定，适于构建规模超过 100 个坐席以上、较大的呼叫中心系统，但同时成本也较高，一般的企业无法承担；后者的处理规模较小，性能不太稳定，适于构建规模较小的系统，其优点是成本低廉、设计灵活。

在"外包"模式中，首先要有一个独立的呼叫中心业务运营商，它有自己的、较大的呼叫中心运营规模，并可以将自己的一部分坐席或业务承包给有关的其他企业。这样，企业就可以将有关业务需求直接建立在这种业务运营商的基础之上，不用自己添置单独的硬件设备，仅需提供有关的专用服务信息，而由呼叫中心业务运营商为自己的用户提供服务。

外包呼叫中心正成为一种趋势。在世界 500 强企业中有 90％以上的企业将呼叫中心外包，并由简单的合作发展到建立战略伙伴关系。外包呼叫中心发展领域延伸到各个行业，呼叫中心的运营管理也得到进一步的规范与加强。

1. 优势

系统开通较为迅速，没有系统建设成本：用户可以依托外包呼叫中心较为快速开通呼叫中心业务，省略了烦琐复杂的呼叫中心系统及设备的选型，而且没有一次性成本投入。

运营和维护由外包公司负责：外包公司一般具有相应的运维人员，可以提供良好的运营维护，保障系统的稳定运行。呼叫中心系统涉及通信技术及 IT 技术等多方面的集成技术，对于具备一定规模的呼叫中心，运维难度大，且对运维团队要求较高。

外包呼叫中心提供整体呼叫中心业务方案：外包呼叫中心提供包括系统、场地、人员的整体呼叫中心业务方案，客户只需要把项目需求提交给外包呼叫中心，日常运营的开展完全由外包商负责。

呼叫中心规模有一定的灵活性：由于采用外包模式，呼叫中心坐席数量可以具有一定的灵活性，在增加坐席数量上更为便捷，但减少坐席数量需要在一个周期合同完结后重新实施。

更为专业的呼叫中心运营管理：外包呼叫中心提供的外包服务，更为突出的是其专业的呼叫中心运营能力和人力资源，在呼叫中心的运营管理方面优势明显。

2. 劣势

价格比较昂贵：外包价格比较昂贵，并不是所有的业务都适合利用外包呼叫中心，通常那些非核心业务、阶段性业务、简单重复业务、尝试性业务、缺乏足够人力支持的业务、没有能力或不愿意提供 7×24 小时服务的业务，可考虑外包给第三方呼叫中心来开展。

安全无法保障：选择外包，企业所有的客户资料的安全性及保密性是令人担心的问题，无法保障自身的数据不被泄露。

管理存在隐患：由于业务具体开展人员是外包呼叫中心员工，在具体业务管理上面存在不小的难度，无法达到实时调度、实时管理。

（三）呼叫中心的发展趋势

1. 基于互联网的新型呼叫中心

它不是简单地把互联网信息提供给呼叫中心，而是把呼叫中心与互联网融为一体，用户可以从 Web 站点直接进入呼叫中心，用点击按钮的方式实现与对方通话，当然远端可以用 IP 电话，也可做文本交互（如白板功能），一切 Internet 上的功能都可融为一体共同使用，如 E-mail、IP 传真。由于 IP 电话、IP 传真、E-mail 的价格便宜，使得这种呼叫中心为大的跨国公司建立环球服务中心成为可能，用户不用 800 号也可全天候呼叫，企业少了 800 号的电话费用。现在已有大公司尝试建立了环球呼叫中心，而且一般选在第三世界低工资水平国家，企业可以把成本降到最低，而这些国家也可以获得更多的就业机会。

2. 多媒体呼叫中心

有些公司已提供了部分多媒体功能的呼叫中心，实事求是地说，这些中心还不是那种功能强大且全面的多媒体中心，由于早期呼叫中心主要是基于 CTI 技术，其主要是语音与数据集成，所以引入视频部分早就为人们渴望。CTI 的未来发展必然是语音数据及视频信号的集成。由于人类接收信号的 70% 来自视频，因此呼叫中心引入视频技术，即采取多媒体技术，将使呼叫中心在功能上有一个飞跃，要实现交互式视频通信，对用户端也提出了较高要求，所以它仍属于未来的呼叫中心。

3. 虚拟呼叫中心

利用智能化网络技术建立虚拟呼叫中心。这种呼叫中心，可以是系统庞大、功能齐全、坐席数目过千的环球呼叫中心。这样一个庞大的系统也可以同时为若干中小企业服务，呼叫中心为运营商所有。各个中小公司的坐席代表特别是资深的专家，可以在自己公司、自己实验室工作。而用虚拟网络与中心相连，随时接受那些对公司极为重要的询问。这种系统具有大型数据库或数据仓库，它可以为每一个"入网"的中小公司作决策和分析，当然中心运营商要保证各公司之间信息绝对保密和安全，以使任何一家公司不因采用共同呼叫中心而泄密，另一种方法是，入网的各中小企业来自不同行业，不同运营方式，它们之间无共同之处，因此可以做到保密。

我们还可以给出若干新型呼叫中心，如基于 ATM 技术的分市式呼叫系统、无线接入的移动呼叫中心等。实际上，由于现代通信系统技术、互联网技术和交互式视频信号系统的发展，这些技术进步都会对呼叫中心产生影响，并直接被采用。因此，呼叫中心将随着信息技术进步，朝着智能化、个人化、多媒体化、网络化、移动化的方向发展，由于呼叫中心会给企业带来巨大利润和良好的社会效益。为广大用户带来满意的服务，其快速发展和广泛被采用已成必然。

第四节　中国 BPO 的市场策略

一、BPO 市场服务形式分析

BPO 服务市场的高成长率吸引了许多新的参加者。几乎没有哪一个新的参加者具有相应的优势和技能能够单独完成 BPO 业务，其他办法则需要通过建立战略伙伴关系来涉足 BPO 市场而争取获得应有的份额。BPO 服务市场的发展是一个充满竞争和演变的过程。

（一）BPO 服务市场的各种组成形式

1. 业务重组

进入 BPO 市场的服务提供商互相联合重组，或者并购，或者收购全部企业业务以形成新的联合体增加其服务提供的能力。

2. 行业专家领衔进入纵深领域

行业专家成立涉足行业纵深部门的企业。从他们擅长的业务领域进入相应的 BPO 市场。曾经专注于金融服务的公司完全可以提供跨行业的金融服务，以扩展服务对象的范围，或者将其专业知识延伸到新的纵深行业。

3. 进入离岸服务领域

早在 2000 年就有若干新的提供商进入离岸 BPO 市场，但是真正的离岸 BPO 业务加速发展是从 2003 年开始。在那时候，大多数服务供应仅是单独任务，或基于运营的项目内容，而不是完全的端到端的 BPO 业务。

4. 商务服务供应商的出现

当传统应用服务供应商（ASP）业务模式开始萎缩，供应商试图通过添加商务服务内容到 ASP 平台上（内容包括商务流程请求、呼叫中心、交易流程能力甚至提供完全的流程管理）来挽救 ASP。与此同时，BPO 服务提供商则开始投资各种平台和基础技术建设（如网站服务、业务流程管理软件和工作流模型），企图达到标准化 BPO 服务，进而实现一方对多方的服务递送模式。这种新型模式还在不断地发展和完善之中。但是从一些比较狭窄的业务领域，并且容易实现自动化的服务流程（如信用级别评定、福利注册、旅行和报销等业务内容）中可以看到成功的第一线曙光。

（二）在 BPO 服务市场成为赢家的战略措施

我们可以预计 BPO 服务市场的组织形式在不久的将来会发生重大的改变。一方面，服务提供商之间的重组兼并和战略伙伴关系的行为会大大地增加；另一方面，许许多多新的供应商会不断进入这个 BPO 服务市场。然而，从长期来看，并不是进入这个市场的所有企业都能存活下来。因此，为了在长期的运营中能够获得根本的成功，BPO 服务提供商必须要遵循正确的战略方针。以下是著名的 BPO 研究所（Schroder Salomon Smith Barney）为了使得服务提供商能够在 BPO 服务市场成为赢家，他们已经确定了 BPO 服务提供商长期运营必须身体力行的三项战略措施：

1. 成为端对端外包解决方案的提供商

遵循这个战略措施的 BPO 服务提供商必须要能够提供从咨询、更新管理模式到流程的全部服务内容。这样的公司不但能够在企业内部开发大多数体系性的服务内容，同时还具备为了达到某些流程服务而建立伙伴关系的能力。因此，他们必须给客户提交一站式的服务目标。诸如此类的 BPO 服务合同必须要由 BPO 服务提供商（无论是私营企业，还是上市公司）内部的高级管理人员来签订。所以，对于 BPO 服务提供商最重要的是企业内部的高层人员要具有很强的销售技巧和能力。

2. 做服务领域或客户流程的专家

为了在 BPO 服务市场获得成功，BPO 服务提供商至少要选择一个 BPO 服务领域成为客户服务或流程的专家，比如在人力资源或财务会计方面。

3. 成为满足客户功能需求的能手

在竞争日益增长的 BPO 服务市场，服务提供商必须要在其行业领域选择并实施最佳的实践规范。只有这样，发包商才可能选中本行业相关业务领域的最佳实践者，并将特殊的功能部分外包给这个 BPO 服务提供商。保险业、财务会计业和健康保健业已经被公认为 BPO 服务市场的三大业务领域，需要大量的后台办公服务。很显然，在这些领域，拥有满足客户功能需求能手的 BPO 服务提供商将会大大降低成本，进而获得外包订单。

二、中国 BPO 市场分析

（一）中国 BPO 市场的现状

目前，我国软件企业大都是通过系统集成获得第一桶金，但各方面都很薄弱。BPO 是发展中国家软件企业壮大的机遇，它不仅为软件企业带来成长空间，更重要的是能够促使软件企业工程化、规划化，从而迅速提高企业乃至产业竞争力。国际 BPO 市场增长空间巨大，是块诱人的蛋糕。据市场研究公司 Gartner 公司统计，自 1999 年以来，全球 BPO 市场的年增长率平均为 23%，成为服务外包中增长最迅速的业务。

业务流程外包（BPO）在世界范围，特别在发展中国家的扩展，是由于 IT 技术在这些国家的发展，加上发达国家（主要是美国、欧洲和日本）想以较低价格外包非核心业务职能的企业需求增多的结果。目前，BPO 服务的提供涉及金融、保险、医疗、人力资源、抵押、信用卡、资产管理、顾客照料以及销售和营销等领域。在美国和欧洲，假如把一些工作进行外包，可以节省成本 60%～70%，而质量不会受到影响。例如，一家美国公司在本土做一个项目需要花费 100 万美元，但是在其他地区外包只需要 5 万美元，所以就把这些业务给那些服务提供商来完成，这就是 BPO 逻辑的核心。

到目前为止，全球服务外包市场的产业格局并没有发生大的变化，服务外包的需求方——美、日、欧等发达国家仍然主导整个产业的发展。

从发包国来看，美国、日本、欧洲是主要的发包方，提供了全球服务外包业务的绝大多数。美国占了全球市场的 64%，欧洲占了 18%，日本占了 10%，留给其他国家的还不到 10%。全球服务外包市场严重依赖于美、日、欧，使产业格局呈现出一种"中心－外围"的发展格局。

从承接国来看，服务外包承接国数量激增，但发展的层次是不一样的。从发达国家来看，服务外包承接大国澳大利亚、新西兰、爱尔兰、加拿大等国国内服务外包行业成熟，已经形成了一定的产业规模和发展优势，但是和发展中国家相比，人力资源优势已经不复存在，因此其在最近几年的发展中明显落后。许多国家已经跌出 2010 年 Gartner IT 排行榜的前 30 强。

目前中国离岸外包基地城市的分布状态：

一线城市：北京、大连、广州、上海、深圳

二线城市：成都、重庆、杭州、南京、苏州、武汉、无锡、西安、天津

三线城市：长沙、大庆、哈尔滨、合肥、济南、南昌、厦门

（二）中国 BPO 的优势

中国在上世纪 90 年代开始发展 BPO 业务，近几年国内用户的 BPO 需求日益增长，外包的业务活动范围也逐步拓展。中国的 BPO 具有巨大的发展潜力及优势，越来越多的全球大型 BPO 公司瞄准了中国的 BPO 市场，纷纷将进军中国作为重要组成部分纳入其全球业务发展策略之中。中国发展 BPO 产业的优势主要体现在：

1. 低廉的劳动力成本

相关统计数据显示，中国一线城市软件工程师平均工资约为印度程序员的一半，比美国程序员的四分之一还要少；在天津等其他城市，工资更为低廉。而对于 BPO 企业而言，这种成本优势更加明显。

2. 充足的人力资源供给

作为世界第一人口大国，经过多年的教育积累，中国已经形成了较为丰富的知识人才储备。

3. IT 基础设施

服务外包产业的发展高度依赖城市基础设施，尤其是 IT 基础设施建设，这也是中国发展 BPO 的一个重要优势。

4. 强大的本土市场

中国服务外包产业的独特优势是中国市场。中国和印度最大的区别就在于印度服务外包产业是外向型的，依赖的是国际环境，而中国拥有自身庞大的国内市场和强大的制造业基础，国内市场是我们最大的核心优势。

5. 积极的政策指引

中国政府已经将大力发展服务外包产业列入了"十一五"规划，作为中国实现产业升级的绝佳途径。"十二五"规划纲要中也特别提到，要积极承接国际产业和沿海产业转移，培育形成若干国际加工制造基地、服务外包基地。未来随着中国企业的壮大、产业的逐步成熟、国际交往的不断深入，"中国外包"的品牌影响力还将不断提高。

同样的质量，低廉的成本，加上政府土地、税收、人才的优惠政策，使中国成为多数跨国公司公认的 BPO 目标市场。

目前相对于 ITO 服务而言，中国的 BPO 产业发展成熟度更低，仍属于初步发展阶段，主要表现在：以环节性外包服务为主；BPO 企业以中小企业为主；中国的 BPO 企业更多的基于最基础的相对竞争优势，即低成本优势，从事低端的、相对重复性的 BPO 服务，例如数据处理，呼叫中心，应收账款管理，工资单处理等等。而面对中国的 BPO 产业，普遍的国外企业认为存在法规不明确（60%）、合约风险（57%）、语言障碍（56%）及敏感数据的安全（52%）等障碍。中国的 BPO 产业发展，依然有很长的一段路要走。

表 6-1　Gartner 对于中国作为外包国家的评估

资源供给（优势）S	存在问题（劣势）W
• 有竞争力的成本结构	• 人力资源的能力
• 一定规模的人力资源	• 有限的英语沟通能力
• 非常完备的基础设施	• 文化的融合能力（针对欧美买家）
• 强有力的政府支持	• 缺乏中高端管理人才
• 巨大的国内消费市场和一定的增长速度	• 运营流程的管理技能
	• 知识产权保护和数据安全问题
	• 引领性的厂商数量包括本地厂商的服务成熟度不足
	• 中国外包的品牌建设
	• 销售的市场营销的技巧

续表

潜在的加速器（机遇）O	潜在的阻力（挑战）T
• 投资取向——非印度一家可选 • 大批海外华人的支持 • 技术创新能力的提升 • 与其他外包服务提供国家进行合作性的竞争	• 买家的信心和信任度 • 政策的多变性 • 基础设施的扩建压力 • 行业管理能力和专业水平的差异 • 各种冗余的城市，省级和国家级的技术园区 • 中国的地区差异化，经济发展平衡度差等削弱了买家评估整体中国的判断力 • 国内市场激烈竞争对于专业人才的需求 • 外包服务厂商的中远期计划和策略建设

表 6-2　中国与印度在服务外包的比较

① 在供应方的比较

国别 方面	中国	印度
基本的供应链	政府驱动	厂商自我驱动
发包城市选择	21 个外包基地城市	自我成长从 2 个到 15 个左右
成本	已经有工资涨幅较大的趋势	7～10 年间复合增长率 40% 左右
早期的领导者	国外厂商引领，本地厂商追随	本地厂商引领，国外厂商追随

② 在需求方的比较

国别 方面	中国	印度
基本的需求驱动	更多的国内需求和相应的出口业务	基本是"出口"驱动，而国内的产业发展很慢
战略驱动	"推动"战略	"牵引"战略
环境	来自知识产权和安全方面的负面影响	信息匮乏，恐怖事件，排外影响市场发展

（三）中国 BPO 市场的竞争策略

世界范围内的 BPO 市场刚刚度过导入期，21 世纪前 20 年 BPO 将进入成长期，这段时期也将划定发展中国家之间的 BPO 产业规模和竞争实力。我国在拓展国际 BPO 业务时，除了要注意完备自身条件以外，必须避实就虚，针对不同市场制定不同的竞争策略。

1. 实施全球化战略定位

全球化的趋势将世界融为一体，和印度一样，低成本不再是中国软件外包产业中的优势，在人力成本方面会失去优势。在这种情况下，BPO（业务流程外包）将成为更加主流的外包形式，BPO 带来的不只是技术上的先进，更多的是服务和管理上的进步，而整个过程的外包能够节约企业大量的生产成本。因此，为了在长期的运营中能够获得根本的成功，BPO 服务提供商必须要遵循正确的战略方针。

①完备国内 BPO 接包条件

BPO 业务成功至关重要的条件有：具备恰当的互联网基础设施和接入设施与接入条件；政局稳定；政府的有力支持；充足的投资；备有一支训练有素的技术劳力队伍；通晓客户使用的主要语言等。其他条件包括客户与服务供应商之间在文化和心态上协调一致等。在地理上接近也非常重要，因为这样能够使客户经常接触服务供应商。

为了争取到 BPO 服务，我国需要确保具备上述关键条件。企业和政府应当努力提供培训，以便达到提供 BPO 服务的要求。为了进入 BPO 行业，企业应当先从基本的、低风险服务开始，在积累了经验和技术之后，再转向提供较为复杂的服务。

②充分利用地理和文化优势，开拓日韩 BPO 市场

近几年来，我国已在对日软件外包业务中具有相当竞争力，在对日软件外包业务方面，除青岛、大连、上海等城市外，全国其他城市也发展良好。在地域上，中国与日本、韩国相邻，在文化上，交往历史久远，中、日、韩在语言、风俗习惯、思维方式和人际交流等方面有 BPO 大量的相似之处，这些都是意欲开拓日、韩市场的印度软件公司所不具备的。日本和韩国一直是拉动中国软件外包的原动力。因此，我国应首先站稳日、韩 BPO 市场。

另外，中国作为世界电子信息产品制造基地之一，生产越来越多的数字化产品，日、韩则与中国分享这些产品的产业链。中国的外包业务大部分是做手机的软件、DVD 的软件、数码相机的软件、汽车电子的软件，这些软件大多是放在装备里面，是嵌入式的，正好有利于结合中、日、韩在电子信息制造业产品方面的合作优势。而印度做的软件大部分是金融、服务等应用软件。这种差异与中国全球制造基地的地位有密切关系，也更是中国与印度竞争的优势。

③通过客户 IT 部门海外延伸，寻找欧美 BPO 市场的切入点

欧美 BPO 市场的主要承包方是印度，由于英语能力和企业知识的限制，我们不能重复印度人开拓欧美市场走过的道路，应该充分发挥自身的优势，找到进入欧美 BPO 市场的切入点。

和中国企业客户一样，欧美企业一般也都设有 IT 部门，从事 IT 技术的采购、安装、维护以及某些自行开发工作。在 BPO 项目过程中，我方主要与欧美企业的软件工程技术人员交流，因为大多为软件专业语言（不会涉及大量的商业流程方面的交涉），语言困难缩小。在实现欧美客户 IT 部门海外延伸目标之后，中国再主攻 BPO 方式软件出口自然水到渠成。中国软件出口的"客户 IT 部门海外延伸"定位，必然会保障欧美软件出口的持续健康发展，保障中国软件企业最终实现大批的"大规模软件出口项目"。

2. 企业创新

① 产品/服务创新

产品和服务的创新对企业增强竞争力永远是最有效的，而且是大多数企业提高市场竞争力的首选。企业不但要改进现有产品/服务和扩展产品线，更应倾向于推出新的产品和服务。在销售渠道方面，不仅依靠直接销售团队，而且应该更广泛地借助电子渠道和呼叫中心。

② 管理模式创新

新的商业管理模式可以为国际/国内企业在市场对接中提供商业市场对接管理、业务流程管理、企业 IT 项目管理、公司本地运营等多项高端服务。

要实现这些创新服务，首先需要找到懂行业的高端人才资源，建立"全球"团队，网罗世界各地的人才加盟。并且在所有的工作中，IT 和业务流程创新是最为核心的技能。

其次，提供强有力的市场对接管理模式来降低市场拓展成本。其中包含：业务发展、企业本地化、发掘客户线索、以及高端人才解决。

建立一个实时商业管理平台模式，提供所需的市场管理和运营管理服务，具有弹性、灵活性和成本透明化的特点。该服务贯穿于整个市场对接管理和业务运营管理范围内。

3. 强化核心竞争力

核心竞争力是 BPO 企业持续竞争优势的源泉。对 BPO 企业来说，核心竞争力是立足的关键，BPO 必须具备核心竞争力，专注于某一行业，某一种产品，某一项服务。企业必须加强自身的核心竞争力，才能立于不败之地。

案例分析

案例一：家乐福的物流外包

法国零售巨商家乐福（Carrefour）正加速争夺全球市场，力图成为全球零售业"领头羊"。其中最大的"战场"之一是巴西。在那里，家乐福将与当地的零售商以及全球最大的零售商之一——沃尔玛一决雌雄。

巴西家乐福最早成立于 1973 年。但这个拥有 1.75 亿人口的国家既为零售商们提供了巨大的发展机会，同时也存在诸多艰难挑战。一方面，它拥有巨大的购买力市场；另一方面，又被资源贫乏所困扰，缺乏必要的基础设施，经历着永无尽头的经济危机。尽管如此，家乐福努力维持生存。现在，家乐福已经成为巴西的第二大零售商，仅次于巴西本国零售商 Companhia Brasilia de Distribuicao（CBD）。

最近，家乐福开始了一项商业系统和全球业务流程标准化的工程。这项工程是在系统开发商 Accenture 的帮助下，采用统一的财政和会计平台以及 PeopleSoft 公司的企业资源计划（ERP）软件模型。该项目的部分内容包括在任一国家创建共享服务中心（SSCs），用途是组织商品的集中购买和供应。这种思想在巴西激发了一种类似的单个店面订单和配送管理方法。共享服务中心将来自许多零售店的订单分组、汇总，把总需求传达给厂商。但零售店经理仍负责决定商品订购数量和种类。家乐福的执行官说，过量库存和客户服务水平不协调将导致产品积压。

家乐福经营管理者发现 Sao Paolo 地区有建立配送中心的显著需要，但一旦到了选择具有熟练配送经验的设施设备服务商的时候，家乐福没有很大的选择余地。原因是，巴西没有提供这项服务的市场。据家乐福物流执行官所说，家乐福是巴西唯一一家采用物流服务商的零售企业。因此，巴西几乎没有一家零售商具有丰富的零售经验。

最终，家乐福选择 Cotia Penske 物流公司经营 Sao Paolo 配送中心。Cotia Penske 在巴西的第一个客户是福特汽车制造公司。它为福特汽车公司经营配送中心，代理销售 340

余种汽车零部件。1999 年 1 月为福特公司配送了第一批货物。5 个月后，家乐福与 Cotia Penske 开始洽谈合作，并于同年 9 月建立了配送设施。最初，合同仅应用于 23 个商店和有限的几类商品；随后，合同应用范围迅速扩展，现已包括 96 家高级百货公司、23 家超级市场和 6 家较小的配送中心。

在 Sao Paolo 的 Osasco，主要配送设施的建设分两阶段：第一阶段用地 45 万平方英尺，随后几年将增长到 80 万平方英尺。Sao Paolo 配送中心经营辐射范围达七八百公里。家乐福高级百货商场除一小部分分布在附近其他州外，绝大多数都围绕着 Sao Paolo。配送中心现在经营 36000 类产品，包括食品、器械和电子设备，拥有 170 台电动升降机和 220 台无线电频率接收器。随着设施逐渐完善、作业效率提高，Sao Paolo 配送中心的员工数量由 800 减少到 600。Sao Paolo 配送中心每年处理 3500 万到 4000 万份货单。依季节不同，Sao Paolo 配送中心平均每天交易货物约 5500 份。

Cotia Penske 在距 Sao Paolo 东北方向 500 米的 Vitoria 为家乐福开设了第二个配送中心，拥有 30 名员工和 12000 平方米的工作场所，配送范围包括 2 个高级百货商场和 15 个超级市场。

由于其规模庞大，家乐福需要的不仅是可储存充足产品的基本仓库，而且需要复杂的仓库管理系统。Cotia Penske 新的物流服务商通过整合 Penske 零售商、世界其他地区消费品配送专业技术，凭 Cotia 公司对巴西零售市场的掌握与了解，开发自己的仓库管理软件，解决了库存管理系统越来越难以适应家乐福在巴西日益扩展的商业网络需求的难题，同时方便了与当地客户的联系。

分析思考：

1. 巴西家乐福为什么要寻求物流外包？

2. 家乐福选择 Cotia Penske 物流公司有什么优势？他们的合作是如何开展的？

案例二：索尼——由追求技术创新转向人力资源全面外包

索尼电子有限公司在美国拥有 14000 名员工，其中人力资源专员主要分布在七个地区。尽管投资开发 PEOPLESOFT 人力资源管理软件，并以此作为通用平台，但索尼电子仍不断追求发挥最佳技术功效。索尼电子有限公司人力资源高级副总裁指出，"众所周知，我们亟待更新软件系统。我们的预期状态与现状之间仍相去甚远！"索尼公司的所有人力资源应用软件中，各地统一化的比率仅占 18%，并因此造成低效率，"我们拥有诸多量身定做的技术，但客户的满意度却在不断下降"。

人力资源小组很快意识到，他们不仅需要通过技术方案来解决人力资源问题。与许多供应机构进行协商之后，他们开始审慎地思考人力资源服务方案。除了期待进行技术更新，灵活地适应未来的发展需求之外，索尼还希望更有效地管理和降低人力资源服务成本，并以此提升人力资源职能的战略角色。人力资源日常行政管理有碍于索尼成为公司战略决策者，目前，许多其他公司也得出了同样的结论。人力资源职能外包管理将是大势所趋。正是由于索尼品牌久负盛名，才能吸引大量的精英加盟。

为了拓展现有的外包合作关系，索尼电子与翰威特进行通力合作，转变人力资源职能。新型合作关系中，翰威特将提供人力资源技术管理方案和主机、人力资源 WorkWays

用户门户并进行内容管理以及综合性的客户服务中心、数据管理支持及后台软件服务。

此项目最大的节省点在于人力资源管理程序和政策的重新设计及标准化。并通过为员工和经理提供全天候的人力资源数据、决策支持和交易查询服务，使新系统大大提高效能。经理们将查询包括绩效评分和人员流动率在内的员工数据，并将之与先进的模式工具进行整合和分析。这些信息将有助于经理制定更加缜密、及时的人员管理决策。经理们可以借此契机提高人员及信息管理质量，进而对企业经营产生巨大的推进作用。

索尼电子实施外包方案之际，一些结果已经初见端倪。除整合、改善人力资源政策之外，这一变革项目还转变了索尼80%的工作内容，其中将各地的局域网、数据维护转换到人力资源 WorkWays 系统上。数据接口数量减少了 2/3。新型的汇报和分析能力将取代原有的、数以千计的专项报告。截至第二年，索尼电子的人力资源部门将节省 15% 左右的年度成本，而到第五年时，节省幅度将高达 40% 左右。平均而言，五年间的平均节资额度可达 25% 左右。

索尼现在已经充分认识到通过外包方式来开展人力资源工作的重要性，因为可以由此形成规模经济效应并降低成本。此外，人力资源外包管理将人力资源视为索尼公司网络文化的起点。人力资源门户将是实施索尼员工门户方案的重要因素之一。索尼也非常高兴看到通过先行改造人力资源职能来进行电子化转变。

分析思考：

1. 索尼公司在人力资源方面遇到了什么问题？
2. 索尼采取了什么策略以求解决这些问题？

案例三：德尔塔航空公司——财务外包成就卓越

德尔塔航空公司是世界上第二大客运航空公司，它和全球的合作伙伴们一起，为全球 94 个国家的 503 个目的地提供航空服务。如同航空产业的其他公司一样，德尔塔航空公司面临许多重大的挑战，比如日益增加的燃油费用，2001 年 "9.11" 事件后乘客的下降，还有越来越多来自低成本航空公司的挑战。作为回应，德尔塔航空公司采用了先发制人的战略，它率先节省开支，同时保持客户所期望的服务质量。这家公司节约成本的一系列举动中，包括将其欧洲的财务与会计运作外包给第三方公司被证明是非常明智的。

为了能够节省更多的成本并提供更优质的服务，德尔塔航空公司采用埃森哲的财务解决方案，将其欧洲的财务与会计运作外包给第三方公司，由于与埃森哲的合作，使得这家公司能够在保持服务质量的情况下，节约成本。

埃森哲财务解决方案迅速地与德尔塔航空公司实施团队融合，开始有效地执行欧洲地区的财务和会计活动的转变。具体工作从应付账款、财务会计、账单、对账到更小范围的应收账。这份长达 10 年外包服务的目标是通过管理德尔塔航空公司欧洲地区的财务和会计运作，不断提高服务水平，同时降低成本。开展工作的基础就是将德尔塔航空公司的财务和会计业务移到埃森哲交互中心，它位于捷克共和国的布拉格，除了提供一流的工具和资产，那里还具有使用各种语言的精英员工。由于德尔塔航空公司在欧洲 11 个国家，从英国希腊到土耳其都有办公室，它要求外包服务商能够用 8 种不同的语言与不同办公室的人员交流，所以不同语言的沟通对德尔塔航空公司而言尤为重要。除了提供通常的像会计、收款等后台服务，埃森哲的布拉格交互中心还部署了卖方支付服务来增强项目的透明度、花费的效益以及应付款的流程控制。这个解决方案包含了扫描技术、光学字符识别技术，它能将图片转化成可读的文件，还有一个复杂的电子工作流程工具，通过预设的授权，它能够自动地管理发票审批。这个项目组还配备了埃森哲服务管理报表门户，它能为管理层提供德尔塔航空公司财务流程的总结和详细的绩效报告。

埃森哲愿意与德尔塔航空公司共担风险，其外包服务合同中的金额，全部来源于德尔塔航空公司成本降低所带来的利润。这种利润共享的服务安排不但在经济上给予埃森哲激励，同时为德尔塔航空公司带来更高的成本节约，还能够使埃森哲的服务价格降低 2%～3%。

在埃森哲的帮助下，德尔塔航空公司向人们展示了它高绩效的商业特征：它能够和值得信赖的供应商合作，即使是延伸到具有核心竞争力的领域外，仍然能够保持掌控力。由于与埃森哲的合作，使得这家公司能够在保持服务质量的情况下，节约成本。更重要的是，与埃森哲的外包合作让德尔塔航空公司能够专注到它最擅长的事情里，那就是运营具有竞争力的航空公司，而这就是实现高绩效的途径。

分析思考：

1. 德尔塔航空公司的财务和会计对外包的要求是什么？
2. 埃森哲是如何应对这样的要求的？

课后习题

1. 如何理解 BPO 的概念？BPO 有哪些特征？
2. 服务外包发展的动因是什么？
3. 简述国际 BPO 市场状况。
4. 什么是第三方物流？它的价值体现在哪里？
5. 简述人力资源外包的业务流程。
6. 财务外包有哪些主要内容？
7. 如何防范金融外包的各种风险？
8. 简述中国拓展 BPO 市场的策略。

第七章 知识流程外包（KPO）

学习目标

1. 理解知识流程外包（KPO）的概念和特征
2. 了解 KPO 的发展动因与发展趋势
3. 了解 KPO 的业务内容及其运作流程
4. 了解 KPO 的市场策略

引 言

知识流程外包是服务外包的高端部分，知识流程外包业是现代服务业的高端产业。我国服务外包业正处在关键的战略选择期，从最低端的劳动套利的简单服务外包逐步向知识套利的高端服务外包发展，应该依据国情，充分发挥人力资本优势，紧紧抓住经济结构调整和全球信息产业发展带来的历史性机遇，借鉴国内外的先进经验，制定有效的知识外包产业发展战略，增强我国服务外包产业竞争力。知识流程外包代表了一种新的服务外包趋势，在经济全球化和知识经济这一大背景下，知识流程外包无疑将发挥越来越重要的作用，并逐渐受到业界政府、企业和学术界的重视。

随着服务外包向价值链高端移动，知识流程外包活动呈现更多的复杂性和新内容与新方式，企业将自己业务中的知识创新和研发等高技术含量的环节转移给其他公司完成，以提高资源配置效率的生产经营形式和战略管理模式，从而获得更为可观的效益。

第一节 知识流程外包（KPO）概述

物质、能源、知识是人类可以利用的三类最基本的生产要素，随着人类社会的不断进步，知识经济的不断发展，知识日益成为推动社会和产业发展的核心资源。20世纪90年代，知识管理逐渐成为国际学术界的焦点问题。对于技术创新的关注逐渐开始有了转向，认为技术和知识转移、知识溢出同样可以帮助企业实现低成本运作，达到发展的目的。与此同时，经济全球化和一体化的加深，企业间分工不断细化，世界各国间的经济开放性和依赖性不断加强，外包产业迅速地深化和发展，逐渐延伸到知识领域，成长为服务外包的高级阶段——知识流程外包（Knowledge Process Outsourcing，简称KPO）。

一、知识流程外包的发展背景

（一）知识理论的发展

自20世纪90年代以来，知识管理在知识经济理论不断发展的背景下成为研究的新热点。伴随着研究范围日益扩大化和研究视角多元化，研究者们逐步从关注技术创新向知识创新、知识转移、知识溢出等热点问题聚集，在不断构建知识理论的同时，还开展了大量的实证研究。理论与实践的发展都认可知识是新兴生产要素的作用和意义，知识管理理论与服务外包理论快速发展、融合、交叉促进，形成了KPO发展的理论渊源。

（二）知识服务需求的产生

在竞争日益激烈的今天，知识成为企业获取和保持持续竞争优势的源泉，企业不仅仅希望获取信息或知识，更希望从海量信息中提取出能够解决自身问题的关键知识。他们迫切希望有专门的机构能够针对其所承担的具体业务提供全程性、全方位的知识保障，开拓综合性强，能够满足其多方面、系统化知识需求的综合化知识服务业务，因此，企业需要利用第三方专业服务机构的资源，将部分智力密集型的业务外包出去，以实现企业内外资源的整合和合理配置，强化其核心竞争力，增强应变性，知识服务需求由此产生。

（三）服务外包战略升级

随着国际市场竞争日趋激烈，客户的需求变化迅速，产品和服务的生命周期越来越短，在工程设计、IT服务、新产品研发和金融风险管理等知识密集的高端服务领域出现了新的发展变化，服务外包已逐渐从最基础的技术层面外包业务转向高层次的服务流程外包业务，业务流程的复杂性日益增加，许多企业不仅将低端服务转移出去，还将金融分析、研发等技术含量高、附加值大的业务外包，服务外包的焦点开始转向价值链的高端——组织竞争优势的核心业务，即包括研发设计、金融和法律研究等知识密集型服务业在内的知识流程外包。知识流程外包代表着全球范围内服务外包的第三次浪潮，其战略已经从企业的外围（IT基础设施和应用的维护）发展到业务的中心（涉及复杂分析的中间功能），是服务外包的高端呈现，服务业发展战略性升级，构成了KPO发展的经济背景。

（四）信息技术的应用支持

信息技术的快速发展，极大地促进了服务外包的发展和普及。现代信息技术和电子商务的发展构建了良好的数字化商务环境，商务洽谈、企业之间的分工与协作、成果交付和资金支付等都可以在数字化网络环境中进行，虚拟企业、战略联盟和协同商务等的出现从根本上改变了经济运行方式和企业管理模式、相互协作的企业通过信息网络进行信息收集、加工和传递，不仅及时准确，而且成本费用极低，这就为知识流程外包的运作与管理提供了技术支持。

二、知识流程外包概念

知识流程外包（KPO）是面向知识流程业务的知识密集型服务外包模式，它是指将组织内部具体的知识型业务承包给外部专门的服务提供商，即是在普通业务流程外包（BPO）中分离出的需要领域专门技术的高智力活动的外包业务。KPO首先出现在20世纪90年代后期，是服务外包领域的发展变化的阶段性结果，而在很多高技术、知识密集化的企业运营活动中，基于成本和效率的双重考虑，企业将价值链中传统流程中的非标准化、知识密集化、专业化、高技术化、更高附加值的活动（如研发、设计、数据挖掘、创意、决策方案）外包出去，形成了全球范围的新型外包模式。以动漫外包为例，A公司主营业务动漫影视发行，而制作部分则长期外包给B公司来操作，他们建立了共同的知识交流平台和保密协议系统。而B公司由于主营业务为三维广告片的制作，为了节省人力成本，在对A公司发包业务进行评估基础上，又开展了一系列的承约决策和外包决策，于是B公司又将动漫制作业务外包给了C公司来操作。C公司与B公司之间也有一系列的协议来保证整个进度的完成。在这些业务外包的过程中，重点在于该业务与知识生产与知识转移、知识扩散有关，而且是知识高度密集的业务。通过上述案例，可以了解到A公司与B、C公司之间形成了一种两两关系。其中B公司的存在是其中的一个重要环节，真正的知识流程外包的建立是A与C企业之间的关系，B公司起到纽带的作用。可以看出：知识流程外包过程中，知识是KPO的核心要素，是KPO最终成果的呈现形式，其质与量是KPO组织核心竞争力的保障，实现知识增值是KPO组织发展的目的和手段。

三、知识流程外包的特征

知识流程外包是服务外包活动的更高级形态，是服务外包发展的一个新的细分领域，是信息技术外包、业务流程外包发展的延续。其主要特征有：

（一）高技术、知识密集化

知识流程外包（KPO）过程中，服务提供商提供高端的知识工作的外包，包括研究、设计、分析、咨询、策划、制定规程等服务，以技术专长而非流程专长为客户创造新的价值，因此具有高技术化、知识密集化的典型特征。

（二）KPO面向高端服务，具有高附加值

KPO关注焦点在于"智力套利"，提供商利用广泛的领域知识，做出果断判断与决策，依据较高的专业能力和创新能力，经过综合的分析过程，为客户提供价值增值的服务，见图7-1。

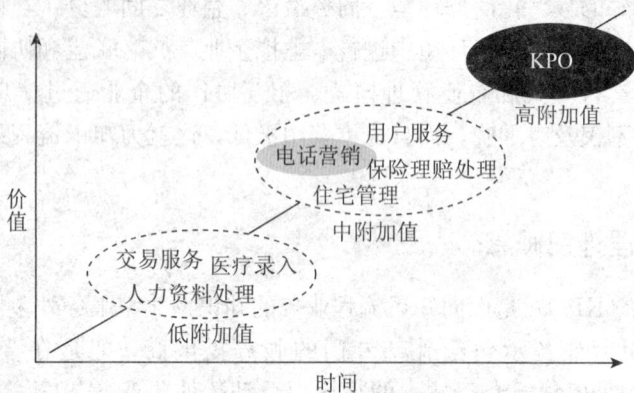

资料来源：Moving up From BPO to KPO Trends in Financial modeling . Atul Dhawan.

图 7 - 1   KPO 在外包价值链中的位置

（三）KPO 流程更具有复杂性

KPO 面向基于判断的高度复杂、不确定性的流程，其对象处于产业链的高端，呈现出多元化的特征，所处环境通常是不确定性的。通过承包其知识领域的流程，KPO 向组织传递较高的价值，将业务从简单的"标准过程"执行演变为高级分析技术与准确判断相结合的复杂过程。

（四）KPO 基于业务专长，需求更高技能的专家型人才

KPO 通过业务专长来为客户创造价值。企业将自己业务中的知识创新和研发等高技术含量的环节转移给其他公司完成，以提高资源配置效率，从而建立新型的生产经营形式和战略管理模式，这些流程需要有广泛教育背景和丰富工作经验的专家们完成，工作的执行要求专家们对某一特殊领域、技术、行业或专业具有精准、高级的知识。

四、发展知识流程外包的意义和作用

知识流程外包产业发展虽然只有不到十年，但各国都开始重视发展知识流程外包业，并开始对这一外包活动进行研究和规划，知识流程外包产业在各国经济发展中的重要作用已经开始显现。从知识流程外包的产生背景，了解知识流程外包的发展现状，并提出相应的发展策略发展知识流程外包业，是培养各国创新能力的重要途径之一，是培养自主创新能力的重要组织平台，是吸引创新型人才自主创业，吸纳人才就业的重要手段。因此，发展知识流程外包对于提高国家知识产业竞争力，优化产业结构，提升利用外资水平，增强参与全球产业分工的能力，实现经济可持续发展等具有重要的战略意义。

（一）知识流程外包产业的发展有利于知识型企业核心竞争能力发展

KPO 服务使企业缩短了从设计到市场的导入时间，有效管理关键硬件，并提供有关市场、竞争情况、产品和服务的研究，从而提升组织在业务管理的有效性，帮助快速处理预想的业务场景等。因此，知识流程外包使得企业更能利用专业的知识来开展科技创新，积极应对危机挑战、转变自身经济发展方式。同时，不同于传统的 BPO 解决方案的通用和固定价格，优秀的高端流程解决方案提供客户定制服务和采取不同的价格，客户定制提

升了 KPO 中的价值成分，提高企业的知识管理水平，增强企业核心竞争力。

（二）知识流程外包产业的发展有利于高级人才聚集并直接产生聚集效应

掌握高级知识和高级技术的人才是知识流程外包产业竞争和创造价值的主要资源。很多发达国家都面临知识在行业发展过程中不断出现的规模和层次上的巨大需求，而其在国内受到人口老龄化所带来的人才供给不足和高福利下的人力资源成本不断上升的压力，导致在一些知识密集型、高技能的行业中出现了经过高等培训的专业人才的缺乏。这就迫使很多国家开始从低成本的发展中国家引进受过高等教育的科学家和专业人才。知识流程外包活动的兴起可以充分利用发展中国家不断提升的高素质人才来满足行业发展需要。同时，发展中国家的高素质劳动力也可以在相对低成本的外包活动中找到创造知识价值的市场平台。大力发展 KPO 产业不仅可以实现对人才的聚集，更可以实现对人力资源的深入挖掘。同时，知识流程外包产业具有地理空间集聚效应，就提升城市知识竞争力和科技发展水平具有明显的带动作用。

（三）知识流程外包产业的发展有利于促进创新服务贸易范式，促进服务业全面升级

知识流程外包产业是具有明显全球化特征的产业。以数据、字符甚至是图案、方案和知识成果为产出，无论从原理上还是从结果上都具有全球化、标准化等特征。当前，世界范围内正处于服务贸易大格局变革时期。伴随制造全球化、服务外包全球化进程，知识信息全球化也正在酝酿之中。因此，把知识流程外包产业发展当做服务业升级的方向与契机，把知识流程外包产业作为参与国际服务贸易的重要组成部分，把参与全球化知识生产与创新和国家竞争战略全面联系在一起具有重要意义。

第二节 知识流程外包的动因及发展路径

知识流程外包产业是一个知识密集、高科技的人才产业。全球范围来看，发达国家逐渐把传统高端的研发、分析、创新与决策的价值链细化与外包，KPO 业务需求愈来愈多。

一、知识流程外包的发展动因

推动 KPO 快速发展的主要因素有以下几方面：

（一）成本动因

各国高级专业人才的供求失衡促使部分企业通过离岸 KPO 进行"智力套利"。近年来，发达国家在工程设计、信息技术和金融风险管理等领域出现了高级专业人才短缺的问题，而印度、中国等发展中国家培养高素质人才的能力越来越强，它们具有比较丰富的高级人才储备；且发展中国家高素质专业人才的工资水平较低。在这样的背景下，发达国家企业就把一些知识密集型流程外包给发展中国家的企业，这不仅可以缓解它们高素质人才短缺的问题，而且还能帮助它们达到降低人力成本的目的。调查显示在数据挖掘服务、研发等方面，通过把相关工作离岸外包给低工资国家，发达国家的企业可以把这些工作的成本降低 40%～50%。尤其欧美企业通过开展离岸 KPO，甚至可以降低 40%～70% 的人力成本。见图 7-2。

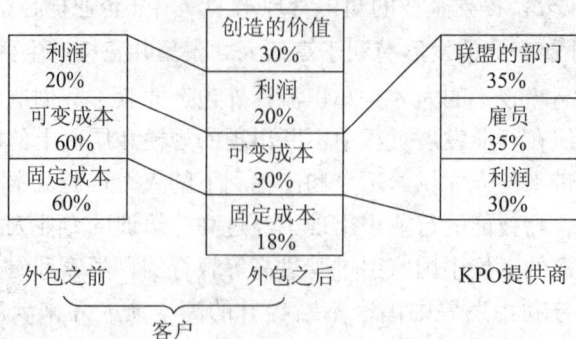

图 7-2　KPO 创造的价值

（二）市场动因

接包商具有从 BPO 升级到 KPO 的内在动力。目前 KPO 尚处在发展初期，一方面，能够提升 KPO 接包商为数尚少，另一方面，KPO 能给发包商带来很高的附加值。而 BPO 市场的竞争愈演愈烈，导致接包商的利润空间不断缩小，逐利动机驱使接包商从 BPO 升级到 KPO。印度 BPO 接包商向 KPO 转移，其部分原因就是它们从更加基本的业务流程（如数据输入和医疗处方）接包中获得的利润正在减少。对于接包商员工来说，提供 KPO 服务意味着更多的收入、更高的社会地位。更多的人认为，KPO 才是具有长远发展前途的业务。在这些主、客观因素的作用下，必然具有从 BPO 转向 KPO 的内在动力。

（三）技术动因

技术水平的提高和技术特征的变化为 KPO 的开展创造了前提条件。电信、互联网（如 Web2.0）、数据管理（如信息安全）和办公软件（如视频会议软件）等技术革新使得分散在全球不同地方的人们可以实现在线沟通，这使得更加高效、经济、安全地执行 KPO 成为可能，同时，一些知识密集型工作在世界各国的标准、从业资格、技能和经验要求趋于一致，从而导致某些知识流程日趋结构化和标准化，更加适合外包。

（四）人才动因

人才成为许多行业竞争和创造价值的主要资源。如何通过人才来获取竞争优势已成为商业战略的一个关注点。目前，在一些知识密集型行业，如 VSI（超大规模集成电路）的研发工程设计、IT 以及金融风险管理等，发达国家如美英和西欧国家等，专业人才的缺乏，采用低成本高效率的知识流程外包方式来开拓现有的人才储备，而发展中国家如印度、中国、菲律宾以及东欧国家，则恰好具有充足的专业技术人才供给及成本优势（见表 7-1），人才的因素促进全球的 KPO 业务迅速发展。

表 7-1　发展中国家的人才优势

国　家	人才优势
印度	拥有仅次于美国之外数量最多的软件人才储备和丰富的教育资源，220 所大学、9000 所学院，每年有 300 万毕业生，培养约 30 万 IT 工程师。
中国	拥有丰富的有才能的工程师和科学家，在英语和经济方面有一定的技能和积累。

国　家	人才优势
菲律宾	拥有潜在的精通英语的人力资源，具有有利的成本结构，每年有 1.5 万名技术毕业生走出校门。
东欧国家	拥有非常有才能的工程师和科学家以及健全的教育系统，从而保证从事分析工作的专业人才的充足供应。

（五）战略动因

知识流程外包能够将企业自身最具竞争力的内部资源和外部最优秀的资源有效地结合起来，从而产生巨大的协同效应。发达国家为实现其产业结构调整与转型这一战略的有效运作方式的选择时，不约而同地将知识流程外包发展作为其中的重点。从战略角度发展KPO，进一步整合和利用外部最优秀的智力资源、知识资源等优势资源，为企业自身提供更高的附加价值，从而达到降低成本、提高效率、构建自身核心竞争力以及增强企业对外部环境的应变能力等战略目标。

二、知识流程外包发展路径

（一）国际知识流程外包的发展

全球范围来看，KPO 的发展速度非常快，它最早出现在印度，2000 年成立的易唯思就是最早提供高附加值知识服务的公司。2004 年 7 月，易唯思在自身实践的基础上发布知识流程外包白皮书《下一个重大机遇：从业务流程外包到知识流程外包的价值链转移》，首先提出知识流程外包的理念；2005 年 12 月，美国摩根大通银行、英特尔和微软相继计划将研发和处理复杂衍生品交易等高价值领域约 7500 个岗位放在印度，作为接包方的印度更是提出了做"知识外包中心"的口号；2008 年，毕马威预言 KPO 正逐渐成为现实的主流的外包选择之一，由此，知识流程外包作为一种潜力巨大的高端服务外包类型在业界和政府层面逐渐得到了认可和重视，并呈现出快速发展的势头。行业分析显示，KPO 的市场规模以 46％的年复合增长率从 2003 年的 12 亿美元增长到 2010 年的 170 亿美元，业务范围涉及知识产权、股票、金融和保险、人力资源、生物工程领域的大的产业，已经成为国际服务外包新的发展潮流。

虽然 KPO 发展时间不长，但经历了一系列的整合与扩张，相比于内生性增长，更多的 KPO 公司倾向于通过收购的方式实现快速增长。2007 年，菲律宾巨头 Ayala 成立了一直专注于 BPO 领域的基金 LiveIt Solutions，IncLiveIt 先后收购了 eTelecare，Integreon，AffinityExpress 等业务流程外包企业。2009 年，LiveIt 控股的 Integreon 又向 KPO 领域的 GrailResearch 抛出了橄榄枝。Infosys 也正在 KPO 领域寻求一种并购式增长方式。CopalPartners 在德意志银行和花旗银行成为其投资人之后，也准备上市。

在 KPO 的运作模式上，随着跨国公司 20 年来的研发模式转变，发达国家企业逐渐将自行承担的基础研究项目转交到大学、研究机构，关于新产品的设计和开发，也将其中的部分业务转交给专业公司并由国内转移到国外，利用研发模式及其全球网络，保留其最具竞争优势的核心活动。同时，将其余功能如零件加工、财会、后勤，甚至人员培训等进行外包，将有限资源集中用于已建立优势的领域，专注于核心竞争力的发展。发达国家在发展中国家建立了知识密集型的研究开发中心，加快了创新外包全球化的步伐。其间，跨国公司外包流程出现的模块化模式，形成了创新获利模块及网络化扩张与发展。创新获利模块表现为独占性、主导设计和资产收益等特征，它往往可以改变制造流程出现的模块化的性质，促使跨国公司在产业集群的价值链前移，表现出跨国公司在区域性外包集群的高度垄断性。通过这样的外包路径及网络，对区域产业集群的知识有效传播和管理，使知识重新组合，产生新技术和新方法，并有效渗透到集群中去。跨国企业把有限的资金和精力用在最擅长的领域，如产品研发、设计等方面，在区域性创新网络中控制着研发资源、核心部件和市场标准等，并通过价值链的关键环节的控制，以便获得外包的最大控制收益。

（二）KPO对发展中国家的影响

知识流程外包不仅使发达国家企业通过降低成本、提高效率从中受益，而且通过外包方式进行非核心技术转移，进一步降低了交易成本，提高了知识应用价值，也带动了知识外包国家或地区的经济增长，引发新兴产业的迅速崛起。对于发展中国家而言，为努力推动本国的产业结构升级，在战略选择上，则继续保持的低成本优势，知识密集型、高附加值的业务成为接包的对象，如软件、微电子、生物技术、医药等。目前，全球外包市场规模以每年30%以上的速度递增，其中，美国占全球项目外包市场的2/3。承接外包最多的是亚洲，约占全球外包的45%。

1. 知识流程外包拉动发展中国家的经济增长

麦肯锡研究表明，1美元的美国服务活动外移，全球获益1.47美元，净收益是47美分。同时，知识外包促进了技术资源流入和优化配置，提高了知识、技术和信息共享的程度，成为影响发展中国家经济结构及其快速增长的重要因素之一。OECD国家经济发展的趋势表明，知识外包服务业占GDP的比重越来越大，目前在这些国家，服务业的增加值已接近或超过工业增加值总量的50%以上。

2. 知识流程外包引发新兴产业崛起

由于发达国家企业研发模式的变革以及制造业中高技术产业的渗透作用，使发展中国家服务业发生了根本性变化，不仅带来一系列外包溢出效应，而且催生出一批基于研发网络及其外包的新兴服务产业，如R&D服务、计算机服务、通信服务业等。这些新兴产业，R&D投入的强度高，技术创新最为活跃，新技术产品不断涌现，并解决了发展中国家大批高知识、高技能人才的就业需求。通过外包价值链接已经成为拉动就业需求，促进新经济增长的动力，在一些国家和地区已经成为新的支柱产业。因知识流程外包行业需要大量受过高等教育的专业人才，包括工程、医药、会计、企业文秘和法律人才等，由于知识流程外包业务涉及财务、资产和投资组合决策等机密信息，需要解决国际客户所关切的数据安全问题，例如印度外包开始大力发展知识流程外包，并逐步建立专业人才供应链条。目前，印度知识流程外包市场增长率为15%～17%，2011年产值超过80亿美元，2012年的增长率将达到25%～27%，产值将突破100亿美元，中小企业成为增长的主要动力。

3. 两难选择

知识外包对全球经济起着推动作用，给各国或地区的经济增长及就业带来大量好处。但作为经济全球化和创新全球化的产业分工模式，在知识外包改变着全球经济科技格局的同时，也在不同程度地影响和制约着与外包业务相关的各国和企业，给发达国家和发展中国家都留下了一个两难选择：对发达国家来讲，大量外包有利于降低通货膨胀率、增加生产率和降低利率，大大促进商业和消费支出、增强经济活力。但与此同时，外包可能会构成技术外流风险和影响本国的就业水平；而对发展中国家而言，尽管外包在 GDP 结构、就业结构调整方面都取得了很大的发展，促进了本地经济增长，但作为高端价值链知识与核心技术的缺位者，不仅明显受制于人，而且无法获得产业的高技术、高附加值，并影响到本国企业的自主创新与产业的可持续发展。因此，实际上知识外包是一把双刃剑：发达国家虽然可能造成一部分知识性工作流失，但跨国公司可以通过研发机构的组织体系强化核心技术垄断；对发展中国家企业学习技术设置障碍；遏制企业开发新产品和新技术，以便主动控制其外包范围和规模，将使其负面影响降至最小；而发展中国家作为承包方，可能会在短时期内促进本国的经济增长及满足就业需求，但存在着本国经济被全球性企业低端化掌控的风险。这不仅制约着发展中国家创造自有品牌、标准及核心技术，而且将影响着产业结构的战略转型与经济的可持续发展。

（三）我国 KPO 的发展

著名国际经济学家、亚太总裁协会全球执行主席郑雄伟指出，KPO 的发展顺应了市场发展潮流，其业务发展速度快，赢利性高于传统国际服务外包方式。因此，中国在发展国际服务外包时，除了要大力发展 BPO，更要依托中国丰富的人力资源优势大力发展 KPO。

我国服务外包模式目前主要还是多以软件开发和数据处理的 ITO 和较为基础的 BPO 层面，业务范围仍以软件外包、IT 服务、数据处理和呼叫中心为主，能够提供附加值较高的研发、人力资源管理、财务、游戏动漫设计等 KPO 业务外包的企业占少数，KPO 产业还没有形成规模，经济效益不明显。但同时中国具有丰富的人才优势、资源优势、产业优势和基础优势。在竞争越来越激烈的外包大潮中，如何借鉴印度等国外企业的 KPO 发展历程和经验，结合自身的实际情况和优劣势发展具有中国特色的 KPO 产业，走一条符合中国国情的 KPO 产业之路，值得业界深思。在全球服务外包产业转移的大背景下，KPO 作为一种崭新的管理模式，对我国来说既是一个很好的发展机遇，也是一个巨大的挑战。

更高端的行业分析、投资分析等核心 KPO 业务内容在中国更是刚刚起步。一些 ITO 行业的领先者，如软通动力、海辉软件，陆续实现了 KPO 的拓展，开始提供附加值更高的研发和咨询类服务。2009 年 4 月，财政部等联合发文《关于技术先进型服务企业有关税收政策问题的通知》，明确规定技术先进型服务企业包括技术性知识流程外包服务企业，并明确了其业务范围。2009 年 8 月，陕西中盈蓝海创业技术股份有限公司，成立于 2006 年，是数据录入和处理、数据转换等专业的数字化解决方案的业务流程外包提供商，获得海世创投的青睐，后者直接出资形式获中盈蓝海 30.77％股权，部分投资用于向 KPO 等业务领域的拓展。国内首支专注于 BPO 领域的基金 Huaqiao Financial Service OutsourcingFund 也于 2009 年 4 月底成立。作为 BPO 的高端形式，KPO 企业无疑正受到投资者的更多关注。

目前中国发展服务外包产业的战略定位：在对日为主的 ITO 基础上，全力促进和发展对欧美的 BPO 和 KPO 产业，培育和开拓国内服务外包市场，以国内外包促进离岸市场开拓，跨越式发展服务外包产业。此战略定位适合尽快把中国的服务外包产业做强做大，同时也极大地推动了 KPO 的升级发展方向。

第三节　知识流程外包的内容和业务流程

一、KPO 与 BPO

自 2002 年以来，BPO 和 KPO 市场在世界范围内发展得极为迅速，包括像 IBM、EDS，Accenture 这样传统的世界著名的 ITO 外包供应商都大规模地向 BPO 和 KPO 领域渗透和发展。很重要的原因就是由于 BPO 和 KPO 市场容量大、低中高端的业务范围广泛、运营模式方便复制、生产过程贯穿始终、生产规模容易扩展。

（一）KPO 与 BPO 的密切关系

随着信息技术的不断应用和渗透到人类社会生活的各个角落，BPO 和 KPO 的业务范围也随之不断地开拓和发展。不同于与网络和软件技术为主 ITO 的发展进程受到信息技术发展速度的制约。而 BPO 和 KPO 是基于客户需求的不断更新和变化，商业运营组织的变更，服务内容、种类、模式、流程的变化。因此 BPO 和 KPO 的发展趋势更为活跃、迅速、深入和多样性，更具有创新和高效率的特点。它们的共同之处有以下几点：

1. 都属于业务流程再造

近年来，全球化服务的发展体现了外包战略的转换——外包不再仅仅是降低劳动力成本的手段，更重要的是改变组织结构和工作流程使其更加灵活和高效，以便更好地应对外部市场的挑战和竞争。外包服务商的角色已经从单纯的来料加工演变成一种 BPR（BusinessProcessReengineering，企业流程再造），帮助客户改造工作流程，在提高客户工作效率的同时，使得外包的工作更加顺畅。

2. 更趋行业性和专业性

在激烈的外包竞争环境中，行业知识的娴熟已经成为竞争的主要优势。它们都具有丰富的行业经验的特征，行业经验可以降低客户的培训成本和沟通成本，并且能提高处理效率。

3. 与 ITO 的关系极为密切

服务商已经集合 ITO 和 BPO、KPO 的优势以提供更高质量的服务，利用技术提高工作效率；利用技术提供外包服务。客户在考察服务商的时候，对软件的能力要求会越来越多，代之于对客户行业和流程的熟悉和通晓。

4. 服务于中小服务商

近年来我国中小服务商强劲增长，他们的目标市场是给一些中小企业甚至是大型跨国服务商提供服务。这些中小服务商的优势在于能够提供专业的垂直服务，能够为中小企业提供灵活服务，以及帮助大型服务商提高服务能力，同时与这些客户建立长期的合作关系。以美国为例，美国拥有大量的中小企业，这些企业都有独特的经营模式，他们逐渐成为 BPO 和 KPO 服务的主要需求者。

（二）KPO 与 BPO 的差别

1. KPO 专业能力更强，KPO 更多地涉及服务对象的核心业务

外包服务供应商向客户展现专业形象，无论是硬件、软件流程、服务还是人员方面都非常专业。要有完善的硬件设施，要有辅助工作的应用软件，还要有完善的内容管理和操作流程。这些都是能够体现成熟服务商的重要条件，也是客户选择的重要参考标准。KPO会对客户核心业务的涉及更多，其重要任务在于综合各方面信息，包括专业技能、市场信息、客户发展战略等，并对这些信息加以研究和判断，最终为客户提供决策支持的服务，见表 7-2。

表 7-2　BPO 与 KPO 的比较

	KPO	BPO
对象	涉及核心业务	非核心业务或核心业务
关注焦点	智力套利：知识流程业务专长	成本套利：业务流程
核心	业务专长	流程专长
员工要求	专业知识人才	流程管理人才
流程复杂性	高度复杂，不确定：基于判断（Judg-mang）	标准的程序和模板：基于规则（Rules）
流程质量管理技术	通过内部模型等来补充标准项目管理应用	成熟的六西格玛驱动质量技术，关注输出的精确度

2. KPO 服务承约方所依赖的是其自身的业务专长

这种专长是一种综合性的、知识密集型的专长，即它需要精通各个方面的专业知识，并能将这些知识加以综合应用。因此，它对员工知识能力的要求也不同于 BPO，它需要员工是更高级的专业知识人才或者是综合性人才。

3. KPO 涉及的流程高度复杂，不确定性强

因为 KPO 涉及客户的核心业务，与客户的核心利益密切相关，所以，KPO 承约方对 KPO 发起方每一方面的信息都必须有充分的掌握和判断。在复杂的信息活动与知识生产中，任何一方面因素的变化都能引起 KPO 服务承约方内部整个流程的相应变化。相对于传统的 BPO，KPO 更倾向提供支持和信息集成，包括一定程度上的诊断、判断、解释、决策和结论等。就其本质而言，KPO 是升级版的 BPO。两者的服务示例见表 7-3。

表 7-3　BPO 与 KPO 所提供的服务示例

客户所属行业	BPO 提供的服务	KPO 提供的服务	
保险	呼叫中心 客户支持	索赔分析	核保 资产管理
咨询	后台支持	全球范围内的研究分析	整合性的报告
银行	结算	财务分析	投资分析
医疗	呼叫中心 客户支持	专利设计	专利组合与分析
电信零售等	呼叫中心 客户支持	数据分析	战略性研究

资料来源：Eva/ueserve www.eva/ueserve.com.

其中还有一些业务是两者都可以提供的中间地带，如索赔分析、全球范围内的研究分析、财务分析、专利分析等，这些都是两者可以包含的，具体看它与知识流程的结合紧密程度。

二、知识流程外包的类型研究

目前，KPO 的主要业务类型包括：

（一）知识产权研究外包

1. 起草专利权申请文稿外包

在美国，起草专利权申请文稿以及向美国专利商标局正式申请专利权的成本非常高，一般要花费 10000～15000 美元。而专利权申请的基本文稿可以由成本低廉国家的知识产权专家起草，在向美国专利商标局提交之前，由美国专利律师修改。如此，虽然只离岸外包了小部分的专利权起草流程，但可以给发包方节省大量费用。

2. 知识产权管理服务外包

知识产权资产管理、技术领域知识产权前景规划、知识产权授权使用和知识产权商业化服务等均能以同样方式离岸外包。而且，这种方式不仅适用于专利，也适用于商标、广告创意设计、著作权和其他类型的知识产权。

3. 法律公司后端中心外包

一些美国的法律公司已开始在印度设立后端中心，而美国其他一些公司则和印度本地公司联手合作以达到相同的目的。

（二）分析和数据挖掘服务外包

1. 项目外包成本效益

通过离岸外包数据挖掘与分析、将数据仓库放到低工资国家，发达国家的公司能显著节约 60%～70%的成本。

2. 项目外包具体内容

需求和渠道规划、制造安排和运输规划是供应链管理解决方案的工作内容。这些解决方案要求数学设计、统计分析与计算机辅助模拟的应用；在金融领域，KPO 已被用于处理信用评分，损失抑减估算和欺诈分析等工作。

3. 项目外包理想地区

当前，俄罗斯和印度是分析与数据挖掘服务外包的理想目的地。这些国家以非常低的成本提供大量的工程师储备甚至是博士、博士后储备队伍，而一个自然科学与工程类博士在美国和印度（或俄罗斯）的年成本差异能达到 6 万~8 万美元。

（三）医药和生物科技研究外包

1. 医药生物科技外包规模

医药和生物科技研究全球合同研发市场 2006 年已达 300 亿美元。

2. 主要承接地区显著优势

印度作为医药和生物科技研究承接离岸外包的理想目的地，在合同研发外包和临床试验方面具有非常显著的成本优势，基本上能够为发包方节省 40%~60%的成本。

3. 欧美企业外包转移态势

美国阿斯利康制药有限公司（AstraZeneca）和英国葛兰素史克公司（Glaxo Smith Kline）等很多大型企业已经采取了离岸外包的方式，加速将药物研发中心转移至低成本目的地。

三、KPO 的主要内容

知识流程外包业是由大量的在知识流程外包活动中处于不同阶段、充当不同角色的企业和组织聚集而形成的。知识流程外包业本身就是伴随经济发展不断产生变化的产业，在很大程度上是建立在知识流程与知识载体组合的基础上的。因此，知识流程外包产业是指以知识市场交换为前提，通过专业化知识生产，为其他个体和组织提供高知识附加值的公司和组织的集聚。

（一）依据行业领域的内容

KPO 主要涉及的业务内容包括：技术探索与试验、产品研发、文化创意、数据挖掘、知识产权研究、股票、金融和保险研究、数据检索、分析和管理、人力资源管理和信息服务、企业和市场研究、工程和设计服务、网页服务、动漫游戏和模拟服务、律师助理业务服务、医疗服务、远程教育和出版、药物和生物技术、研究开发、网络管理和决策辅助系统等广泛领域。伴随着新兴技术的兴起，还应该包括新兴技术的研发与应用辅导的提供者；伴随着经济发展水平的不断提高，客户个性化需求不断发展，还包括某些专业领域的私人顾问群体。他们的共同特征是以知识市场交换为前提，通过专业化知识生产，为其他个体和组织提供高知识附加值。

（二）依据功能的内容

1. 研发外包

研发（R&D）是实现知识创新和知识应用而进行的系统性、创新性工作，是发现和应用新知识成果的连续过程。R&D 包括基础研究、应用研究和产品开发。因此，研发外包作为知识外包的重要组成部分，又称创新外包。研发外包作为跨国公司在全球创新外包的集成，是无数原始设计制造厂商（ODM）按照跨国公司提出的规格和要求，集产品设计与制造于一身进行研发。例如，目前全球电子产品由 ODM 设计和制造的市场份额：个人数据助理占 70%，笔记本电脑占 65%，数码相机占 30%，移动电话占 20%。同时，不同公司研发外包形成不同的模式，以 IT 为例，比较有代表性的知识外包模式有：

①惠普模式。采取控制关键技术研发，其他部分共同开发。如惠普公司提供关键技术，与 ODM 共同开发新产品。

②摩托罗拉模式。控制高端产品设计，低端产品设计外包。如摩托罗拉严格控制高端手机设计，而其他低端产品设计全部外包。

③戴尔模式。控制核心技术研发，设计委托全包，如戴尔公司笔记本电脑设计全权委托 ODM 办理。

2. 资源外包

资源外包是指用户在规定的服务水平基础上，将一部分信息系统作业以固定的价格委托给服务商，由其管理并提供用户所需要的信息服务，通俗地说，也就是企业把自己的 IT 部门交由某个服务商进行管理。资源外包的现象早在十几年前就已经在西方发达国家出现了，它与系统集成一样属于专业服务的范畴。资源外包可以包括任何有形和无形的资源、资产外包。但更多地涉及无形资源和资产，包括品牌、专利、人力资源等外包。资源外包服务的种类很多，大体有：系统操作，网络设计、开发和管理，应用系统设计、开发和维护，系统集成，信息技术顾问，业务过程管理，用户支持，系统支援和复原服务及其他（行政管理、人事管理、耗材管理等）。不同的服务商提供不同的资源外包服务内容。

3. 服务外包

知识型服务涉及 IT 服务、人力资源管理服务、金融保险、客户服务、法律服务、科技成果服务、咨询服务等众多领域。典型的服务外包有软件外包、金融外包、动漫外包等形式。

（三）按照供给市场的不同

目前，KPO 的供给市场目前存在着三种力量（见表 7-4）：

表 7-4　不同类型的 KPO 公司

银行/机构专属的研究部门	从传统 BPO 向 KPO 扩张的公司	专业的 KPO 公司
Goldman Sachs	Progeon	Evalueserve
Morgan Stanley	Genpact	Amba Research
JP Morgan	WNS	Irevna
UBS	Nipuna	Copal Partners
Deutsche Bank	Office Tiger	Aranca
SAP	EXL	Lexadigm
GE	Wipro	IP Pro
Intellevate	Accenture	Roc Search
IBM	Mphasis	Market Rx
DataMonitor	Infosys	Inductis

资料来源：Freewill Solutions, www. freewillsolutions. com.

1. 银行或机构的专属研究部门。这些银行或机构自建的后台中心和研究部门，积极实现由 BPO 向 KPO 的升级。

2. 传统的大型 BPO 公司。这些公司察觉到了行业的发展趋势，正在组建 KPO 的队伍加强能力。

3. 新兴的专业 KPO 公司。这些专业的 KPO 公司的发展大都是按照类似的模式：在欧美等发达市场设立总部和销售部门，在印度成立研究中心进行项目的执行，并逐渐向中国、智力、中东、南非等地拓展。近几年，全球领先的专业 KPO 企业，如 Evalueserve（KPO 概念的开创者之一），CopalPartners，GrailResearch 等自 2005 年陆续进入中国市场，发展十分迅速。

四、知识流程外包的基本流程

知识流程外包的基本过程实质就是知识生产、转移、扩散过程中的跨组织边界活动的一系列组合，基本以发起知识流程外包需求、扩散知识流程外包需求以及承接知识流程外包需求为主线。其过程会因为不同的外包活动对象、组织模式和阶段划分为不同的流程。不管外包模式如何变化，知识流程外包活动比较集中在信息和知识阶段。

（一）知识流程外包活动的参与者

根据知识流程外包活动跨组织边界特征，将参与外包活动的各方以在知识生产、知识转移以及知识扩展中的角色与作用进行划分。可以分为：KPO 发起方、KPO 中介方、KPO 承约方。

1. KPO 发起方：根据自身知识需求进行外包决策，拥有 KPO 外包需求并愿意为 KPO 活动提供资源与资料，并以各种投入方式换取 KPO 成果所有权分享的组织和个人。

2. KPO 承约方：以长期知识积累而形成的专业知识和技能以及专有实验与检测资产，根据发起方知识需求而开展知识生产与创新活动，并以知识成果形式满足发起方知识需求，并按约定形式对 KPO 成果所有权参与分享的组织和个人。

3. KPO 中介方：在发起方与承约方之间，以协助 KPO 需求扩散、参与 KPO 承约方选择以及参与 KPO 活动有关信息、资料和成果的输送与转移，并通过一系列协议活动帮助在 KPO 成果的定价、保密以及所有权分配方面承担责任的组织和个人。KPO 中介方的出现正是在知识流程外包活动中参与各方信息不对称性和 KPO 成果"博弈"所导致。

（二）知识流程外包活动的方向性

知识流程外包活动主要在不同参与主体之间进行。现实中出现的各种 KPO 活动差异性和复杂性都无法满足普遍性研究的需要，有必要对知识流程外包活动进行一定的假设性、抽象化。根据 KPO 外包需求在参与主体生产的位置，将 KPO 活动分为正向外包和逆向外包。

1. KPO 正向外包

KPO 正向外包，外包需求产生于 KPO 发起方。在知识流程正向外包的过程中，KPO 发起者根据自己知识生产和发展的 KPO 需要，经过 KPO 外包决策并通过与 KPO 中介方的沟通，借助 KPO 中介机构的渠道将这一需求扩散。KPO 中介方通过与相关的 KPO 承约方沟通，将 KPO 发起方的需求告知承约方。承约方根据自身能力和外包需求进行综合考虑后做出承接需求决策。KPO 承约方在接受外包需求之后，进入下一个环节，即知识生产。这个过程也是知识流程外包的基本过程。KPO 承约方完成知识生产之后，会通过 KPO 中介机构将知识向 KPO 发起方转移。KPO 发起方在接收了相关的知识成果后，通过学习对该知识成果进行消化和吸收，并形成自己的知识积累。在 KPO 发起方内部，当知识积累到了一定程度之后，就会产生知识溢出。这种情形同样会出现在 KPO 中介方以及 KPO 承约方内部。KPO 参与各方在知识流程正向外包的过程中，都会在自己内部积累一定量的知识，并通过不断地重复过程，使得知识的积累取得从量变到质变的发展，最后形成知识溢出。知识溢出能够有效地促进知识流程外包产业创新能力的提升，最终促进知识流程外包产业的发展。

2. KPO 逆向外包

KPO 逆向外包，外包需求产生于 KPO 承约方，在知识流程外包逆向流程过程中，KPO 承约方根据自身知识生产和发展的需要，将自己的部分知识成果类型以及未来知识生产愿景向外界发出信息。KPO 中介方得到信息后，运用对 KPO 中介渠道，将这一信息进行有选择性扩散。KPO 中介方通过与相关的 KPO 发起方接触，并帮助其做出外包决策；然后将决策信息在经过一系列协议安排后转移给 KPO 承约方。KPO 承约方开始着手进行知识生产。完成知识生产之后，KPO 发起方将自己的生产成果通过 KPO 中介向发起方传递。如同正向外包活动一样，在参与主体中同样存在知识积累和知识溢出。知识流程逆向外包的过程实际上是一种接受知识信息驱动的知识流程外包，它与正向的知识流程外包在效果上差异不大。知识流程逆向外包活动是 KPO 承约方在自身知识生产与知识创新能力不断发展后，逐步利用优势能力塑造知识需求、拉动知识需求的过程。

（三）知识流程外包活动的成果

知识流程外包不止一种运行过程。它既可以是正向运行，也可以是逆向运行。无论运行方向如何，在 KPO 外包过程中可以实现三个积极成果。

1. 发起方通过按计划的创新方向进行知识外包决策，可以实现内部知识创新竞争能力的提炼与优化，增强对市场动态变化的快速反应能力；同时，通过有效整合外部智力知识资源获得更大规模的创新能力。

2. 承约方拥有动态的项目平台，通过更大规模的市场需求获得知识积累和知识增殖，而突破了相对稳定的雇佣关系所带来的知识积累量的单一性和陈旧性。同时，获得了从知识拥有者角色变成知识承约方角色所带来的创新动力。

3. 中介方所形成的知识运转平台既承担了知识交换机会增加者、网络扩散的中介性组织的角色，又能利用在不断的知识信息沟通以及知识成果转移性学习过程中不同程度上发生的知识积累和知识溢出，不断提升自身知识生产能力而最终部分介入到知识流程外包的知识生产中去。

第四节　我国知识流程外包的市场策略

一、我国 KPO 资源的优势分析

（一）广阔的制造业基础

制造业是国民经济的基础部门，随着经济分工和专业化的发展，服务产业的比重确实会大幅度超越制造业，但现代服务业只能建立在现代制造业的基础之上，脱离制造业基础而奢谈什么"世界办公室"，最终只能沦为笑谈。中国制造业具有巨大的规模，预示着国内服务外包市场潜力无穷。

中国制造的综合配套能力强，经过多年发展，中国制造业已形成门类齐全、上下游产业配套能力强的产业体系，能够满足国内外市场多种层次的需求。考虑到综合配套成本，中国制造的竞争优势还很强。另外，中国制造业国内梯度转移的空间也很大，沿海地区一些制造业通过转移到中西部地区，已获得持续的低成本优势。

（二）雄厚的市场潜力

中国日益高涨的市场需求已经成为世界经济增长的重要驱动力之一。麦肯锡全球研究院的最新研究报告显示，随着城市消费者的崛起，中国将实现从"中国制造"到"中国销售"的跨越。2025 年，中国将成为仅次于日本和美国的全球第三大消费市场，个人消费额将从 2005 年的 58000 亿元人民币增长到 2025 年的 270000 亿元人民币。中国的消费市场规模到 2015 年将超过德国，2025 年将与日本匹敌。如果以平价购买力（PPP）来看，2025 年，中国消费支出将达 104000 亿美元，仅次于美国。

（三）性价比高丰富的人力资源

我国每年大学毕业生 500 万人左右；其中工程、科学专业毕业生占 1/3 以上，每年约 200 万人是理工类毕业生，与当今发达国家理工科人才的严重短缺相比，中国每年源源不断的人才供应可以通过离岸外包的形式弥补发达国家的不足。同时，中国是世界上最大的留学生生源国，据联合国教科文组织统计，全世界每 7 个外国留学生中就有 1 个是中国留学生。随着中国社会经济的发展，学成归国的留学生会越来越多，这些优秀人才将成为中国和发达国家之间合作经济发展，尤其是服务外包产业发展的重要桥梁。

二、我国 KPO 的战略发展导向

KPO 业务内容的行业区分度高，服务非标准化，处于服务链的高端，深化了业务流程外包（BPO）的服务领域，是创新性技术内嵌于其他产业，在价值链的研发、设计、集成、管理、咨询、营销等环节上发挥变革性作用的行业。从知识流程外包产业的技术基础来看，单纯的信息技术不足以承载高端价值增加的服务产品，以 IT 技术为载体，融合发展其他领域的技术才可以产生广阔的市场空间。

基于我国人力资源和成本优势，通过外包企业价值链高端流程，KPO 可以有效降低企业的管理和人力资源成本，使企业可以集中精力发展自身的优势项目。KPO 业务可以帮助我国提升服务业的总体技术水平，优化产业结构、实现产业结构转型升级、节约资源能源，形成新的出口增长点、增加就业、促进外商投资，从而增强国家的国际竞争优势。因此必须明确我国 KPO 的战略发展导向。

（一）与区域优势支柱产业融合发展

目前对于服务外包制约因素主要是高端人才缺少，大型国际化、集团化的服务外包企业较少，国际化运营管理经验不足等。要突破这些"瓶颈"，从产业的组织化程度看，我国具有优势的产业规模以上的大型企业，在人才、技术、运营管理等方面都具有强大的实力，可以利用其技术积累和人才队伍，在国内外市场发展 KPO，寻求新的利润增长点。这也是企业转变经济发展方式的战略选择。制造业中生产性服务环节分化与独立出来，能够形成高端的知识流程服务。而服务产业社会化程度的加深，有利于企业打破既有的生产组织方式，更有利于优势支柱产业整体转型和区域发展方式的转变。对外经济贸易联系的加强也助推了 ITO 和 BPO 业务的增长，例如昔日大庆油田，是为中亚、东南亚、南美、北美、中东、北非等区域的 20 多个国家，提供勘探、测井、录井数据采集、处理、解释以及钻井、完井工艺设计和采油技术等外包服务。目前 KPO 业务上，在软件开发与信息处理方面，大庆已为国内外石化、教育、审计、医疗、娱乐等行业提供了生产过程自动化控制、仿真模拟、工艺优化、生产管理、影像、游戏等方面的软件开发服务；还为澳大利亚、英国、美国、中国香港等国家和地区提供了数据录入、图文处理等信息处理服务。其在金融保险商业后台支持、管理咨询、设计制作、人力资源及财务代理等业务流程服务外包方面也有一定的发展。大庆以石油工程技术服务为主导，软件开发信息处理和专业服务等行业为两翼的服务外包产业发展格局已初步形成。2009 年元月大庆市被国务院批准为中国服务外包示范城市，为资源型城市转型开创了一条崭新的道路。

（二）与战略性新兴产业结合发展

目前，我国高端装备制造、新能源汽车、新材料等战略性新兴产业的整体素质不高，资源配置效率低、技术创新能力弱、供给结构难以适应需求结构的变化。产生这些问题最重要的原因是我国产业的分布不均衡，发展程度低，社会化资源的组织和整合能力较弱，服务业发展相对滞后。而现有大型企业发展服务项目一直受到市场规模偏小、信任机制难以建立、国际标准化认证缺乏、知识产权保护不足、生产网络地域限制等诸多因素的影响，很难实现突破性进展，呈现出对制造业贡献率不足的现象。因此，只有以战略性新兴产业为发展对象，大力推进企业生产信息化、流程标准化、资源国际化，才能够突破我国现有增长路径的限制和依赖。发展战略性新兴产业 KPO 业务，一是分解企业技术密集型服务价值链，大力开发接包业务。从生产过程中分离出来的专利研发、产品设计、样机测试、技术解决方案、嵌入式软件系统、工程技术服务、市场数据分析、供应链管理、市场营销、品牌宣传、出口服务等价值链，经过企业资源配置与战略整合，为国内外企业和市场提供专业化的服务，也使其成为企业新的利润源泉。二是企业利用国内外市场化服务企业，积极推进业务发包，签订契约采购类生产性服务项目，从而摆脱现有人力资源结构的约束和对现有发展路径的依赖，实现超常规发展。

（三）与世界先进技术引领发展

我国在全球确立革命性新兴技术的领先地位、实现关键领域自主生产能力是发展的重中之重。目前高新技术产业发展表现出企业规模小、资金投入不足、成果转化率低等现象，本质上是高科技企业的市场空间狭小和产品开发能力薄弱的问题。近几年，地理信息技术、生物技术、云计算等产业领域，正孕育着巨大的增长。这些先进技术与信息技术融合发展、国际化运营的方式，已经产生了大量的地理信息外包、医药外包、云计算外包等业务。可见，服务外包生产方式的运用，能够利用国内外两个市场，解决高新技术产业发展空间较小的"瓶颈"。以"外生型"激发"内生型"的发展模式，可以有效地推进我国高新技术服务业的产业化和国际化。

三、我国 KPO 战略发展建议

（一）从战略高度重视发展服务外包，加快部署发展我国知识型服务产业

在全球制造业转移过程中，我国继日本、韩国之后，通过改革开放，基本抓住了这次机会，成为全球制造业中心（世界工厂）之一。但在把握和利用新一轮的服务产业转移上，我国还缺乏战略上的重视和部署，整体发展上与制造业比较还有很大差距。因此，应该从战略高度研究分析国际服务产业转移的浪潮，从国家产业发展的战略高度提出对策，加快部署发展我国知识型服务产业。制定资源型服务外包发展战略。充分发挥我国资源管理、技术和劳动力等优势，引导大型企业制定外向型发展战略。以国际工程技术合作为先导，推进企业向流程信息化、管理国际化、认证标准化的技术密集型生产方式转变，进一步挖掘和创造外包业务的新需求和新市场，形成以 KPO 为主流的服务外包产业转型升级。

（二）强化 KPO 企业的竞争与合作，实施大型企业服务外包项目孵化工程

知识流程外包企业彼此之间既是竞争关系，又是合作的关系。目前，我国的知识流程外包企业的管理还不足以使得企业加强交流，也没有相应的制度来保障企业能够形成良性竞争，而不会在恶意竞争中损耗彼此的竞争力。

除此之外，产业园区还应该搭建促进园区内知识流程外包企业良性竞争的平台，通过各种激励措施，促进园区内良性竞争氛围的形成，使得园区内的知识流程外包企业通过与其他企业的竞争了解自己的优势和存在的不足。在此基础上，对自己的优势进行发扬和扩大，争取形成自己的特色，在今后的国际竞争中，成为自己克敌制胜的法宝；对自己存在的不足，可以通过与其他企业的合作，向它们学习，在最短的时间内弥补自己的不足，获得进一步的发展和提高。可以选择一批业务前景好、管理水平高、技术能力和创新能力强的大型企业，从政策、资金等方面进行重点扶持，使之成为能够带动我国主导产业转型的知识流程生产性服务供应商，逐步推进大型制造业服务化，实施在岸外包先行发展的策略。

（三）中观层面上打造一批优势的产业园区

从中观的层面考虑，可以通过建立一批优势的产业园区来促进知识流程外包产业的发展。到目前为止，我国先后批准确定了北京、上海、大连、济南、西安、南京、长沙、成都、杭州、广州、珠海 11 个国家软件产业基地；上海、大连、深圳、天津、西安、北京 6 个国家软件出口基地；大连、西安、成都、深圳、上海、北京、杭州、天津、南京、武汉、济南、合肥、长沙、广州 14 个"中国服务外包基地城市"，江苏苏州工业园区"中国服务外包示范基地"和江苏无锡太湖保护区、江西南昌高新技术产业开发区、黑龙江大庆

服务外包产业园区 3 个"中国服务外包示范区"。这一批服务外包产业园区的建设，对于促进我国服务外包产业的集群化发展起到了巨大的作用。但是，我国对于产业园区，尤其是知识密集型的服务业产业园区的管理经验还存在不足，产业园区的作用还有待进一步挖掘。我们可以大力支持围绕离岸服务外包业务、境内服务外包业务、特定行业或特定知识流程外包（KPO）业务，建设服务外包示范区，使其逐步成为人才聚集、资本融通、技术共享、信息会聚，具有引导和带动作用的专业服务外包产业示范区，并在政策上对服务外包产业给予特殊扶持，以加速我国经济结构的调整和发展方式的转变。

（四）鼓励我国服务外包企业并购国际 KPO 企业

随着知识流程外包的不断发展，企业的声誉已经日渐成为发包方选择承约方的重要依据。以 2008 年埃森哲的统计数据为例，在全球的服务市场上，前五大服务提供商的市场占有率高达 20%，这个数字远远超过了中国的服务提供商。在产业园区的平台基础之上，产业园区管理方可以通过促进企业之间的合作与竞争，并推动有实力的企业通过兼并和收购其他竞争对手，实现资源的整合和实力的壮大。政府在金融政策、产业政策等方面对国内企业进行的跨国并购行为给予适度倾斜，建立并购国际 KPO 企业的公共服务平台，加速提高我国服务外包企业在国际市场的参与程度与国际化资源整合和运营的能力。

案例分析

案例一：

知识产权资产管理、技术领域知识产权前景规划、知识产权授权使用、知识产权摘要和知识产权商业化服务其他一些能够以同样方式离岸外包的服务。这些服务不仅能适用于专利，也适用于商标、著作权和其他知识产权。向美国专利商标局起草和申请专利权非常昂贵，一般要花费 10000～15000 美元。而一个离岸目的地的知识产权专家能够起草专利权申请的基本草稿，然后在提交前由美国的在册的专利律师修改。即使离岸外包小部分的专利权起草流程中的内容，都能节省总费用的 50%（相对最终客户）。然而在我国，很多接包公司忽略了知识产权的保护，产生很多不必要的纠纷。北京某软件开发公司，接受一家企业的要求，为其制作了一个支付系统，按照双方的约定，该支付系统的知识产权归发包方所有。软件开发公司完成了软件，并经验收合格，合同履行完毕。在合同履行完毕之后，软件开发公司又相继为其他的几个企业开发了支付系统，但是用的都是最开始制作的那个知识产权归发包方所有的系统。双方由此产生知识产权纠纷。

知识产权纠纷已经成为中美贸易摩擦的主要内容。4 月 11 日，美国超导公司向中国最高人民法院递交申诉，指控曾经的客户中国华锐风电窃取其知识产权。这起中美迄今为止最大的知识产权诉讼案，火药味越来越浓。此外，美国国际贸易委员会统计数据显示，中国企业在 2011 年遭受的 337 起调查案件中，九成以上涉及专利。"当侵权发生，你需要去纠正它。所以最好的方式是在公司形成政策，不要侵权，因为最终的判决也不会对他们有利。"美国芝加哥市前任市长理查德·戴利表示（戴利是美国凯腾律师事务所的高级顾问律师）。

分析思考：

1. 知识产权外包的主要类型有哪些？

2. 离岸外包公司遇到知识产权纠纷该如何处理？

案例二：

2000 年 4 月 4 日，某国际网络公司上海办事处与 A 公司联合进行了一次基于 Internet 技术平台的在线工业采购，所采购的产品全部用于该厂的本季度实际生产；由该网络公司和 A 公司共同确定供应商，按照新的流程成功完成了此次采购任务；在线采购结果比预期节约费用 32％，节省时间 80％以上。在传统模式下，A 公司的采购是通过物料部的采购师进行的：首先由采购师组织供应商的认证工作，通过上门调查、产品认证、试生产、供货跟踪等手段，在供应商资料库中确认出能供应该产品的供应商。之后，在某一约定的时间段内，通过电话询问或招投标的方式，得到供应商的报价并挑选其中报价最低的作为中标者，与之进行后续的合约工作。传统采购全过程较长、重复工作很多，且由于传统模式的报价方案不适应于价格变化较快的产品，往往会在经济上受到损失。在使用了该网络公司提供的服务后，A 公司逐渐与该网络公司开展更进一步的合作，在新的流程中，A 只需告知所需要的产品名称、数量和质量、规格、交货期等商务条款，就可直接等待该网络公司给出的结果报告，并根据该网络公司提供的报告及建议择优选取供应商签订合同。这种先进的采购方式把客户从传统的模式中解脱出来。

除了前期的认证之外，在线服务公司的服务为买方带来的最大利益在于成本的节省。由于采用了在线逆向竞价的先进概念，不同的供应商可以在网络上看到价格的不断下降，激烈的竞争和轮流领先的赛跑感觉将促使供应商不断降低价格，在相当短的时间内，把价格降到询价或招投标无法达到的程度。而与此同时，卖方也降低了营销成本、获得了市场机会。

分析思考：

1. 信息化的服务为服务外包业带来哪些变化？

2. 以在线服务为例谈谈 KPO 的业务流程。

案例三：

A 公司是以自行开发、生产、销售化妆品、个人保护用品、家庭保护用品以及洗涤类清洁用品为主营业务，拥有诸多驰名商标，营销网络遍及全国，是中国最早、最大的民族化妆品企业。

A 公司已有的物流设施比较齐全，有一支国内领先的企业物流管理团队，同营销网络相匹配的仓储运输网络，但其供应商众多，协调管理困难，总体物流运作成本较高，缺乏规模效益，影响了公司整体经济效益的提高。公司需要做大做强自己的主业，迫切需要寻找一家专业的第三方物流商帮助其降低整体物流成本，提高物流效率。

上海某物流有限公司是一家总部设在上海，以遍布全国的配送网络和先进的仓储管理为核心，为广大客户提供个性化整体物流解决方案的第三方物流供应商，目前稳居国内民营物流 10 强。在对 A 公司物流运作系统各个环节进行全面考察的基础上，物流咨询和运作专家对 A 公司的总体物流成本进行深入分解，找出其物流系统中可以改善的部分、继续维持的部分、必须放弃的部分，然后对整体的物流系统从人员、管理、设施和流程方面进行全面整合，并分步骤加以实施：

第一阶段：承接上海地区成品物流：上海地区成品发往全国各地的运输和终端配送；全国性运输网络的优化和管理。

第二阶段：接管全国各地 RDC（区域分发中心）、全国各中转仓的仓储和分拨业务；全国各地销售公司的终端配送管理（包括仓储管理、终端配送、促销品赠品配送、退货管理、二次包装、产品拆零分拣等）。

第三阶段：强化 CDC（中央分发中心）的管理、A 公司中央工厂及 6 个联营厂产成品的集中仓储管理及对外分拨业务；中央分发中心至全国各中转仓、销售公司以及直供商等一级客户的区域运输装、产品拆零分拣等。

第四阶段：采用信息化技术建立平台，提升原材料物流管理，对生产线物料实施及时配送；上线前预先组装；原材料采购和库存的集约化管理。

在与 A 公司合作后，该物流公司负责每年数万吨、价值 20 亿元的货物运输与中转，在数万平方米的仓库里面管理着四五千种产品和数万个批次的 A 公司产品，并准确地根据订单及时地发往全国数百目的地。通过整合和外包，公司的库存大幅度下降，资金周转速度更快，物流成本大幅下降，每年节省千万元。同时 A 公司的市场反应也更加迅速，生产和销售的力量更加集中，同时物流公司也由此更加完善了全国终端网络配送体系，并成为 A 公司的全面战略合作伙伴，开创了国内整体物流外包的信息化模式。

分析思考：

1. KPO 在服务外包领域的重要意义。
2. 结合案例谈谈我国 KPO 的市场战略。

课后习题

1. 知识流程外包的特征有哪些？
2. 谈谈知识流程外包的发展动因。
3. 请结合自己的经验谈谈知识流程外包的基本流程。
4. 我国 KPO 的战略发展有哪些？

第八章 | 离岸外包与在岸外包

学习目标

1. 了解离岸外包、在岸外包的相关概念
2. 了解国际及我国的离岸外包发展情况
3. 理解我国发展离岸外包的路径及措施
4. 了解我国在岸外包的发展情况
5. 理解我国发展在岸外包的对策

引 言

根据外包目的地是否在国内，服务外包可分为离岸服务外包（offshore service outsourcing）和在岸服务外包（onshore service outsourcing）。离岸服务外包、在岸服务外包是世界服务业现代化全球化发展的重大趋势，进入 21 世纪以来，全球经济由"制造经济"向"服务经济"转型趋势进一步加快，服务经济占国民生产总值（GDP）的比重已成为衡量一个国家经济发展水平高低和经济结构合理与否的重要标准。其实质就是经济全球化和国际分工深化所导致的资源和生产在全球范围内再分配的过程。在我国，大力发展离岸外包、在岸外包，推进制造企业剥离生产性服务业具有十分重要的意义。

第一节　离岸外包概述

一、离岸外包的定义

离岸外包是企业充分利用国外资源和企业外部资源进行产业转移的一种形式，主要是指跨国公司利用发展中国家的低成本优势将生产和服务外包到发展中国家。与外商直接投资（FDI）相比，由于离岸外包更具有降低成本、强化核心能力、扩大经济规模等作用，越来越多的跨国公司将离岸外包作为国际化的重要战略选择。离岸外包兴起于制造业，但进入 21 世纪以来，由于发展中国家的技术、人力资源等要素水平不断提高，而且保持了低成本优势，大量的服务业离岸外包从发达国家转向发展中国家。因此，承接新一轮跨国公司服务业外包成为许多发展中国家利用外资，实现经济增长的新途径。新一轮跨国公司服务业外包也无疑为我国服务业发展和有效利用外资提供了新的发展机遇和广阔的市场空间。

离岸外包，它既是一个不容忽视的必然趋势，又是一个必须谨慎对待的重大商业战略。

离岸外包属于复杂的重要商业决策，事前必须细心分析研究，既要明白离岸外包带来的效益与商机，也要清楚相关的业务风险。

二、离岸外包的分类

1. 按业务领域分类

①信息技术服务外包 ITO（Information Technology Outsourcing）。信息技术服务外包，是指企业以长期合同的方式委托其外部的信息技术服务商，利用其专业技术和服务资源为本企业提供部分或全部的信息功能。包括数据转换、数据库管理、用户帮助、内容开发、应用开发、系统管理、主框架、网络管理、网站建设等。

②业务流程外包 BPO（Business Process Outsourcing）。业务流程外包，是指一个企业将其经营过程中的某个业务流程环节分离出来，外包给其外部的服务提供商的管理模式。根据联合国贸发会议《2003 年电子商务与发展报告》，此类业务流程外包常见于金融（包括银行和保险）、资产管理、保健、客服、人力资源、营销以及与互联网有关的其他服务中，涉及部门相对分散。

③知识流程外包 KPO（Knowledge Process Outsourcing）。知识流程外包，是指企业把自己业务中的知识创新、研发环节的工作外包出来。这个外包过程涉及要求领域专业技能的知识密集型业务流程。包括知识产权研究、金融和保险研究、业务和市场研究（包括竞争情报）、医药和生物技术、研发、决策支持系统等。

2. 按外包业务的简繁程度分类

离岸服务外包按其简繁程度，从低端到高端可分为以下五个层次：

①后勤办公。如数据输入和转化、文件管理等。

②顾客服务。如呼叫中心、在线顾客服务、远程营销等。

③普通公司业务。如金融、会计、人力资源、采购、信息技术服务等。

④知识服务和决策分析。如研究咨询、顾客分析、证券分析、保险索赔、风险管理等。

⑤研究开发。如软件开发、数据中心、医药检测与分析、技术系统设计、工程设计、建筑设计、新产品和新工艺设计等。

第二节 离岸服务外包的发展现状和前景

一、全球离岸服务外包的发展现状和前景

(一) 全球离岸服务外包的发展现状

全球离岸外包兴起于 20 世纪 80 年代的制造业领域，到 90 年代，随着跨国公司制造业向发展中国家大量转移，许多发展中国家为发达国家从事贴牌生产活动，全球制造业外包达到高潮。进入 21 世纪以来，伴随着跨国公司制造业外包规模的不断扩大，对制造业具有支撑性作用的生产性服务业需求越来越强，由此发生了大量服务业的离岸转移。与此同时，发展中国家经过多年的对外开放，产业结构不断优化，劳动力素质不断提高，经济环境不断改善，已经具备了承接发达国家离岸外包的条件。因此，越来越多的发达国家将服务业外包给发展中国家，由此产生了新一轮的外包浪潮——全球服务业离岸外包。

全球服务外包的潜在市场规模巨大，2007 年已达 4650 亿美元，其中 IT 应用服务、业务流程外包、IT 基础设施服务和设计研发服务潜在市场分别为 900 亿美元、1700 亿美元、850 亿美元和 1200 亿美元；在 4650 亿美元的潜在市场中，仅有 9% 实现了离岸外包，分别为 IT 应用服务 170 亿美元、业务流程外包 100 亿美元、IT 基础设施服务 10 亿美元和设计研发服务 120 亿美元。离岸服务外包行业仍拥有巨大的发展潜力。

全球服务外包的发包市场主要集中在北美、西欧和日本等发达国家和地区，其中美国占 60%，欧洲超过 50%，日本等其他国家和地区占 11%。接包市场主要是印度、中国等发展中国家，巴西、菲律宾、爱尔兰等国也在抢抓机遇，加快发展服务外包产业，见表 8 - 1。

离岸服务外包作为一种新兴的商业模式，近年来发展势头十分迅猛，在全球范围内主要呈现以下趋势：

1. 市场规模迅速扩大，美欧拥有大部分的市场份额

当今世界的离岸服务外包交易规模日益增加，主要体现在两个方面：其一，离岸服务外包的总额越来越大。相关数据显示，2007 年 IT 服务市场规模达到 4950 亿美元左右，并且每年以近 6% 的速度在增长，见表 8 - 2。其二，离岸服务外包所提供的工作岗位越来越多。目前，从发包国流向劳动力成本较低的承接国的白领工作岗位数量急剧增加。波士顿一家咨询公司估计，在过去 3 年里，美国约有 40 多万个白领服务业工作岗位被转移到

海外。

表 8-1　2011 年全球外包承接地国家

领先者和竞争者	积极的参与者	潜在的参与者
• India 印度 • China 中国 • Argentina 阿根廷	• Belarus 白俄罗斯 • Bulgaria 保加利亚 • Chile 智利	• Algeria 阿尔及利亚 • Armenia 亚美尼亚 • Bangladesh 孟加拉国
• Australia 澳大利亚 • Canada 加拿大 • Czech Republic 捷克 • Hungary 匈牙利 • Ireland 爱尔兰 • Israel 以色列 • Malaysia 马来西亚 • Mexico 墨西哥 • Philippines 菲律宾 • Poland 波兰 • Romania 罗马尼亚 • Russia 俄罗斯 • Slovakia 斯洛文尼亚 • South Africa 南非 • Spaim 西班牙 • Ukraine 乌克兰	• Costa Rica 哥斯达黎加 • Dubai 迪拜 • Egypt 埃及 • Estonia 爱沙尼亚 • Latvia 拉脱维亚 • Mauritius 毛里求斯 • Morocco 摩洛哥 • New Zealand 新西兰 • Northern lreland 北爱尔兰 • Singapore 新加坡 • Sri Lanka 斯里兰卡 • Turkey 土耳其 • Uruguay 乌拉圭 • Vietnam 越南	• Bahrain 巴林 • Columbia 哥伦比亚 • Dominican Rep 多米尼加共和国 • Ghana 加纳 • Guatemala 危地马拉 • Jamaica 牙买加 • Kenya 肯尼亚 • Madagascar 马达加斯加 • Malta 马耳他 • Moldova 摩尔多瓦 • Pakistan 巴基斯坦 • Senegal 塞内加尔 • Saudi Arabia 沙特阿拉伯 • Thailand 泰国 • Tunisia 突尼斯 • Uganda 乌干达

注：除了领先者国家，其他国家按字母顺序排列。

在这场由美国引起的离岸服务外包浪潮中，美国仍然担当了"领头羊"的角色。它不仅是世界上最大的发包市场，同时也是世界上最大的接包市场之一，其接包商的竞争力居世界第一。欧洲的英国和德国是离岸服务外包发展较快的两个国家。亚洲国家（日本、韩国等）虽然有不俗的表现，不过总体上仍落后于美国和欧洲。

表 8-2　2006～2011 年全球 IT 服务市场规模

单位：亿美元

	2006 年	2007 年	2008 年	2009 年	2010 年	2011 年
全球 IT 服务市场规模	4670	4950	5250	5560	5880	6195
同比增长	5.9%	6.00%	6.06%	5.90%	5.76%	5.36%

2. 离岸服务外包以 ITO 和 BPO 为主（见表 8-3 和表 8-4）

业务不断拓宽 ITO 和 BPO 是目前离岸服务外包领域的两大主要业务。在当今的离岸服务外包业务中，ITO 是主要的业务形式，BPO 所占的份额相对较小。但专家预测，BPO 将成为未来服务外包的主流业务。相对于 ITO 业务，BPO 业务对外包承接商的管理水平和服务水平有更高的要求。

表 8-3 按细分市场划分的全球 ITO 市场规模

单位：百万美元

ITO 细分市场	2005 年	2006 年	2007 年	2008 年	2009 年
数据中心外包	82245	85217	89512	94234	99150
桌面外包	27383	28422	29897	31448	33074
企业应用外包	38988	41242	44111	46960	49934
网络外包	55887	59998	65438	71577	78133
总计	204503	214879	228958	244219	260291

表 8-4 按细分市场划分的全球 BPO 市场规模

单位：百万美元

BPO 细分市场	2005 年	2006 年	2007 年	2008 年	2009 年
需求管理	25049	27281	30010	32554	35684
企业服务	49256	54004	59442	65628	72113
运营	29334	31592	34417	37074	40203
供应管理	17434	18766	20480	22213	23999
总计	121073	131643	144349	157469	171999

信息技术及网络技术的发展使服务外包所需的技术知识水平不断提高，全球知识型服务外包（KPO）逐渐兴起。许多公司不仅将数据录入、文件管理等低端服务转移，而且将风险管理、金融分析、研发等技术含量高、附加值大的业务外包出去，从而产生了金融外包、医疗服务外包、研发外包等新的外包业务，业务范围不断拓展。

3. 参与离岸服务外包的国家或地区日益增多，且呈现出一定的地域特点

发包商将业务外包是想通过较低的成本获得较高的服务质量。在这种利益的驱动下，目前服务外包不仅存在于发达国家和一些大公司，许多发展中国家和一些中小发包商甚至个人为了降低成本也将部分业务外包出去，外包的客户范围不断延伸。与此同时，外包的承接国家也越来越多，一些发展中国家纷纷参与到承接离岸服务外包的行列中来，如印度、中国、马来西亚等，见表 8-5。

表 8-5 离岸服务外包承接国排名（2011 年）

排 名	国 家	金融系统成熟度	员工和技术的可获得性	商业环境	总 分
1	印度	3.22	2.34	1.44	7.00
2	中国	2.93	2.25	1.38	6.56
3	马来西亚	2.84	1.26	2.02	6.12

续表

排　名	国　家	金融系统成熟度	员工和技术的可获得性	商业环境	总　分
4	泰国	3.19	1.21	1.62	6.02
5	巴西	2.64	1.78	1.47	5.89
6	印度尼西亚	3.29	1.47	1.06	5.82
7	智利	2.65	1.18	1.93	5.76
8	保加利亚	3.16	1.04	1.56	5.76
9	菲律宾	3.26	1.23	1.26	5.75
10	墨西哥	2.63	1.49	1.61	5.73

注：三大服务类别的权重分布为 40∶30∶30。金融结构的衡量等级 0～4，人力与技能的利用率，以及商业环境的衡量等级为 0～3。

另一方面，离岸服务外包呈现出一定的地域特点。发包国多数为发达国家，美国、日本和欧洲一些国家的公司（特别是跨国公司）大部分在外包中扮演着发包商的角色，发展也比较成熟。接包国方面，除少数几个发达国家外，多数为发展中国家，见表 8-6。

表 8-6　历年"全球外包服务 100 强"各国入选企业数

入选国别	2005 年	2006 年	2007 年	2008 年	2009 年
印度	47	37	34	35	36
美国	25	29	20	22	23
中国	7	6	8	10	12
墨西哥	7	3	5	6	4
俄罗斯	3	4	6	5	6
马来西亚	1	5	4	5	4
菲律宾	3	4	1	2	2
巴西	0	2	3	1	2
加拿大	2	2	1	3	2
乌克兰	0	1	2	1	1
以色列	1	1	1	1	1
罗马尼亚	1	0	1	1	1
阿根廷	0	1	2	1	2
捷克	0	1	1	1	0
法国	1	2	1	2	2
英国	1	2	0	2	1
白俄罗斯	1	0	0	1	1

（二）全球离岸服务外包的发展前景

随着社会分工不断深化、市场竞争的日益加剧、技术创新的加快，价值链的增值环节变得越来越多，结构也更加复杂。这使得企业不可能也没有必要从事所有的价值链活动，专注自己的核心业务成为企业重要的生存法则，因而离岸服务外包成为越来越多企业采取的一项重要的商业措施。尽管离岸服务外包的发展尚处于初级阶段，但在可以预见的将来，离岸服务外包将得到快速发展。联合国贸发会议2006年针对欧洲500强企业进行的调查发现，仅有39%的企业有过离岸服务外包的经历，这些企业已经创造离岸就业岗位2万多个；另外有44%的企业计划在未来几年中外包部分业务。其他研究证实，离岸服务外包正在被越来越多的国家所接受，更多的离岸服务外包正在进行当中。据业内人士预测，到2020年全球离岸服务外包市场将达1.65万亿到1.8万亿美元的市场规模。

离岸服务外包的发展已经显示出不可逆转的势头，将在各个行业和许多国家迅速蔓延。迄今为止，离岸服务外包被认为主要是大企业的行为，但中小企业很快就会追随大企业的趋势。事实上，一些小型跨国公司已经在从业务外包中寻找机会。企业所面临的日益强大的竞争压力迫使企业家们寻求新的途径改善竞争力，促使离岸服务外包进一步发展。所有这些都代表着离岸服务外包呈现出良好的商机和发展前景。但是，由于竞争的激烈以及市场的不确定性，离岸服务外包的进程也将变得更加艰辛。特别是由美国次贷危机引发的全球金融危机对离岸外包市场产生了深远影响。经济的停滞和复杂的市场环境使各国的服务外包企业面临严峻的生存考验。

二、我国承接离岸服务外包的现状和前景

（一）我国承接离岸服务外包的现状

面对世界范围内服务外包业风起云涌的变化，我国的服务外包业也取得了蓬勃的发展，在全球的服务外包业务中扮演着越来越重要的角色。我国经济是世界上发展最快和最具有活力的，而且有稳定的政治环境、良好的法制建设和基础设施建设、巨大的市场潜力以及大量的低成本劳动力，因而我国成为很多跨国公司发展外包业务的目的地，像IBM、HP等跨国公司都将他们的外包业务放在我国。在这些发包商的带动下，我国的离岸服务外包有了很大的发展。国内大部分企业选择ITO和ITES/BPO业务作为经营方式，为这些跨国公司提供外包服务，相继出现了一些发展离岸服务外包比较快的城市，如大连、北京、上海、西安、深圳等。

我国的离岸服务外包在发展程度、市场对象、市场区域以及基地城市建设等方面呈现出一定的特点：

1. 发展程度

主要以承接软件外包为主，外包形式逐渐多样化。我国大部分企业选择ITO和ITES/BPO业务作为提供外包服务的方式，相继出现了像东软、海辉、浙大网新等为代表的软件外包承接商，见图8-1。除此之外，全国还有千余家规模不等的软件外包承接商。正是这些企业带动了我国离岸服务外包产业的发展。目前，我国服务外包企业和市场已经逐步形成了以北京、上海、深圳、杭州、大连等几个城市为主的区域外包中心。比如，在北京，软件外包营业额超过300万美元的大约有15家，它们的总收入占到北京软件外包

的 60% 以上；在大连，前 10 家主力企业占全市软件外包服务收入的比例超过 90%。

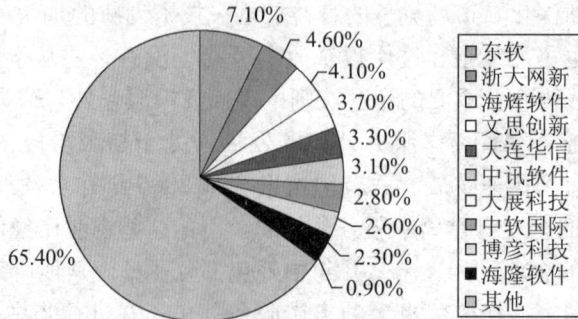

图 8-1　2011 年第三季度软件离岸外包市场及厂商软件离岸外包业务收入分析

在全球服务外包浪潮的影响下，业务流程外包（BPO）近几年在我国兴起，外包形式逐渐多样化。我国发展业务流程外包的成果比较显著，以西安为例。西安已经成功举办三次 BPO 国际论坛，引起了国际重视。其以软件产业为依托，产生了像炎兴科技、用友科技等以 BPO 为服务方式的代表企业。大连、成都等城市以软件产业为依托的 BPO 服务外包方式也取得了较大发展。总体来讲，我国承接的离岸服务外包业务以 ITO 为主，BPO 为辅。

2. 市场对象

就目前国内承接离岸服务外包的企业来说，其主要服务对象是一些跨国公司。特别是发达国家的大型发包商，是我国发展离岸服务外包的主要驱动力。"依据对这些跨国公司的调查发现，担当我国离岸外包服务出口主力的外资企业进入的途径主要有：建立独资形式的地区总部、研发中心和对国内企业进行资本投资、战略合作，在此基础上承接公司内外的业务流程外包。"根据一份上海市对 BPO 贸易业务的调查显示，目前我国总体上并不存在真正意义上的本土服务提供商承接国外发包企业业务流程转移的 BPO 服务。跨国公司往往通过直接投资的方式在我国建立共享服务中心，为本企业或其他发包商提供业务流程服务。我国本土的外包承接企业显得很薄弱，大多数业务来自跨国公司在国内的子公司。我国企业通过在国内市场承接业务，间接为外国发包商提供服务。

3. 市场区域

由于文化、语言、地理位置等原因，我国离岸服务外包的市场份额主要集中于日本、韩国等东亚发达国家，欧美的市场份额较小，见图 8-2。

来自日本的服务外包业务一直占我国离岸服务外包业务的 50% 以上。按照 Gartner 日本的统计，日本服务外包离岸业务，占日本国内市场需求的 5%，而日本离岸服务业务的 70% 发到了我国，2007 年日本发到我国的业务总量为 18 亿美元。开拓欧美服务外包市场是最近几年才开始的。目前面对欧美市场行业用户的离岸服务外包的案例较少。现有的欧美业务，多数来源于欧美跨国服务供应商的转包服务（如 IBM、HP、微软、埃森哲等），直接进入欧美行业市场的企业极为有限。而且多数企业在为跨国服务提供商做下游开发和测试工作，处于价值链的低端。由此可见，国内多数服务外包企业，还没形成行业咨询和解决方案提供能力，在海外行业市场上竞争力较弱。

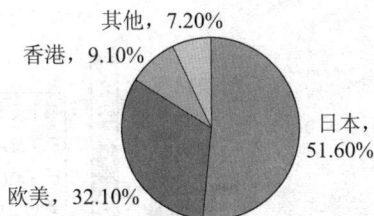

图 8-2　2011 年我国软件离岸外包市场发包方市场份额

4.基地城市众多

2006 年 7 月，上海、大连、西安、深圳、成都入选国家首批外包基地城市候选名单，之后又先后有 15 个城市成为我国服务外包示范城市：北京、杭州、天津、南京、武汉、济南、合肥、长沙、广州、重庆、哈尔滨、大庆、无锡、南昌、苏州。以上海、大连、西安、深圳、成都这五大基地为主的我国服务外包业发展呈现出了"百花齐放、百家争鸣"的局面。目前，我国已经形成了沿渤海板块、长三角板块、泛内陆板块和珠三角板块四个主要承接区域。

（二）我国承接离岸服务外包的前景

离岸服务外包虽然在我国发展也不过短短几年，但发展速度很快。目前，美、日、英、德等主要发包国家越来越关注亚太市场。根据麦肯锡公司的预测，到 2012 年，我国可实现离岸外包产业收入 300 亿美元，到 2015 年实现收入 560 亿美元。在未来几年中，无论是在发展速度、交易规模以及服务外包涉及的行业，都将有很快的发展和提高。市场和需求的持续增长必然导致离岸服务外包在我国未来几年的快速发展。

首先，随着离岸服务外包在世界范围内的展开，我国的市场正在迅速地朝着规范、合理的方向发展，离岸外包服务将逐渐地被越来越多的企业所接受。以惠普为例，其服务外包主要有两个层次：一是客户为了低成本和高效率而把一部分非核心业务外包出去；二是战略联盟性质，即发包商与承包商缔结联盟，包括兼并重组和资本运作等深层次合作，通过外包服务实现双赢。因而以低成本、高效率以及能够取得双赢效果的服务外包方式将是未来的一个发展趋势。

其次，ITO 将会成为离岸服务外包的主要增长方式。越来越多的跨国公司看中了我国廉价的劳动力成本和完善的信息技术基础设施，在制定其全球外包战略时，纷纷将我国大陆纳入其经营版图。同时，我国的信息技术外包（ITO）起步较早，相对 BPO 而言，发展已比较成熟。这些都为 ITO 的发展提供了广阔前景。

最后，我国 BPO 市场迅速发展。虽然我国目前的离岸承接业务主要集中于 ITO，但 BPO 每年以更高的增长率在快速发展，见表 8-7。有关专家预测，BPO 将成为未来我国外包产业的主流业务。IDC 对我国包括人力资源、客户服务、财务会计、采购和培训业务流程外包服务的业务流程服务外包市场进行了预测，如图 8-3 所示，业务流程外包的各个细分市场每年都有较快发展。

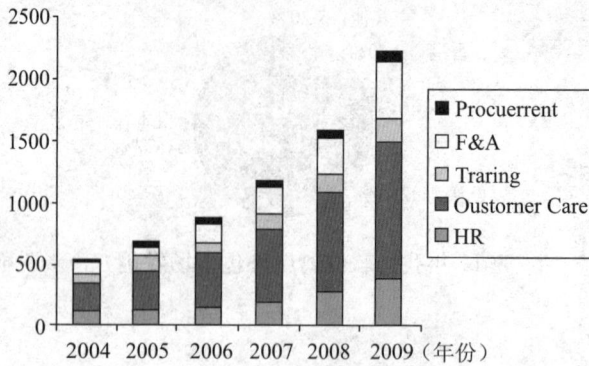

图8-3 我国业务流程外包服务市场细分市场

表8-7 我国业务流程外包市场情况

单位：百万美元

	2006 年	2007 年	2008 年	2009 年	2010 年	2011 年
主要业务流程外包市场	856	1116	1453	1930	2352	2074
增长率	25.3%	30.3%	30.3%	32.8%	21.8%	15.0%

尽管离岸服务外包在我国起步比较晚，但由于积极参与到世界服务外包的行列中，我国的离岸服务外包产业经历了近10年的高速发展，展现出巨大的发展潜力。我们也注意到，目前全球经济恶化的趋势对服务外包产业的生命力构成了威胁。我国离岸服务企业在经历了人民币升值、新劳动法实施等考验之后遭遇到了更猛烈的冲击。

IDC预测，受全球经济下滑影响，短期内我国离岸服务外包市场的发展将放缓，2009年市场增速较金融危机前的预测下调6%，至22.9%，增长率同比下降4.5%。但离岸服务外包是全球经济发展的大势所趋，在世界各国都受到金融危机冲击的大环境下，我国服务商的损失也在所难免，但我们应该更关注潜伏在危机之后的机遇。相比于其他国家和地区，我国在此次危机中体现出较强的经济抗压能力，并有望成为跨国企业未来发展的"安全港"，对于我国服务商而言，是千载难逢的发展机遇。

第三节 我国发展离岸服务外包业的路径选择及对策措施

一、我国发展离岸服务外包业的路径选择

（一）借鉴制造外包成功经验，积极吸引服务业外包FDI（Foreign Direct Investment）

借鉴我国发展加工贸易的经验，积极引进服务外包直接投资，鼓励外资服务业企业来华设立离岸控制中心，承接离岸服务外包。与制造业外包（加工贸易）发展轨迹类似，必然会出现外资服务企业在离岸服务外包领域中独占鳌头的局面。通过外资服务企业的技术

外溢和经验示范效应，带动本地企业提高服务能力。

就当前而言，我国采用 FDI 拉动模式发展离岸服务外包，一是要积极承接国际服务离岸外包，这是扩大服务业对外开放的重要抓手。要充分发挥我国人力资源丰富的优势，培育一大批具备国际化水平的服务供应商，提高接单能力，继续发挥在 ITO 业务领域的优势，特别注重培育承接 BPO 业务的能力，积极承接计算中心、呼叫中心、数据处理、技术研发、财会核算、售后服务等国际服务业转移，特别是逐步拓展一些具备优势和条件的高端业务。二是要继续开放现代服务业市场，大力发展服务贸易，不断提高吸引 FDI 的质量和层次。更多地吸引跨国公司来华设立研发中心、运营中心和地区总部，积极引进国际现代服务业的新理念、先进技术和管理经验，促进国内服务业提高水平。同时，要积极进口我国国民经济发展急需的生产性服务产品，为制造业的转型升级提供服务支持。

（二）依托强大的制造业优势，大力发展生产性服务外包

充分利用现有制造业基础发展生产性服务业外包，鼓励在岸外包，限制其离岸外包，通过向我国投资的制造业跨国公司提供商务服务，如研究开发、产品设计、物流、公共关系、金融服务等，延长制造业产业链条，发展生产性服务外包，让制造业外资落地生根。

我国已成为名副其实的世界制造业大国。目前，我国制造业企业共 130 多万个，就业人员 8300 多万人，占工业劳动力的 90%，制造业出口占全国外贸出口的 91.2%，实际外商直接投资额约占全部外商投资额的 70%。我国已成为全球制造中心，被称为"世界工厂"。事实上，唯有制造业发展到一定水平，制造企业才有可能将服务外包出去，才能产生对服务外包的需求。我国制造业基础雄厚，门类齐全，在大力吸引国际服务外包的同时，可以利用自身的制造业优势积极承接本土制造企业的服务外包，即内需型服务外包。我国自身经济的迅速发展，对于服务外包的需求是"域内外包"的内需和"离岸外包"的外需双重叠加，此优势是任何其他国家和地区都无法比拟的。

成为世界制造业基地为我国的生产性服务外包发展创造了巨大的空间。此外，要留住跨国公司在华设立的制造企业，进而吸引其将更高端制造环节转移到国内，必须为制造业的发展提供发达的生产性服务外包。随着我国经济发展而扩大的投资空间，早已跳出了制造业领域，生产性服务外包已经开始吸引越来越多的投资。因为制造业，特别是先进制造业的繁荣本身就会扩大现代服务业的投资空间。我国部分制造业企业率先建立了创意产业中心和创意设计中心，建立了包括模具设计、软件设计、工程设计、服装设计、动漫设计、玩具设计、印刷包装设计、广告设计等设计平台。这些制造业企业将研发、设计外置，取别人所长，补自己所短，取得了巨大成果。生产性服务外包的业务还包括：供应链与物流、装备制造业融资性租赁、第三方品质检验、第三方产品测试、ODM（委托设计）等。随着越来越多的制造业企业将上述类似的非核心生产环节外包给生产性服务企业，将极大地促进我国生产性服务外包的发展。与国际相比，我国的生产性服务外包发展水平仍然处于滞后状态。在世界先进的工业化国家中，服务业增加值占 GDP 的 70%，生产性服务外包占服务业的 70%。而我国的服务业增加值在 2006 年刚刚突破 40%。可见，以我国强大的制造业为基础，利用生产性服务外包模式发展我国的服务外包潜力巨大。

（三）发挥区域的特色和功能，建设服务外包产业集聚区

尽管离岸服务外包的发展是以市场为基础，但其产业特色的形成则取决于所在区域的特定功能。离岸服务外包的发展依托于资源、禀赋、区位、经济和文化等因素所构成的功能，突出其区域优势和特色，建立起与区域功能相吻合的服务业产业体系，从而与周边地区错位竞争，增强服务业的辐射效应。基于产业关联效应和社会网络效应而形成的集聚区，具有资源共享、服务网络效应和品牌效应的特征，客观上为服务外包的发展构筑起一个良好的产业生态环境。而通过品牌效应，服务企业获得更高的市场认同度和占有率，进一步提高该区域服务产品的市场需求。集聚区内企业之间的竞合机制，又提高了服务产品的有效供给水平，为服务外包的发展拓宽了市场空间。

在离岸服务外包的发展过程中，利用服务外包集聚区模式已经成为一种国际趋势。我国区域特色鲜明，为建立服务外包产业集聚区创造了良好的条件。目前，部分城市已经开始利用集聚区模式发展服务外包。以上海为例，服务外包集聚区的建设在上海现代服务业的总体规划中占据着非常重要的位置。上海力图通过政策聚焦，打造一批服务外包集聚区，鼓励在各区符合条件的专业产业园区或服务业集聚区内建立外包产业基地，各有侧重的发展服务外包。这些点状的集聚区通过产业链或创新链彼此相通、有机相连，使上海的服务外包整体辐射能级进一步提升和放大。在大连服务外包产业集聚区内，发展的重点定位于承接日韩市场的软件外包市场，通过承接日韩的离岸软件外包，将大连服务外包产业园建成为对日软件外包的产业集聚区。在深圳服务外包产业集聚区内，发展重点立足于深港合作，通过建立香港接包，深圳加工的服务生产模式，既利用了香港高度国际化的市场，又发挥了深圳低成本的人力资源优势，从而在发展离岸服务外包的过程中实现共赢。其他地区的服务外包产业集聚区立足于本地优势，积极承接具有地区优势的离岸服务外包业务，从而实现与其他集聚区错位竞争的格局。

（四）在承接服务外包的同时，鼓励有实力的企业走出去

推动我国企业积极承接离岸服务外包业务，不仅能够在将来有效弥补外资流入的不足，而且我国企业在与海外企业合作的过程中，也可以提高企业的管理和技术水平，促进企业进一步国际化，从而树立企业的服务品牌，增强企业国际竞争力，为企业"走出去"打好基础。以印度离岸服务外包企业为例，TSC、Infosys、Wipro 等国际大型服务外包企业，通过承接美国离岸服务外包业务，逐渐掌握了外包领域的行业标准和技能，企业实力逐步增强，为扩大业务承接规模，开始在美国本土设立办事处或分公司，从而解决了由于外包合同的不完备属性所带来的供需双方的信息不对称问题，使企业的服务产品更加贴近发包方的需求，从而树立起企业的品牌，增强了国际竞争力。

针对我国离岸服务外包的承接企业，在通过积极承接服务外包并做大做强的基础之上，鼓励有实力的外包企业实施"走出去"战略，参与国际市场竞争。我国企业"走出去"战略可以通过两种途径实现：一是鼓励国内企业与国外外包企业建立战略合作关系，引导与欧美一些大型跨国公司进行分包合作，帮助国内企业在欧美建立自己的营销队伍，提升我国服务外包企业在欧美市场的竞争力。二是鼓励有条件的国内外包企业选择适当时机到欧美市场开设办事处或分公司，直接建立自己的市场能力，通过海外市场直接承接业务外包，充当一级承包商，不但有效提高了业务赢利水平，更为重要的是，

获取了整体项目开发的技术和管理经验，从而提升了企业整体技术实力和承担大型项目开发的管理能力。我国著名外包企业东软集团和浙大网新公司，就是通过在发包方国内建立联络点，与发包方建立起长期有效的沟通和联系机制，从而承接了大量日美大型企业的外包业务，迅速成长为国内前沿的服务外包企业，形成了较强的品牌服务形象和国际竞争力。

二、提升我国离岸服务外包承接能力的对策措施

离岸服务外包相对于制造业外包具有明显的竞争优势，世界主要的发展中经济体都想借助第二次全球化浪潮，实现本国产业升级、提升国际分工地位。在印度、爱尔兰等国家已经领先的背景下，如何发挥自身相对优势，形成有竞争力的服务外包承接机制，成为亟待解决的重要问题。

（一）加快开放和发展服务业市场

完善和规模庞大的服务业市场是发展服务外包产业的强有力支撑。建设成熟的服务业市场主要从三个方面着手：首先，加快推进服务领域改革，建立公平、平等、规范的服务业准入制度。鼓励资金投入服务业，大力发展非公有制服务企业，提高非公经济在服务业中的比重。进一步打破市场分割和地区封锁，推进全国统一开放、竞争有序的市场体系建设。其次，优化服务业发展结构，大力发展面向生产的服务业，促进现代制造业与服务业有机融合、互动发展。鼓励生产型企业向自主研发、品牌营销等服务环节延伸，降低资源消耗，提高产品附加值。再次，坚定不移地推进服务领域对外开放，着力提高利用外资的质量和水平，把承接服务外包作为扩大服务贸易的重点，发挥我国人力资源丰富的优势，积极承接信息管理、数据管理、会计核算、技术研发、工业设计等国际服务外包业务。最后，准确定位，放宽服务外包市场领域的准入限制。明确服务外包的定位，在明确界定概念的基础上制定鼓励服务外包发展的具体政策，由商务部和国家相关部委将服务外包业务列入外商投资产业指导目录的鼓励类，并将其列入国家支持和扶助主要对象所在省、市优势产业指导目录，给予从事服务外包的企业前置审批和工商登记等方面的便利，扶持服务外包企业做大做强。

（二）加大对服务外包产业的金融支持

服务外包企业遇到的困扰之一是资金压力。由于提供服务外包一般要半年以上的时间才能回笼资金，所以资金压力始终困扰着服务外包企业的快速发展。对此，适应国际产业转移新趋势，重点支持服务外包发展，鼓励政策性金融机构在自身业务范围内积极支持服务外包发展，推动国家开发银行设立专项信贷额度；鼓励出口信用保险机构积极开发新型险种支持服务外包产业发展，为大型服务外包项目提供项目信贷保险服务；对服务外包企业办理外汇收支提供便利，大力支持服务企业对外承揽离岸服务外包业务；调整优化各地地方扶持专项资金支出结构，逐年提高支持服务外包企业发展的资金比例，并对服务外包企业购买大型设备、自主创新、建设自主品牌等方面给予资金支持或奖励。此外，对入驻服务外包集聚区的中外著名服务业企业总部、研发中心，在购地、建设、买房、租房等方面给予资金支持。

（三）完善以网络和通信为重点的基础设施建设

加大互联网、通信等信息基础设施建设力度，构建高带宽骨干网络，扩展高速路由交换设备容量，增设国际专用数据通道，提升跨地区企业间大容量数据传输能力，为具有数字特性的服务外包产品提供强有力的技术支撑。降低电信业管制，放宽市场准入，引入竞争机制，通过合理的降低电信资费减少承接离岸服务外包企业经营成本。加大机场、轨道交通等基础设施建设投入，增开直达日本、美国、欧洲等重要离岸外包发包城市的直航航线，降低发包方和接包方实地交流的成本，使双方面对面的沟通更便捷，成本更低。

（四）加大 ITO 和 KPO 领域的科研和技术投入

在离岸服务外包领域，特别是信息技术外包（ITO）和知识流程外包（KPO）领域，由于知识和技术密集度较高，一般需要接包方企业具有较强的技术实力。从国家角度看，积极在网络、信息技术和医药研发等领域建设大型实验室，提升技术和研发能力，突破技术封锁；加大区域性或全国性的外包技术或研发公共平台建设，鼓励企业参与技术和科研开发，提升行业技术水平；设立科研创新基金，为服务外包领域的高技术企业给予奖励。如《商务部关于做好服务外包"千百十工程"企业认证和市场开拓有关工作的通知》的有关规定，对符合条件且取得行业 CMMI5 等国际认证的信息技术的外包企业给予一定的奖励，资助具有行业应用前景的技术开发项目，如软件开发、系统设计、医药研发等外包项目；严格把握服务外包企业的认定标准，对 R&D 投入大的外包企业给予政策扶持，重点引导 ITO 和 KPO 领域的企业增加研发投入。从企业发展角度看，应加大自身科研和技术资金投入，开发核心技术，从传统的嵌入式软件开发、系统周边小型应用软件开发等劳动密集型领域向系统开发、工业设计等高端服务拓展，提升企业技术能力。

（五）培养语言和技能双强的服务外包专业人才

转变人才培养模式，加强基础教育，借鉴德国校企合作的职业教育模式，有目标地培养应用型、技术型人才，同时兼顾高等教育，培养高端服务外包人才，在承接发达国家服务业转移的基础上，努力向产品价值链高端延伸。探索外语教学新模式，提高服务外包企业从业人员外语水平，突破交流障碍。涵盖一批高等院校、高等职业院校，设计制定与国际接轨的课程体系，开发远程教育课程以及制订教员培养计划。学习国外先进的服务外包人才培养模式，建立全国性服务外包人才认证体系（包括语言、专业技能、行业知识、项目管理）。鼓励和引导社会力量建立大规模、多形式、针对性强的培训体系。设立专项资金为开展服务外包的人才培养提供支持，拓宽人才培养途径，积极吸引和聘用海外高级人才，鼓励海外留学人员回国创业。

第四节　在岸服务外包的发展趋势及对策

一、在岸服务外包的定义

从地域来看，服务外包可划分为在岸外包、近岸外包和离岸外包，在岸外包是指外包商与其外包供应商来自同一个国家，因而外包工作在国内完成。

二、在岸服务外包的国际趋势

在岸服务外包的国际发展趋势，一表现在服务业尤其是生产性服务业占 GDP 的比重不断上升；二表现在制造业对服务业特别是生产性服务业的依赖程度不断增加。

（一）服务业增加值占 GDP 的比重不断上升

20 世纪 80 年代以来，大部分 OECD 国家服务业占 GDP 的比重不断上升，如美国由 20 世纪 80 年代的 68.1% 上升到 2005 年的 76%；英国则由 60% 上升到 75.9%（见表 8-8）。其中，金融、保险、房地产和商务服务等生产性服务行业的比重有显著提高，如美国的生产性服务行业占 GDP 的比重由 1995 年的 28.7% 提高至 2005 年的 32.2%；日本由 24.4% 提高到 27.5%。但传统的批发和零售、旅馆和餐饮业增长幅度不大（见表 8-9）。

表 8-8　OECD 国家的服务业增加值占 GDP 的比重　单位:%

	1980—1990 年	1990—2001 年	2005 年
美国	68.1	73.8	76.0
英国	60.0	69.0	75.9
加拿大	63.1	67.0	66.7
法国	65.0	71.2	77.0
德国	59.3	67.2	69.7
意大利	61.2	67.8	71.2
日本	58.0	64.7	69.9
韩国	45.9	51.3	56.3

表 8-9　1995 年、2005 年 OECD 国家的主要服务行业占 GDP 的比重　单位:%

	批发和零售、旅馆和餐饮业		运输、仓储和通信业		金融、保险、房地产和商务服务		公共管理和国防		教育、健康、社会及其他	
	2005 年	1995 年	2005 年	1995 年	2005 年	1995 年	2005 年	1995 年	2005 年	1995 年
美国	13.1	13.3	5.6	6.4	32.2	28.7	8.7	9.4	16.5	16.0
英国	14.5	13.7	7.1	7.7	31.7	24.5	4.8	5.8	17.8	15.7
加拿大	13.8	13.4	6.9	7.3	25.5	24.2	5.8	6.6	14.2	14.8
法国	12.9	13.2	6.4	6.2	32	27.6	7.6	7.9	18.0	16.9
德国	12.2	12.3	5.9	5.7	29.3	26.4	6.0	6.7	16.4	15.5
意大利	15.4	17.2	7.8	7.0	26.9	22.4	6.5	6.1	14.3	13.8
日本	13.0	14.6	6.5	6.8	27.5	24.4	5.9	4.3	17.4	15.7
韩国	9.8	11.5	7.3	6.6	20.9	18.4	6.3	5.3	12.0	9.9

（二）制造业对服务业的依赖程度不断增加

生产性服务业的核心是商务服务业。其中的战略性商务服务业，如计算机软件和数据处理服务、研究开发和技术服务、营销服务、人力资源发展服务以及商务组织服务等在发达国家的增长速度非常快。制造业对服务业的依赖度在逐渐提高，而对生产服务业的依赖度提高得更快。从表 8-10 可以看出，从 20 世纪 70 年代早期到 90 年代中期，加拿大、英国对服务业的依赖度均提高了 1 倍左右。而从表 8-11 可以看出，制造业对生产服务业的依赖度，日本、加拿大、法国同期增长了 2~3 倍。

表 8-10　制造业对服务业依赖度的国际比较　　　　　　　　　　　单位：%

	日本	加拿大	美国	法国	德国	英国
70 年代早期	15.57	8.29	21.14	16.26	—	15.59
70 年代中期	17.69	8.9	19.01	18.02		
80 年代早期	17.58	11.97	21.29	20.03	19.42	23.22
80 年代中期	19.7	12.03	22.86	22.4	21.66	18.18
90 年代早期	24.7	11.06	24.12	24.73	24.23	21.91
90 年代中期	26.43	18.23	26.55	26.82	28.82	30.89

表 8-11　制造业对生产性服务业依赖度的国际比较　　　　　　　　单位：%

	日本	加拿大	美国	法国	德国	英国
70 年代早期	4.12	2.78	7.27	7.63	—	1.67
70 年代中期	5.58	3.22	5.03	8.93	—	—
80 年代早期	4.8	4.77	6.03	10.45	8.76	3.04
80 年代中期	6.15	5.06	7.35	11.98	11.61	8.02
90 年代早期	6.67	4.18	9.03	13.86	13.38	11.02
90 年代中期	12.89	6.36	8.23	17.48	15.85	16.71

三、我国在岸服务外包的现状与问题

（一）服务业占 GDP 的比重偏低

2004 年我国服务业增加值为 64561.3 亿元，占 GDP 的 40.4%，到 2007 年达到 100053.5 亿元，但占 GDP 的比重降为 40.1%。2004 年服务业增加值占 GDP 的比重世界平均为 69%，我国不仅远远低于美国（76.7%）、日本（68.1%）等发达国家，而且比巴西（49.6%）、印度（53.2%）等发展中国家也要低很多。这表明我国的服务业并没有进入高速发展时期，其发展相对滞后。

（二）在岸外包仍处在起步阶段

根据投入产出表计算，我国制造业国内外包指数由 1997 年的 3.31 上升到 2002 年的 4.745，2005 年再下降至 4.563，离岸外包指数平均值由 1997 年的 0.165 上升到 2005 年的 0.948（见表 8-12），表明我国制造业服务外包处在起步阶段。

表 8-12　我国一、二产业的服务外包指数

产业	指数	国内服务外包指数			离岸服务外包指数		
		2005 年	2002 年	1997 年	2005 年	2002 年	1997 年
第一产业	农业	4.245	4.386	3.632	0.722	0.390	0.113

产业	指数	国内服务外包指数			离岸服务外包指数		
		2005 年	2002 年	1997 年	2005 年	2002 年	1997 年
第二产业	煤炭开采和洗选业	9.048	8.565	5.594	1.502	0.769	0.258
	石油和天然气开采业	7.878	7.886	4.291	1.472	1.058	0.201
	金属矿采选业	6.092	6.163	3.447	0.955	0.477	0.141
	非金属矿采选业	7.624	7.488	5.847	1.875	0.846	0.369
	食品制造及烟草加工业	3.178	3.353	2.007	0.742	0.554	0.118
	纺织业	2.651	3.089	2.257	0.551	0.302	0.085
	服装皮革羽绒及其制品业	4.300	4.062	2.462	1.004	0.714	0.103
	木材加工及家具制造业	3.791	3.999	3.419	0.938	0.502	0.145
	造纸印刷及文教用品制造业	4.286	4.609	3.155	0.916	0.450	0.108
	石油加工、炼焦及核燃料加工业	2.796	2.559	1.946	0.610	0.311	0.086
	化学工业	3.162	3.448	2.533	0.786	0.479	0.135
	非金属矿物制品业	4.984	5.561	3.193	1.187	0.690	0.124
	金属冶炼及压延加工业	2.678	3.099	2.250	0.595	0.292	0.114
	金属制品业	3.675	3.927	3.948	0.765	0.437	0.220
	通用、专用设备制造业	3.965	4.029	3.101	0.847	0.463	0.176
	交通运输设备制造业	3.152	2.986	2.035	0.728	0.462	0.102
	电气、机械及器材制造业	3.645	3.808	2.977	0.900	0.554	0.197
	通信设备、计算机及其他电气设备制造业	2.604	2.591	2.185	0.670	0.456	0.096
	仪器仪表及文化办公机械制造业	3.893	4.057	3.115	0.746	0.396	0.144
	电力、热力的生产和供应业	5.873	6.104	4.198	1.042	0.615	0.186
	燃气生产和供应业	5.167	6.785	3.563	1.137	0.586	0.165
	水的生产和供应业	6.581	6.884	4.428	1.110	0.740	0.342
	建筑业	4.244	4.435	3.844	0.945	0.534	0.238
	平均值	4.577	4.760	3.295	0.958	0.552	0.168
第三产业	交通运输及仓储业	9.673	8.311		2.786	1.176	
	邮政业	10.062	9.823		1.823	0.874	
	信息传输、计算机服务和软件业	7.448	7.521		1.137	0.698	
	批发和零售贸易业	14.748	14.301		3.497	2.051	
	住宿和餐饮业	5.473	5.341		1.87	0.683	
	金融保险业	24.106	22.406		3.829	2.217	

产业 ＼ 指数	国内服务外包指数			离岸服务外包指数		
	2005 年	2002 年	1997 年	2005 年	2002 年	1997 年
房地产业	17.190	13.732		4.341	3.306	
租赁和商务服务业	9.015	8.795		1.951	1.096	
科学研究事业	12.878	31.377		1.536	1.584	
综合技术服务业	22.172	10.807		2.934	0.771	
水利、环境和公共设施管理业	11.476	19.326		1.300	1.400	
居民服务和其他服务业	11.065	11.111		1.891	1.018	
教育	13.278	11.739		1.929	0.831	
卫生、社会保障和社会福利事业	5.635	4.895		0.567	0.301	
文化、体育和娱乐业	13.735	13.747		2.085	1.330	
公共管理和社会组织	23.909	24.292		3.358	0.986	
平均值	13.24	13.60		2.26	1.27	

（第三产业贯穿上表左侧）

注：表中数据根据 1997 年、2002 年和 2005 年的我国投入产出表计算得出。

根据表 8 - 12，我们可以总结出以下几点：

一是服务业的服务外包系数整体高于制造业的服务外包系数。2005 年服务业的服务外包系数平均为 13.24，而第二产业仅为 4.577。长期以来，服务业一直被当做不创造新价值的非产出部门、辅助性部门，导致政策多支持制造业，而服务业的发展多受到政策歧视，这是导致制造企业不愿意将服务部门外置的重要原因。

二是离岸外包系数的增长快于在岸外包系数的增长。1997 年第二产业在岸服务外包系数平均为 3.295，2005 年为 4.577，增长了 39％；而离岸服务外包系数则由 1997 年的 0.168 增长到 2005 年的 0.958，增长达 5 倍，这说明国内的服务业供给不足。目前，我国的服务企业自身发展有许多不足，如存在垄断导致的高价格、低质量；相对部分服务企业的国有背景，制造企业处于弱势，因而外包质量令人担忧，或即使企业有发包意愿，但在国内也找不到合适的承接方，只能发展离岸外包。

三是整体的服务外包系数不高。造成这种情形的原因比较复杂，主要包括发包意愿不强、承接能力较弱、政策歧视等。此外，知识产权保护不够，法制、诚信环境恶化等也是阻碍服务外包发展的重要原因。

四、发展我国在岸服务外包的对策

（一）加快国有部门改革，解决服务外包发包的动力问题

从前面的分析来看，服务外包的动因主要是降低交易成本。然而，目前我国的很多国有部门（包括国有企业、政府机构）降低成本的动力不足，服务业不能从这些部门分离出来，致使服务外包发展不足。

从促进服务外包的发展来讲，国有企业的改革目标就是建立现代企业制度，减少行政

管理色彩，促进企业按照市场规律配置资源，改变"大而全、小而全"的状况，促进主辅分离，推进企业内置服务外包，降低经营成本，提高企业效率。国有企业应按照产权清晰、权责明确、政企分开、管理科学的要求建立现代企业制度，除涉及国计民生的重要企业外，应该通过规范上市、中外合资、相互参股等形式，逐步改制为多元持股的股份有限公司或有限责任公司，建立起激励与约束相容的公司法人治理结构，在此基础上建立新的企业内部运行机制，推动各类企业管理方式、管理模式的创新。笔者建议通过企业家的公平竞争来解决国企改革的关键问题——内部人控制问题，管理层的任命应该采用聘用制。同时要加快培育企业家市场，建立企业家人才库，按照公平、竞争、择优的原则，优化经营管理人才资源配置，打破人才部门所有、条块分割格局，促进人才的合理流动。

对政府来讲，要强化预算约束，推进政府服务外包。政府提供的公共服务、管理服务均可以通过外包的形式交由市场来生产，这对于提高公共服务效率、质量，培育市场服务主体具有重要意义。如在电子政务领域，国外的实践证明，外包模式已经成为电子政务建设过程中提高工作效率、精简机构、减少开支的发展方向，许多国家政府部门的电子政务建设与运行都是委托给市场化的专业外包服务公司，政府工作人员只承担行政管理职能、进行信息加工分析、提出对公众服务的项目要求。我国可以采取"建设—拥有—运营"（BuildingOwningOperation，BOO）的模式进行外包。BOO 由企业投资并承担工程的设计、建设、运行、维护、培训等工作，硬件设备及软件系统的产权归属企业，而由政府部门负责宏观协调、创建环境、提出需求，政府部门每年只需向企业支付系统使用费即可拥有硬件设备和软件系统的使用权。

（二）推进服务标准化，降低服务外包的监督成本

企业将一些临时的、不常用的服务外包出去，应当以服务业的标准化为前提，这是降低监督成本、保证服务质量的重要条件。然而，我国服务业标准化的不足导致企业不愿意将业务外包出去。如在物流行业，很多企业包括海尔这样的国内外知名企业，都在自建物流体系，实行物流服务的自我供给，而不是使用市场上专业化的第三方物流。一个重要原因就是外部市场上的物流服务企业不够专业化，服务的效率、质量、成本等难以满足企业的多方面需求。由于标准化程度较低，服务的供给方和需求方常常就货损率、及时率等产生争议，从而增加了企业的交易成本，使企业不得以内部物流替代物流外包。生产性服务业要实现快速、跨越式发展，必须走有序、高质和标准化发展之路。标准是产业发展的技术方案，服务产业结构的调整应以标准为导向，引导服务企业走产业化、职业化、专业化的道路。制定服务业发展标准，要研究国际标准化组织和各国标准化机构关于现代服务业标准化体系、发展动向以及服务业标准化产生的效果等，特别要关注世界服务贸易方面的标准化信息。首先，要加大宣传力度，增强企业和消费者的标准化意识。其次，要通过制定服务标准，一方面在金融、电子商务、现代物流、互联网等以高科技为基础的现代服务领域尽快搭建标准化平台，促进这些领域形成规模经济，使高附加值的生产性服务行业快速发展；另一方面针对劳动密集型的传统服务业制定相应标准，提高进入市场的门槛，促使职业化、专业化水平高的企业进入市场，淘汰技术低、水平差的企业。最后，要实质性地参与国际服务业标准化活动，提升我国现代服务业的标准化水平，尽量采用国外先进标准或国际标准。

（三）消除土地政策歧视，解决服务外包的交易成本问题

土地资源对于服务业发展十分重要，这种重要性并不体现在土地的总量上，而是体现在服务业可以使用土地的数量和价格方面。由于服务业的发展主要依托城市，但城市的土地价格非常高，再加上我国目前对于服务业用地是采用招拍挂的方式出让，而工业用地是通过协议转让的方式取得，这就使得服务业用地成本比工业用地的成本高。笔者认为，对于某些重点行业服务园区（企业）占地，不应视为商业用地采取招拍挂的形式出让，而应视为工业用地而以协议出让的方式转让，降低服务业用地成本。

（四）加强环境建设，解决服务外包的后顾之忧

1. 加强服务业法制建设，降低司法成本

服务外包的发展，离不开健全的法律制度。美国在 20 世纪 70 年代转向服务经济的发展过程中，陆续制定了关于服务业发展的法律法规。如 1977～1978 年制定了"航空规制缓和条款"，1980 年提出了"铁路和汽车运输的条款"，1984 年制定了"航空条款"，1991 年颁布了《多式联运法》等关于物流服务的法规，1999 年通过了《金融服务现代化法》，之后又陆续制定了《电子信息自由法案》等一系列关于信息及金融服务方面的法律法规，这些法律的制定大大促进了美国相关服务业的发展。我国应当借鉴国际经验，针对不同行业的特点构建服务业法律体系。在完善法律方面要特别注意三个方面：一是加强知识产权保护。知识产权保护不力是阻碍企业服务外包的重要因素，如华为将研发部门设在印度，就是考虑到国内的知识产权保护不够。因此，必须加大对知识产权的保护力度和对违反知识产权的整治力度，加强对信息安全的研究和保护等。二是要对持续性服务制定完善的法律制度。如培训、中介服务等是非一次性的，需要一个时间过程才能完成，在这个过程中容易发生服务质量问题，为此，对这些服务门类应该加强立法。三是降低法律成本，提高司法公正性；强化依法长效管理，避免突击整治。

2. 加强诚信环境建设

应健全信用征信制度，对市场主体的资信状况进行系统调查、收集、加工、评估和保存；征信数据的开放与信用数据库的建立是信用制度体系的基础，应通过立法明确规定可以被征集的信用范围、征集的方式、信息共享的条件和范围以及有关的法律责任，用法律的形式规范公共信息、征信数据的取得和使用程序；应通过开展诚信宣传教育创建诚实守信的社会信用环境，加快企业和个人信用信息基础数据库的建设步伐，加快征信立法建设，完善征信制度，并推进信用体系建设的标准化管理，建立和完善全社会的征信体制。

案例分析 ||||

案例：

公司 A 作为国际知名品牌，不仅在欧美极负盛名，在发展中国家也尽人皆知。公司 A 的成功全靠极具现代商业意识的总裁的精心策划，奋力开拓，选择了适当灵活的生产外包方式。在创业初期，由于公司总裁准确预测到弹性较好又能防潮的运动鞋的市场前景，凭借其独特的设计、新颖的造型迅速在美国打开了市场。随着公司的壮大，总裁把眼光投向了国际市场。但是，该运动鞋价格较高，如果依靠出口进入其他国家市场，本身的高价位

加上各国尤其是发展中国家的高关税，是很难被这些国家的顾客所接受的。于是公司 A 采用了生产外包战略来解决这一难题。A 公司在爱尔兰选择了适合外包的生产企业生产运动鞋，从而进入了欧洲市场并以此躲过了高关税；又在日本的工厂中选择外包工厂将运动鞋打入日本市场。随着各地区生产成本的变化，公司的合作伙伴从日本、西欧转移到了韩国、中国台湾，进而转移到中国、印度等劳动力价格更为低廉的发展中国家，到 90 年代，公司更为看好泰国等东南亚国家。由于公司在生产上采取了外包方式，从而本部人员相当精简而又有活力，这样避免了很多生产问题的拖累，使公司能集中精力关注产品设计和市场营销等方面的问题。能够及时地收集市场信息，及时地将它反映在产品设计上，然后快速由世界各地的签约厂商生产出来满足用户需求。公司在引领新潮流，掌握市场趋势等方面占有优势，这就是它的核心竞争力。

分析思考：

1. 结合我国发展离岸外包的路径和方法，谈谈公司 A 是如何将运动鞋打入国际市场的。

2. 假如公司要通过在岸外包的模式发展自己的产品，你认为该如何做。

课后习题

1. 什么是离岸外包，离岸外包有哪几类？

2. 简述我国离岸服务外包现状。

3. 简述我国发展离岸外包有哪些途径及措施。

4. 简述我国发展在岸外包的现状和对策。

学习能力和理解能力

1. 理解学习能力和理解能力的概念和特征
2. 了解学习能力的内容和影响因素
3. 学习能力提高的途径、策略和方法
4. 理解能力的提高和培养

引　言

　　人们完成活动中表现出来的能力有所不同。能力是人们表现出来的解决问题可能性的个性心理特征，是完成目标任务的必备条件。能力直接影响活动的效率，是活动顺利完成的最重要的内在因素。完成任何一项活动都需要人的多种能力的结合，学习能力是其他能力的基础。

　　学习能力是指人们在正式学习或非正式学习环境下，自我求知、发展的能力，是指个体所具有的能够引起行为或思维方面比较持久变化的内在素质。学习者通过观察和参与新的体验、把新知识融入已有的知识，从而改变已有的知识结构，并运用科学的学习方法去加工和利用信息，分析和解决实际问题，形成独特的个性特征。学习能力的三个影响要素为智力因素、非智力因素和策略因素。学习能力的主要特征有准确的认知能力，有效的问题解决，自主创新性等，可以通过对学习者进行一般能力和综合能力的培养提高学习能力。

　　理解能力是人们完成理解这一活动所需要的个性心理特征或心理条件。它是人们从事日常生活的基本能力，对于特定领域特殊事物的理解能力又可以认为是特殊能力。理解能力取决于理解者，不同的理解者对同一个事物理解能力是不一样的。学习能力和理解能力是个体发展过程中的重要能力表现，必须大力培养才能获得。

第一节　　学习能力的概念和重要性

人们完成活动中表现出来的能力有所不同。所谓能力，是指顺利完成某一活动所必需的主观条件。能力是人们表现出来的解决问题可能性的个性心理特征，是完成任务达到目标的必备条件。能力直接影响活动的效率，是活动顺利完成的最重要的内在因素。完成任何一项活动都需要人的多种能力的结合。例如画画，必须有完整的知觉能力、识记与再现表象的能力、使用线条表现实物的抽象力与想象力、目测长度比例的能力、估计大小或亮度关系的能力、透视能力和灵活自如的运笔能力等。能力不是孤立的，总是和人完成一定的活动相联系的。离开了具体活动既不能表现人的能力，也不能发展人的能力。能力一般区分为学习能力、执行能力与专业知识三类，其中，尤以学习能力为其他能力的基础。

一、学习能力的概念

学习能力一般是指人们在正式学习或非正式学习环境下，自我求知、做事、发展的能力，是指个体所具有的能够引起行为或思维方面比较持久变化的内在素质，并且还必须通过一定的学习实践才能形成和发展。学习者通过观察和参与新的体验、把新知识融入已有的知识，从而改变已有知识结构，并运用科学的学习方法去加工和利用信息，分析和解决实际问题，形成独特的个性特征。学习活动与学习能力紧密联系，学习活动是个体学习的载体，任何学习活动都是在个体已有的知识、技能、策略的定向调节和控制下进行的。由此，基础知识、基本技能和基本策略构成学习能力的基本要素。因此，学习能力既不是知识、技能和策略本身，也不是知识、技能、策略之外的特殊之物，而是实实在在的专门化的知识、技能和策略结构系统。

个体在学习过程中，采取习得的策略和技能指导自己学习活动，这些策略和技能是个体通过自己的学习活动获得和形成的，学习能力的提高过程就是从"不会学"到"会学"的逐渐转变过程。知识、技能和策略三者是相互联系、不可分割的一个整体，学习能力是一个会学习的学习者所具备的一种综合能力。

二、学习能力的内容

学习能力是人才综合能力和综合素养的基础，是个体发展最核心的部分，是接受外部世界，吸纳外部信息，适应环境的根本能力。因此，学习能力是一种较复杂的综合能力，从不同的角度来分析它的构成，就能对学习能力的本质有较清晰的认识，对如何培养学习能力也就会形成明确的习得观念，进而把握有效的学习策略。基本学习能力关注以下几方面：学习注意力、学习成就感、学习自信心、学习灵活度、学习独立性、学习反思力。

注意力是指人的心理活动指向和集中于某种事物的能力。学习的注意力是学习过程中集中的心理指向，它是记忆力、观察力、想象力、思维力的准备状态，是学习者在一定时间内，比较稳定地把注意集中于某一特定的对象与活动。成就感是一种积极的情绪体验，是人们实现自我价值，得到认可的心理状态。黑格尔在他的《美学》全书的序论中举了个例子："一个小男孩把石头抛在河水里，以惊奇的神色去看水中所出现的圆圈，觉得这是一个作品，在这个作品中他看出他活动的结果。"这里的"他看出他活动的结果"就是一种"成就感"。也就是说，成就感就是当人在学习上或工作中取得成功、愿望达到时产生的满足感。如果由于成功而受到鼓励和表扬，就更加强了这种感受，并会产生继续追求满足的需要，从而产生进一步学习或工作的兴趣和动机，促使人们再次去获得成功。有了成就感，就会充分的相信自己，在学习过程中建立自信心。学习自信心是促进学生学习的动力之一，是获得学习成功的重要保证。而学习的独立性是指学习者能够根据自己的学习能力、学习任务的要求，积极主动地调整自己的学习策略和努力程度的过程，个体对为什么学习、学习什么、如何学习等问题有自觉的意识和认知。在学习过程中，学习者的成长更离不开反思。反思是一种思维活动，反思的明确目的是消除困惑，解决问题，促进实践，增强合理性。反思是一个认识过程，既可以是对过去习得知识的总结，又可以是对今后学习的启示，是学习过程的再认识、再思考、再探索、再创造。

在信息时代，学习者除了要具备上述各种能力外，还要具备信息时代的学习能力，包括：运用信息工具的能力、获取与收集信息的能力、评价与处理信息的能力、创造性地运用信息的能力、信息协作能力、信息免疫能力等。

知识时代对人才素质在诸多方面提出了新要求，这些要求反映到学习目标上将集中体现在如下五个方面：向高阶学习能力转变；技术时代下各种相关能力的发展；控制和适应变化的能力；合作能力；系统思维和行动能力。此外，全球知识的发展、心理和生理健康以及有效的沟通技巧也比较重要。

三、影响学习能力的要素

学习能力结构可以划分为三个层次：一是先天遗传的生理素质。二是后天习得的经验性。三是知识内化速度。概括地说，包括以下三方面：自我确定学习目标的能力、灵活运用学习方法的能力、解决问题策略的迁移能力。对应学习能力的三个影响要素即为智力因素、非智力因素和策略因素。

（一）智力因素

智力是学习的能力，是指个体有意识地以思维活动来适应新情况的一种潜力，是个体对生活中新问题和新条件的心理上的一般适应能力，特别强调解决新问题的能力，抽象思维对环境的适应能力等。

1. 注意力

注意力是学习能力的首要因素，也是最重要的因素，是指人的心理活动指向和集中于某种事物的能力。如学生能全神贯注地长时间地看书和研究课题等，而对其他无关游戏、活动等的兴趣大大降低，这就是注意力强的表现。注意力是各种智能活动的基础，虽然人的大脑中没有独立的注意力区域，而且单独的注意力是不存在的，但思维、记忆、运动等，都是以注意力为前提进行工作的。

2. 编码能力

对符号的编码能力是学习能力的直接体现，符号是一种表征，符号包含了文字、数字、实物象征符号等。现代人类的学习过程还离不开间接经验的学习，符号是间接经验最好的表征方式，因此，人类的习得过程要以对符号的习得作为主要手段。语文、数学、英语、物理等都要以符号来表达，对符号的敏感度及对符号的编码转换能力，是个人学习过程中的决定性能力。

3. 观察力

观察力是指大脑对事物的观察能力，如通过观察发现新奇的事物等，在观察过程对声音、气味、温度等有一个新的认识，并通过对现象的观察，提高对事物本质认识的能力。

4. 记忆能力

记忆力是识记、保持、再认识和重现客观事物所反映的内容和经验的能力，建立在注意力的基础上。记忆力中最重要的是工作记忆能力，不仅是记忆的容量及时间问题，工作记忆强调了记忆过程中的编码能力。

5. 思维能力

思维能力是人脑对客观事物间接的、概括的反应能力。当人们在学会观察事物之后，会逐渐把各种不同的物品、事件、经验分类归纳，不同的类型都能通过思维进行概括。这是最高级别的学习能力，是建立在感知能力、注意力、编码能力、记忆力基础上的能力，这是学习过程中分析问题解决问题必须具备的能力。

（二）非智力因素

非智力因素是指智力以外的对学习活动起着启动、导向、维持和强化作用的个性心理，因此，常常把个性心理作为非智力因素的主要内容。一般认为，学习能力中非智力因素的主要内容有：

1. 学习兴趣

兴趣理论是目前比较流行的，但兴趣三大特质少有人研究：新异性、短暂性、易转移性。这同学习要求的三个好品质恰恰相反：学习材料和过程是枯燥的，学习目标要稳定，学习过程中不能随意转移注意力。因此，要逐步把学习兴趣的培养转向学习动机培养。这样才能形成稳定的学习习惯。

2. 学习动机

学习动机是产生持续学习动力的关键，学习的过程是枯燥的，持久的，还要有稳定性，这就要求个体能抵制过滤不良信息的能力，这种能力的产生，靠单纯的学习兴趣的培养是不可能维持的，持续稳定的动力需要学习动机、成就动机的驱使。学习动机的培养，首先是行为习惯的培养，要培养对枯燥文字符号材料的耐受性，自身产生主动学习探知的欲望，或在学习过程中体验到成功的快乐，动机就形成了。

3. 学习情感

情感是人对客观现实的一种特殊的反映形式，是人对待外界事物的态度，是人对客观现实是否符合自己的需要而产生的体验。学习者根据客观事物对人的不同意义而产生对事物的不同态度，在内部产生肯定或否定的体验。在良好情绪下，人的学习过程表现出来的特征是思维敏捷，解决问题迅速；情绪郁闷消极时，则思维凝阻，操作迟缓，效率低下。因此，积极的情绪、情感常推动学习者以满腔的热情投入到他所从事的活动中去，从而有效地完成这一活动，提高学习能力；而消极的情绪、情感则会使事物发展走向反面，降低学习能力。

4. 学习意志

意志，是人们自觉地克服困难去完成预定的目标任务的心理过程，是人的能动性的突出的表现形式。学习的过程，不仅产生对客观现实的认识，还有意识地实现着对客观世界的改造。这种最终表现为行动的、积极要求改变现实的心理过程，构成心理活动的另一个重要方面，即意志过程。学习过程中，学习意志既能促使个体的学习更加具有目的性和方向性，又能排除学习活动中的各种困难和干扰，不断地调节、支配学习者的行为指向预定的目标。

（三）策略因素

学习策略就是指学习者在学习活动中有效的学习规则、方法、技巧及调控方式。它既可以是内隐的规则系统，也可以是外显的操作程序与步骤。凡是有助于提高学习质量、学习效率的程序、规则、方法、技巧及调控方式都属于学习策略范畴。学习策略是衡量个体学习能力的重要尺度，是制约学习效果的重要因素之一。影响学习能力的策略因素主要有：

1. 学习习惯

学习习惯是在学习过程中经过反复练习形成并发展，成为一种个体需要的自动化学习行为方式。良好的学习习惯，有利于激发个体学习的积极性和主动性；有利于形成学习策略，提高学习效率；有利于培养自主学习能力；有利于培养个体的创新精神和创造能力，使个体终生受益。

2. 学习方法

学习方法是通过学习实践，总结出的快速掌握知识的方法。因其与学习掌握知识的效率有关，越来越受到人们的重视。学习方法，并没有统一的规定，因个人条件不同，选取的方法也不同。其中，有人专门总结的特殊定向的学习训练方法，如速记等，可对其他学习者产生启发效果和借鉴作用。

根据不同的学习习惯和方法可采取不同的学习策略，提高学习能力，仅举几例：

①按学习策略所起的作用，可以采取基本策略和支持策略。

基本策略，即指直接操作材料的各种学习策略，主要包括信息的获得、储存、信息的检索和应用的策略；支持策略，即帮助学习者维持适当的认知氛围，以保证基础策略有效操作的策略，包括计划和时间的筹划、注意力分配与自我监控和诊断策略。

②根据学习策略覆盖的成分，可以采用认知策略、元认知策略和资源管理策略，见图 9-1。

认知策略，主要指在信息加工过程中，为了更好地获得、储存、提取、运用信息等所采用的各种方法和技术。例如复述，对信息的一种重复，运用内部言语或外部言语重现学习材料或刺激，将注意力维持在学习材料上的各种方法。精制加工是指对学习材料进行深入细致的分析、加工（补充细节、举出例子、作出推论或使之与其他观念形成联想），理解其内在的深层含义，并促进记忆的学习策略，也就是将新学习的材料与头脑中已有的知识联系起来，从而增加新信息的意义的深层加工策略。

元认知就是个人对自己的认知过程及结果的意识与控制。主要包括元认知知识、元认

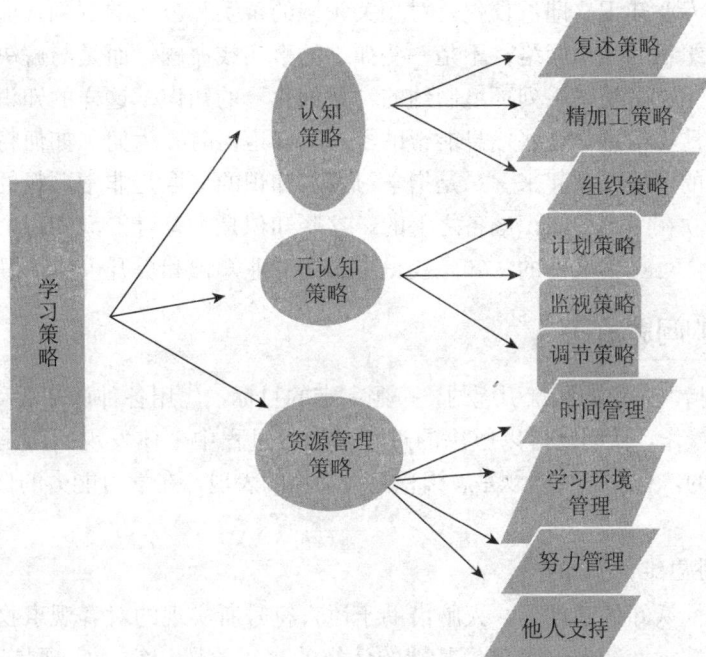

图 9-1 学习策略的分类

知体验和元认知监控和调节。例如出声思考、写学习日志、计划和自我调节、自我评价等。

组织策略是将分散的、孤立的知识进行整理、归类，集合成一个整体，带上某种结构，使信息由繁到简、有无序到有序，以减轻记忆负担。组织的基本方法是将学习材料分成一些小的单元，并将这些小的单元置于适当的类别中，从而使每项信息和其他信息联系在一起。

资源管理策略主要包括学习时间管理、学习环境的管理、学习努力和心境管理、学习工具的利用、利用其他人的支持等。

第二节 学习能力的特征

学习能力从本质上看是培养发现问题和解决问题的能力，是收集、分析和利用信息的能力，是信息的分享与合作。它表现在：学习意识、动机和习惯；获取、分析和利用信息的能力；评价、反思及表达能力，具体为以下特征：

一、准确的认知能力

学习过程是一种积极的认知过程。学习的实质就在于主动地形成认知结构。知识的学习要经过获得、转化和评价这三个认知学习过程。有效的学习者具备迅速、充分、有效地选拔、存储和获取所需信息的能力，从而获得"专家知识"。专家知识一是指学习者在其领域拥有丰富的专业知识。即不仅仅是对相关领域的事实和公式的罗列，而是围绕核心概念或"大观点"组织的知识网络；不是一些孤立的事实或命题，而是与解决具体任务相关的知识，包括应用也是受一系列环境制约的"条件化"的知识。这样的知识包括对应用关键概念和程序的情境信息，这些信息能帮助学习者知道何时、为何、如何将他们丰富的知识和技能与特定的情境联系起来。二是指学习者对知识的提取是非常顺畅的，甚至是自动化的。学习是建立在一定的知识准备之上的，这些知识是否符合专家知识的特征，决定着个体的学习效果，可见，准确的认知是获得更多的专业知识和提升个体学习能力的基础。

二、有效的问题解决

问题解决是指由一定的情景引起的，按照一定的目标，应用各种认知活动、技能等，经过一系列的思维操作，使问题得以解决的过程。学习过程中个体发现问题是解决问题的前提，是非常重要的，有效解决问题是思维积极主动性的表现，在学习能力的促进中具有重要意义。

（一）批判性思维

思维是在感性认知的基础上，人脑借助于语言符号所实现的对客观事物的间接的、概括的反映，是以感觉、知觉、表象为基础的认知的高级阶段。它的实现是以感觉、知觉、表象提供的材料为基础，通过分析、综合、比较、抽象、概括等过程来完成的。思维能力即人在思维过程中表现出来的一种比较的能力，它在学习中起着极为重要的作用，是学习活动的核心。所谓批判性思维，泛指对某一现象和事物的评断，评断者具有独立的、综合的、建设性的见解。批判性思维是多种思维技能的综合运用，是一种思维技能的综合运用和人格品质的完美组合，一个理想的批判性思维者应该具有如下特点：惯于提问、知识全面、思想开阔、价值中立、慎做结论、理性地选择标准和坚持不懈地寻求答案。批判性思维对于学习来说，显得尤为重要。学习是为了习得高深知识而进行的自觉、自主的学习，更多的是个体自身对于知识的理解和重新建构，需要对已有知识进行批判，可以说，如果没有批判性思维的参与，有效的学习是无法得以完成的。

（二）元学习能力

元学习是学习主体对学习过程的意识与调控，是学习者对自己学习活动中的动机与行为、认知与情感、技能与意志等状态和结果的知晓，这种能力是学习者所不可缺少的。元学习能力主要包括以下几个部分：自我激励，表现为善于提升学习兴趣、激发学习动机，激励自己努力学习；确立学习目标，预测结果，事先计划；选择有效的学习方法；自我监督和调节的能力，表现在学习者善于检测学习结果，必要时采取补救措施；自我反馈，善于反思自己达成目标的成功经验和失败教训，及时调节自己的学习方法。特别是非正式学习，具有很大的随意性，学习者更具主动选择的权力，他们可以选择自己需要的或感兴趣的知识去学习，可以选择学习的时间与方式。因此，如何有效运用主动选择的权力去选择学习内容与学习方式，如何最大化运用身边丰厚的学习资源去促进学习，如何在特定的学习环境中提升自己的学习能力，都充分体现元学习能力。

（三）协作能力

协作能力表现为一种社会交往能力，即人们在社会交往活动中所表现出来的能力，主要包括沟通能力、协调能力、理解能力、人际关系的处理能力、集体智慧的生成能力等。学习的情境性、社会性、协商性，决定了学习不仅仅需要学习者本人的努力，更需要不断地与其他学习者进行合作，一个不会与人合作的学习者是不可能取得良好的学习效果的，甚至无法顺利进行学习。学习过程中能够很好地与人协作，在遇到问题时共同探讨，一起收集、分享资源，发挥大家的智慧，博采众家之长，不仅能快速、高效的完成学习任务，也能从其他协作者身上学到许多知识，在与人协作中培养锻炼自身学习、协作能力。

（四）信息技术能力

信息技术能力是指能够成功运用并适应现代日新月异的信息与通信技术，有效地对信息进行获取、分析、加工、利用和评价。具体表现为：能熟练使用包括计算机网络在内的各种信息工具；能够在分析问题的基础上，有针对性地运用各种信息工具从不同的信息渠道获取信息；能够从获得的大量信息中选择根据解决问题所确切需要的知识；能够利用信息解决实际问题。

三、自主创新性

学习能力会打破常规，重新组合，具有自主创新性。其功能在于通过学习提高发现、吸收新信息和提出新问题的能力。当今人类问题的解决已不可能处在一个封闭的领域内，而必须是以必要的变化为中心。学习能力的自主创新性要求能善于系统地提出问题，并把问题集中起来，独立思考、大胆求索。学习的任务不仅仅是满足于获取某一结论性的内容，而是要把重点放在掌握思维过程和思维方法上，通过重建整体而来促进思维的，因此，它是以整体性思维建构为主导，本质在于获得一种对主体而言是新颖的经验。这种新经验或是现有的、或是未知的、或是需要探索的。

（一）自主创新的预期性

1. 有目的地学习

学习有明确的目标意识，对自己所要达到的学习要求及其社会价值有所认识，并能主动规划和安排自己的学习。

2. 有选择地学习

根据学习的要求有效地选择自己的学习内容，在大量信息面前，具有捕捉信息、敏锐感受和理解的能力，并能根据自己的需要进行分类、整理。

3. 独创性地学习

不满足于获得现成的答案或结果，对所学习的内容能展开独立思考，进行多向思维，能从多种角度去认识同一事物，并善于把它们综合为整体认识，能创造性地运用所学到的内容去适应新的情况，探索新的问题，使自己的视野不断拓宽。

4. 学习的自我调控

对自己的学习动机、学习策略、学习结果等具有自我认识和调控的能力，能主动发现学习中即将出现或已出现的问题，及时采取有针对性的措施。

5. 学习责任感对自己今后的学习前途和人生道路有美好的憧憬和丰富的想象力，并有实现理想的愿望和责任感

（二）自主创新的参与性

1. 能主动适应群体或团体的生活，知道并自觉遵守其规则，能为群体或团体所接纳。

2. 具有人际交往的意愿和能力，能和集体成员相互协作、互相尊重，根据集体的需要自觉承担和转换自己的角色，能在参与集体活动中主动学习。

3. 积极维护社会的利益，对社会有强烈的责任感、义务感，在社会生活中自尊、自重，能发挥个人独特的作用，并享受自己应有的正当权利。

第三节　学习能力提高的途径和方法

学习能力既然是人的一种个性特征，它的形成和发展就必须在个体的学习活动中得以实现。因此学习能力的培养，不管采取什么方法、通过什么途径，作为学习能力的获得者，也就是学习能力的主体，必须直接参与到学习活动中去。一般来说，主体参与得越主动，积极性越高，学习能力的发展就越快。相反，任何限制、妨碍主体参与的学习组织活动，对主体学习能力的发展都是不利的。从上述观点出发，任何正确、有效的学习活动，都是学习能力的培养途径；任何有利于调动个体学习积极性的方法，都是学习能力的培养方法。在实践中这些途径和方法的选择，一般是从实际需要出发，有重点地进行基本能力和综合能力的培养，从而达到全面培养学习能力的目的。

一、基本能力的培养

在某些特定的条件下，或者在某种特定的教学环境中，根据实际需要，可以重点突出培养某项基本能力，使学习能力的发展更加完善。

（一）观察能力的培养

观察是人们有效地探究世界，认识事物的一种极为重要的心理素质，是一种解决问题，进行科学研究的方法。观察属于感知的范畴，它是有目的、有计划地对客观事物进行主动的感受和知觉。观察能力就是人们在这种知觉过程中表现出的获得信息资料的能力。

一切真知都来源于观察。从日常生活、学习、工作到各行各业的实践活动中的科学研究等，都是以观察为基础来获得对客观事物的认识的。个体学习能力的高低，往往与他们对客观事物反应的敏锐度和对科学知识探索的细密度有着极为密切的关系。世界上许多科学的发明与创造，很大程度上取决于科学家对客观事物一系列的敏锐、细致、准确、深刻的观察。可见，观察是获得一切知识的首要步骤，也是一切创造发明的必要条件。

1. 良好观察能力的标志

①观察的全面性。观察得仔细全面，能发现别人不易发现的事物特征，不遗漏有关的细节。

②观察的准确性。在进行观察时，能辨别事物间的微小差异。

③观察的选择性。能依据观察的目的，区别哪些是应该观察的，哪些是不必要观察的。

④观察的敏捷性。观察的速度要快，且能迅速抓住事物的主要特征。

⑤观察的创造性。能在观察中发现新的问题，提出新的见解和思路，这是较高水平的观察力。

2. 观察能力的培养

人的观察能力虽然受先天心理素质的影响与制约，但主要还是在后天实践中形成与发展起来的。因此，观察能力是可以培养与训练的。实验表明，通过有意识地训练，可以显著地提高观察能力的水平。良好的观察能力对任何工作都很重要，而良好的观察能力是一种高水平心智能力的表现。它涉及观察者良好的感知觉、记忆力、想象力、思维能力等，也更需要观察者的策略和计划。所以，要培养个体的良好观察能力必须做到以下几方面：

①明确观察的目的和任务，是提高观察能力的前提。只有把目的、任务明确，才能集中精力、有选择地进行观察，才能进行系统而层次分明的观察，才不至于主次不分、顾此失彼。

②做好必要的知识准备，是提高观察能力的基础。为了进行有效的观察，必须事前做好有关知识的准备。一个人的观察能力，总是同他已有的知识和经验相联系的。有了相关的知识，在进行观察时，才能产生兴趣和丰富的想象，才有可能独立地进行观察，提高观察的效果。

③制订周密的观察计划，是提高观察能力的保证，在确定了观察目的，有了明确的观察任务之后，还必须拟订出周密的观察计划去完成这个任务，这样能预见被观察现象的各个方面，避免观察的盲目性。周密的观察计划，应包括观察时间的安排、观察顺序的设计等。先观察什么，后观察什么，如何观察等，一切都要有计划、有步骤地进行。

④增强对观察对象的兴趣，是提高观察能力的条件。一个人如果对其观察的对象有浓厚的兴趣，就会进行长期持久的观察，从不表现出观察的疲劳与厌倦，从而提高观察力。反之，如果一个人对其观察对象不感兴趣，必然会过早地表现出观察的疲劳，无法提高观察力。

⑤观察与思维紧密结合，是提高观察能力的根本。观察是一种与思维密切联系着的"思维的知觉"。不仅仅是为了获取和积累一些直觉表象，更重要的是对所获取的大量感性材料进行分析、比较、综合、抽象、概括等思维活动，这样才能真正通过这些表面现象，认识事物的本质属性及其内在联系，使感性认识上升到理性认识。

⑥指导观察方法，是提高观察能力的重要手段。要提高观察能力，必须掌握良好的观察方法，因为观察的方法、技巧等也是构成观察能力的重要因素。掌握系统的辩证的观察方法，可以对所观察的对象进行系统的、全方位的、多层次的、多结构的观察，进行历史、发展的观察，在同中观察异，在异中观察同，从而能全面、系统地把握观察的对象。既然观察是一种感知，观察的结果是人的感觉器官作用于被观察的事物时做出的反应。因此，观察的方法就应坚持下述要求：A. 应充分调动各种感官同时参与观察活动；B. 要对被观察的事物发展的全过程进行观察；C. 要从多角度对事物进行观察；D. 或从整体到部分，或从部分到整体，分阶段、分层次进行观察；E. 对复杂庞大的事物，多人同时进行观察，要搞好分工协作；F. 要科学地利用前人观察的结果等。

（二）记忆能力的培养

记忆是个体对其经验的识记、保持和再现（回忆和再认）。从信息加工的观点来看，记忆就是信息的输入、编码、储存和提取。在日常生活中，人们感知过的、思考过的、体验过的和行动过的事物都可以成为个体的经验。不仅感知过的事物能保持于头脑中，而且思考过的问题、理论，体验过的情绪、情感，练习过的动作都能保持于头脑中。如在生活实践中见过、学过、做过的事情以及体验过的情绪，都可以成为我们的经验保持在我们的头脑中，在以后生活中回想得起，或当这些事物再度出现时能辨认出来。这些都是记忆。

记忆是一个复杂的心理过程，它主要包括识记、保持、再认与回忆几个基本环节。识记是在大脑中留下神经联系的过程；保持是暂时神经联系巩固的过程；再认与回忆是暂时神经联系恢复的过程。记忆的这几个基本环节是相互联系、相互制约的。没有识记就谈不上对知识经验的保持；没有识记和保持，就不可能对经验过的事物进行再认和回忆。因此，识记和保持是再认和回忆的前提和保证，再认和回忆是识记和保持的结果和证明。

1. 记忆能力在学习能力中的重要地位

人类没有记忆就没有能力可言。因为记忆是思维与想象活动的仓库和基础，没有记忆，就无法进行思维和想象。不仅如此，大脑还把曾经思考过与想象过的事情的印象保存在记忆里，作为进一步学习的基础。学习者正是依靠记忆，把学习过的知识积累在自己的头脑里，然后才有可能不断地去学习新的知识。如果边学习边忘记，那么，已经学过的知识，就等于没有学，学习就不能进步。

记忆是应用知识、发展能力的前提。有了记忆，才能把学过的知识、技能有机地联系起来，得心应手，用于实际，达到会说、会写、会算、会做、会用、会创造。有了记忆，个体才能在活动中形成各自的个性特点，形成和发展各自的能力。

2. 记忆能力的品质与发展规律

记忆能力的品质主要有以下几个方面：

①敏捷性。记忆能力的敏捷性是指记忆信息的速率，凡是有在较短的时间内迅速识记信息，保持信息、再认信息或再现信息的记忆力，就是具有敏捷性的，反之，就是非敏捷性的。

②广度性。记忆力的广度性是指对于某种信息复现的程度。凡是能完全正确地复现或复现较多的，就是广度性好；凡是不能够完全地复现或复现较少的，就是广度性差或较差。

③准确性。记忆力的准确性是指对于信息的识记，再认或再现是否符合原信息属性及其特点，是否正确、真实无误地反映了原信息的质和量的特征。凡是记忆在质和量上都准确地符合原信息特征的，就是有记忆力的准确性，反之，就是没有记忆力的准确性。

④储存性。记忆力的储存性是指对信息的识记、保持的数量。如果一个人对信息的识记和保持的数量多，那么他的储存性就好；如果一个人对信息的识记和保持数量少，那么他的储存性就差。

⑤持久性。记忆力的持久性是指长时记忆力的功能。一个人长时记忆力功能好，则称之为有记忆力的持久性。我们平常说的一个人有惊人的记忆力，指的就是他的记忆力有持久性。

3. 记忆能力的培养

人的记忆力确实有相当大的差异。这种差异性除了与人的先天素质因素有关外，还取决于后天是否进行过有效的培养。人的记忆有无限的潜力。有目的地进行锻炼、培养和训练，记忆力是可以得到发展与提高的。

①明确记忆目的，提高有意识记能力。要提高记忆力，首先必须明确记忆的目的。在其他条件完全相同的情况下，记忆的目的越明确，记忆的效果越好。

②培养浓厚的兴趣，增强记忆力。兴趣是增强记忆的促进剂。无论是谁，对于自己所特别感兴趣的信息和对象，都能显示惊人的记忆。这与一个人的兴趣爱好有着密切的联系。一个人对他所感兴趣的信息与对象，会产生高度集中的注意力与观察力，从而记得快、记得久、记得准，这是增强记忆的有效措施。

③掌握科学的观察方法，是增强记忆的有效措施。一切记忆都开始于观察，即有意识、有计划、有目的的感知，所以要提高记忆力，就必须进行仔细的观察。观察越仔细，感知越深刻全面，记忆起来就越准确。观察越仔细，理解越深刻，记忆起来就比较牢固，会增强记忆的持久性。

④激发思维，揭示规律，加深理解，提高记忆力。经过理解记忆的事物，即使一时遗忘，还可以通过推导回忆出来。只有理解了的信息和知识，才能深刻地记住它。经验证明，再认与回忆并不只是一种简单的记忆活动，其中也包含着思维活动。可见，思维活动是抽象记忆力的基础，要提高记忆力，必须进行积极的思维活动。

⑤运用联想规律，增强记忆力。在记忆的过程中，联想起着重要的作用，因为被记忆的事物处于一定的关系与联系之中。记忆与联想的关系极为密切，记忆是联想的基础，联想又是记忆的一种重要方法。

⑥指导训练记忆方法，提高记忆能力。

A. 理解法。要弄懂被记忆事物的意义、内涵和外延，弄清其来龙去脉。

B. 对比法。将一些形或意相似的事物进行比较，弄清它们的相同和差异、区别和联系，使每种事物的特征更突出。

C. 联想法。要记忆某种事物，要联想与其相似的事物，以便进行比较，联想的目的是比较。

D. 强化法。为了记忆某事物，反复地对其进行回顾、背诵，必要时书写强化。但最好要与理解、对比、联想相结合，尽量防止死记硬背。

E. 应用法。运用是知识的最好记忆方法，是一种综合记忆方法，用的时候同时要涉及理解、对比、联想、强化等。用是提高记忆效果的最有效措施，也是培养记忆能力的最有效手段。

（三）思维能力的培养

思维是人脑对客观现实的、间接的、概括的反映。它反映事物的本质、规律和事物间的内在联系。思维能力是学习能力的核心，任何一种基本能力的形成和发展总是少不了思维活动，没有思维的观察、记忆、想象、表达是无意义的，也是不可能的。基本能力要形成综合能力更离不开思维，因为综合本身就是思维的一种方式，培养个体的思维能力是培养学习能力的关键。

1. 良好思维能力的目标要求

思维是智力的核心，也是学习能力的核心。良好的思维能力应有下列目标要求：

①具备良好的思维品质

思维在发生和发展中所表现出来的个性差异，就是思维品质，又称思维的智力品质。它包括：

A. 严密性，表现为能深刻思考问题，能分清主次，善于抓住事物的本质和规律，能够预见事物的发展进程。

B. 敏捷性，表现为在处理问题和解决问题的过程中，能够灵活地选择不同的角度或方法，进行积极的思维，正确地判断并迅速地得出结论。

C. 整体性，表现为能周密而全面地考虑问题，形成完整的知识结构。

D. 独创性，善于独立思考，善于发问、提出新观点，创造性地解决问题。

思维品质的几个方面，反映了人与人之间思维的个体差异，是判断思维能力层次，确定思维能力水平的主要指标。

②熟练运用各种信息加工方法

人们通过观察得到的信息，采取多种加工信息的方法对其进行加工，以有利于存储和检索。常用的信息加工方法有分析、综合、比较、分类、抽象、概括、归纳、演绎、想象、形象化、系统化、具体化、筛选、重组、校正、评价等。能否合理地使用各种信息加工方法，也是量度个体思维能力水平的重要指标。

③掌握多种思维方式

思维方式可以理解为多种信息加工方法的综合利用。常用的思维方式有形象思维和逻辑思维、定向思维和非定向思维、正向思维和逆向思维、发散思维和收敛思维等。在具体使用某种思维方式时，总是要用到多种信息的加工方法，能否选择正确的信息加工方法来组合合理的思维方式，并能选用正确的思维方式来思考实际问题，也是量度个体学习能力的重要指标。

2. 思维能力的培养

①发展和培养个体的思维品质。思维品质体现了个体思维的水平和差异，培养思维品质是培养思维能力的突破口，教学中抓住了思维品质培养，个体的智力、能力乃至创造精神都会迅速发展。

A. 思维敏捷性的培养。思维的敏捷性指的是思维的速度，表现为解决问题时的灵活性、针对性和适应性。有了思维的敏捷性，在解决问题的过程中就能够适应各种变化进行积极思维、周密思考，从而正确地判断和迅速地作出结论。首先，抓好基础知识和基本技能的落实，这是培养敏捷性的前提。基础知识扎实。因为知识既是能力的载体，又是能力的构成部分。能力源于知识又高于知识，没有扎实的基础知识，能力就成为无源之水，无本之木。其次，抓好知识间的渗透和迁移。渗透是知识间的联系，迁移是知识的灵活运用。联系实际，多举实例，久而久之，也就提高了思维的敏捷性。再次，对重要的内容，要进行整理、归纳，做到有序储存，方便提取，以提高思维的敏捷性。

B. 思维整体性的培养。思维的整体性表现为思维的广度和综合度。培养思维的整体性的主要方法是引导个体掌握知识结构，加强综合训练。要抓住各知识点的共性与差异去寻找各知识点之间的联系，通过归纳、综合，使知识网络化，从整体上把握知识结构。

C. 思维严密性的培养。思维的严密性体现在思考问题时的精确性、科学性、逻辑性和深刻性等方面。其中，逻辑性是最本质的特征，除了可以用于掌握新的概念、原理，更多的是用于应用知识解决问题的过程之中。

D. 思维独创性的培养。思维的独创性表现为思路开阔、灵活、新奇、独特。创造性是当今时代最重要、最可贵的一种思维品质。要鼓励个体标新立异，充分想象和联想，鼓励多思、多解，开阔思路，冲破思维定式的束缚；同时要注意引导个体善于自己总结知识规律，多练、多用。

②创设问题情境，培养思维能力。思维总是在一定的"问题情境"中产生的，思维过程就是不断发现问题和解决问题的过程。发现问题既是思维的起点，更是思维的动力。积极思维的关键在于科学地提出问题，创设恰当的问题情境。创设问题情境的原则是：第一，问题要小而具体；第二，问题要新而有趣；第三，问题要有适当的难度；第四，问题要富有启发性；第五，问题要联系已有的知识经验，针对学习实际。

（四）表达能力的培养

表达能力是人把自己的心理活动与别人进行交流的能力，是人们学习和生活必须具备的一种重要能力。表达能力主要包括书面表达和口头表达两方面。在学习中只有准确地交流，才能彼此沟通，相互促进，不断提高；在工作中只有准确地交流，才能与别人合作形成集体力量，规划、主张才能付诸实施并顺利进行，最终变为对人类有价值的财富；在生活中只有准确地交流，才能彼此理解、相互体贴，使生活变得丰富多彩。

优秀的表达能力表现为语言准确简明，具有条理性和层次性。如口头表达就是把自己想说的事说清楚，使别人能理解，做到语言准确、流畅、清晰。不管口头表达还是书面表达，都要符合逻辑。学科学习中的表达应尽量使用学科的专业用语，因为专业用语是最科学、最准确、最简明的语言。随着社会的发展，知识经济时代的来临，信息量剧增，数字化的发展趋势，大量的符号用作语言进行交流，在各个领域的语言都应符合文学修辞的要求，同时还要满足本领域对事物描述的要求，这对人们的表达能力有了更高的要求。所以，在学科教学中要充分重视对表达能力的培养。

1. 学好汉语文学知识是提高表达能力的基础。语言是思维的工具，也是认识成果的储存所。只有学好汉语，有了一定的语文水平，才可能有较好的表达能力。

2. 指导性阅读，进行复述性练习。课堂上的提问、讨论等教学方法，都能给个体创造表达的机会和条件。

3. 掌握表达的技巧和方法。口头表达水平差，往往讲话怯场，没有发言习惯，应当设法消除他们的害怕心理，为他们多提供发言机会。对于好说话而语无伦次，则要注意及时纠正表达中的错误，并加强语言逻辑性训练，提高口头表达的能力。

4. 加强语言文字表达规范化训练。要求个体用文字表达时，应抓准要点，层次分明，言简意赅，注意符合逻辑，科学规范，表述完整。对于那些表述错误、不规范、答非所问等现象，要及时纠正过来，并进行强化训练。

5. 加强学习心得、专题总结、实验或社会调查报告、科学小论文等撰写方法，让个体多动笔写；开展学术讨论会、论文答辩会、报告会等，让个体多动口说。实践证明，这些做法都能有效地提高个体的表达能力。

二、学习综合能力的培养

（一）自学能力的培养

自学能力，是指通过个体的学习和实践，独立地获取知识的能力。自学能力是由阅读、观察、思考、记忆、实验及操作等多种基本能力构成的，它的最大特点是必须通过独立的活动，将外界的知识变成自己的"东西"。自学能力是人们吸收知识的关键条件，是人们适应社会发展、获得事业成功的基础。

1. 自学能力的形成过程

自学能力是人在独立获取和应用知识的过程中形成的，这个过程可分为识记、理解和迁移三个阶段。

①识记。识记是一种正常的、有益的心理活动。识记有两方面含义：一方面对被识记的内容是否能识别与理解，另一方面是识记内容的分量是否适当，能不能正确认识并做好适当安排。识记，是对必须记的内容，尽可能在理解的基础上来记；死记是不管懂不懂、不问分量重不重，一味拼命地胡记乱记。

②理解。理解是指对事物有所了解，有所领会。理解属于理性思维，要借助于概念来进行。通过概念，才能阐述原理。所以，要懂得概念才能知道原理，才能得到理解。在掌握概念上，必须加深对概念的理解。理解属于理性认识阶段，个体在感性认识的基础上经过分析、综合、比较、概括、推理和判断，获得理性认识，这就是要通过对事物现象的认识进一步去探索事物的规律和本质。

③迁移。学习上的迁移，指的是已经学习的某一内容对将要学习的另一内容所产生的影响。促进有效迁移的有效因素主要有：

A. 知识条件。知识条件主要是指对于基础知识的掌握要全面、牢固、灵活的同时，还要对有关基础知识掌握得深刻、熟练。要懂得知识的意义，要透彻了解知识的各种变式，要熟练掌握知识的背景、条件及其变化。只有这样，才易于找到迁移的"通道"并把它们顺利地联结起来。

B. 能力条件。迁移需要各种能力，其中特别重要的是概括能力和分析能力。概括能力的水平越高，迁移就越容易。因为迁移顺利进行，关键在于能迅速地发现新知识的本质特点，准确地进行归类，把它纳入已有的知识体系中去，这就要努力提高对已有知识的概括水平，概括水平越高，就越能用已有的知识去理解当前的新课题。分析能力是顺利进行迁移的又一个重要条件。

2. 自学能力的培养

自学能力是多种基本能力的综合，不只是通过自学活动才能培养个体的自学能力，通过其他多种途径也能促进个体自学能力的提高。

①独立分析和解决问题。

A. 让个体自己发现新知。学习任何知识的最佳途径是由自己去发现，因为这种发现理解最深，也最容易掌握其中的内在规律、性质和联系。个体已有的知识和技能对后继学习有着重要的影响，因此可以引导个体利用已有的知识去发现新的问题，探求新的知识。

B. 多提问题。个体自己提出问题，做学习的真正主人，提出的问题越多，说明思维越活跃，学习积极性越高。

C. 学会归纳总结规律。学习过程中尽量创造让个体总结规律的条件，总结规律是培养个体自学能力的有效手段。

②培养个体良好的自学习惯。习惯是一种自动化了的行动方式，是一种自觉的行动。自学也是如此，养成了自学的习惯，平时就会自觉地去学，提高学习能力。

（二）问题解决能力的培养

1. 问题、问题解决的定义

问题解决也称解决问题，是指个体在面对问题情境而没有现成的方法可以利用时，指向于将已知情境转化为目标情境的认知过程。这一定义中有四个要点：

①问题解决过程是认知的，它是在解决者头脑内或认知系统中发生的，此种认知过程的存在只能从人的行为中被推测出来，而不能被直接观察；

②问题解决过程就是问题解决者操作自己已有的知识的过程，即对自己内部的符号表征进行认知的运思过程；

③问题解决过程是有目标指向性的，旨在对问题生成一个答案；

④问题解决是个人化的，一个情境是否构成问题，总是相对个人的原有知识和技能而言的。

2. 问题解决能力的构成要素

问题解决能力的构成要素主要有：

①陈述性知识，即辨认面临的事物现象，确认它是什么或怎么样等；

②程序性知识，指引问题解决的步骤一步步由此及彼地相继进行；

③认知策略，即对内调控的技能。

3. 问题解决能力的培养

知识在问题解决的不同阶段所起的作用不尽相同，但是要顺利解决问题需要在专门领域对个体进行能力培养，使个体形成特定的图式结构。应使个体掌握或理解有关操作或运算步骤的知识，使这些知识进入学习者原有的命题网络，然后设计变式练习，让个体在多种情境中进行练习，以促进陈述性知识转化为程序性知识，提高问题的解决能力。

个体进行问题解决能力的培养既有接受学习，又有发现学习。个体通过接受学习，逐渐掌握了许多基本类型的问题解决方法和形成了解决这些基本类型的问题的经验。随着学习活动的深入，他们在学习的过程中，会遇到一些复杂的问题，这些问题实际上是由各种基本类型的问题组合而成的。当然，个体对于这些问题的解决，需要根据自己的经验和对问题的理解，有机地将已经掌握的各种基本类型问题的解决方法应用进去。这类学习就是个体的问题解决的发现学习。

（三）创造能力的培养

1. 创造能力

创造力，是指产生新思想，发现和创造新事物的能力。它是成功地完成某种创造性活动所必需的心理品质。是人类特有的复杂的高级心理活动，是由知识、智力、能力及优良的个性品质等多种复杂因素综合优化构成。

创造能力包括以下能力：探索问题的能力，灵活的思维能力，迁移经验的能力，形象思维的能力，想象和联想的能力，逆向思维的能力，推陈出新的能力，联结和反联结的能力，高明的预见能力；还有观察、记忆、分析、批判的能力，表达和动手操作的能力等人类学习、生活、工作的基本能力。我们将以上种种能力的高度综合称为创造能力。

在开发个体智力的过程中，最重要的是创造能力的开发和培养。因为创造活动是最高级、最复杂的智力活动，它是在调动已有的知识积累的基础上，进行创造性设想的一种思维方式。这种思维方式能使接受能力、记忆能力、理解能力等多种因素得到充分发挥，从而使整个思维过程处于最积极、最活跃的状态。可以说创造能力的高低是人的智力发展程度的标志。当今世界已把有没有创造能力作为衡量人才的一个重要标准。

然而，值得我们注意的是，目前在个体中表现出有创造能力的常常是少数，而多数人习惯于单纯地吸收、记忆、理解教材所规定的知识。这种现象，并不完全是天赋素质的差异所决定的，而是长期以来所受到的教育以及生活环境影响的结果。正是那些枯燥乏味的教学内容，千篇一律的教学模式，简单刻板的学习要求，压制了个体的创造欲望。相反，现代科学实验证明：人的创造能力可通过训练获得提高；一个智力平常的人可以通过正确的引导和激励，增强创造意识，掌握和运用科学的创造方法，从而在学习上、事业上取得飞速的进步。因此，必须十分重视个体创造能力的培养。

2. 创造能力的培养

①提高训练创造性思维

创造思维，是指对思维主体来说是新颖独到的一种思维活动。包括发现新事物，提示新规律，创造新方法，解决新问题等思维过程。创造思维就是创造力的核心。它具有独特性、求异性、批判性等思维特征，思考问题的突破常规和新颖独特是创造思维的具体表现。通过这一思维，不仅能揭露客观事物的本质、内在联系，而且在此基础上能产生出新颖、独特的东西。在学习过程中，善于独立思索和分析，不因循守旧，能主动探索、积极创新的思维因素。创造思维具有以下几个特征：

A. 独创性——思维不受传统习惯和先例的禁锢，超出常规。

B. 求异性——思维标新立异，"异想天开"，出奇制胜。在学习过程中，对一些知识领域中长期以来形成的思想、方法，不信奉，特别是在解题上不满足于一种求解方法，谋求多解。

C. 联想性——面临某一种情境时，思维可立即向纵深方向发展；觉察某一现象后，思维立即设想它的反面。这实质上是一种由此及彼、由表及里、举一反三、融会贯通的思维的连贯性和发散性。

D. 灵活性——思维突破"定向"、"系统"、"规范"、"模式"的束缚。在学习过程中，遇到具体问题灵活多变，活学、活用、活化。

E. 综合性——思维调节局部与整体、直接与间接、简易与复杂的关系，在诸多的信息中进行概括、整理，把抽象内容具体化，繁杂内容简单化，从中提炼出较系统的经验，以理解和熟练掌握所学定理、公式、法则及有关解题策略。

②运用求异思维和求同思维培养创造性思维

求异思维是创造性思维的核心，它对创造力的形成起着至关重要的作用。求异思维是一种开拓思路，不依常规，寻求变异，多方面思考问题，探求解决问题的多种可能性的思维方式。求异思维有三个主要特点：一是从不同的方向探索问题，是以假设解决某个问题可能有几种正确方法为基础的思维过程。二是把眼前面对的材料和过去头脑中储存的材料，重新组织起来形成新的材料，从而解决问题，不依赖现成材料，寻找现成的答案。三是在思维过程中有推测、联想、想象、创造等活动的参与。在学习过程中，应注意开发学习者的求异思维，培养其思维的新颖性、独特性、多向性，激发创造力。

③运用发散思维和辐合思维培养创造性思维

发散思维与辐合（集中）思维是两种方向相反的思维。发散思维是创造性思维的基础，而创造性思维又离不开辐合思维，创造性思维是发散思维和辐合思维的辩证统一。因此，在小学语文教学中必须同时抓好两种思维方式的培养。

发散思维又称辐散思维，是根据已有信息从不同角度、不同方向思考，从多方面寻求多样性答案的一种展开性思维方式。这是一种寻求多途径、多模式解决问题的方式，因此体现出高度的创造性思维特征。在创造性教学过程中，借助发散思维，可以使学生产生广泛的自由联想，思路流畅开阔，从而获得许多新颖独特的解决问题的方案。它表现出流畅、变通、独特三大特征。发散思维是创造性教学过程中应特别注重培养和训练的方面。然而，在创造性解决问题过程中，辐合思维也是不可缺少的。辐合思维可以对发散思维获得的众多解决方案或办法进行优选组合，最终找到解决问题的最佳方式方法。

④培养学习兴趣，激发个体的创造性思维

一个人如果对要创造、发明的目标有了浓厚的兴趣和好奇心，他就会把全部注意力指向这一目标，牢牢地把握着它，就会调动和发挥一切智力因素和非智力因素，充分发挥主观意识的能动作用；就会刻苦钻研，孜孜以求，困难再大也能坚持下去，再苦再累也不感觉疲倦；就会全神贯注，甚至达到废寝忘食的程度；就会处于最佳的精神状态，处于灵感状态。因此，在学习实践中，应当注重培养和发展个体的学习兴趣，要充分认识，个体的兴趣并不是天生的。要使个体对学习产生浓厚的兴趣，需要教师的自身影响、启发和诱导。所以，要创设条件，采用直观的方法，生动的语言，创造激发兴趣的良好情境，使个体对教学内容产生浓厚的兴趣。

⑤培养个体独立性品格

要发展与培养个体创造性学习的能力，最重要的是要培养独立性品格。所谓独立性品格，就是有自己的思想、自己的方法、自己的主见。独立性品格要求对任何事物、思想、理论、学说都不盲从，不人云亦云，而是要问一个为什么，要有批判精神，对的就坚持，坚定不移地相信，错的就批判，要抛弃；敢于标新立异，提出新的见解与主张，从不同角度提出问题，用不同的方法去解决问题等。为此，要特别重视培养个体独立分析问题和解决问题的能力，遇到问题时，即使是难度很大的问题，也不要轻易寻求别人的帮助，而是尽最大努力自己去解决。当自己的认识和观点与别人不同时，不要急于否定自己，即使自己是错的，也要弄清错在何处以及怎样纠正。分析解决问题时不因循守旧，敢于打破常规，善于质疑，提出新的问题、新的方法。

第四节　理解能力综述

一、理解能力内涵

理解是对客观事物一般特性或本质的揭示和懂得。换句话说，对某一事物的理解就是形成关于这一事物的概念，因为概念是客观事物的一般特性或本质属性在人脑中的反映和概括。所以理解也是一种思维过程，是以先前所获得的知识经验为基础，也就是以大脑已有的暂时联系为基础，进而形成新的暂时联系，对某一事物的深刻认识过程。对某一事物最正确的理解，就是对它的概念的理解和运用的过程，可以呈现不同角度的理解能力，例如可以理解事物的因果性，理解事物的内容和形式，理解事物的结构等，通过复述、独立引用、按原理进行实际操作等方式体现等。如果个体的学习最终未能增进他在某个领域的理解，未能基于这样的理解将所学的知识与自己的生活经验或问题解决结合起来，那么，这样的学习很难说是"有效"的。

（一）理解能力的概念

理解能力就是人们完成理解这一活动所需要的个性心理特征或心理条件。它是人们从事日常生活的基本能力，对于特定领域特殊事物的理解能力又可以认为是特殊能力。无论怎样，理解能力取决于理解者，不同的理解者对同一个事物理解能力是不一样的。简单地说，理解能力就是主体理解事物的能力，这种能力的强弱与理解者本身的固有性质有直接的关系，理解者理解事物越全面，越透彻，越深刻，则认为理解者的理解能力越强。

（二）影响理解能力的主要因素

决定一个人的个性心理特征从而影响个人理解能力的因素有以下几个方面：

1. 心智因素

心智成长是指人的心理成长和智力发育。人的心理成长和智力发育是有一定规律的。如皮亚杰把从出生开始到15岁的人的认知发展分为思维的萌芽、形象或表象思维、初步逻辑思维、抽象思维几个阶段。学习者的学习过程就是思维方式的进步和思维能力的提升过程，这就是人的心智成长的一个侧面。人的心智既由先天遗传因素决定，又受后天成长环境影响，人的先天因素和后天培养同时决定着人的心智发展的应然和实然，而心智水平自然决定着人的理解能力。

2. 经验因素

经验阅历是指人所听到的、见到的、经历过的事情。一个人的阅历构成了该人的前理解。前理解造就主体的理解能力，没有前理解的人没有理解能力。前理解规定了理解的视野或视阈，理解者只能理解视阈内的东西，而视阈外的东西是不可理解的，前理解越丰富，视阈越宽阔，理解能力越强。

3. 观念因素

观念包括人生观、世界观和价值观等，这些观念决定着人们理解事物的方向。人生观是人们对人生的目的、态度、价值和理想等的根本观点。人生观是一定社会或阶级意识形态，是一定历史条件和社会关系的产物。人生观的形成是在人们实际生活过程中逐步产生和发展起来的。人类历史上出现过几种有代表性的人生观：享乐主义人生观、厌世主义人生观、禁欲主义人生观、幸福主义人生观、乐观主义人生观、共产主义人生观等。世界观是人们对世界总的根本的看法。由于人们的社会地位不同，观察问题的角度不同，形成的世界观也不同。价值观是一个人对周围事物的是非、善恶和重要性的评价。人们对各种事物的评价，如对自由、幸福、自尊、诚实、服从、平等等，在心中有轻重主次之分。这种主次的排列，构成了个人的价值体系。价值观和价值体系是决定人们期望、态度和行为的心理基础。典型的价值观有以下几种：理性价值观、美的价值观、政治性价值观、社会性价值观、经济性价值观、宗教性价值观。

人生观、世界观影响着一个人的价值观，同时，这三者又具有稳定性和持久性，这种稳定性和持久性就构成了人们理解事物的特殊心理条件，决定着在同一客观条件下，持有不同人生观、世界观和价值观的人对事物会有不同的理解能力。

（三）理解能力的主要内容

理解能力是衡量学习效益的重要指标，它包括以下几个方面：

1. 整体思考的能力

学习需要借助积极的思维活动，弄清事物的意义，把握事物的结构层次，理解事物本质特征和内部联系，需要对学习材料作整体性思考。整体思考能力的强弱影响着个体的学习效果。因此，个体应该培养自身的全局观点，考虑问题要从大局出发，着眼于整体问题的解决。

2. 洞察问题的能力

学习需要不断地思考，在解决问题的过程中不断地发现问题，对问题要具有洞察力。只有这样才能更深刻地理解学习材料，取得良好的学习效果。

3. 想象力、类比力

正如想象可以让知识插上翅膀一样，想象力可以让个体学习知识的能力得到提升。而类比力是将同类事物进行比较的能力。同类事物具有相似之处，也具有相异之处，对其进行比较、分析，可以加深对所学知识的理解，从而取得良好的学习效果。

4. 直觉力

直觉力是个体学习能力达到一定程度而展现出来的一种能力。有些东西是要靠直觉把握的，学习有时也要靠直觉。直觉力高低对学习效果好坏有时也起到重要作用。

5. 解释力

即解释经验现象的能力，也就是运用观念进行逻辑推演的能力。学习需要将学到的知识经过概念、判断、推理的抽象思维过程转化为自身的一种东西，并能对其进行合理的解释，能否对所学知识进行合理的解释，是判断一个人理解力高低的重要标准。

二、理解能力的三级水平

理解过程中，因每个人的大脑对事物分析决定的一种对事物本质的认识不同，理解知识的水平也不同，一般将理解知识分为三级水平：

（一）初级知觉水平的理解，就是能辨认和识别对象，并且能对对象命名，知道它"是什么"

知觉的理解性是指人们根据已有的知识经验来辨认或者认知事物的过程。不同的主体有不同的思维，理解的主体不同会形成不同的认识，得出不同的认知结论。

影响知觉理解性的条件主要有以下三个方面：

1. 言语的指导作用

人们对事物的了解首先建立在头脑中，形成对对象的一般性的认识，其次才会在脑海中组织起对对象的感悟，语言正是这种感悟的外在性表述。语言的指导性作用主要在于语言的直观表述和提示作用，当人们脑海中难以瞬时勾起对一定对象的印象时，语言的出现可以帮助对知觉对象的理解，使知觉更迅速、更完整。例如，天空中的云彩，自然景色中的巨石形状，在感知时加以词和言语的指导，很快就能知觉到。

2. 实践活动的任务

当有明确的活动任务时，知觉就为之服务，个人的主观目的不同，对对象的感知方面也就不同，主体会以他所要获得的事物的主要方面信息来知觉对象，因此，不同的目的往往导致对对象的知觉效果不同。

3. 个人动机和期望情绪与兴趣以及思维定式等

主体对客观对象的态度不同往往会造成不同的理解方式，如果对知觉对象抱着消极的态度，就不能深刻地感知客观事物；只有对知觉对象发生兴趣，抱积极的态度才能加深对它的理解。同时，一个人一旦形成思维定式，就很难对知觉对象做出深刻的了解，勇于创新，才可能发现知觉对象的其他有用方面。

理解的条件实际上为理解本身作用的发挥奠定了基础。理解以过去的知识经验为依据，力求对知觉对象做出合理的解释，使得它具有一定的意义，从而为进一步的认识提供基础。只有在理解的基础上才有可能对知觉对象进行更深层次的探究，以达到真正认识世界的目的。

（二）中级水平的理解是在知觉水平理解的基础上，对事物的本质与内在联系的揭露，主要表现为能够理解概念、原理和法则的内涵，知道它"怎么样"

本质是一事物区别于其他事物的属性，是在事情发展过程中所能揭示的与事物有关的信息，是直接指向问题解决的属性特征。

内在本质联系是能使事物的本质发生根本性质变化或个别局部性质变化的一切必要的联系，是事物的分析发展阶段和综合发展阶段所产生的一切内在本质联系的总称。现象是事物的外部联系和表面特征，是事物本质的显现。本质是事物的根本性质，是事物内在的、稳定的、必然的联系。事物的现象与本质是辩证关系，既对立又统一，现象是表面的，外在的丰富而易变的可以为人的感觉器官所把握本质是内在的，深层的、稳定的理解思维才能认识。所以，可以在知觉水平的理解基础上，透过事物的表面现象，找到事物本质之间的联系，理解概念、原理和法则的内涵，进一步加强理解认识。

（三）高级水平的理解属于间接理解，是指在概念理解的基础上，进一步达到系统化和具体化，重新建立或者调整认知结构，达到知识的融会贯通，并使知识得到广泛的迁移，知道它"为什么"

间接理解是指人在学习过程中对学习对象的相互联系、事物内容、形式上的特性及其规律的认识、领略或彻悟。间接理解是对复杂的或陌生的学习对象需经过一系列复杂的分解、归纳、判断，并借助于概念而实现的由浅入深，由模糊到清晰的理解。间接理解须经过复杂的思维过程。常常是从最初模糊的、未分化的理解逐渐过渡到明确的、清楚的理解，其间经历了不同的阶段，渐悟是由局部到整体，由形式到内容。间接理解总是针对复杂的、陌生的事物，并带有问题解决的特点。问题解决尤其体现理解能力，对提出的问题所给予的回答，可以表现出理解的不同程度或不同水平。理解的标志之一，是对所理解的对象能用自己的话表达出来，包括对语言材料加以改组，改变其表达方式。对某事物理解不确切，难以用自己的话表述，或仅能背诵原文，这说明对文句或事物并未有真正的理解。真正的理解是一个多层次的信息加工过程，是对当前的刺激与人脑中已有的知识、经验、兴趣、爱好相互作用的结果；是一个积极、主动的过程；是自上而下的加工。可以是根据对某一事物的理解，能独立完成所需要的所有动作。在理解的过程中，言语表达和实际动作有时并不一致。良好的理解应是二者的结合。

第五节　提高理解能力的途径和方法

理解能力对学习具有迁移的作用，当学习者能够从内容中建构意义时，就算是理解了，即学习者在对将要获得的"新"信息与原有知识产生联系时，他就产生了理解。更具体地说，新进入的信息与现有的图式和认知框架整合在一起时，理解就发生了。鉴于"概念"是认知图式与框架的基石，所以理解能力的提高需要以知识的理解为基础。

一、理解能力的发展流程

（一）解释

这是指学习者能够将信息的一种表征方式转换成另一种表征方式的能力。替换说法可以是转换、释义、表征和澄清。

（二）举例

指学习者能指出某一概念或原理的特定事例，确定其特征，然后运用该特征选择或建构具体事例。替换说法可以是例证和例示。

（三）分类

指学习者能够识别某些事物（如某一事例）是否属于某一类别（如概念或原理）。分类能够查明既适合具体事例又适合概念或原理的相关特征或范型。如果说"举例"是从一般概念或原理出发，要求学习者找到相应的具体事例，那么，"分类"则是从具体事例出发，要求学习者找到相应的概念或原理。分类的替换说法可以是归类。

（四）总结

指学习者能提出一个陈述以代表已呈现的信息或抽象出一个一般主题。总结同构建信息的一种表征方式有关。总结的替换说法可以是概括和抽象。

（五）推断

指学习者能够在一组事例中发现范型。当学习者能够从一组事例中发现特征及其相互联系从而抽象出一个概念或原理时，这就表明其能作出推断。推断过程涉及在一个整体情境中对各个事例作出比较，发现范型并创造出一个新的事例来。推断的替换说法可以是外推、添加、预测和断定。

（六）比较

指查明两个或两个以上的客体、事件、观念、问题和情境等之间的异同。比较包括了发现要素或范型之间的意义对应性。比较的替换说法可以是对照、匹配和映射。

（七）说明

这是指学习者能够建构或运用因果模式。这一模式可以从正规的理论中推演，也可以依据经验或研究得出。一个完整的说明包括阐明某一系统中的主要部分是什么，它们之间如何发生变化等。也被称作建构模型。

二、提高理解能力的途径和方法

提高自身的理解能力一般有两个途径：一是通过亲自实践获得大量感性知识，然后通过思考上升为理性知识，这些构成了个人知识的一小部分来源；二是则直接把人类在长期实践中积累起来的知识继承过来，把社会的知识转化为个人的知识，这是个体知识的主要来源或大部分来源，正如恩格斯所说："每一个体都必须亲自去体验，这不再是必要的了；他的个体的经验，在某种程度上可以由他的历代祖先的经验的结果来代替。"

（一）掌握尽可能多的感性知识

因为事物的本质或规律都是通过具体的感性现象表现出来的，没有大量的感性材料基础，是很难达到对事物的本质和规律的认识和理解的。对某一事物没有丝毫感性知识，要认识和理解它是非常困难的。

（二）在实践中运用和检验概念

对一事物最真切的理解，就是对这一事物概念的理解和运用。因此，经常在实践中运用概念，并不断用具体事物检验已经形成的概念，不仅能够有效地增进对此事物的全面理解，还有可能获得对此事物的更深刻的认识和理解，进而更新此事物的概念。为了在实践中更好地运用概念，达到真正理解的目的，可以采用从一般到个别，从抽象到具体，并且再反过来，从个别到一般，从具体到抽象的方法。概念都是经过概括和抽象的，在实践中，将经过抽象和概括的一般，去分析和解决个别的、具体的问题；再将个别的、具体的问题上升到一般，经过这样的循环往复，就能将知识运用自如，达到真正的理解。

（三）学会将知识迁移，触类旁通

这一点实际上与掌握和运用概念有密切关系。因为概念就是对同类事物的概括。知识的迁移从思维角度来说就是一种灵活的概括，概括就是"触类"，"旁通"就是灵活的迁移。因此，善于触类旁通的人理解问题更敏捷、更广阔。

（四）善于比较

有比较，才能有鉴别，才能更准确地把握一事物区别于他事物的特点。把相似或相近的事物进行比较，找出它们之间的不同，是认识和理解事物的有效方法。

（五）把握主要的本质的东西

透过现象看本质。这是认识和理解事物的一个原则。能够掌握和运用这个原则，说明理解能力已经达到了相当高的境界。常为人们所说的理解力是衡量学习效益的重要条件和前提，同时也是一个很重要的心理要素，它包括以下两个方面。一是要具有想象力、类比力。正如想象可以让知识插上翅膀一样，想象力可以让个体学习知识的能力得到飞升。而类比力是将同类事物进行比较的能力。同类事物具有相似之处，也具有相异之处，对其进行比较、分析，可以加深对所学知识的理解，从而取得良好的学习效果。二是要具有解释力。在这一方面，也就是要具有解释经验现象的能力，即运用观念进行逻辑推演的能力。

三、理解力和执行力

九层之台，起于累土；千里之行，始于足下。有了对理解的能力，有了发展的方向和思路，关键就是切切实实地执行起来，并一以贯之地执行到底。理解力是离不开出色的执行力的，任何的理解都要分阶段细化为一项项的工作标准和要求来实现，都需要落实到一步一步扎扎实实的行动来实现。

（一）执行力的含义

执行是将计划、决策、方案和策略为了实现一定的实践活动的目标并将其变成现实的一种有目的性的活动。执行具有规律性、目标性、层次性、及时性、连续性和实施性等特征。当执行被认为不仅是管理和管理能力的基本任务，而是上升到管理能力的高度的时候，"执行力"概念由此产生。"执行力"这一概念最先在行政法学领域中得到使用，完整的应该叫"行政行为执行力"。关于"执行力"的概念界定，国内外学者普遍认为，"执行力"是指具体行政行为执法的强制力或法律效力。随着管理科学的发展，"执行力"被广泛应用在工商管理领域，一般理解企业在日常的管理运行中，企业用于促进发展的一系列经济手段、技术体系和相关的能力措施等。因此，执行被看做实现既定目标的具体过程的一种能力和方式。换言之，对决策的形成，制订具体计划，具体行动，以实现他们的目标，并确保执行完成的能力和手段，形成执行。美国学者保罗·托马斯和大卫·伯恩则指出：执行是一种行为和技术体系，使企业创造了一种独特的竞争优势。

（二）执行力与理解力

理解力与执行力是做好一切事情的基础条件。理解力和执行力至关重要，且同等重要，缺一不可。没有好的理解力必没有好的执行力，理解能给执行指明方向和步骤；空有好的理解力，没有好的执行力也达不到目的，执行是理解的归宿。缺乏理解就不会有真正的执行。一方面，理解是执行的基础，理解为执行指明方向。事物的运行发展，需要认真思考和理解。只有那些有方向、有目标、有思路的执行才能带来好的结果。另一方面，理解的高度、深度决定执行的力度、准度。准确把握事物发展的形势和任务，准确理解其内涵和本质，才能保证执行有力有效。

执行力就是实践的能力、行动的能力，再好的项目、再宏伟的规划，最终都要通过实践执行落到实地，才能变成实事，才能解决实际问题。要提升个人的工作理解力和执行力，应当从以下几个方面着手：

1. 勤学好学，提升境界。站得高，望得远。学习，孜孜不倦地学习，是一切知识与能力的源泉。抓住一切学习的机会，不断丰富知识储量，开拓发展视野，提高理解水平，借以带动把握能力、问题分析能力、规划制订能力、工作实践能力的不断提升。

2. 要善于把握重点和关键，善于创新理念和方法。无论多么复杂的问题，认清、抓住重点要求，看透、点准关键环节，就会天高地阔，反之就会困难重重。对于执行的要求和部署，找准重点和关键，以重点要求和关键环节为核心谋划思路，才能推动事情往正确的方向发展。

随着社会的发展和需求的变化，学习过程中也面临着新的形势。新形势有新任务，新任务有新要求。因此需要创新思路，采取新的方法，才能切实履行扩展之后执行力真正落到实处。

3. 要养成细致严谨的执行风格。风格深刻影响着执行的力度。不深入调查研究，不认真谋划思考和理解，必然没有好的执行力。工作理解力和执行力的发展，影响着事业的健康发展。细致严谨的执行风格必然会有良好的执行力。

案例分析

案例一：

提升能力是指由对新能力、新技术的吸纳或培养以达到学习目的的方式。对采用这种方式的组织而言，学习是其经营战略中极为重要的一个组成部分，它们借鉴他人经验，开创新机会。常见的做法包括招募关键人才、投资培训关键能力及技术、组建战略联盟、兼并有特别技术和能力的公司、与大学及咨询公司合作等。这种学习方式的目的是帮助组织成员获取最新的关键性能力，从而快速构思并开发新产品、新技术与新流程。思科、微软、摩托罗拉、通用电气等公司都是采用提升能力方式的成功典范。

使用提升能力方式最有代表性的是某电子公司。该公司在高度竞争、快速变迁的电子产业中稳扎稳打。

1. 学习文化不断传承

公司自从创立以来，其领导者对于学习与教育的重视就一直深植于公司文化中，20世纪80年代，专门建立公司的大学，批准了一个拨款3500万美元的五年计划。

2. 不分级别不吝投入

该公司现在每年花在培训与人才开发中的经费约有1.2亿美元，全公司不论级别高低，每个人每年都必须接受至少40小时的培训。

3. 学习培训目的明确

该公司的大学横跨17国、27个办事处，提供的所有学习培训课程，都本着一个目的——培训学员构思、推广新经营方法及策略的能力。这所知名的企业大学期望自己成为"改革的前导灯"。

4. 让学习更加开放

公司对管理人员的培训有其独到之处，即不断给予经理们挑战并让他们接触来自四面八方的观点。为了帮助管理层人员寻找未来契机，曾安排他们与一些十六七岁的学生聚会，了解青少年对未来的看法以及他们喜欢的产品。正是通过这些接触，该公司发现了手机在青少年中巨大的市场潜力，市面产品设计太呆板单调。获悉这一信息后，该公司近年来一直致力于研发各种"新生代"的手机。

5. 混合培训价值链中的每一节

在该公司大学，同样出名的还有员工、客户与供应商共同参加的混合培训课程。他们邀请客户与供应商一起参加培训，不仅改变了客户与供应商的思维模式，也能让员工更加了解客户与供应商的需要和遇到的困难。这些互动式的讨论往往能激发有用的创意，促使产品、服务与流程进行有效的改革。

6. 全面捕获资讯

该公司的故事告诉我们：企业可经由全面的教育培训，创造并推广创意。公司鼓励员工从潜在客户、现有客户、供应商及其他资讯来酝酿新想法，将提升能力的学习方式发挥得淋漓尽致，而该公司也因此成就非凡。

分析思考：

1. 谈谈学习能力对于企业和个体的重要性。

2. 企业如何培养员工的学习能力？

案例二：

不断改良是指公司通过计划—实施—检查—改善（PDCA）的循环，持续改良既有产品、技术、服务及流程，以达到学习目的的方式。采用这种学习方式通常要求企业的执行力要高，员工高度参与，参与方式包括群策群力、质量圈、问题解决小组或自我改良团队等，并且以客观数据为基础，通过亲历亲为不断改良现有技术、产品和流程，满足内部和外部客户提出的各种需求。丰田、本田、摩托罗拉、迪斯尼乐园等都是持续改良的模范企业。

A公司是各种学习方式都运用得很好的公司。公司认为自己是"一个不断学习、不断传授经验的组织"。公司的案例显示，不断改良的学习方式能够促使企业不断提高产品和服务质量，保持稳健增长。

1. 总裁亲力推动

1996年，总裁开始宣布进行行动，并预期在4年之内使公司成为一个六西格玛公司。在项目开始的第一年，员工没有很重视这个新项目。面对这种情况，总裁意识到他必须要让员工非常确切地知道这个项目是怎么一回事。更重要的是，他要让员工知道在这场行动中要扮演什么角色。于是，他开始亲自推动这个计划，在各种开会中谈论它，并分发名为"目标和旅程"的小册子给每个员工。这个小册子只有6页，简要介绍了六西格玛。小册子的内容传达了一个重要信息就是，公司将投入巨大的资源和时间开展该项目，作为公司员工，要么进行这个项目，要么离开。

1997年5月，总裁发布了推动六西格玛培训的指令，严格要求所有公司员工必须参加六西格玛及其培训，并且有明确的时间要求。六西格玛项目就这样在公司如火如荼地展开了。

2. 严格培训每位员工

为了实施六西格玛，公司提出了对员工的各种要求：重新接受各种有关培训，能了解并应用六西格玛的工具，能利用数据对自己的工作做决策，能清楚地了解自己的工作是如何影响业务量和客户的，发挥优势、应用最佳的作业方式以及将指导别人作为每个人的自觉行动，清楚地了解自己的职责与责任。它要求所有人员，包括市场营销人员和勤杂工都采用像工程师那样的思维和行为方式。所有的工序，包括电话应答，或装配飞机，都要按照六西格玛的要求，出现误差的可能性都要缩小到百万分之 3.4 以下，达到 99.9997% 的精确度。质量管理不再是那种目标不清，只是笼统地说质量有所改善的实践，而是根据顾客的要求来确定具体可操作、可量化的管理活动。对顾客特别有帮助的项目会受到高度重视。

3. 训练出专职"黑带"，"绿带"兼职辅助

在公司，六西格玛的实施由经过严格培训的被称为"黑带大师"和"黑带"的员工来带领和指导，他们时刻活跃于各种项目中，努力消除一切误差。训练"黑带"要花费 4 个月的时间，但要成为一名精通各种分析工具的"黑带大师"，得花费两年的时间。要获得正式认可的资格，"黑带大师"还必须主持 20 个获得预定可节省效益的项目。"绿带"队伍业余时间参加质量控制项目，正常情况下做各自的本职工作。

4. 不断改良的巨大收益

现在，对于总裁在公司实施六西格玛取得的成绩，已几乎没有人持怀疑态度。1996 年，也就是公司开展六西格玛运动的第二年，公司从与质量相关的节约中得到大约 2 亿美元的收益。1997 年，当六西格玛质量标准深入到公司的各项营业活动中以后，公司的营业利润率就突破了当时被认为是高不可及的 15% 的大关，接近 16%。到 1998 年，公司已为实施六西格玛质量标准投入了 10 多亿美元，它所产生的财务方面的回报已进入几何级数增长阶段：1998 年公司扣除同年所作投资后还节余 7.5 亿多美元，公司的营业利润率创纪录升至 16.7%，比 1997 年提高 1 个百分点。1999 年，公司的年度销售收入、利润和现金流量都创历史新高，六西格玛给公司带来了 20 亿美元的收益。

分析思考：

1. 请结合本案例谈谈理解力和执行力的关系。
2. 如何更好地提升员工理解力？

课后习题

1. 如何理解学习能力和理解能力的概念及特征？
2. 结合自身实践怎样培养学习能力？
3. 如何提升自己的理解能力？
4. 简述理解力和执行力的关系。

第十章

分析和判断能力

学习目标

学习目标

1. 理解分析的概念和基本方法
2. 掌握提高分析能力的途径
3. 理解判断的概念和特征
4. 能够区分不同的判断形式
5. 了解问题解决的基本途径

引　言

　　分析判断能力是指人们对事物进行剖析、分辨、单独进行观察和研究的能力，包括分析能力和判断能力两个方面。分析是判断的基础和前提，判断又推动着分析的进一步深入，分析偏重于对事物了解的完整性和透彻性，判断偏重于对事物了解的整体性和方向性，二者统一于解决问题的过程。一般情况下，一个看似复杂的问题，经过全面深入的理性分析和准确判断的梳理后，就会变得简单化、规律化，从而顺利地被解决，这就是分析判断能力的魅力。

第一节　分析能力

一、分析能力的概念

分析就是将研究对象的整体分为各个部分、方面、因素和层次，并分别地加以考察的认识活动。分析的意义在于把握事物的本质和规律，寻找能够解决问题的主线，并以此解决问题。

所谓分析能力是指把一件事情、一种现象、一个概念分成较简单的组成部分，找出这些部分的本质属性和彼此之间的关系单独进行剖析、分辨、观察和研究的一种能力。包括将问题系统地组织起来，对事物的各个方面和不同特征进行系统的比较，认识到事物或问题在出现或发生时间上的先后次序，在面临多项选择的情况下，通过理性分析来判断每项选择的重要性和成功的可能性以决定取舍和执行的次序，以及对前因后果进行线性分析的能力等。一般而言，完整的分析要经历三个阶段：分开—了解—组合。

（一）分开

分开也就是简单分解，是指将复杂的事物分解为多个比较简单的事物，将大系统分解为具体的组成要素，为进一步的详细了解和深入剖析做好准备工作。分开的结果要求列出一个清单，将问题简单地分解成一系列的任务或活动，但没有指明每一项的意义，也没有指出各个对象间的内在联系或处理时的优先次序、轻重缓急。

（二）了解

这里的了解主要指对各要素的重要性、特征以及要素之间的关系进行分析。了解的目标包括能够辨认出一个问题的多个方面，并对每一个方面进行详细说明，标出它们之间的复杂的因果关系；能够对不同的问题或事件进行多重因果链接，认识到一个事件背后多种可能的原因，一个行动可能引起的多种结果，或一个事件中各个部分的多重因果关系等。

（三）组合

组合是在分开和了解的基础上进行的，它的基本特点就是对了解到的各要素的特点、要素之间的关系等综合在一起，由此而形成一种新的整体性的认识。所以，组合不是关于对象各个构成要素的认识的简单相加，它需要运用不同的分析技巧，辨别事物之间多重的联系，较为深入地分析事物之间的复杂关系，对于了解到的成果化繁为简、去粗取精。

二、分析能力的特点

分析能力是我们的基本生存技能之一。我们在学习、生活、工作中，会遇到大量的问题，面对错综复杂的情势，我们需要通过敏锐的观察占有丰富而全面的感性材料，并以此为基础，对事物进行深入分析并进行抽象和概括，从而找出解决问题的主线。总体而言，分析能力具有以下几个特点：

（一）综合性

分析是一种科学的思维活动，这种分析活动是建立在感性认识所获得的大量经验材料基础上的，但是思维的分析活动并不是指感觉的分析活动。人的各种感觉器官都是一种分析器，每一种感觉器官都只能接受某一种特定的信号。自然界的各种事物的特性如颜色、气味、声响等都是密切联系在一起而呈现在人们面前的。人的感官将它们分析之后形成不同的感觉。科学思维的分析活动与感官分析器这种感性的分析活动是不同的，它是一种理性的认识活动，它涉及观察力、理解力、判断力、组织力等，受知识结构、经验积累和智力水平三个因素的影响和制约。首先，不同的知识结构和经验积累，往往会影响人们观察事物的角度和重点，而是否获得全面、客观的感性材料是分析能否顺利进行的前提条件。其次，面对同样的感性材料，由于人们已有的知识结构和智力水平不同，在对感性材料进行去粗取精、去伪存真的理性加工过程中，又会因不同的理解和判断而产生差异。最后，分析不是对感性材料的简单加工，而是为了找出隐藏在事物内部的本质和规律，即实现感性认识到理性认识的飞跃。在这一环节，人们的智力水平、思维品质会直接直接影响分析的全面性、准确性和深刻性。

知识是能力的基础，丰富的知识是分析问题能力的有利条件；能力是运用所掌握的知识，顺利完成各项任务的艺术。敏锐的观察力、深刻的理解力以及对观察、理解和判断结果进一步组织的能力，都是分析能力的重要影响因素。因而，分析能力是一种综合性的能力，它需要良好的理论知识结构、丰富的实践经验以及智力水平的较高发展等。

（二）深刻性

分析的深刻性不仅体现在分析过程本身，而且体现在分析结果的要求上。首先，分析是感性认识上升到理性认识的认识过程，这是一个质的飞跃。它属于理性认识的范畴，是人的思维能动性的高度体现。所以分析问题比观察问题要深刻，它是在理论的指导下，运用形式逻辑和辩证逻辑的方法，进行判断、推理、类比、归纳，即运用理论思维去认识事物本质的过程。其次，分析必须是对研究对象的重新认识。分析是建立在原有综合的基础上，人们总是依据一定的理论去分析现实对象，但是，分析不是对已有理论的简单演绎，分析的产生是因为问题已经出现或为了发现新的问题，因此，分析必须对研究对象重新作具体深入的研究，以获得新的认识去指导实践的推进。

（三）动态性

事物是静止的，运动变化是绝对的，因而分析能力也就必然表现出它的动态性特点。这一特点要求人们在分析、解决问题时，必须具有动态分析的能力，即在头脑中建立起科学的时空坐标体系，并提高在动态中处理信息的能力。既要善于对事物作纵向的历史性分析，即从事物的过去、现在和将来进行综合分析；又要善于对事物作横向的共时性分析，即善于对相互联系、相互交叉的事物进行比较分析。也就是说，在实践活动中，要把历时性和共时性结合起来，在纵横两方面的动态中对事物进行分析。

三、分析能力的作用

（一）分析是全面准确认识客观事物的必经环节

事物呈现给人的信息状态往往是杂乱的、表象的，有时甚至是虚假的。只有经过全面的分析，把握矛盾重点；通过深入分析，由现象认识达到对事物本质和规律的认识，才能对事物从宏观到微观、从整体到部分都有一个较为全面的了解。

（二）分析是做出准确判断，制定正确决策的前提条件

可控因素与不可控因素，主观条件与客观条件，表现形式与本质内容等判断结果的形成，正确决策的制定，都有赖于对资料和信息全方位、多角度的分析。分析是对各种现象进行归纳总结、对各方面原因进行综合比较，对可能的发展方向作科学推论，从而将各方面影响因素综合起来，找出问题的关键所在。

（三）分析是提高思维水平的基本途径

分析的过程往往也需要运用多种思维方式，对原因和结果的大胆猜测，需要发散思维，而小心求证又需要严密的逻辑思维；对问题前因后果的分析既包含历时性的纵向思维分析，又包含共时性的横向思维分析；此次，单向思维与多向思维，正向思维与逆向思维等都会在实践分析过程不断得到提高。

（四）分析是实践活动顺利进行的重要保障

没有分析判断的实线，就如同无头的苍蝇，没有指针的航船，即使可以前进，却险象丛生。分析是实践活动继续进行的依据，没有分析的实践是盲目的，必然会遇到许多问题。假设科学家没有对宇宙空间各种状态严谨的分析求证，没有对我们自身的科学技术水平的准确了解，那么导弹、卫星的发射成功的概率会怎样？如果医生没有对病人的疾病状况、身体承受力有详细了解，就开始实施手术，情况会怎样？同样，对于服务外包行业而言，行业的迅速发展固然对许多国家和企业都是很好的机遇，但是，如果没有对自身优势条件和发展趋势的科学分析，就难以做出正确的决策。

四、分析能力高低的表现

不同的人在分析能力上也表现出一定的差异性。一般而言，分析能力较强的人往往能够及时地、自觉地注意到产生的问题，根据过去的事实，收集资料深入分析各种矛盾及其相互关系，从中找出产生问题的影响因素及主要原因并加以解决。而分析能力较低的人，却时常局限于单一思维的思维模式，分析问题缺乏动态性，习惯于一条逻辑线索、一种评价标准去研究、处理问题，这样的结果往往使自己的思路打不开而走进死胡同。在工作和生活中，经常会遇到一些事情、一些难题，分析能力较差的人，由于不能及时发现解决问题的关键点，以致束手无策；反之，分析能力强的人，往往能自如地应对一切难题。具体而言，分析能力的高低主要体现在三个方面：

（一）分析的全面性

分析的全面性，包括以下三个方面：分析的材料和信息是否充分，是否从多角度、多方位进行分析，分析结果是否全面反映问题的本质和核心等。充分、及时、系统的材料和信息是实现全面分析的物质基础，从多个角度、运用多种方法深入挖掘材料信息中的有用成分是全面分析的关键环节。而分析是否全面，最终的衡量标准则是是否找出问题的核心所在。

（二）分析的准确性

分析的准确程度是分析能力高低最重要的体现。当今社会，知识量迅猛增加，信息浩如烟海。如果不分主次，不辨真伪地"兼收并蓄"，不仅不会对进一步做出准确判断产生良好作用，反而容易使人陷入混乱状态。因而，分析过程中要对材料和信息进行准确的领会、鉴别和筛选，提高分析的信度，进而清楚那些关系不大或可有可无的信息，从而提高信息的效度。

（三）分析的深刻性

分析的深刻性，是对分析能力的一个较高要求。它是随着个人的分析能力的提高和问题本质暴露程度增大而不断深入的。分析越深刻，针对问题的解决方案越具有长效性。

第二节 提高分析能力的基本途径

分析能力，就是研究思考事物，分析矛盾的一种认识能力、思维能力。良好的分析能力是我们工作生活所必需的，但是分析能力并不是先天所有，而是在后天学习、锻炼中逐渐形成的。它受到知识储备、经验积累和思维水平的影响，一般而言，知识结构的不断优化，社会经验的日积月累，思维水平的不断提升是促进分析能力发展的必要条件。

一、加强学习，优化知识结构

分析的综合性决定良好的分析能力需要合理的知识结构系统。在当今日新月异、社会高速发展的今天，要使自己真正具备较高的分析能力，就要博览群书、广泛涉猎，从多方面汲取营养。把学习作为立身做人的第一需求，通过各种行之有效的方式，虚心接受多方面的知识，不断优化自身的知识结构。总体而言，良好的知识结构系统应该包括以下内容：融会贯通的基础知识结构系统（包括利于创造的广博的相关学科的基础知识）；学有所长的专业知识结构系统；得心应手的工具知识结构系统和高效学习的方法知识结构系统。

（一）加强基础知识的学习

所谓的基础知识包括本专业所必须掌握的基础理论（含基本概念、基本定律等）、基本技能和基本方法，从更高层次的学习、创造性工作和成才而言，基础知识也应包括与本专业有关的其他学科的基础知识。要想具备持久学习的能力，很重要的一个方面是要在自己的知识结构中增加基础知识的比例和基础知识是否扎实的问题。基础知识在维持持久学习能力和更新知识的学习中之所以如此重要，这是因为基础知识有以下三个特点：其一，基础知识是进行思考的要素，是思维的因子。掌握了它就可举一反三。举一反三就是知识的再现，是智慧的象征。举一反三的过程则是基础知识转化为智力的过程。其二，面对知识激增、知识老化周期缩短和世界新技术革命的严峻形势，有关发达国家估计：70 年代，一个大学生毕业后 5 年左右，有 50% 的知识陈旧，主要是指专业知识。相对于专业知识而言，基础知识是比较稳定的，对一个人学习和工作长期起作用的知识。其三，基础知识是共性或一般性的知识，它具有较普遍的适用性，覆盖面较大。一个人基础知识越扎实宽厚，分析解决问题的能力就会越强。我们平时所说的"触类旁通"实际上就是知识迁移的表现。

（二）加强工具知识的学习

首先是汉语言文学知识。要开展有效的分析，首先必须具备迅速准确地阅读理解的能力和准确恰当地表达自己思想成果的能力。否则，既不能准确地接受别人的思想和研究成果，又不能准确恰当地表达自己的思想和研究成果。其次是外语知识。随着改革开放的深入，我国和世界上许多国家的交往越来越频繁，面对这种形势，掌握一定的外语知识就显得尤为必要。因为，分析是从获取信息开始的，只有获得全面而真实的有效信息，分析才能会建立在正确的基础上。由于不懂外文，在科技工作中没有充分掌握和利用已有的科技情报，使科学研究项目重复而造成的损失也是相当惊人的。据报道，由于这项原因所造成的损失，在美国每年是 10 亿～13 亿美元，在英国每年是 2000 万～3000 万英镑。而在我国，据有关专家估计，国内正在进行的科研项目和研究课题，至少有 41% 在国际上已研究出了成果。所以有人说，学会了一门外语就等于增加了一个世界，其实何止一个，学会了英语就等于增加了许多个世界。再次是计算机知识。电子计算机的出现是人类科学技术史上的重大突破，是 20 世纪最杰出的科学成果。在人类社会已进入信息社会的今天，计算机已在社会的各个领域，诸如科学计算、数据处理、自动控制、计算机辅助教学（CAI）、计算机辅助设与制造（CAD 与 CAM）、办公自动化（OA）和人工智能（AI）等领域以及休闲娱乐场所得到了广泛的利用。可以说，在人类社会的一切领域，计算机几乎达到了无孔不入的地步。计算机的发展水平和应用程度已经成为衡量一个国家工业发达程度和生产力发展水平的重要标志。有关计算机的知识和使用计算机的能力也成为一个人知识和能力结构中不可缺少的重要组成部分。有人认为"计算机知识是通向 21 世纪的'护照'"。面对这种形势，要提高分析判断能力，就必须在自己的知识结构中增加有关计算机的基础知识并且熟练地掌握计算机的应用。

二、掌握方法，提高分析效率

这里所说的方法包括学习方法和分析方法。科学家笛卡儿说过："最有价值的知识是方法的知识。"苏联著名生理学家巴甫洛夫说，科学随着方法学的成就不断跃进，方法学每前进一步，科学便仿佛上升了一级台阶。还说，有了良好的方法，即使没有多大才干的人，也能获得许多成就。

（一）要注重学习方法的学习

在高科技、信息化、知识更新周期越来越短的今天，人类传统的学习方法已经受到严峻的挑战。在这种形势下，掌握独立获取信息的科学的学习法，不仅是其提高分析能力的重要途径，对其终身发展也有着重大影响。从某种意义上可以说，掌握独立获取知识的学习方法比掌握某些具体的专业知识更为重要。对此，联合国教科文组织外联助理总干事德·纳伊曼有过精辟论述，他指出："如果现在人们估计用 80% 的时间传授知识。用 20% 的时间来获得学习方法和研究方法的话，这种比例一定要根本转变，这一点是很清楚的，我甚至可以说，这个比例应该倒过来。"美国未来学家托夫勒甚至预言："未来的文盲不再是不识字的人，而是没有学会学习的人。"对于如何学会学习及高效率学习问题，21 世纪特别是 21 世纪中叶以来，国外许多有识之士已经引起了高度重视，并进行了有关研究。我国从 20 世纪 70 年代末期以来也有一批学者开始了这方面的研究并且研究工作在不断地向深入发展。"学习学"已经作为一门独立的科学分支开始出现,许多"学习学"专著也已问世。因此,要提高分析能力应当注意浏览和学习有关学习方法方面的知识:诸如如何科学用脑、如何科学用时、如何科学记忆、如何快速阅读、如何积累知识、何使用工具书、如何利用图书馆、如何进行文献检索、如何对大量信息迅速加工处理,从其中猎取有用的部分并把它们变成新的信息加以输出等,并结合实际情况,掌握符合自身特点的学习方法。只有这样,才能具备终生学习的本领,才能获得持久学习和不断发展的能力。

(二)要注重分析方法的学习

由于客观事物是纷繁复杂的,因此,分析事物的方法也是多样的。针对不同的情况,是否灵活地选择分析方法直接决定着分析效率的高低。常见的分析方法有以下几种:

1. 定性分析法

定性分析是为了确定研究对象是否具有某种性质的分析,主要解决"有没有"、"是不是"的问题。我们要认识某个客观对象,首先就要认识某个对象所具有的性质,并把它与其他对象区别开来。所以,定性分析是最基本和最重要的分析。

2. 定量分析法

定量分析是为了确定客观对象各种成分的数量的分析,主要解决"有多少"的问题。客观对象的成分不仅具有质的区别,而且具有量的区别,有些客观对象因其成分量上的不同而互相区别开来。

3. 因果分析法

因果分析是为了确定引起某一现象变化原因的分析,主要解决"为什么"的问题。因果分析就是在研究对象的先行情况中,把作为它的原因的现象与其他非原因的现象区别开来,或者是在研究对象的后行情况中,把作为它的结果的现象与其他现象区别开来。

4. 系统分析法

系统分析是一种动态分析,它将客观对象看成一个发展变化的系统。系统分析又是一种多层次的分析,它把对象看做一个复杂的、多层次的系统。比如,认识大气对流层系统、人体生理系统、工程技术系统、环境控制系统、交通运输系统、军事系统等,都要采用动态的、多层次的系统分析法。

5. 比较分析法

比较分析法是指对同类事物进行对比,分析其异同,进而判断其优劣的研究方法。在信息分析研究的过程中,比较分析法是研究一切事物生动有力的普遍的逻辑方法,是进行分析、综合和推理等其他方法的基础。它实质上是对事物的某些特征或属性进行研究,并且总是从剖析、对比事物的个别特征和属性开始。

三、敏锐观察,获取最新信息

占有资料、占有信息是综合分析的基础,尤其是一些最新资料,它可以提供急需的、新颖的事物发展动态,是人们进行分析时少不了的"案头顾问"。因此,要提高分析能力必须注重观察能力的培养。只有具备敏锐的观察力,才不至于忽视那些看似平淡无奇,实则意义重大的想象,才能在纷繁复杂的现象中高效地筛选出自己所需要的信息。而客观、全面、实时有效的信息收集又是分析得以顺利进行的前提。

四、勇于实践，积累经验教训

研究表明，人类获取的知识，阅读和听来的占 25％，自己亲身经历的占 75％。这说明，读有字之书固然重要，读无字之书更直接、更管用。读书无字之书，就要向实践学习，在实践中锻炼，在实践中提高。单纯的理论学习终属"纸上谈兵"，面对不同条件下的各种实际问题，能否因地制宜，灵活解决，还需要在实践中不断积累经验，总结教训。

五、勤于思考，提高思维水平

思考是促进运用的必要手段，分析能力只有在反复的分析实践锻炼中才能不断提高。分析是运用所学知识对最新掌握的信息资料进行归纳、提炼、消化和吸收的过程。对于每一次实践，不论是成功还是失败，都需要我们分析外界客观环境和自身条件，在不断的行为选择中推动实践的进程。

第三节　判断能力

一、判断能力的概念和特点

判断就是肯定或否定某种事物的存在，或指明它是否具有某种属性的思维过程。人生是由一连串的判断累积而成的，我们每个人在社会中生存，无时无刻不用到判断能力。健全的平衡感、全局观念及预见力是做出出色判断的基础。其特征主要表现在以下几个方面：

（一）判断是主观与客观的有机统一

判断首先是客观的，判断对象是客观环境中的具体事物；判断的过程，是建立在对大量资料和信息分析基础上的。要做出准确的判断必须承认判断的客观性，立足于对客观形势的科学分析。同时，判断又是主观的。判断的过程总是受到判断者个人实践经验和知识结构的影响，判断的结果是判断者主观能动性的集中体现。

（二）判断是准确性与差异性的博弈

准确性是衡量判断能力高低最重要的标准。判断是对事物是否具有某种属性的准确定位，总能在某些方面反映事物的特征，具有确定性的一面。但是由于判断总是在事情并未得到完全证明的情况下进行的，对于经过实践检验的真理，是进一步判断的依据而不是结果，因此，判断又有其不确定性的一面，判断结果总是与现实的走向有一定差距，或大或小。

（三）判断是历时性和瞬时性的并存

很多情况下，做出精确判断的条件都不充分，但是现实要求必须做出某种判断并以此为依据制定相应的措施以推动事物的发展或促进问题的解决。因而判断具有瞬时性。随着事情的进展，问题的根本原因不断被认识，原来的判断的某些成分需要被修正，以缩小主观判断与客观真理的差异。这一过程不是一蹴而就的，它需要反复多次的认识与修正。正是在这一过程中，问题的本质不断被发现，解决措施也更加有力，最终促成问题的解决。

二、判断的表现形式

在日常生活中，人们把决定自己观点的全过程称之为判断。根据判断过程的不同，判断具有多种表现方式：

（一）决断

在判断中，当依据不足、不确切因素很多时，能依然作出的决定，便称为决断。比较而言，决断时面临着更为复杂的情势，而且需要快速作出决定，以避免事情向更坏或促进事情想更好的方向发展。具体而言，二者的区别主要表现在三个方面：其一，所遇问题的特点不同。虽然二者都是对新形势、新情况的分析，进而做出判断。但需要决断时所面临的问题，往往存在着较为复杂的内外环境和条件；针对该问题，在某些环节上无法用定量法来表达；该问题的影响结果比较重大。其二，判断过程的侧重点不同。一般判断往往遵循一定的原则，而决断强调把握时机与坚持科学原则并重、权益处置与战略目标一致，在处理眼前利益和长远利益的关系上，争取眼前利益，必要时可适当牺牲长远利益。其三，决定的作出，对判断者个人能力的要求不同。由于应急决策既无序又受到时间短促的限制，因而对于判断决策者自身的知识、经验、智慧和魄力都有更高的要求。

（二）独断

与决断相反，有些事情其实只需要慎重研究，即可做出准确无误的判断。可是，有些人并不通过周密思考，或执拗地固执己见。人们把这种形式的判断称为独断。独断因其随意性、专制性和片面性是分析解决现实问题时需要尽可能避免的。

（三）妄断

过分独断而做出的荒谬判断，称为妄断。妄断和独断相比，因其对具体情势缺乏具体分析，而过于依赖判断者的主观意志，往往会做出不符合形式的判断，会对事情进一步推进产生阻碍作用。

（四）预言

预言也是一种判断，是对未来将发生的事情的预报或者断言。一般来说，预言指的不是通过科学规律对未来所作的计算而得出的结论，而是指某人通过非凡的能力出于灵感获得的预报。这个概念还包括着通过神力或者非凡的能力所获得的对现时的真理和事实的宣布。最常见的预言是在社会或者宗教危机时期对未来的警告。在许多重要的宗教著作中都记录有这样的预言。

第四节 问题分析、判断及解决

所谓问题就是人们对事物的期望与体验之间的差异。在生活中，我们会遇到各种各样的问题，人类正是在问题的出现与解决的不断循环中推动着事物的发展和文明的演进。

一、问题解决的过程

问题解决是由一定的情境引起的，按照一定的目标，应用各种认知活动、技能等，经过一系列的思维操作，使问题得以解决的过程。一般而言，问题解决要经历三个阶段，即发现问题——分析问题——解决问题。具体的解决过程可以分为以下几个步骤：

（一）明确目的

做任何事情都应该有的放矢。明确目的意味着对解决什么问题以及解决到什么程度有明确认识。面对现实情境，往往需要解决的不是一个问题。这时就需要对当下最重要、最核心和针对现实条件可以解决什么问题有一个基本的判断，以保证问题分析判断的有效性。

（二）收集资料，掌握信息

要使分析判断准确，解决方案有效，占有大量的材料和充分的信息是必不可少的条件。资料总体分为一手资料和二手资料两种形式。一手资料是指直接面向调查对象收集的未经加工的原始资料，一般需要研究人员亲自去收集；二手资料包括专业机构整理所得的资料，如政府统计公告、行业发展报告等，也包括其他非专业机构收集加工后的资料。一般而言，第一手资料的准确性、时效性、与问题相关度都比较高，但收集过程往往需要较多的人力、物力和财力；第二手资料，因其专业性强、获取方式便捷也是非常重要的借鉴信息。

（三）处理资料，提出报告

研究人员收集来的资料是零散的，只能显示研究对象的表象。因此，必须对资料进行处理，才能较为系统地解释研究对象的综合特征或发现问题的根本所在。

处理资料包括两项工作：一是审核资料的准确性、真实性、整体性、及时性，以此来剔除错误信息，纠正或补充不合格的资料；二是分析方法对资料进行加工整理，化繁为简，找出核心所在。

报告是分析结果的表现形式，可以通过编制表格、绘制图形以及文字描述等形式具体形象地反映研究结果，为进一步的判断决策提供依据。

（四）拟订可行方案

拟订方案是判断结果的表现形式。方案的拟订可以从效果和可行两个方面考虑，也就是要经过方向正确和现实可行两个方面的论证。

在设计方案时，总是要思考方案同问题解决方向的关系。也就是要考虑到，如果我们按照某项行动方案，做了甲项事情，我们是否会实现预期目标——得到乙项结果。假如经过论证，只要我们做了甲项事情，就会得到乙项结果，那么这个方案就是有效的；如果我们进一步论证了甲项事情在现实条件下经过努力是可以完成的，那么这个方案便是可行的。

（五）选择最优方案

在拟订的方案中，既有优点也有不足，这时就需要在各种可供选择的行动方案中权衡利弊得失，然后选择出一个最优的方案。所谓最优方案一般有以下几种衡量标准：

标准一：是否有利于实现既定目标。

标准二：是否实现了最大效益。

标准三：是否易于实施。

标准四：是否风险最小。

要保证选出的方案是相对最优的，也需要有合理的选优方法。通常的方法有三种：经验判断法、数学分析法和模拟实验法。在实际工作中，经验判断法应用最广。在判断时，常用淘汰法、排队法和归类法。数学分析法是建立在有关数学模型的基础上，通过对各种数据进行准确计算而确定其优劣的方法。但许多问题因过于复杂，受到社会、心理等诸多因素的影响，往往不能运用单一的数学分析法来解决。此外，有些问题虽然经过反复计算论证，仍感觉到对方案选择无把握时，可以先进行试验。但由于试验代价往往比较大，因而一般应缩小到一两个尚无把握的方案再行试验。

（六）实施方案、追踪调整

由于问题的复杂性和分析判断者个人认识能力的局限性，已经做出的判断不符合或不完全符合客观实际情况的事情是经常发生的。这就要求问题解决方案选择出来后，注意追踪和检测实施状况，并根据反馈信息不断调整方案实施的具体方式。

二、分析判断的技巧

分析问题与解决问题的能力是密不可分的，解决问题必须依赖于对问题的科学分析，找出解决的办法，而分析问题的目的又在于解决问题。问题分析、判断及解决的技巧来源于丰富的实践经验的深入的思考。

（一）重视对事物微妙差异的认识

辨别各类事物的微妙差异及细微变化的能力是人们分析形势、做出准确判断的基础。不过，如果对眼前的事物没有浓厚的兴趣和强烈的关心，就不会产生这种感知事物微妙差异的感受力。因此可以说，这种感受性是受迫切感支配的。以音乐为例，年轻人喜欢的音乐在中老年人听来，可能没什么韵味和美感。拉丁音乐和伦巴舞曲在他们听来也许毫无差别。同样，对于一些年轻人，京剧、豫剧和秦腔也没有什么不同。所以，我们首先要强调的是人应该对观察目标保持强烈的关心。这种关心不是出自义务感，而是发自内心的真正喜欢。这种源自内心的喜欢是准确辨别观察目标的关键。从事服务外包行业，面对迅速发展的国际国内形势，必须增强自身对形势变化的感受性，提高从微弱信息中判断未来的能力。

（二）注意对科学的思维方法的运用

敏锐的观察发现了差距，明确了目标，进而就要对观察获取的信息进行深入细致的分析。许多事情往往有其复杂性、隐蔽性和多变性，这就使我们很难一眼看清它的真实面目。此时，我们不要被事物的表面所迷惑，要分析其中哪些成分真实，哪些成分虚假，进而抓住要点，抽丝剥茧，层层深入地掌握事物的本质。在对存在的问题的分析中，我们要努力做到"全面深入"、"准确无误"，只有这样，才能真正洞悉其本质，为后面对策与措施的选择提供最有说服力的依据。分析与解决问题的能力属于思维能力范畴。因此，掌握科学的思维方法，对于分析、判断能力的提高有着极为重要的作用。提高思维能力要实现三个方面的转变：

1. 单一思维向多样化思维转变

社会生活的变化要求我们改变旧有的思维模式，实现多样化思维，即从思维的各层次出发。对事物进行多角度、多样化、多因素、多变量的分析。体现出思维的多角度性、多层次性以及思维的开放性。

2. 单向思维向多向思维转变

单向思维的一维性，制约了人们思考问题的路线和空间，而多向思维则容易激发人们在分析过程"由此及彼"的联动思维。这种思维能力主要包括以下三种情况：一是纵向联动，当发现一种现象后，立刻纵深一步，遵循历史和逻辑相一致的原则，在时间尺度上从过去、现在和将来进行历时性分析、比较，从而把握事物发生的原因、发展趋势。二是横向联动，当发现某一现象后，在空间尺度上联系到特点与之相似或相关的事物，进行左邻右舍的比较，找出该事物运动的特点、本质和规律。三是反向联动，当发现一种现象后，立刻想到它的反面，从正反两个方面的分析中把握事物的优劣、进退，采取相应的对策。

3. 静态思维向动态思维转变

静态思维不考虑事物的变化，一切以静态为出发点；而动态思维则要求依据变化了的情况，不断对思维进行调整。在实时动态思维过程中，思维主体总是能根据及时掌握的新的动态信息进行分析、比较，依据变化了的情况形成新的思维目标、思维方向，确定新的方案和对策，运作新制订出的方案，并将最新的信息反馈给思维主体，这样循环往复，提高分析判断的能力。

（三）确保思考方向的正确性

分析和解决问题，一定要保持思考方向的正确性，如果思考方向出现错误，就会使人走入歧途，很难正确地认识和解决问题。作判断往往非此即彼，但判断上微小的差别往往会带来截然不同的结果。这在科学界和商业界不胜枚举，微小的差别可能是一项发明创造的问世，一个企业的起死回生，也可能是让企业走上破产之路。其中，思考方向是否正确，往往决定着行为后果的成败。而正确方向的确定，需要在日常生活中注意经验积累。首先，在日常生活中，要做个有心人，多注意其他人在处理问题时是从什么角度入手，用什么语言、方法来应对的。其次，要在平时养成一个处理问题的良好习惯，那就是不论大事或小事，都要事先想到结果，先把几种不好的结果想一下，遇到这几种结果，"我"应该怎么应对，而不要首先想到好的结果，而忽略了坏的结果。

案例分析

案例一：

某民营玩具生产企业的产品主要销往国际市场，伴随着我国对外开放政策的实施，其市场不断扩大，销售额和出口额以年均20％的速度增长，企业的生产经营规模也在不断扩大，员工由最初不足200人增加到目前近2000人。与生产经营规模不断发展不同的是，该企业的组织结构没有做任何调整，仍然沿用最初建立时的类似直线型的组织结构，李厂长是绝对的领导，对企业的生产、销售、财务和人事等各项工作全面负责，且在许多具体问题上亲历亲为。但是最近一段时间，企业遇到了一些事情，让李厂长应接不暇。首先，玩具生产是按合同订单执行，生产指令由厂长向各部门、各车间下达，遇到订单紧急的情况，往往是厂长带头，全体员工加班加点赶任务。这种赶任务、赶工期的现象，难免会出差错，个别情况下，玩具质量不达标，产品被客户退回，严重的甚至赔款。其次，伴随着企业规模的扩大和业务量的增加，企业急需招聘专业的管理人员和技术人员，并且需要对新系统进行培训。而以往的人员招聘、培训方式也需要做相应的调整。最后，企业的后勤管理没有专门的机构及人员，传统的做法是厂长临时派人去做，现在事情多了，头绪多了，传统做法落后了。凡此种种，以前运行良好的组织结构、管理方法等都失去了作用。面对现状，李厂长时常有力不从心的感觉，他也在不断思考应该如何解决现有的问题，以便能更好地适应企业不断发展的需要。

分析思考：

1. 根据以上资料，分析该企业存在哪些方面的问题。

2. 该企业着力于改变组织结构或把部分工作外包出去，都会对现状有所改善，运用所学知识分析各自的优点和不足。

案例二：700 元的眼镜有人买吗

顾客选好一副 700 多元的眼镜，然后就问打几折？销售人员就对他说："先生，不好意思，今天可能无法为您提供服务，因为我们这里不打折，因为我们的质量和服务是成正比的。"顾客听了之后感到难以接受，因为他过去有过把 600 多元的眼镜砍价到 100 元的经历。

这笔销售的结局毫无悬念，当然是没有成交，但它给我们的销售人员留下了思考：我该如何来总结这笔没有成交的销售呢？

这个案例的典型之处不在于交易本身，而在于提出了一个至关重要的问题：怎样才能使销售的水平不断提高？事实上一个很重要的关键就是勤于分析、善于总结。

下面我们就这一案例来进行分析和总结。

首先，为什么没成交？

因为过去 600 元的眼镜最终 100 元就配上了，今天 700 元的眼镜一分钱没有优惠。那换了谁也要走人。

其次，我有没有过失？

如果说成交是结果，接待是过程，有时虽然过程很美但结果相反，但这并不能说明过程不重要，虽然此笔的成交阻力是显而易见的，但是仍然可以推敲一下接待的过程能不能更精彩一些？答案是肯定的。

失误一：没有看清楚真正的阻力点。表面上看是因为不打折没有成交，实际上是顾客不知道这副眼镜究竟值多少钱。我们试想一下，如果顾客很了解这个品牌，他还会不会认为可以从 700 元砍到 200 元？有人会说，照你这么讲不是这个品牌就都不值 700 元吗？也不是，相反一个不知名的品牌更应突出价值的说服力，否则这个价格就是虚的。如果说顾客还没有挑选，一听不打折就扭头走了，那是他没有给你机会，但现在他给你推荐、说明价值的机会了，因为他选好了"镜片＋镜架＝700 元"，是我们自己放弃了解说价值的机会。

失误二：没有做到防患于未然。销售是否成功取决于你是否占据主动，同样的道理，能不能把价砍下来也在于顾客是否占据主动。等到顾客问你"打几折"，你再说"不打折"实际上就处于被动了，此刻不要说有什么高超技巧，就是神仙恐怕也回天乏术。所以一开始就要为最后宣布不打折创造条件进行必要的铺垫，让"不打折"来得顺理成章，而不是最终突兀地来硬碰硬、"爱买不买"赌一把。

最后，我该怎么做？

1. 价值为先。比如我们说，"普通超薄加膜片只需要60元，其实和600元的外表都是一样，甚至戴在眼睛上看得都是一样清楚。但我们知道树脂片实际上就是一种塑料片，很容易擦花，而好的树脂片的耐磨度基本接近于玻璃，保证了长时间的视觉清晰度而不是暂时的看清楚。一般具备这种品质的加膜片都不会低于300元"。再如："这个镜片是300元，而这个镜片是500元，厚薄也是一样，清晰度耐磨度都是一样。区别在于，500元的镜片表面多了一层含氟的纳米膜，所以就特别光滑，降低了擦拭的阻力，磨花的概率就大大减小，而且灰尘也不易沾上去，是当今镜片表面处理的最高科技之一。"再如，"这两副镜架的材料、款式基本都相同，但价格相差两百多元，其实影响镜架价格因素材料只占很小一部分，主要在于表面的电镀。普通镀层很容易掉色，而3微米以上的电镀被称为厚金电镀，能够做到一年都光亮如新，那这种材料肯定要比一两个月就有明显磨损的要有价值得多。"等等，要给顾客一种感觉，价格相差50元都是有明显区别的，可以适度运用数据，让顾客在能听懂的前提下，有一种专业感受，甚至觉得通过买东西的过程还了解了一些有趣的专业知识，进而提升为对专业的信赖。而不是"我们为你提供专业服务"这类空洞无用的泛泛之谈。

2. 坚定信念。不要等到顾客跟你砍价时再说"不打折"、"已经最低"，晚了。你要搞清楚，价格始终是要跟顾客摊牌的，被动不如主动，在你给他介绍60元镜片和200元镜片的时候，就不妨告诉他，"我告诉你的就是实实在在的价格"，"这种镜片在全国正规眼镜店都有卖，所以价格很透明，而200元的价格就是在全国来看也是属于最实在的，再低的肯定就不是这种片或者某一部分质量要打点折扣的"。再如，"我们是几十年的老店了，老顾客配眼镜都特别放心，根本不需要为价格操心，甚至好多家长都是让小孩自己来配镜的，大人来不来都一样，都是冲着放心才来的。"再如，"打了多少折不重要，重要的是掏了多少钱买到了什么样的东西，其实想开了谁都能明白，你能打折为什么不降价呢？"如此等等，以坚其念、动其心。你都有理有据，话都说明白了，实实在在的，他还怎么跟你砍？从哪里砍？

对于每一笔成功的销售，你一定要坚持问问自己：顾客为什么会买走它。如果是因为你的成功推销，你要想想为什么你能够打动顾客，你是通过什么打动顾客的，这样的推荐方式适合于哪一类型的顾客。如果你的结论是顾客的购买并非是你努力的结果，而是你的运气，那么你也要想想，下次这样的运气有多少的概率。如果这个顾客没有买，那么为什么一个有着购买愿望的顾客最终会走掉？如果是出现了某种意外，那么你要想想这种意外可以提前避免吗？如果是顾客心理上的防备和排斥，那么怎么通过沟通来传递善意？如果是商品的价格超出了顾客的购买预算，那么怎样才能事先获知顾客的购买力？如果顾客是出于对验光结果的疑虑，那么你认为你能够告诉验光师些什么？你必须仔细分析你的顾客，你必须问你自己：为什么顾客会买我推荐的商品？你要研究出买的原因，也要研究出不买的原因；要研究出成交顾客的共同点，也要研究出没有购买者的共性特点。你只要把这些顾客分类研究，你就可以了解，原来买的顾客有这种特质，不买的顾客有同样的抗拒点。了解这些之后，你就很容易知道，如何来改善你的介绍的方式和推荐商品的方法。

分析思考：

1. 该案例中运用了哪些分析方法？

2. 该案例体现了问题解决的哪些环节？

3. 如果对没有成交的原因做出不同的分析，该公司还可能出现什么情况？

案例三：

某建筑公司，经过几十年的发展，已经成为当地知名的建筑龙头企业。总结企业成功的经验，许多管理人员归结为天时、地利、人和，如国家经济的持续发展、与当地政府、银行的良好关系，几十年形成的固定客户和良好的信誉，良好的员工素质等。在 2008 年北京奥运景气鼓舞下，公司确立了打破地区界限，成为全国乃至世界知名建筑企业的远景和使命。当企业树立这样的远景和使命并为之努力时，发现曾经作为优势的"天时、地利、人和"似乎不在了。例如，就在前不久，日本一家建筑企业在与公司谈判时，让公司在两天内给出一个项目的报价。由于公司没有既懂建筑专业又精通日语的人员，没有能够及时报价，很遗憾，没有抓住这个项目。

分析思考：

1. 据材料分析，外包时代对最有竞争力的人应具备的核心能力有哪些？

2. 曾经的优势已不存在，为什么？内部条件还是外部环境发生了变化？这一点给我们什么启示？

课后习题

1. 如何理解分析与判断，二者有怎样的关系？

2. 分析的基本方法有哪些？

3. 判断有哪些特点？

4. 分析、判断的技巧有哪些？

第十一章

计划能力

学习目标

1. 掌握计划的含义，了解计划的特征和作用
2. 学会区分计划的类别
3. 熟悉计划的编制和实施
4. 掌握目标的定义，了解目标的性质和作用
5. 掌握滚动计划法、网络计划技术等计划方法

引 言

计划是任何一个组织成功的核心，是管理的首要职能，它是在预见未来的基础上对组织活动的目标和实现目标的途径做出统筹和安排，以保证组织活动有条不紊地进行。计划是对未来行动的预先安排，是组织与外部环境联系的桥梁，也是连接可能与现实、今天与明天、现在与未来的桥梁。因此，计划工作质量的高低集中体现了组织管理水平的高低，并直接影响甚至决定着组织未来的前途和命运。

在这一章节，我们将从以下几个方面展开阐述，首先，计划的概念应该如何表述，一项完整的计划通常包括哪几个方面的内容，计划的特点、制定原则以及计划和目标的关系等；其次，计划从表现形式、时间长短、明确程度、涉及的组织活动范围、职能标准、程序化程度、使用频率几个方面如何分类；再次，计划工作应该遵循的一般实用工作步骤有哪些；最后，如何制订计划并组织计划的实施，是把计划变为实际的行动，保证既定计划、目标的实现，并在实施计划的过程中，根据变化了的情况不断对计划进行控制和调整。

在现代社会，任何组织的生存都与计划息息相关，离开了计划，组织发展将寸步难行。一个组织适应未来技术或竞争方面变化能力的大小也与它的计划息息相关。

第一节 计 划

一、计划的概念

计划是对未来的一种打算，是对未来行动的预先安排。古人所说的"运筹帷幄"，就是对计划最形象的概括。

计划一般有狭义和广义之分。狭义的计划就是制订计划，即根据实际情况，通过科学的预测，权衡客观需要和主观可能，提出在未来一定时期内要达到的目标，以及实现目标的途径。计划的概念又分为动态和静态两个层面，从动态来看，是在科学预测的基础上对未来某一活动预先做出安排，包括确定行动的时间、方法、步骤、手段等，一般称为"计划工作"。从静态看，是指规划好的行动方案或蓝图，是关于行动方向、内容等安排的管理文件。广义的计划包括制订计划、执行计划和检查计划执行的情况三个紧密衔接的工作过程。它是使组织中各种活动有条不紊地进行的保证。计划工作还是一种需要运用智力和发挥创造力的过程，它需要高瞻远瞩地制定目标和战略，严密的规划和部署，把决策建立在反复权衡的基础上。通常我们所指的是狭义的计划。

二、计划的基本内容

在管理活动中无论制订何种计划，都要涉及图中的"5W2H"，一个完整的计划要能清楚地回答下列 7 个问题。如图 11-1 所示：

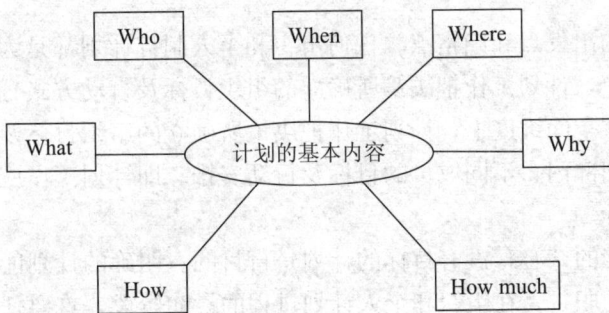

图 11-1 计划的基本内容

（一）What

做什么——目标与内容。要明确组织的使命、战略、目标，以及行动计划的具体任务和要求，明确一个时期的中心任务和工作重点，确定组织发展目标体系与未来行动方案。

（二）Why

为什么要做——原因。论证组织的使命、战略、目标和行动计划的可能性和可行性，以便发挥计划工作人员在计划工作中的主动性和创造性。

（三）Who

由谁来做——人员。计划应明确规定目标、任务、地点、进度、负责部门和负责人。只有明确负责人才能把计划落到实处。

（四）When

何时去做——时间。规定计划中各项工作的开始和完成的进度，以便进行有效的控制和对能力及资源进行平衡。在企业中，尤其注重时间效率，否则就很难抢占商机，抢占市场份额。

（五）Where

在何处做——地点。规定计划的实施地点或场所，了解计划实施的环境条件和限制，以便合理安排计划实施的空间组织和布局。

（六）How

如何去做——方式、手段。落实执行计划的具体方法和措施，以及相应的政策和规则，对资源进行合理分配和集中使用，对人力、生产能力进行平衡，对各种派生计划进行合理平衡等。

（七）How much

完成的数量、成本、利润多少——效益。关系成本和效益的平衡，要做好计划执行的预算。

三、计划的特点

相对于其他管理职能而言，计划具有以下几个特点：

（一）目的性

目的性是计划的出发点和归宿点。任何组织和个人制订计划都是为了有效地实现某种目标。在时间维度上，计划工作把决策所确立的组织目标及行动方式分解为不同时间段的目标及行动安排；在空间维度上，计划工作把决策所确立的组织目标及行动方式分解为组织内不同层次、不同部门、不同成员的目标及行动安排。即计划工作应该致力于实现总目标和一定时期的目标。

目标是计划工作的核心，没有目标的计划是盲目的。明确的计划能够使组织成员了解组织的任务和自己的职责。在组织和个人计划过程的最初阶段，首要任务就是制定具体明确的目标，可以为组织成员指明方向，所有工作都是围绕目标进行，可以使得整个组织的行动达到高效有序。否则行动将会变成毫无目标的分散的活动，只能产生混乱。

（二）首要性

计划处于管理的首要地位，组织、领导、控制、创新等管理的其他职能只有在计划工作确定了目标后才能进行，并且都随着计划和目标的改变而改变，只有当确定了目标和途径之后，人们才能确定要建立何种组织结构、需要何种人员、领导下属走向何方以及何时需要何种纠偏。

（三）预见性

这是计划最明显的特点之一。计划不是对已经形成的事实和状况的描述，而是在行动之前对行动的任务、目标、方法、措施所做出的预见性确认。但这种预见不是盲目的、空想的，而是以上级部门的规定和指示为指导，以本单位的实际条件为基础，以过去的成绩和问题为依据，对今后的发展趋势科学预测之后做出的。可以说，预见是否准确，决定了计划的成败。

（四）普适性

虽然计划工作的特点和范围随着各级主管人员职权的不同而不同，但它是各级主管人员的一个共同职能。计划的普适性表现在两个方面：一是组织的任何活动都需要计划。由于资源的有限性，使得人们在从事各种活动时，都需要事先进行计划，因为只有这样，才能有效地利用资源；二是组织中各层级管理人员都需要计划。有所不同的是，高层管理人员负责制订战略计划，而中基层管理人员负责制订战术计划或生产作业计划。

（五）经济性

计划工作的任务，不仅要确保实现目标，而且要从众多方案中选择最优的资源配置方案，以求得合理利用资源和提高效率。计划工作的经济性，就是以组织的总目标和一定时期的目标所得到的利益，扣除为制订和执行计划所需要的费用和其他预计不到的损失之后的总额来测量的，目的在于保证组织运行的高效率和稀缺资源的有效利用。一个计划或许能够促使组织目标的实现，但它的消耗可能太高，或者完全没有必要付出如此高的成本，这就需要保证计划工作的经济性，在投入和产出之间应该有一个合理的比率。

（六）动态性

动态性是指任何计划都不是一成不变的。由于任何人都不可能对未来做出全面而准确的判断，而任何计划在执行的过程中都会受到环境条件的影响。当环境发生改变时，计划就必须做出及时的调整。但调整不是随意的，必须以实际为依据。例如，苏州市服务外包产业"十二五"规划从 2011 年开始，到 2015 年结束，2012 年将根据内外环境的变化及计划完成的情况做适当调整。

四、计划的作用

"凡事预则立，不预则废。"这句古语告诉我们，不管是组织还是个人，无论办什么事情，要想成功，事先应有所安排，制订计划。因为只有有了计划，工作才就有了明确的目标和具体的执行方案，这样才可以协调团队成员的行动，增强工作的主动性，使工作有条不紊地进行。西方经济学家也阐明了这个道理："虽然我们无法预见未来，但如果我们没有根据当时所得到的信息而制订未来的计划，我们就无法合理地行事。"同时，计划本身又是工作进度快慢和质量高低的考核标准，对所有参与的团队成员有较强的约束和督促作用。所以计划对工作既有指引作用，又有推动作用。

（一）指引方向

计划能使组织置身于复杂多变、充满不确定性因素的环境中始终把其注意力集中在特定的目标上，保证组织所有的行动保持同一方向；管理者可以根据计划来组织人员和分派任务，使组织的各项工作得到落实，从而保证组织目标的实现；同时计划还能够使组织成员有方向感和使命感。良好的计划工作能够将组织中各级管理者的行动方向与组织成员的行动方向聚合在一起，形成合力，并使这一合力方向与组织目标相一致或接近一致。

（二）降低风险

良好的计划工作必须有周密细致的预测支持和正确的目标指引，展望未来，预测变化，有助于揭示管理活动可能面对的不确定因素，并估计各种不确定因素对组织的影响，从而通过良好的计划工作为避免和减少组织实现目标过程中的不确定因素可能带来的负面影响提供有力支持。计划是面向未来的，而未来永远充满变数。计划的前瞻性，使组织能够较早地预见未来的变化，早做准备，掌握主动，从而降低乃至消除不确定性，把风险降到最小限度。甚至变不利为有利，抓住变化带来的机会。

（三）提高效益

计划能从多条实现目标的途径中，通过技术经济论证和可行性分析，选择最适当、最有效的方案，从而减少浪费，以最低的费用或最高的效率实现既定的目标。计划能使组织未来的各项活动均衡发展，使组织中各成员的努力合成一种组织效应，从而大大提高工作效率并带来经济效益。

（四）便于控制

组织在实现目标的过程中离不开控制，而计划则是有效实施控制的基础，未经计划的活动是无法控制的。如果没有既定的目标和规划作为衡量的尺度，管理人员就无法检查组织目标的实现情况，也就无法实施控制，组织就难以开展有效的运作。组织开展控制活动时所依据的所有标准几乎都来自于计划。

五、计划的原则

在管理实践中，各种不同性质的组织总是根据组织内外环境制定目标，并选择适合本组织管理实际需要的计划方法。但不管采取何种计划方法，都必须遵循计划工作的基本规律和原则，这些原则是限制因素原则、承诺原则、投入原则、灵活性原则和改变航道原则。

（一）限制因素原则

所谓限制因素是指妨碍组织目标实现的因素。也就是说，在其他因素不变的情况下，仅仅改变这些因素，就可以影响组织目标的实现程度。限制因素原则可以表述为：主管人员越是能够了解对达到目标起主要限制作用的因素，就越能够有针对性地、有效地拟订各种行动方案。限制因素原则有时被形象地称为"木桶原则"，其含义是木桶能装多少水，往往取决于桶壁上最短的那块木板。这就告诉计划编制者必须全力找出影响计划目标实现的限定因素，有针对性地采取措施制订各种行动方案。

（二）承诺原则

承诺原则是指计划期限应该延伸到足够远，以便在此期限中实现当前的承诺。计划的本质是决策者对完成各项工作所作出的承诺，所以承诺越大，实现承诺的时间就越长，实现承诺的可能性就越小。这一原则关系到计划的期限问题，计划必须确定一个合理的期限，在确定合理期限时注意把握三点：首先，完成计划必须有明确严格的期限要求。其次，必须合理地确定期限，不应人为延长或缩短，要避免随意性。最后，单项计划的承诺不能太多，否则计划完成的时间容易延长。例如，某公司投资 2 亿元建设新厂，经过分析论证，这项投资大约需要 5 年就能收回，那么这项计划应该以 5 年的业务计划为基础。

（三）投入原则

投入原则是指合理的计划工作应当包括未来的一段时间，这段时间是为通过一系列的行动尽可能准确地预测在现在所做出的决策中的投入的实现程度所必需的。计划工作的展开，需要各方面人员的协调和配合，还需要一定资金的投入，计划工作实际上就是一种成本的预先介入。随着计划目标的实现，在收回投入的同时获得更多的产出并体现效率。

（四）灵活性原则

在实施计划的过程中，经常遇到"计划赶不上变化"的情况，所以应当遵循灵活性原则。灵活性原则即制订计划时必须具有弹性，留有余地。一般情况下，制订正式计划往往和更好的绩效相联系，凡是有计划未能导致高绩效的情况，一般都是因为不确定环境的变化。所以在计划中加进灵活性会减少由突发事件带来损失的危险，计划中体现的灵活性越大，因未来意外事件引起损失的风险就越小，但加进灵活性的成本也应当同用它带来的好处放在一起权衡，要求在计划执行中出现意外情况应有能力改变方向而不必花太大的代价。

（五）改变航道原则

改变航道原则是在计划总目标不变的情况下，实现目标的过程可以因情况的变化而改变。计划制订出来后，计划工作者就要管理计划，促使计划的实施，而不能被计划框住，必要时可以根据当时的实际情况做必要的检查和修订。就像航海家一样，保持计划总目标不变，但实现目标的进程（航道）中一旦遇到障碍就绕道而行，因情况变化而变化。这就要求计划工作者经常检查计划，重新调整、修订计划，以达到预期目标。这个原理与灵活性原理不同，灵活性原理是使计划本身具有适应性，而改变航道原理是使计划执行过程具有应变能力，为此，计划工作者就必须经常地检查计划，重新调整、修订计划，以此达到预期的目标。

第二节 计划与目标

一、目标的概念

目标是一个组织各项管理活动所指向的终点，每一个组织都应有自己的目标。尽管不同的组织目标各异，但是有一点是相同的，就是追求效率。也就是说，要以尽可能少的人力和其他资源投入来实现尽可能多的产出。如果一个组织不能始终做到这一点，也就会逐渐丧失自己的存在价值。

目标是在分析组织外部环境和内部条件的基础上根据组织宗旨而提出的，期望在一定时期内通过努力能够实现的一种理想状态或希望获得的成果。这些成果可能是个人的、部门的或整个组织的努力方向。为组织决策指明了方向，是组织计划的重要内容，也是衡量组织实际绩效的标准。

二、目标的特性

目标的内涵决定了其具有以下四个方面的特性：

（一）预测性

目标是对未来相关参数的设定，因此必须是建立在预测的基础上。更明确地说，目标制定本身就是一种预测工作，这也就决定了目标的预测性。目标的预测性要求管理者具备长远的目光，并且对未来能够准确把握。

（二）可实现性

制定的目标既不能过高，以免因难以实现而使组织成员丧失斗志；也不宜过低，以免因无法激发组织系统的潜能而造成一定程度的资源浪费。同时，制定的目标还要考虑对各方利益的协调效果，确保利益各方为共同目标而努力，从而保证目标的实现。

（三）全面性

目标是战略管理中的一种整体性要求，它必须在作用时间、作用范围、作用深度和广度等方面具有全面性。在作用时间上，目标既对未来进行理性预期，又以现有条件为基础；在作用范围上，目标既着眼全局，又不排斥局部；在作用的深度和广度上，目标内容通过不断细分，形成了涉及组织不同层面的目标及其体系。

（四）可检验性

一般来说，为了对组织管理活动进行准确的界定和衡量，目标应该是具体的和可以检验的。目标的定量化是使目标具有可检验性的最有效的手段。而对于时间跨度长、战略层次高的目标，最好的方法是采用定性化的术语来对目标的内容进行阐述。

三、目标的作用

（一）方向作用

对管理者来说，目标就好比路标，它指明了组织努力的方向，确定了组织应在哪些领域取得成就及其相应的标准。目标指出和规定了组织的发展方向，指导着组织的行动。没有明确的目标，管理就会陷入杂乱、无序的状态。

（二）激励作用

组织的总目标通过层层分解，使组织内部每个成员都了解具体目标，并将自己的期望目标与组织目标相联系，达成一致时，就会成为每个成员实现组织目标的巨大动力。最终用最少的投入实现组织目标。

当行动遇到困难时，明确的目标可以使人产生战胜困难的勇气和力量；当行动一步步向目标靠近时，目标又会给人以鼓舞，从而激发人的工作热情，吸引人向前迈进；当目标实现后，又能使人产生满足感和自信心，促使人向新的目标迈进。

（三）凝聚作用

当组织目标符合组织的现实特点同时又和组织成员个人目标相一致，充分体现组织成员的共同利益时，目标就能够起到凝聚作用，激发成员的工作热情、献身精神和创造力，极大地提高劳动生产率。

（四）考核作用

目标是评价组织成员工作好坏的标准，是组织奖勤罚懒，鼓励先进，促进落后，你追我赶地完成组织目标的手段。

四、目标设定的 SMART 法则

SMART 是五个英语单词的缩写，其中 S 代表 Specific，意思是目标要清晰、具体、明确；M 代表 Measurable，意思是目标要定量化，具有可测度；A 代表 Attainable，意思是目标具有可行性，是可以通过努力达到的；R 代表 Reasonable，意思是目标是合理的，能够支持组织的使命、目标和策略；T 代表 Timetable，意思是目标要有时间性。

（一）S 明确性原则

目标要清晰、明确，让考核者与被考核者能够准确地理解目标。如果有人问你目标是什么，你说希望有一天可以拥有一栋山上的小屋，这就是一个模糊而且抽象的目标。问题就在"有一天"不够明确，"山上的小屋"不够具体，小屋是什么样子，购买它需要多少钱，那座山在哪儿，还必须算出 5 年后这栋房子值多少钱，接着，你必须决定为了达到这个目标每个月要存多少钱。做不到这一点，拥有一栋山上的小屋也只是一个梦想。

（二）M 定量化原则

确定目标要保证质与量的有机结合，尽可能量化企业目标，确保目标考核的准确性。目标要实现由上而下的逐级量化，使其具有可测度性。一方面，通过对量化目标完成情况的监控，保证组织总目标的实现；另一方面，通过成员具体的目标和组织总目标的衔接，使成员更容易感受到自身工作对组织目标实现的贡献，有利于激发职工的积极性。

（三）A 可行性原则

不应该超越可获得的资源设立不可能实现的目标，尽管目标应该具有挑战性，但它必须具有现实性，毕竟如果没有相应的资源，不论你如何努力也是不可能实现目标的。记住，目标过高，会因无法完成任务而使成员丧失信心；目标太低，则失去了激发工作激情的意义。

（四）R 合理性原则

每个组织都有自己的总体目标，为了使每一层级的目标都有意义，各层级的目标必须与总体目标保持一致，否则会出现目标偏离、错位等问题。目标合理才能行之有效、一往无前。

（五）T 时限性原则

目标要有时限性，要在规定的时间内完成，时间一到，就要看结果。没有时间限制的目标很容易被我们用各种借口来搁置，或者因事务缠身而使计划停滞不前，只有明确了目标完成的时间，才能按部就班地朝目标一步一步前进，最终成功。

五、计划与目标的关系

目标和计划对完成某项工作都是至关重要的，没有目标，组织成员不知要做什么，没有计划，目标就成空想。所以所有管理者在制定符合并支持组织总体目标的同时，必须制订一个支配和协调他们所负责的资源的计划，从而能够实现组织的目标。没有目标的计划同没有计划的目标都是空谈。对于个人而言亦是如此，有价值、有意义的人生，应该是一个不断实现自己远大理想、不断超越自我的过程。而要实现自己的伟大目标，就必须制订清晰、合理的计划。有了计划，工作就有了明确的目标和具体的步骤，既能调动工作积极性又能有条不紊地进行。

目标与计划是一种什么样的关系？计划是一个不断连贯递进的过程。计划工作的第一任务就是确定目标。目标的缺失或中断都会导致计划的不完整性。在这里，目标提供了所有管理决策的方向，构成了衡量标准，参照这个标准就可以度量实际工作的完成情况。所以说目标是计划工作的基础，是计划工作的出发点和归宿点。英国有句谚语："计划写在沙滩上，目标刻在石头上。"把目标刻在石头上是强调目标一经确定，就不能随意变动。计划规定了怎样实现目标，通常描述了资源的分配、进度以及其他实现目标的必要行动，是为实现组织目标服务的，是成功达到结果实现目标的最重要的保障。工作的内容越复杂，参与实施计划的行为主体和涉及的环节越多，越需要计划性，如果像无头苍蝇一样乱转，将一事无成。把计划写在沙滩上是强调在实现目标的过程中环境和资源不断发生着变化，要不断地重修计划，做到因事、因时、因势而变。两者在实际工作中相辅相成、相互促进，不可分割地交织在一起。

第三节　计划的类型

计划是对未来行动的预先安排。计划的种类多样，可按不同的标准进行分类，最普遍的划分计划类型的方法是根据计划的表现形式、职能、广度、时间跨度和明确性等方面对计划进行分类。各种类型的计划不是彼此割裂的，而是分别由适用于不同条件下的计划组成一个计划体系。

一、按计划的表现形式分类

哈罗德·孔茨和海因·韦里克根据不同的表现形式，从抽象到具体，将计划分为一个层次体系：使命、目标、战略、政策、程序、规划、方案和预算等，如图 11-2 所示。从他们的分类，我们可以理解，计划是多种多样的，但其又是一个不断连贯递进的过程。任何简单的中断都会导致计划的不完整性以及组织、领导和控制职能的发挥。

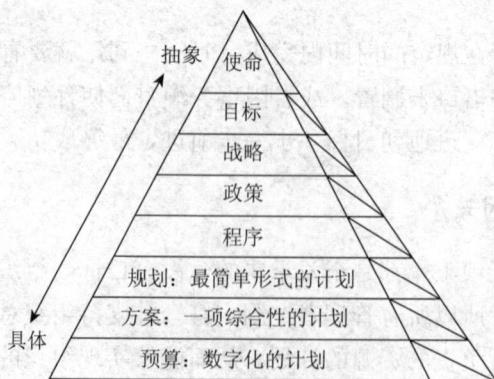

图 11-2　计划的层次体系

二、按计划的时间长短分类

按计划的时间长短，可将计划分为长期计划、中期计划和短期计划。

一般将 5 年以上（含 5 年）的计划称为长期计划。长期计划是组织在较长时期内的发展目标和方针，规定了组织的各个部门在较长时期内从事某种活动应达到的目标和要求，绘制了组织长期发展的蓝图，是企业长期发展的纲领性文件。

1 年以上 5 年以内的计划称为中期计划，是根据长期计划制订的，它比长期计划要详细具体，是考虑了组织内部和外部的条件与环境变化情况后制订的可执行计划。

一般将 1 年以内（含 1 年）的计划称为短期计划。短期计划比中期计划更详细具体，它是指导组织具体活动的行动计划，具体规定组织各部门在目前到未来的各个较短时期阶段，特别是最近阶段中应该从事何种活动及相应的要求，从而为组织人员在近期内的行动提供依据。它一般是中期计划的分解和落实。

当然，这个划分标准并非绝对，在某些情况下，它还受计划的其他方面因素的影响，比如，对一些环境条件变化很快，本身节奏很快的组织，其计划分类也可能 1 年计划就是长期计划，季度计划就是中期计划，而月计划就是短期计划。在管理实践中，长期、中期和短期计划必须有机地衔接起来，既要注重长期战略目标的设置，因为长期计划要对中、短期计划具有指导作用，而中、短期计划的实施要有助于长期计划的实现。

三、按计划的明确程度分类

按照计划的明确程度可以把计划分为指导性计划和指令性计划，如图 11 - 3 和图 11 - 4 所示。

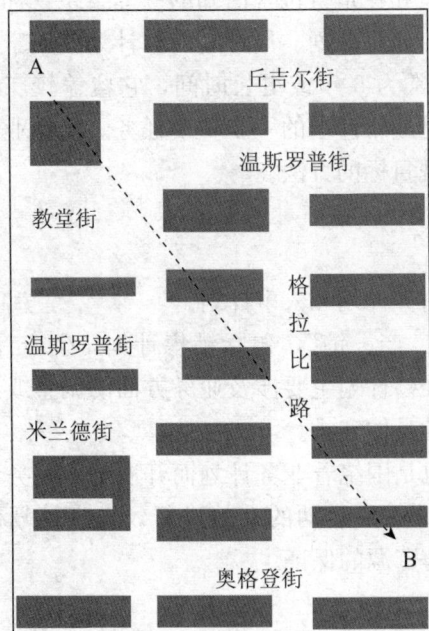

图 11 - 3　指导性计划

图 11 - 4　指令性计划

指导性计划的明确性较弱，只规定了一些重大方针，而不局限于明确的特定目标或特定的活动方案上。对于计划执行者不具有严格的约束力，是一种参考性的计划。这种计划可为组织指明方向、统一认识，但并不提供实际操作指南。比如，集团总部给旗下的子公司下达降低成本的指导性计划，要求每年降低 12％～18％，每个子公司可根据要求和自身的实际情况具体制定目标和计划。

指导性计划具有内在的灵活性，而指令性计划便于明确及时有效地完成特定的程序、方案和各类活动目标。组织通常面临环境的不确定性，可选择制订这两种不同类型的计划。

四、按计划所涉及的组织活动范围分类

按计划的所涉及组织活动范围可将计划分为战略计划、战术计划和作业计划。

在这三种计划中，战略计划是由高层管理者制订的，对组织全部活动所作的战略安排，为组织设立总体目标和寻求组织在所对应的环境中的地位的计划。通常具有长远性和较大的弹性。战略计划需要全盘考虑各种确定性与不确定性的情况，谨慎制定指导组织的全面工作。

战术计划也叫管理计划，是由中层管理者制订的，一般是一种局部性的、阶段性的计划。它多用于指导组织内部某些部门的共同行动，以完成具体的任务，实现阶段性的目标。

作业计划是由基层管理者制订的规定总体目标如何实现的细节计划，是特定部门或个人的具体行动计划。作业计划通常具有个体性、可重复性和较大的刚性，一般情况下，是必须执行的命令性计划。

战略、战术和作业计划强调的是组织纵向层次的指导和衔接。战略计划对战术、作业计划具有指导作用，而战术和作业计划的实施要确保战略计划的实施。

战略计划与作业计划在时间跨度上、在范围上和在是否包含已知的一套组织目标方面是不同的。作业计划趋向于覆盖较短的时间间隔，如月计划、周计划、日计划就属于作业计划；战略计划趋向于包含持久的时间间隔，通常为 5 年或更长时间，它覆盖较广的领域。就覆盖目标而言，两者完全不同。设立目标是战略计划的一个重要任务。而作业计划是在目标已经确定的条件下制订的，它只提供实现目标的方法。

五、按组织的职能标准分类

按组织的职能标准可将计划分为经营计划、财务计划和人事计划。

经营计划是组织的主要计划。涉及"物、供、产、销"，包括销售计划、生产计划、采购计划、供应计划、新产品开发计划等。长期经营计划主要涉及业务方面的调整或经营规模的发展，短期经营计划则主要涉及经营活动的具体安排。

财务计划与人事计划是为业务计划服务的，也是围绕着业务计划而开展的。财务计划涉及"财"，研究如何从资金的提供和利用上促进业务活动的有效进行。人事计划研究"人"，分析如何为业务规模的维持或扩展提供人力资源的保证。

六、按计划的程序化程度分类

按计划的程序化程度可划分为程序性计划和非程序性计划。

西蒙把组织活动分为两类：一类是例行活动，指一些重复出现的工作，如报账、订货、材料的出入库等，有关这类活动的决策是经常反复的，而且具有一定的结构，因此可建立一定的决策程序。每当出现这类工作或问题时，就利用既定的程序来解决，而不需要重新研究。这类决策称为程序化决策，与此对应的计划是程序性计划。另一类是非例行活动，不重复出现，比如新产品开发、生产规模的扩大、品种结构的调整、工资制度的改革等，处理这类问题没有一成不变的方法和程序，因为这类问题或尚未发生过，或因为其确切的性质和结构捉摸不定或极为复杂，或因为其十分重要而需用个别方法加以处理。解决这类问题的决策叫非程序化决策，与之对应的计划是非程序性计划。

七、按计划的使用频率分类

按计划的使用频率可分为一次性计划和持续性计划。

一次性计划是指为满足特定情况需要而设计的一次性计划。例如，当沃尔玛决定在中国急剧增加其店面数量时，高层管理者制订了一个一次性计划作为指导。

与此相对，持续性计划提供了对重复进行的活动的持续指导。持续性计划包括政策、规则和程序。作为持续性计划的一个例子是亚利桑那大学制定的防止性骚扰的政策，它对大学的行政人员、教师和教辅人员履行职责提供了指导。

第四节　计划的编制程序和方法

一、计划的编制程序

尽管计划的类型和表现形式多种多样，但科学地编制计划所遵循的步骤具有普遍性。计划工作无论组织大小，都要遵循一般的实用的工作步骤，完整的计划过程包括计划、决策和行动，其工作步骤基本都是相同的，依次包括如下内容：估量机会，制定目标；确定计划工作的前提条件；拟订可供选择的方案；评价可供选择的方案；选择最优方案；拟订派生计划；通过预算使计划数字化。在这里，我们挑选计划工作过程中主要的步骤或程序进行讲解。

（一）估量机会，确定目标

对机会的估量是在实际计划工作开始之前就着手进行的，虽然它不是计划工作的一个组成部分，却是计划工作的真正起点。对未来可能出现的变化和机会进行初步的分析，形成判断；根据自己的优势和劣势，弄清自己所处的地位，了解自己利用机会的能力，列举不确定性因素，分析其发生的可能性和影响程度。估量机会的工作就是根据现实的情况就可能存在的机会做出合理的判断。能否在反复斟酌的基础上准确地估量机会，是确定切合实际的目标的关键。

计划工作的第一步是在估量机会的基础上，为组织及其下属的每个工作单位确定计划工作的目标，计划预期的成果，确定为达到这一成果需要做哪些工作，重点在哪里，如何运用战略、程序、预算等计划形式去完成计划工作的任务。

计划中的目标不可设置太多，而且要分清主次，以免在实施中发生难以确定优先次序等问题。目标应有明确的衡量指标，不能含混不清，尽可能量化，以便度量和控制，"我们的工作要在未来的一年里取得突破性进展"，类似的口号往往会成为失败的遮羞布。目标的确定要合理，不能过高或过低，形象的说法就是"跳起来能够得着"。

（二）确定前提条件

计划工作的第二步是确定一些关键性的前提条件，并使计划制订人员对此取得共识。所谓计划工作的前提条件就是计划工作的假设条件，即计划实施时的预期环境。有来自内部的也有来自外部的，一般情况下，内部的条件是可以清楚了解而且可以控制的。外部的前提条件如资源供给、市场状况以及经济政策等往往是不能控制，很难准确预测的。这是制订计划的挑战所在。未来环境的内容多种多样，错综复杂，管理者不可能也没有必要对它的每个方面、每个环节做出预测。

（三）拟订备选方案

明确了目标、确定了前提条件后，计划的下一步工作就要从现实出发分析实现目标所要解决的关键问题或需要开展的工作。在各项工作明确之后，根据各项工作之间相互联系和先后次序的分析，可以拟订多个备选方案。制订方案时，要反复考虑和评价各种方法和程序，在过去的计划方案上稍加修改或略加推演是不会得到最好的方案的。此外，方案也不是越多越好，即使我们可以采用数学方法和借助电子计算机的手段帮助计划的制订，还是要对候选方案的数量加以限制，以便把主要精力集中在对少数最有希望的方案的分析上面。

（四）评价各种备选的方案

计划工作的第四步是按照计划的前提条件和目标来权衡各种因素，就要求管理者必须以科学客观的态度对待每一个备选方案，要根据所定义的计划目标和前提条件，对每一个备选方案进行评价。评价的依据应包括两个内容：一是根据组织目标的要求，确定一系列对实施方案的评价项目和标准；二是根据各评价项目和标准对组织目标的贡献程度，确定评价项目及标准之间的相对重要性，即权数。因而，评价的前期工作有许多事要做，前期准备工作的质量直接影响对备选方案的评价结果。

（五）选择最优方案

在对备选方案评价的结果基础上，进行方案相互间的分析、比较后做出最后抉择是计划工作过程中关键的一步。如果发现有两个可取的方案时，必须决定首先采取哪个方案，而将另一个方案也进行细化和完善，并作为候选方案。一个好的方案不仅应该程序、方法清楚可行，而且所需人力、物力和财力等各项资源能够保证，并且力争以最小的投入取得最大的成果。

（六）拟订派生计划

犹如目标的分解一样，计划方案的实施也需要有很多计划方案的支持。因此，在完成对组织实现其目标的行动方案的选择之后，并不代表计划工作的结束，还必须帮助涉及计划内容的各个下属部门制订支持总计划的派生计划。几乎所有的总计划都需要派生计划的支持作保证，完成派生计划是实施总计划的基础，是计划工作程序的重要部分。

（七）编制预算使计划数量化

计划工作的最后一步是将计划转化为预算，使之数字化。预算实质上是资源分配计划，预算工作做好了，可以成为综合平衡各类计划的一种工具，也可以成为衡量计划完成进度的重要标准。

二、计划方法

计划工作的效率高低和质量好坏，在很大程度上取决于组织实施的方法。传统的计划方法是综合平衡法，虽然综合平衡法利用了各种要素和指标间的平衡关系，制订的计划指标具有科学性和可行性，但现在看来已经难以适应组织所面对的复杂而多变的外部环境。现代计划方法大量采用数学计算机科学的成果，如线性规划、非线性规划、概率论和数理统计、网络计划法等。不仅大大提高了计划工作的质量而且大大加快了计划工作的进度。下面我们主要介绍几种较为普遍的计划工作方法：

（一）滚动计划法

由于长期计划的计划期较长，很难准确地预测到各种影响因素的变化，因而很难确保长期计划的成功实施。滚动计划方法是按照"近细远粗"的原则滚动制订一定时期内的计划，然后按照计划的执行情况和环境变化，调整和修订未来的计划，并逐期向后移动，把短期计划和中长期计划结合起来的一种计划方法。滚动计划编制具有灵活性、能够适应环境变化。管理者在制订计划时，计划活动越远，前提条件越难确定。为了提高计划的有效性，可以采用滚动计划方法。滚动计划可以根据环境条件的变化和实际完成情况，定期地对计划进行修订，使组织始终有一个较为切合实际的长期计划作指导，并使长期计划始终与短期计划紧密地衔接在一起。滚动计划法的编制方法是在已编制出的计划的基础上，未经过一段固定的滚动期便根据变化了的环境条件和计划的实际执行情况，从确保实现计划目标出发对原计划进行调整。每次调整时保持原计划期限不变，而将计划期限顺序向前推进一个滚动期。如图 11-5 所示。

通过滚动计划方法，可以使计划更切合实际；使长中短期计划相互衔接；加强了计划的弹性和适应性。

（二）备用计划法

备用计划法是利用事先制订的备用计划取代正实施的计划以应对外部环境变化的一种方法。备用计划的制订，需要对未来的客观环境进行充分的预测和推断，根据不同推断制订出同样能够实现计划目标的备用方案。

当有些计划的指标和变动因素不表现典型的量化特征（如产量、销售额、进度等），而是涉及计划方针、项目特征或者整体计划目标时，滚动计划就不适用了。这时如果计划所处外部环境发生变化，可以启用备用计划方案以应付临时情况。

这一方法的特点是：对经过筛选而保留下来的少数几个方案进行最后选择时，不是采用淘汰法，而是采取先选一个适合现实条件的计划方案付诸实施，其他方案备而待用。一旦条件发生重大变化，原执行的方案已失效，新情况正在备用方案考虑的范围之内，则启用备用方案。这种方法适用于企业产品品种发展计划、技术改造计划、资金筹集计划等的调整。运用这一办法的关键是掌握好启用计划的时机，尽量减少因停止执行原计划而造成的损失。一旦到了非调整不可时，就必须果断地、及时地启用备用计划，否则就会丧失时机或造成更大的损失。判断这一时机的方法是根据影响计划的若干主要因素，设置先行指

本期五年计划（2011~2015）				
2011	2012	2013	2014	2015
很细	较细	一般	较粗	很粗

2011年实际完成情况

计划与实际之间的差异

计划修正因素	
差异分析	环境变化

修订计划

新的五年计划（2012~2016）				
2012	2013	2014	2015	2016
很细	较细	一般	较粗	很粗

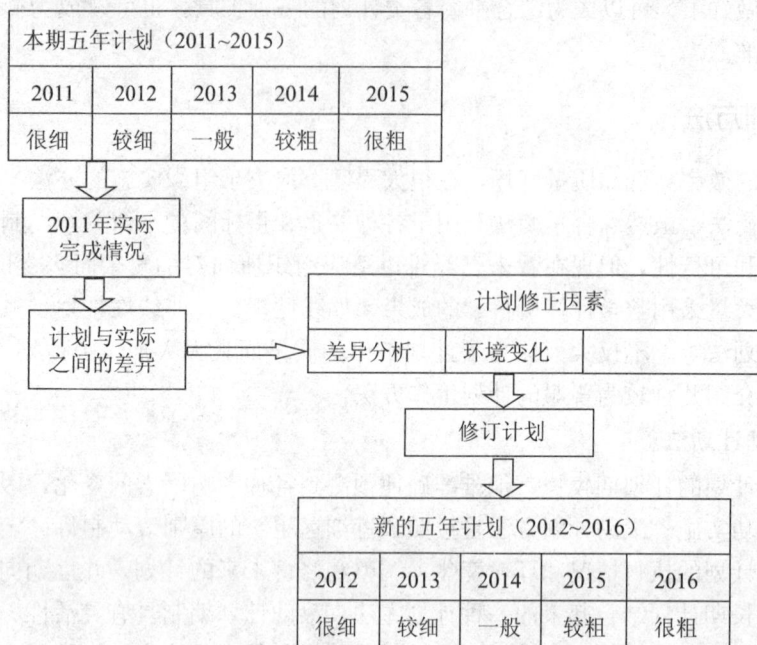

图 11-5　五年计划滚动程序示意图

标，并明确它的界限。由于备用方案是预先计划好的，就使计划调整甚至是目标调整工作比较主动，可以做到处变不惊。

（三）投入产出分析法

投入产出分析法是 20 世纪 40 年代美籍俄国经济学家瓦西里·列昂惕夫首先提出的，其原理是各部门经济活动的投入和产出之间的数量关系。投入指的是将人力、物力投入生产的过程，并在其中被消耗；产出指的是生产出的一定数量和种类的产品。

投入产出分析法作为一种综合计划方法，首先要根据某一年度的实际统计资料需求了解各部门之间的比例编制投入产出表，然后计算各部门之间的直接消耗系数和间接消耗系数（两者合计即完成消耗系数），最后根据某些部门对最终产品的需求，计算出各部门应达到的状况，据此编制综合计划。

这种方法的主要特点如下：

1. 反映了各部门的技术经济结构，可合理安排各种比例关系，特别是进行综合平衡的一种有效手段。

2. 在制订计划的过程中不仅充分利用现有统计资料，而且能建立各种统计指标之间的内在关系，使统计资料系统化，编制完成的投入产出表能比较全面地反映经济过程的数据，可以用来进行多种经济分析和预测。

3. 通过表格形式反映经济现象，直观、易于理解而且容易为计划工作者接受。

（四）网络计划法

网络计划技术是在 20 世纪 50 年代末逐步发展起来的现代化管理技术，它起源于美国，1956 年美国杜邦公司在制订协调企业不同业务部门的系统规划时，运用网络方法编制了第一个网络计划。依其起源可将网络计划技术分为关键路径法（Critical path method，CPM）与计划评审法（Program evaluation and review technique，PERT）。关键路径法是借助于网络表示各项工作与所需要的时间以及各项工作的相互关系。通过网络分析研究工程费用与工期的相互关系，并找出在编制计划及计划执行过程中的关键路线。主要应用于以往在类似工程中已取得一定经验的承包工程，杜邦公司首先采用的是这一方法。计划评审法则注重于对各项工作安排的评价和审查，PERT 更多地应用于研究与开发项目。1958 年美国海洋武器局在制订研制"北极星"导弹计划时，同样采用了网络方法和网络形式，采用了计划评审法。网络计划技术一经提出，在美国很快得到了应用并迅速推广到世界各国。1962 年美国国防部规定，承包有关国防工程的单位都应采用网络计划技术来安排计划。

网络计划技术所具有的功能主要可以概括为以下几个方面：1. 能够显示出构成整个工程项目计划的全部工序和各工序的作业时间，这样便于了解计划全貌，掌握关键路线，控制工程进度，进行全面管理。2. 能够显示出各工序之间的相互依存制约关系，便于做好生产准备工作以及在生产过程中做到在时间、数量上的衔接和紧密配合。3. 可以区分关键工序和非关键工序，便于向关键工序要时间，向非关键工序要资源，使计划达到时间、资源、成本上综合优化的目的。4. 可以利用计算机来进行运算，以利于有效地控制和监督计划实施。

网络计划的适用范围很广，特别适用于一次性工程或任务。工程规模越大，协作越复杂，采用网络计划技术就越有效，也越便于应用计算机进行数据处理，从而加速工程的进程。

（五）甘特图

甘特图是对简单项目进行计划与排序的一种常用工具，最早由美国工程师和社会学家亨利·甘特于 1917 年提出，又称条线图或横道图。甘特图用横轴表示时间，纵轴表示要安排的活动，线条表示在整个期间上计划的和实际的活动完成情况。它能使管理者先为项目各项活动做好进度安排，然后再随着时间的推移，对比计划进度与实际进度，进行监控工作，调整注意力到最需要加快速度的地方，使整个项目按期完成。甘特图是基于作业排序的目的，将活动与时间联系起来的最早尝试之一。我们用一个图书出版的例子来说明甘特图。不难看出，在本例中，除了打印长条校样外，其他活动都是按计划完成的。

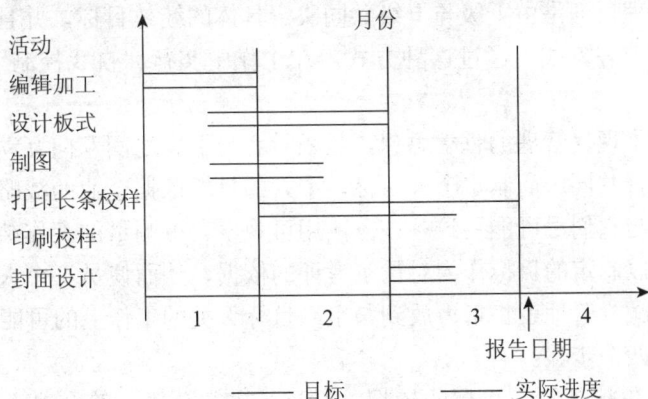

图 11-6　甘特图实例

（六）线性规划法

盈亏平衡法确定的是总产量指标。但企业生产的品种往往不止一种，所以编制计划时还需要在总产量指标的前提下计算分品种产量指标。这时需要使用线性规划法对不同品种产品、在一定数量资源约束前提下的产量指标进行计算。根据产品品种即决策变量的数量多寡，线性规划法的求解方法可以分别使用图解法和单纯形法。当只有两个决策变量时，用图解法简单而有效；但决策变量出现三个以上时就需要使用单纯形法求解，决策变量更多时，就需要借助计算机。

线性规划方法是企业进行总产量计划时常用的一种定量方法。线性规划是运筹学的一个最重要的分支，理论上较完善且实际应用的最广泛。由于有成熟的计算机应用软件的支持，采用线性规划模型安排生产计划，并不是件困难的事。在总体计划中，用线性规划模型解决问题的思路是，在有限的生产资源和市场需求条件的约束下，求利润最大的总产量计划。该方法的最大优点是可以处理多品种问题。

实际运用线性规划模型进行总生产计划时需要注意的一些问题：

1. 线性规划模型考虑的因素可能不够全面，实际中有些情况没有被考虑到，这就使得线性规划模型过于理想化。

2. 实际运用线性规划模型时，虽然一些因素被考虑到了，但由于不易量化或求得，线性规划模型的运用和有效性会因此受到一定的限制。

3. 对一些基础管理不善的企业而言，模型中的一些系数很难得到。

线性规划模型用在原材料单一、生产过程稳定不变、分解型生产类型的企业是十分有效的，如石油化工厂。对于产品结构简单、工艺路线短或者零件加工企业，有较大的应用价值。

（七）目标管理法

目标管理（Management by Objectives，MBO）源于美国管理专家德鲁克，他在 1954 年出版的《管理的实践》一书中，首先提出了"目标管理和自我控制的主张"，认为企业的目的和任务必须转化为目标。企业如果无总目标及与总目标相一致的分目标，来指导职工的生产和管理活动的话，则企业规模越大，人员越多，发生内耗和浪费的可能性越大。概括来说，目标管理也即是由下级与上级共同决定具体的绩效目标，并且定期检查完成目标进展情况的一种管理方式。通过这种方式，在工作中实行"自我控制"，并努力完成工作目标。

目标管理体现了现代管理的哲学思想，是领导者与下属之间双向互动的过程。目标管理法是由员工与主管共同协商制定个人目标，个人的目标依据企业的战略目标及相应的部门目标而确定，并与它们尽可能一致；该方法用可观察、可测量的工作结果作为衡量员工工作绩效的标准，以制定的目标作为对员工考评的依据，从而使员工个人的努力目标与组织目标保持一致，减少管理者将精力放到与组织目标无关的工作上的可能性。

一般经过以下四个步骤：

1. 制定目标：包括了制定目标的依据、对目标进行分类、符合 SMART 原则、目标须沟通一致等；

2. 实施目标；

3. 信息反馈处理；

4. 检查实施结果及奖惩。

MBO 不是用目标来控制，而是用它们来激励下级。MBO 方式通常有四个共同的要素，它们是明确目标、参与决策、规定期限和反馈绩效。

MBO 通过一种专门设计的过程使目标具有可操作性，这种过程一级接一级地将目标分解到组织的各个单位。组织的整体目标被转换为每一级组织的具体目标，即从整体组织目标到经营单位目标，再到部门目标，最后到个人目标。在此结构中，某一层的目标与下一级的目标连接在一起，而且对每一位员工而言，MBO 都提供了具体的个人绩效目标。因此，每个人对他所在单位的成果贡献都很关键。如果所有人都实现了他们各自的目标，则他们所在单位的目标也将达到，而组织整体目标的完成也将成为现实。

目标管理法的优点：目标管理法的评价标准直接反映组织成员的工作内容，结果易于观测，所以很少出现评价失误，也适合对组织成员提供建议，进行反馈和辅导。由于目标管理的过程是组织成员共同参与的过程，因此，成员工作积极性将会大大提高，同时也增强了责任心和事业心。目标管理有助于改进组织结构的职责分工。由于组织目标的成果和责任力图划归一个职位或部门，容易发现授权不足与职责不清等缺陷。目标管理方法也有一定的缺点：目标管理法没有在不同部门、不同员工之间设立统一目标，因此，难以对员工和不同部门之间的工作绩效进行横向比较，不能为以后的晋升决策提供依据。

第五节　计划的实施、控制与调整

一、计划的实施

彼得·德鲁克指出："计划如果不能变为行动，那它是无用的。"制订计划只是计划工作的开始，更重要而烦琐的工作是组织计划的执行，是把计划变为实际的行动，保证既定计划、目标的实现。计划的实施是计划工作的重要组成部分，组织实施计划的基本要求是全面地、均衡地完成计划。即全面地完成计划规定的各项工作和各项指标，不能偏废；时间安排上，不仅按年、按季、按月地完成计划，而且尽可能按旬、按日地完成计划，消除时松时紧的不均衡现象。

（一）建立强有力的计划保障体系

组织应有不同的管理层次和部门设置专门的机构或人员来负责计划实施工作，并给予其权限和责任。比如，组织中的高级管理人员负责制订整个组织的计划体系和做出计划组织工作的安排，实验并推广新的计划方法，培训各级计划人员，对下属部门在计划实施中遇到的困难和问题进行协调。中低层管理人员进行信息收集和预测工作，建立计划数据信息资料的收集制度，负责组织计划的制订和修改工作，并主持对计划的评价工作。

计划的实施过程，实际上是组织目标的展开落实和实现过程。因此，实施目标管理对计划的执行和实现有重要的作用。同时在计划的执行过程中，要充分把握计划的其他多种方法，大量采用数学计算机科学的成果，如线性规划、非线性规划、概率论和数理统计、网络计划法等，大大提高了计划工作的质量，从而大大加快计划工作的进度，保障计划的有效进行。

（二）计划的实施要加强思想政治工作

通过加强思想政治工作增强组织成员的计划观念，充分发动组织成员，要向所有成员讲明形势、任务、计划编制的依据，以及完成计划对实现组织使命、促进组织发展的重大意义；不仅要让组织成员了解自己的计划任务，还要了解整个组织、所在部门以及其他部门的计划任务，这样可以充分调动组织成员完成计划的积极性，既完成本职任务，同时又为实现本部门和其他部门的计划任务作出必要的贡献，从而可以保证组织整体计划的实现。更重要的是，把计划的执行同推行组织内部的多种责任制、同开展组织的经济核算工作紧密结合起来。

（三）计划的组织实施，要将各项计划指标分解和具体落实

中长期规划已做了分年度安排，这时就应将它作为编制年度计划的依据，在必要时把原来安排的指标按照实际情况进行调整，确定为年度计划指标。年度计划应当有分季（月）安排，在执行时要具体化为季（月）计划，季（月）计划以年度计划为依据，又结合实际情况对原来安排的指标加以调整。这样的"长计划、短安排"，"长指导短，短保证长"的做法是符合计划工作规律性的，各类组织都可运用。在指标分解时，一定要注意保证计划内容的全面性。即计划中不仅要有明确的目标，还要说明责任部门和个人、时间进度要求，工作场地和岗位的要求，基本的工作方法和保证措施等。分解下达的计划指标加上工作要求，既体现各单位、部门、岗位应承担的责任，又是进行绩效考核的依据。各单位、部门和个人必须保证所承担的计划指标的完成。

（四）做好日常管理活动中的各项准备工作

日常管理中的准备工作是保证计划顺利、均衡实施的必要条件，包括经费分配、人力配备、人员培训、劳动定额等。此外，如生产企业的工艺准备、原材料、半成品、外协件、备品配件、燃料、动力等物资供应，生产图纸、工艺等技术文件，这些工作也属于准备工作范畴。

二、计划的控制

计划的控制是反映管理者按照计划标准衡量计划的完成情况和纠正计划执行过程中的偏差，以保证计划目标实现的活动。计划一经执行控制随即开始，一直到计划完成。因此，计划和控制实际上是一项工作的两个方面。正确而有效地控制其功能不只限于纠正偏差，而是在影响目标实现的重要条件和因素的预测出现较大误差或相关因素发生意外变化的关键时刻，确定新的目标，提出新的计划。计划控制一般有以下几个程序：

（一）确立标准

没有标准就没有判断是非好坏的准绳。所以，必须首先确立客观标准。主要包括计划指标、技术标准、质量标准、工作标准与要求等。

（二）测定执行结果

控制是为了及时纠正计划执行结果与目标之间的偏差，那么就必须先了解执行结果。

因此，需要通过适当的手段来测定计划执行的情况。测定计划执行情况的手段主要是统计报表、原始记录等，这些资料越是准确、及时、完整，控制效果就越好。

（三）评价执行结果

把计划执行结果和规定的标准进行分析比较，这就是评价的过程。比较分析的目的是看执行结果是否与目标发生偏差。在实际工作中，总会出现一些偶然性偏差，这是正常现象。但是，对出现较大偏差的，要予以重视：一要分析这些偏差对计划执行影响的程度；二要查明出现偏差的原因，是客观条件发生了变化还是执行不力，或者是目标过高脱离了实际等。

（四）采取措施，纠正偏差

分析出现偏差的原因，采取措施予以纠正。纠正偏差一般有两种选择：一是采取有效措施，使计划执行结果接近目标；二是采取修改目标，以适应执行结果。只有当出现下述情况时，才做第二种选择。即在制定目标时，对一些影响目标实现的重要条件和因素的预测出现了较大误差，或者是目标制定后，对目标有重大影响的某些条件和因素发生了意外变化。因为在这两种情况下，即使采取第一种方式也不能使偏差消除，只是适当修正目标，调整计划指标。

对计划的控制，一般可以通过监督检查来进行。检查计划执行情况，就是检查各部门、各单位和个人是不是按计划进行工作。通过检查可以发现问题，以便及时解决；发现经验，便于及时总结推广；发现新的潜力，及时充分利用。

检查计划执行情况的方式很多，按检查时间分，有日常检查和定期检查；按检查内容和范围分，有听取汇报、参加会议、深入现场、运用统计和会计报表等。以上这些方式可以结合运用，并形成固定的检查制度。

三、计划的调整

计划的调整与计划的执行、控制是同步的，不能截然划出控制与调整的界限。即在计划执行的过程中，通过准确、及时的信息反馈，一旦发现问题和偏差，就要及时加以纠正。这里的"纠正"既是调整，也是控制。在此把调整单独作为一个问题来叙述，主要是从调整的方式上来加以说明。

计划应当具有严肃性。一经制定，应当保持稳定不宜轻易变动，否则计划就失去约束力，起不到指导的作用。但是，计划在执行过程中难免遇到许多不确定性因素。当客观条件变化后，据此对计划做相应的调整甚至做目标的修正，正是维护计划严肃性、科学性的具体表现，体现编制计划的弹性和动态原则。

计划调整的方式有主动调整和被动调整。如果计划执行不下去了再被动地加以调整，会带来很大的损失。所以应力争主动，主动调整可将损失降到最低限度。甚至会带来更好的效益。主动调整的方法有滚动计划法和启用备用计划法。

案例分析

案例一："××胶囊"商业计划书（纲要）

一、基本情况

××胶囊是 JL 药业集团公司研制开发的保健食品，内含体内平衡因子。经多年的实验证明，体内平衡因子具有改善胃肠功能和抗衰老的功效。对便秘、肥胖、色斑、粉刺及并发症等现代文明病有一定的预防作用和疗效。

二、生产计划

2001 年生产 50 万盒、2002 年 500 万盒，2003 年 1000 万盒、2004 年 1500 万盒、2005 年 2000 万盒（每盒 60 粒）。

三、市场前景

（一）我国保健品市场发展现状及展望

2000 年我国保健品销售额超过 500 亿元，保健品市场在经过前些年的风雨洗礼后，已渐渐成熟，并被誉为"朝阳产业"。同时由于百姓消费观念的变化，花钱买健康将渐渐成为消费时尚。

××胶囊是一个具有国际品质的体内环保产品。体内环保在发达国家如美国、日本等已形成一股热潮。公司审时度势，率先研制推出体内环保产品——××。

（二）国际上体内环保消费及产品开发情况（略）

（三）××胶囊的市场优势

人们由于年龄的增长、工作的压力、生活方式的改变和饮食环境的污染及药物的毒副作用，造成体内平衡因子不断减少，致使机理失去平衡。通过摄入××——体内平衡因子，可改善胃肠道功能，使体内保持平衡，恢复体内自然排毒除污的功能。

1. 体内环保与排毒、洗肠的区别（略）

2. 产品定位点

①××在我国首次提出"体内环保"概念，这一鲜明而独特的口号，必将冲破市场竞争的巨大压力，在市场竞争中取胜。

②科学而富有创造性的"体内平衡因子"的概念，定能掀起我国体内环保的一场深刻革命和消费热潮。

3. 市场机会点

①生态环境保护已深入人心，而××所倡导的"体内环保"概念，迎合了国际体内环保的消费潮流。

②生态环境污染的破坏、工作的压力、饮食的改变等，是导致现代文明病如便秘、肥胖、色斑等的主要原因，特别是女性。便秘、粉刺、色斑、皮肤老化等病症将使她们成为以胶囊的庞大而稳定的消费群体、市场潜力巨大。

4. ××胶囊的消费群体分析

①从性别的角度看、女性将是××胶囊消费的主力军。

②从疗效的角度看，便秘、肥胖患者将成为主要消费对象。

③××正是体内肠道的"清道夫"，人人都需要天天消除宿便。

④防治"现代文明病"的人越来越多。

因此，××胶囊市场发展潜力巨大。

四、营销策略

（一）市场目标

在新产品上市的第一年度，以山东、湖南、广东、福建、湖北等省市为重点市场，将这些地区作为本年度的主攻市场，以东北、华北、西南为次重点市场，将这些地区作为公司下一步考虑的重点市场。在第一年里，公司不以利润为出发点，主要是做好市场部署工作，为以后的全国市场作演习。

（二）营销策略

为达到上述目标，公司有针对性地实施差异化的市场策略，以重点市场为主要战场。在广告方面，以电视、报纸为主要媒体。

五、经济效益分析

表 11-1 经济效益分析情况

项目/年		2001	2002	2003	2004	2005
发展计划（万盒）		50	500	1000	1800	2000
产值（万元）		3400	34000	68000	122400	136000
收入（万元）		2375	23750	47500	85500	95000
支出	成本费	630	6300	12600	22680	25200
	广告费	1700	5000	4400	4000	3000
	合计（万元）	2330	11300	17000	26680	28200
毛利（万元）		45	12450	30500	58820	66800

六、投资风险分析

（一）行业风险

保健食品品种繁多，竞争激烈。

（二）广告风险

广告投资较大。在广告大战中，如不注意搞好广告策划，建好终端销售网络，有可能失败。

七、投资说明

（一）资金需求及用途

2001年生产50万盒××胶囊，需原材料、包装费等630万元。投入广告费、网络建设费1700万元，收入2375万元，广告投入与收入之比为1∶2。2002年生产胶囊500万盒，需原材料、包装费6300万元。广告费、网络建设费5000万元，收入23750万元，广告投入与收入之比为1∶5。从第三年开始，可以滚动发展，因网络已建好，广告费逐渐减少，广告效应会越来越大。

（二）成立股份公司

（三）投资参股模式

投资方可直接为本项目主体公司进行投资，并按投资协议持有项目公司扩资后一定比例的股份。投资方可以委派人员进入董事会参与公司的经营管理，尤其是监督本项目的进展。

八、公司基本情况

（一）公司概况

JL 药业集团公司成立于 1991 年 11 月，以生物工程为主导产业，从事医药、保健品、化妆品等的研发和生产。

（二）公司管理体系

1. 集团管理架构（略）

2. 管理团队（略）

3. 人力资源计划（略）

4. 激励机制

公司计划推行员工持股计划。

分析思考：

1. 一份完整的计划书需要包括哪些内容？

2. 该案例中的计划属于什么类型的计划？

案例二：

30 多年前，R 公司、TY 电气公司和 Z 公司等统治着美国的电视机市场。如今，这些公司的电视机产品都销声匿迹了，取而代之的是日本 SX 电器工业公司的代表品牌的电视机。SX 公司生产的各种录像机也充斥了市场。

SX 电器公司是第二次世界大战后建立的。其目标是成为当时正在兴起的电子学领域的领导者，重建日本强国的地位。20 世纪 50 年代初期，SX 公司确立了控制美国电视机市场的目标，与其他日本电视机制造商组成了卡特尔，将进攻的焦点集中在了美国市场上。

在 20 年的时间里，将它的美国竞争对手从 25 个削减到了 6 个，最终，所有的美国竞争对手不是破产就是被外国同行所兼并。目前，SX 公司已经成长为世界第 12 位的大公司。1990 年 11 月，又斥资 60 多亿美元买下了 MCA 公司，它是环球制片公司的母公司。经过精心策划的、长期的计划，使 SX 公司成为世界消费电子行业的巨人，实际上，公司已经制订了 250 年的规划。

SX 公司的管理层把公司看做经久不衰的企业，它试图不给竞争对手留下任何可乘之机。

分析思考：

1. SX 公司是如何取得成功的？

2. 说明计划对 SX 公司成功的作用。

案例三：滚动计划让 M 公司插上成功的翅膀

M 公司是中国东部地区一家知名企业，原有的计划管理水平低下，粗放管理特征显著，计划管理与公司实际运营情况长期脱节。为实现企业计划制订与计划执行的良性互动，在管理咨询公司顾问的参与下，M公司逐步开始推行全面滚动计划管理。

首先，M公司以全面协同量化指标为基础，将各年度分解为4个独立的、相对完整的季度计划，并将其与年度计划紧密衔接。在企业计划偏离和调整工作中，M公司充分运用了动态管理的方法。

所谓动态管理，就是M公司年度计划执行过程中要对计划本身进行三次定期调整：第一季度的计划执行完毕后，就立即对该季度的计划执行情况与原计划进行比较分析，同时研究、判断企业近期内外环境的变化情况。根据统一得出的结论对后3个季度计划和全年计划进行相应调整；第二季度的计划执行完毕后，使用同样的方法对后两个季度的计划和全年计划进行相应调整；第三季度的计划执行完毕后，仍然采取同样方法对最后一个季度的计划和全年计划进行调整。

M公司各季度计划的制订是根据近细远粗、依次滚动的原则开展的。这就是说，每年初都要制订一套繁简不一的四季度计划：第一季度的计划率先做到完全量化，计划的执行者只要拿到计划文本就可以一一遵照执行，毫无困难或异议；第二季度的计划要至少做到50%的内容实现量化；第三季度的计划也要至少使20%的内容实现量化；第四季度的计划只要做到定性即可。同时，在计划的具体执行过程中对各季度计划进行定期滚动管理——第一季度的计划执行完毕后，将第二季度的计划滚动到原第一计划的位置，按原第一季度计划的标准细化到完全量化的水平；第三季度的计划则滚动到原第二季度计划的位置并细化到至少量化50%的内容的水平，依次类推。第二季度或第三季度计划执行完毕时，按照相同原则将后续季度计划向前滚动一个阶段并予以相应细化。本年度4个季度计划全部执行完毕后，下年度计划的周期即开始，如此周而复始，循环往复。

其次，M公司以全面协同量化指标为基础建立了三年期的跨年度计划管理模式，并将其与年度计划紧密对接。

跨年度计划的执行和季度滚动计划的思路一致。M公司每年都要对计划本身进行一次定期调整，第一年度的计划执行完毕后，就立即对该年度的计划执行情况与原计划进行比较分析。同时研究、判断企业近期内外环境的变化情况，根据统一得出的结论对后三年的计划和整个跨年度计划进行相应调整；当第二年的计划执行完毕后，使用同样的方法对后三年的计划和整个跨年度计划进行相应调整，依次类推。

M公司立足于企业长期、稳定、健康地发展，将季度计划—年度计划—跨年度计划环环相扣，前后呼应，形成了独具特色的企业计划管理体系，极大地促进了企业计划制订和计划执行的相辅相成，明显提升了企业计划管理、分析预测和管理咨询的水平，为企业整体效益的提高奠定了坚实的基础。

分析思考：

1. M公司解决了其发展中的什么问题？
2. 滚动计划的核心思想是什么？可在哪些场合使用？
3. 请你为自己所在的组织或你个人编制一个滚动计划。

课后习题

1. 简述计划的内涵和作用。
2. 理解计划的类型。
3. 目标的特征和设置原则。
4. 编制计划需要经过的主要程序。
5. 解释孔茨与韦里克的计划层次体系的基本内容。
6. 简述滚动计划法的优点。
7. 阐述网络计划技术的特点。
8. 简述计划执行的保障措施。

第十二章

团　队

学习目标

1. 理解团队的特征和作用
2. 了解团队协作的重要性
3. 掌握团队协作中机能障碍的排除方式
4. 掌握提升团队协作能力的技巧
5. 掌握团队建设

引　言

管理学家本尼斯认为，所有一流的团队以及一流的组织都是围绕一个共同的梦想或内在目的而组建起来的。"每一个团队参与者都有责任保证团队的正常运作。"本章主要介绍团队管理的概念和类型，特别是如何为团队构筑共同的愿景、目标及其意义。

第一节　团队概述

一、团队是什么

（一）团队的起源

团队概念的兴起源于 20 世纪 60 年代日本的经济腾飞。20 世纪 60 年代至 70 年代中期，日本经济迅速发展，成为世界经济大国，日本企业的国际竞争力跃居世界前列。以美国为首的西方国家对日本经济发展展开了深入的研究，以寻求日本经济奇迹的秘密。研究表明，日本面积狭小、资源匮乏、人口密度大，日本企业的竞争力从根本上说是源于对人力资源的有效开发。从个人素质上看，日本员工与欧美员工相比并不占优势，那么整体的人力资源优势从何而来呢？通过进一步深入研究发现，日本的员工个体虽然不具优势，但如果以班组或部门为单位比赛，日本集体单位的竞争优势就变得非常明显。日本的员工对企业有一种强烈的归属感，他们工作勤奋认真，可以说将全身心都投入到了工作上，而欧美的员工就很难做到这一点。欧美的企业是由少数优秀的领导者来主导，而日本企业则充分发挥全体员工的智慧，充分调动其积极性。在个人主义盛行、鼓励个人奋斗的欧美社会，组织内部竞争激烈，内耗较大，形不成集体竞争力。而在日本，组织成员内部极富协作精神，他们能够结成强有力的团队，产生强大的竞争力。可以说，日本企业的优势主要源于其团队竞争力。实践表明，当一项任务需要多种技能和经验才能完成时，团队工作能够实现 $1+1>2$ 的效果。

通过对日本团队竞争力的研究，欧美管理者认识到，仅凭单打独斗继续获得成功的可能性在减小，企业要想获得成功，应当充分运用人力资源，尤其要形成强大的团队合力。为此，欧美企业大力学习日本的团队建设经验，建立起一个个团队，努力培养团队精神。IBM、通用电气、沃尔沃、摩托罗拉等大公司拥有的团队均达百个之多。为了适应不断变化的环境，许多企业组织开始走向合作，从而在企业之间出现了一些跨组织团队。例如，波音公司在开发 777 客机过程中，先后组建了 235 个团队，其中大部分团队都是由波音公司人员和其他公司员工共同组成，这些团队分别从事新机型的设计和飞机部件的制造工作，这就是跨组织的团队。继欧美跨国公司大规模运用团队方式提升企业竞争力并获得成功，团队这种工作方式很快风靡全球。自 20 世纪 70 年代起，团队方式在西方逐渐兴起，并迅速推广。进入 21 世纪后，团队方式不仅没有淘汰，反而变得更加流行。

（二）团队的概念

世界著名的企业肯德基之所以成功，经验之一就是有一支优秀的团队。在个性张扬的时代，许多企业的经营者都在大声疾呼："我们愈来愈迫切需要更多、更有效的团队来提高我们的士气。"团队究竟是什么，传统的诠释如同 20 世纪五六十年代提出的"集体主义"，一个团队就是一个集体，时髦的诠释就是一条工作链。

团队是由两个或两个以上的人组成，通过人们彼此之间的相互影响、相互作用，在行为上有共同规范的一种介于组织与个人之间的一种组织形态。他们为了共同的目标走到一起，承诺共同的规范，分担责任和义务，为实现共同目标而努力。其重要特点是团队内成员间在心理上有一定联系，彼此之间发生相互影响。

有一个例子可以很好地说明什么是"团队"：每年在美国的职业篮球大赛结束之后，会从各个优胜队中挑选最优秀的球员，组成一支"梦之队"赴各地比赛，以制造新一轮高潮，但是结果总是令球迷失望——负多胜少。这是什么原因呢？其根源在于他们不是真正意义上的团队，虽然他们都是最顶级的篮球明星，但是，由于他们平时分属各个不同的球队，无法培养团队精神，不能形成有效的团队出击。由此看来，团队并不是一群人的简单组合。真正的团队和集合体有很多的不同，例如，集合体没有共同的工作目标，而团队有；集合体没有领导核心，而团队有。

（三）团队和群体的差别

一些团队的形式已经渗透到了人们的日常生活中。任何一群人聚集在一起，都可以称为团体或者群体，例如，一支职业球队，学校的一个班级，同一个部门的同事，旅游团等。那么如何从这些团体中区分出真正的团队？什么样的群体才是团队，团队和群体的真正区别在哪儿？

盖兹贝克与史密斯（1991）指出，并非所有的群体都是团队，两者之间有其差异性，他们认为，团队与群体基本的差异在于团队的队员是对其是否完成团队的共同目标一起承担责任。巴克荷兹等人（1987）则从共同目标、责任分享及团队成果的角度区别群体与团队的不同。巴克荷兹等人（1987）认为，团队是有目标导向的，团队队员不仅了解团队的目标，认同团队的目标，并以团队目标作为其行动与决策的指南。除此之外，团队队员共同担负团队成败责任，团队队员视团队目标的达成为团队集体努力的结果，团队整体达成的成果必大于各部分成果的总和。

团队一词源于工作群体，又高于工作群体。所谓群体，是指为了实现某个特定目标，两个或两个以上相互作用、相互依赖的个体的组合。在优秀的工作群体中，成员之间有一种相互作用的机制，他们共享信息，作出决策，帮助在其中的其他成员更好地承担责任、完成任务。这其实已经蕴涵着一些"团队"的精神。但是，工作群体中的成员，不存在成员之间的积极的协同机制，因而群体是不能够使群体的总体绩效水平大于个人绩效之和的。

从行为心理上来说，成员之间相互作用，直接接触，彼此相互影响，彼此意识到团队中的其他个体，相互之间形成了一种默契和关心。不论何时，不论需要怎么样的支持，成员之间都相互给予，而且他们也总是彼此协作，共同完成所需完成的各项工作，完成团队的目标。团队成员具有归属感，情感上有一种对团队的认同感，意识到"我们是这一团队中的人"。每个人都发自内心地感到有团队中其他成员的陪伴是件乐事。彼此心理放松，工作愉快，所以团队意识和归属感，形成了团队的深刻意义。

所有真正的团队，其队员都要有共同分担的责任，这是他们达到团队的共同目标所必需的。世界上没有任何一个团队中的成员是不承担责任的，如果大家都不承担责任，实现共同的目标无疑是空中楼阁。

试想一下，"老板让我负责"和"我们自己负责"之间微妙却重要的区别。前者可以导致后者，但是没有后者就不会有团队。我们自己负责，这么一句简单的话，却道出了一个核心问题，那就是团队成员对团队的承诺，以及团队对团队成员的信任。

综上所述，团队也是群体，但与普通的群体不同。它是这样一种群体，通过其成员的共同努力、积极协作，团队成员努力的结果使团队的绩效水平远大于个体成员绩效的总和。

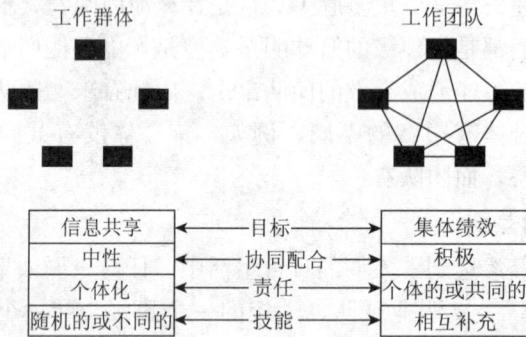

工作群体   工作团队

信息共享	目标	集体绩效
中性	协同配合	积极
个体化	责任	个体的或共同的
随机的或不同的	技能	相互补充

图 6-1　工作群体与工作团体的差异

在我们判断一个工作小组是工作群体还是工作团队的时候，可以从协作性、领导、技能、绩效方面来判断和区别。

协作性是群体和团队最根本的差异。与工作团队相比，工作群体的主要目的是共享信息，而不是协作配合，它强调个体化的责任，对于成员技能的搭配也没有特别的要求。工作群体的协作性可能是中等程度的，有时成员还有些消极，有些对立；但团队中是一种齐心协力的气氛。团队和群体容易被混为一谈，但它们之间在协作性上有根本性的区别。例如，当发生火灾时众人纷纷救火，这时候虽然大家有共同的目标，也有一些临时的配合，但主动救火的这些群众称不上是一个团队。而闻讯前来救火的消防员就不一样，消防员之间有着专业的分工，也有密切的配合，在救火时协作效率要高得多，是一个真正的团队。

在领导方面，群体由管理层指导，团队则强调自我管理。作为群体应该有明确的领导人；团队就不一样，尤其团队发展到成熟阶段，成员共享决策权。因此，在责任方面，群体的领导者要负主要责任，而团队中除了领导者要负责之外，每一个团队的成员也要负责，甚至要一起相互作用，共同负责。

在技能方面，群体成员的技能可能是不同的，也可能是相同的。而团队成员的技能更强调成员知识结构的补充性，把不同知识、技能和经验的人综合在一起，形成角色互补，从而达到整个团队的有效组合。

在绩效方面，群体的绩效是每一个个体的绩效之和，团队的绩效大于个体绩效的总和。每届世界杯都会评选出最佳射手、最佳守门员等个人技术最好的球员。让我们想象一下，如果我们可以将这些人组织起来，组成一支明星队来和本届世界杯的冠军队打一场比赛，大家可以预测一下谁赢的可能性大。很多人会回答冠军队。道理很简单，冠军队是一支高效团队，队员配合好、有集体荣誉感、队员之间长期协作相互熟悉等。而全明星队个人名气大，整体配合时间不长，相对协作差，不具备团队的特点。

二、团队类型

团队的类型多种多样，每种类型的团队都有明显的特征。按性质分，有政治团队、企业团队、文艺团队等；按范围分，就企业而言，可以大到整个企业，多个企业组成的战略伙伴，也可以小到企业内部某个部门，某个小组。

桑德斯特洛姆·戴姆斯根据四种变量，即团队成员与组织内部其他成员差别化程度的高低、团队成员与其他成员进行工作时一体化程度的高低、团队工作周期的长短以及团队产出成果的类别，把团队分为四种类型：建议型团队、服务型团队、发展型团队、行动型团队。

斯蒂芬·罗宾斯根据团队的存在目的，拥有自主权的大小，将团队分成三种类型：多功能型团队、问题解决型团队、自我管理型团队。

1. 在团队早期，大多数团队属于问题解决型，团队由同一个部门的若干名员工临时聚集在一起组成。他们一起讨论如何提高产品质量和生产效率、如何改进工作程序、工作方法等问题，互相交换看法或提供建议。但是，这些团队没有对形成的意见和建议单方面采取行动的决策权。对问题解决型团队应用最广的类型，是"质量圈"（QC）或"全面质量管理小组"（TQC）。

2. 为了弥补问题解决型团队在员工参与决策方面权力缺乏、功能不足的缺陷，就需要建立独立自主地解决问题，并对工作的结果承担全部责任的团队，即自我管理型团队。

自我管理型团队的人数通常为 10—15 人，他们承担了一些原本是上级所承担的责任。一般来说，他们的责任范围包括控制工作的节奏，决定工作任务的分配等。这种自我管理型团队甚至可以自由组合，并让成员相互进行绩效评估，这就使得主管人员的重要性相应下降，甚至可能会取消主管人员的职位设置。

需要注意的是，自我管理型团队并不一定一直具备积极的效果。例如，其缺勤率和流动率偏高。这就说明，自我管理型团队形式的采用有一定的范围限制，需要具备一定的条件。

3. 多功能型团队通常是由来自同一等级、不同工作领域的人组成，他们聚集在一起的目的是完成一项特定的任务。可以说，盛行于今的项目管理与多功能团队有着内在的联系。

多功能型团队是一种有效的形式，它能使组织内（甚至组织之间）不同领域的员工互相交换信息，激发出新的观点，协调复杂的项目，解决面临的问题。但是，多功能型团队的组成不是"野餐聚会"，而是有其"硬任务"。在其形成的早期阶段往往要消耗大量的时间来使团队成员学会处理复杂多样的工作任务，使背景、经历和观点不同的成员之间建立起相互信任的关系。

随着通信技术的普遍应用，一种新型的团队形式应运而生，这就是所谓的虚拟型团队。虚拟型团队是一种以虚拟组织形式出现的新型工作组织模式，是一些人由于具有共同理想、共同目标或共同利益，结合在一起所组成的团队。虚拟型团队只需通过电话、网络、传真或可视图文来沟通、协调，甚至共同讨论、交换文档，使团队成员可以分工完成一份事先拟定好的工作。换句话说，虚拟型团队是在虚拟的工作环境下，由进行实际工作的真实的团队人员所组成的，并能够在虚拟组织的各成员相互协作下提供更好的产品和服务。

三、高效团队的特点

高效团队具有一些共同的特点：认同的目标、互补的技能、适当的规模、相互的信任、内外部的支持、良好的沟通、恰当的领导。

（一）认同的目标

高效团队的成员非常清楚自己所在团队的价值和意义，他们不仅明确团队的整体目标，还从内心认同、肯定团队的目标。这种对目标的认同感能够激励成员全身心投入到工作当中。在个人利益与团队利益发生冲突时，成员能够在很大程度上为团队利益作出牺牲和让步。

（二）互补的技能

高效团队需要成员具有不同的技能，包括技术技能、管理技能和人际技能等。团队成员需要具备团队工作所需的相关技术和能力，例如一个开发计算机系统的团队，至少需要数名具备计算机软、硬件研发经验的技术人员；团队必须拥有能够解决问题和作出决策的管理人才；这些成员能运用项目管理的相关知识和经验，使团队顺利完成任务；此外，团队还需要具有人际沟通技巧的人才。正如我们在群体发展阶段中所学习到的，团队在运作过程中不可避免地会产生冲突和摩擦，因此需要具有人际沟通技巧的人充当润滑剂，促进团队的和谐与发展。完成团队的目标需要多种技能，一个人不可能掌握所有技能。团队成员技能的互补性越强，团队的效率就越高。

（三）适当的规模

规模的大小对团队的效率有显著影响。团队规模越大，团队的结构越紧密，团队成员感受到的压力也越大，对团队规模表现得越顺从。但是，这种顺从未必会带来高绩效，因为在大型团队中成员可能会变得不成熟和消极被动。因此，高效团队的规模一般比较小。在没有等级差别的团队中，如果团队成员多于12个，则团队的沟通和协调就会存在困难。每个人只有不到10％的时间来表达自己的观点和主动沟通，而如果这样的团队中再出现几个控制欲较强的人，则很可能每个人都不会对团队满意。但是，团队规模也不宜太小。试想一下，三个人的团队如果与五个人的团队展开竞争，虽然三人团队的关系很密切，协作和技能互补都做得天衣无缝，但是，三人团队中的每一个团队成员都是至关重要的，每一位团队成员的错误都会给团队造成致命打击，因此这种脆弱的团队经受不住时间的考验。而五人团队虽然在协作方面表现稍逊，但其持久性和稳固性使其在竞争上具有明显优势。

（四）相互的信任

团队成员之间的相互信任是高效团队的显著特点。当团队成员对其他成员的品质和能力具有很高的信任度时，成员之间的沟通更为通畅，摩擦变小，团队的效率会大大提高。但是，信任比较容易被破坏。而且，建立团队成员之间的相互信任需要花费很多时间和精力，另外还取决于团队成员各自的能力高低。

（五）内外部的支持

从内部条件来看，团队应有一个合理的基础结构。其中包括适当的培训，一套易于理解的员工绩效评估系统，以及一个起支持作用的人力资源系统。从外部条件看，应该有完成工作所必须的各种资源。

（六）良好的沟通

团队成员通过畅通的渠道交流信息，这是高效团队必不可少的特点。主管与团队成员之间高效率的信息反馈有助于化解成员的人际关系冲突，营造良好的合作氛围。团队领导可以创建一些机会方便成员相互接触，利用早餐会、备忘录、电话、公告栏等方式，鼓励同事间的自由交流。沟通的信息包括工作内容、个人能力、技术趋势、绩效水平。良好的沟通让所有团队成员对未来都有清晰的认识，并且承认自己和他人的贡献。

（七）恰当的领导

有效的领导能够让团队跟随自己度过最艰难的时期，为团队指明前途所在，鼓舞团队成员的自信心，帮助他们更充分地了解自己的潜力。高效团队的领导担任的往往是教练和后盾的角色，他们对团队提供指导与支持，但并不试图去控制它。

第二节　团队协作精神

一、团队协作的重要性

三只老鼠一同去偷油喝，它们找到了一个油瓶。为了喝到油，它们商量，让一只老鼠衔着另一只老鼠的尾巴，这样吊着轮流喝油。

不知道什么原因，油瓶倒了，惊动了主人，主人吆喝着追了出来，三只老鼠吓得仓皇逃跑了。

最下面的老鼠说："我们没喝到油，主要是第二只老鼠抖动了一下，才导致我推倒了油瓶。"第二只老鼠说："我是抖动了一下，但责任在上面那只老鼠，它被什么惊吓了，浑身搐搐着，才导致我的抖动。"上面那只老鼠说："我好像听见门外有猫叫声。"

"一个和尚挑水喝，两个和尚抬水喝，三个和尚没水喝。""一只蚂蚁来搬米，搬来搬去搬不起，两只蚂蚁来搬米，身体晃来又晃去，三只蚂蚁来搬米，轻轻抬着进洞里。"这两首童谣，讲了两种截然不同的结果。"三个和尚没水喝"，是因为互相推诿、不讲协作；三只蚂蚁来搬米能"轻轻抬着进洞里"，正是团结协作的结果。从上述故事中，我们得到什么启示呢？团结协作是一切事业成功的基础，个人和集体只有依靠团结的力量，把个人的愿望和团队的目标结合起来，超越个体的局限，发挥集体的协作作用，才能产生$1+1>2$的效果。我们在同一个单位，同一个部门工作，每个人的工作，都有相对的独立性，又都与全局相关联，如果一个人只顾自己，不顾他人，不肯与他人协作，势必影响团队的战斗力和整体形象。人们常说：立足本行如下棋，输赢系于每个棋子，"一招不慎，满盘皆输"，如果整个棋局都输了，再有力量的棋子也没有什么用了。没有完美的个人，只有完美的团体。

团队作为一个合作组织，它的健康运转有赖于员工的良好协作、部门的协调配合。随着社会化大生产时代的到来，团队的规模越来越大，内部分工越来越细，为了保证部门和员工都能围绕团队的目标和意愿进行，就要求部门与员工具有强烈的协调意识。

处理好团队合作中部门与部门、员工与员工之间的关系，对于形成组织系统的合力关系重大。殊不知，在很多团队中，他们不是齐心协力、相互配合，而是各自为阵、缺乏协调。比如在工作中遇到麻烦或遇到失误后，部门之间、员工之间不是从自身找原因，而是相互推诿、相互扯皮；在面对利益的时候，蜂拥而上、争抢不休，没有一点协作与大局意识。

一些部门、一些员工，他们抱着"各扫自家门前雪，莫管他人瓦上霜"的心态，仅从自己的利益出发，限于门户之见，不能从小我中超越出来，不能从整体利益出发，因而使团队缺乏协作，犹如一盘散沙，团队的利益得不到充分保证。当团队的利益得不到充分保证的时候，部门和个人的利益又怎能实现？

部门与部门之见是否协调，员工与员工之见的关系是否融洽，反映着一个团队运转是否有序，管理是否高效。很难想象，一个在利益前面争、在功劳面前抢、在困难面前躲、在过失面前推的团队，会成为管理精良、作风优良的团队。

二、团队协作的五大障碍

"如果能够让一个组织中的所有成员齐心协力，那么就可以在任何时候、任何市场情况下、任何行业中纵横驰骋，战胜挑战。"

然而目前，大多数企业中的团队协作仍然让人难以驾驭，究其原因，是它们遇到了团队协作的五大障碍。而这五大障碍并非各自独立，相反它们共同形成了一个模式，这使得它们中的任何一个都可能成为企业团队的致命杀手。这五个障碍分别是：缺乏信任、害怕冲突、缺少承诺、逃避责任和忽视结果。

（一）五个障碍的表现

1. 缺乏信任的团队中的成员的表现：相互隐藏自己的缺点和错误；不愿请求别人帮助；不愿给别人提出建设性的反馈意见；不愿为别人提供自己职责之外的帮助；轻易对别人的用意和观点下结论而不去仔细思考；不愿承认和学习别人的技术和经验；浪费时间和精力去追求自己的特定目标；对别人报有不满和怨恨；害怕开会，寻找借口，尽量减少在一起的时间。

2. 害怕冲突的团队的特点：团队会议非常枯燥；使用不正当手段在别人背后进行人身攻击；避免讨论容易引起争论的问题，即使这些问题对于企业成功非常必要；不能正确地处理团队成员之间的意见和建议；把时间和精力用在形式主义上。

3. 缺少承诺的团队的表现：队伍中的指令和主要工作任务模糊不清；由于不必要的拖延和过多的分析而错过商机；导致大家缺乏自信，害怕失败，反复讨论，无法做出决定；团队成员对已经做出的决定反复提出质疑。

4. 逃避责任的团队的表现：成员对于团队里工作表现突出的同事心怀怨恨；甘于平庸；缺乏明确的时间观念；把责任压在团队领导一个人身上。

5. 忽视结果的团队的表现：无法取得进步；无法战胜竞争对手；失去得力的员工；鼓励团队成员注重个人职业前途和目标；很容易解体。

在逐条的对比当中，不难发现，大多数企业中的团队存在着这样或那样的障碍。

（二）克服五个障碍的建议

1. 克服"缺乏信任"的障碍的建议：每人最少 5 分钟的个人背景介绍；成员的工作效率讨论，指出同事为团队作出的最大贡献及需要改进的地方；使用一些工作方法，进行个性和行为特点的测试；360 度完全意见反馈；集体外出实践。

2. 克服"害怕冲突"的障碍的建议：有意识地挖掘引起争论的话题；实时提醒争论的必要性；使用冲突模式测试工具。

3. 克服"缺少承诺"的障碍的建议：会议结果无歧义，大家口径一致；制定最终期限；意外和不利情况的分析；低风险激进法。

4. 克服"逃避责任"的障碍的建议：公布工作目标和标准；定期进行简要成果回顾；团队嘉奖。

5. 克服"无视结果"的障碍的建议：公布工作目标；基于集体成就的奖励。

三、提升团队协作能力

团队协作，指的是一群有能力、有信念的人在特定的团队中，为了一个共同的目标相互支持、合作、奋斗的过程。它可以调动团队成员的所有资源和才智，并且会自动驱除所有不和谐、不公正现象，同时会给那些诚心、大公无私的奉献者适当的回报。自然，有效地提高团队协作能力，就成了重中之重。

（一）相互平等，相互尊重

当一个团队的成员都处于相同的起跑线上时，他们之间就不会产生距离感，他们在合作时就会形成默契、紧密的关系，从而使团队效益达到最大化。

在团队中没有高低之分、地位之差和资历之别，尊重只是团队成员在交往时的一种平等的态度。平等待人，有礼有节，既尊重他人，又尽量保持自我个性，这才是团队协作能力。团队中的每一个人都有着在不同的成长、生活、工作环境中逐渐形成的与他人不同的个性、性格，但他们每个人也同样都有渴望尊重的要求，都有一种被尊重的需要，而不论其资历深浅、能力强弱。尊重，意味着尊重他人的态度和意见，尊重他人的权利和义务，尊重他人的成就和发展。尊重，还意味着不要求别人做你自己不愿意做或没有做到过的事情。只有团队中的每一个成员都尊重彼此的意见和观点，尊重彼此的技术和能力，尊重彼此对团队的全部贡献，这个团队中的成员才会赢得最大的成功。尊重能为一个团队营造和谐融洽的气氛，使团队资源形成最大程度的共享。

（二）相互欣赏，相互包容

三人行，必有我师。每一个人的身上都会有闪光点，都值得我们去挖掘并学习。要想成功地融入团队之中，需要的是善于发现每个工作伙伴的优点。适度的谦虚并不会让你失去自信，只会让你正视自己的短处，看到他人的长处，从而不断地完善自身。每个人都可能觉得自己在某个方面比其他人强，但你更应该将自己的注意力放在他人的强项上。因为团队中的任何一位成员，都可能是某个领域的专家。团队的效率在于每个成员配合的默契，而这种默契来自团队成员的互相欣赏和熟悉——欣赏长处、熟悉短处，最主要的就是扬长避短。

包容，是团队协作中最好的润滑剂，它能消除分歧和冲突，使团队成员能够互敬互重、彼此包容、和谐相处，从而安心工作，体会到合作的快乐。团队成员间的相互宽容，是指容纳各自的差异性和独特性，以及适当的包容，但并不是指无限制地纵容，一个成功的团队，只会允许包容存在，不会让纵容有机可乘。

（三）沟通，要敢于沟通、勤于沟通、善于沟通

从古至今，中国人一直将"少说话，多做事"，"沉默是金"奉为瑰宝，固执地认为埋头苦干才是事业走向辉煌的制胜法宝。却忽略了一个人身在团队之中，良好的沟通是一种必备的能力。作为团队，成员间的沟通能力是保持团队有效沟通和旺盛生命力的必要条件；作为个体，要想在团队中获得成功，沟通是最基本的要求。沟通是团队成员获得职位、有效管理、工作成功、事业有成的必备技能之一。持续的沟通，是使团队成员能够更好地发扬团队精神的最重要的能力。

（四）团队利益，至高无上

皮之不存，毛将焉附。团队精神不反对个性张扬，但个性必须与团队的行动一致，要有整体意识、全局观念，要考虑到整个团队的需要，并不遗余力地为整个团队的目标而共同努力。

只有当团队成员自觉思考团队的整体利益时，才会在遇到让人不知所措的难题时，以让团队利益达到最大化为根本，义无反顾地去做。在团队之中，一个人与整个团队相比，是渺小的，太过计较个人得失的人，永远不会真正融入团队之中！而拥有极强全局意识的人，最终会是一个最大的受益者！强调团队协作，并不意味着否认个人智慧、个人价值，个人的聪明才智只有与团队的共同目标一致时，其价值才能得到最大化的体现。

四、团队协作的注意事项

团队的最大问题在于如何让多个人保持在同一个方向上进行运动。接下来的101个方法也许能让人有些启发。

（一）选择团队成员

1. 切记：每位成员都能为团队作出一些贡献。
2. 谨慎地设定团队目标，且认真严肃地对待它们。
3. 切记成员间要彼此扶持。
4. 将长程目标打散成许多短程计划。
5. 为每个计划设定明确的期限。
6. 尽早决定何种形态的团队适合你的目标。
7. 努力与其他团队的成员建立强有力的紧密关系。
8. 找一位可提升团队工作士气的重量级人物。
9. 时时提醒团队成员：他们都是团队的一分子。
10. 将团队的注意力集中在固定可衡量的目标上。
11. 利用友谊的强大力量强化团队。
12. 选择领导者时要把握用人唯才原则。
13. 领导者需具备强烈的团队使命感。

14. 奖赏优异的表现，但绝不姑息错误。

15. 记住每位团队成员看事情的角度都不一样。

16. 征召团队成员时，应注重他们的成长潜能。

17. 密切注意团队成员缺少的相关经验。

18. 应使不适应的成员退出团队。

19. 找到能将人际关系处理得很好的人，并培养他们。

（二）设立一支团队

成立一支团队是领导者的主要工作，确保你的团队有清楚明确的目的和足够达成目标的资源，要以开放和公正无私的态度对待团队成员。

20. 设定具挑战性的目标须根据限期来考量是否合理。

21. 设定目标时，考量个别成员的工作目标。

22. 个人计划的失败危及整体计划的成功。

23. 坚持得到信息技术支持，它能为你提供确实需要的东西。

24. 对待团队外的顾问要如同对待团队成员一般。

25. 让团队的赞助者随时知道工作的进展情形。

26. 除非你确定没有人能够胜任，否则应避免"事必躬亲"。

27. 不要委托不必要的工作，最好将其去掉。

28. 赋予团队自己作决策的权力。

29. 鼓励团队成员正面积极的贡献。

30. 肯定、宣扬和庆祝团队每次的成功。

31. 找到易于让成员及团队了解每日工作进度的展现方式。

32. 鼓励成员之间建立工作上的伙伴关系。

33. 鼓励天生具有领导才能的人，并引导和培养他们的领导技巧。

34. 绝对不能没有解释就驳回团队的意见，与此相反，解释要明白，理由要充分。

35. 确定团队和客户经常保持联系。

36. 以自信肯定的态度让团队知道谁当家，但要预防给人来势汹汹的感觉。

37. 想办法给新团队留下一个好印象，但切忌操之过急。

38. 倘若你要求别人提建议，保持的心态不能只是欢迎就行了，也要依循建议有所行动。

（三）提升团队效率

团队要达到应有的效率，唯一的条件是每个成员都要学会集中力量。你必须了解团队的能力，以确保团队的成功。

39. 协助团队找出方法以改变有碍任务推进的团体行为。

40. 找出可建设性地利用冲突的方法。

41. 记住要在工作中穿插安排娱乐调剂身心——这是每个人应得的福利。

42. 若有计划出错，一定要作全面性、公开化的分析。

43. 如果你希望团队成员有问题时能毫不犹疑地找你谈，就要实施"开门政策"。

44. 要求提出问题的人解决问题。

45. 安排正式的和非正式的会面，讨论团队的工作进展。

46. 使用不带感情只问事实的态度，这是化解纷争的最好方法。

47. 保持团队成员间的熟稔，以易于沟通。

48. 设立交谊场所，让团队成员可作非正式的碰面交谈。

49. 鼓励同事间自由的沟通活动。

50. 建立最适合的通信科技系统，并经常更新。

51. 实施会议主席轮流制，让每个人都有机会主持会议。

52. 尽可能多地授权给团队成员。

53. 事先于会前发出议程，预留时间给与会者准备。

54. 培养所有对团队有益的关系。

55. 努力保持团队内外关系的均衡与平稳。

56. 确定所有相关人士都能听到、了解好消息。

57. 倘有麻烦在团队关系中发酵蕴酿，要尽快处理。

58. 安排团队与机构的其他部门作社交联谊。

59. 找出你与"大佬"保持联系的最佳通信科技。

60. 要对你在团队或办公室外接触过的重要人士作联系记录。

61. 谨慎分派角色以避免任务重复。

62. 找寻建议中的精华，且绝不在公开场合批评任何建议。

63. 一定要找有经验的人解决问题。

64. 分析团队成员每个人所扮演的角色。

65. 脑力激发出的意见，就算不采用，亦不得轻视。否则，会打击人的积极性，创意的流动也会因此停止。

66. 公平对待每个成员才能避免怨恨。

67. 确定团队成员真正有错之前，都须视他们没有错。

68. 告诉同事他们做得很好，这有助于激励团队士气。

69. 尊重每一位成员，包括那些给你制造麻烦的人。

70. 避免和团队成员有直接的冲突。

71. 记住采用对事不对人的处事态度。

72. 确定整个团队都能够从解决问题中学习经验。

73. 先选择完成一些规模大的、可快速达成及有成就感的任务，以激励成员再接再厉。

74. 确信团队成员皆了解团队中的其他角色。

75. 计算品质的成本之前，先计算失败的成本。

76. 针对每笔预算及每项团队行动计划，设定重大的改进目标。

（四）为未来努力

为团队设定新的、更高的挑战目标是团队工作中最令人兴奋的事情之一。可运用一些适当的技巧，推动团队向更大、更好的目标前进。

77. 告知团队每位成员，在设定的标准中有哪些评量的项目。

78. 确定所有改善措施及新订目标都持续进行着。

79. 召开检讨会议前传阅所有相关资料。

80. 开检讨会时一定要避讳人身攻击。

81. 记住关系会随时间改变。

82. 避开低估或忽视坏消息的陷阱。

83. 每天结束时自问团队今天是否又向前跨出了一步。

84. 倾听受训者关于训练课程的回馈意见。

85. 找到有最好设备的最佳训练场所。

86. 聘请顾问设立公司内部的训练课程。

87. 利用异地训练时的用餐时间作非正式的计划。

88. 每位团队成员都必须参与设定目标的工作，以促进团队合作及达成共识。

89. 允许团队自行决定达成目标的方法，可激励团队努力工作。

90. 确定目标能激发团队的斗志，如果不行，请改变目标。

91. 一支没有"严峻"目标的团队，工作表现将不如接受过此类考验的团队。

92. 设定奖励标准时，允许团队成员有发言权。

93. 避免使用名次表，因为落后的团队成员将会感到自尊心受创。

94. 指定某人监视市场上每一个相关变化。

95. 随时准备作改变，甚至计划的根本要素亦包含在改变的范围内。

96. 记住某些人很害怕变革。

97. 寻找能推动改革的团队成员。

98. 每隔一段时间作一次生涯发展的评量。

99. 记住：鼓励团队成员即是在帮助团队。

100. 与团队同事就生涯规划达成一致意见，并给他们提供必要的协助。

101. 团队解散后仍旧要与团队成员保持联系，因为你可能还会与他们再次合作。

五、团队冲突的常见处理方式

不同的情况采用的处理方式不同，见图 6-2。

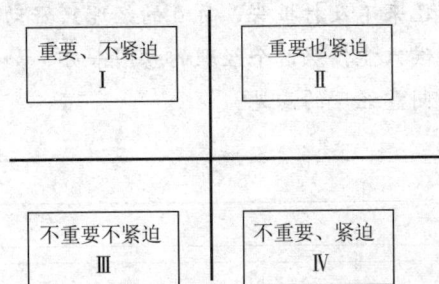

```
┌─────────────┬─────────────┐
│  重要、不紧迫  │   重要也紧迫   │
│      I      │     II      │
├─────────────┼─────────────┤
│ 不重要不紧迫   │  不重要、紧迫   │
│     III     │     IV      │
└─────────────┴─────────────┘
```

图 6-2 第二象限工作法

（一）既紧急又重要的工作采取竞争的方式解决

一提起竞争，就让人想到两败俱伤的结局，就认为竞争是不好的，不可取的。其实并非如此，并不是在任何情况下采取竞争的方式都是不可取的。在某些情况下，采取竞争策略是行之有效而且是十分必要的，在有些情况下必须使用竞争方式。

那么，在什么情况下应采取竞争的策略呢？

1. 情景一：处于紧急情况下，需要迅速果断地作出决策并要及时采取行动时。

例："有一份重要合同明天就要与其他公司签约了，你们部门如果不管这件事，我们部门就要管了。"

在这种情况下，最好的策略就是竞争。

▶ 这时，假如双方都采取回避的策略，你们部门不管，我们部门也不管，势必影响公司按时签约，从而使公司的利益受到损失。

▶ 这时，假如其中一个部门想与另一个部门进行合作，但首先需要两个部门进行沟通，而沟通本身要花费时间。在明天就要签合同的紧急情况下，没有时间等两个部门沟通好了再来合作。

2. 情景二：你想要实施一项不受团队成员欢迎的重大措施时。

例：财务部决定缩减公司开支，严格公司报销制度。

在这种情况下财务部必须采取竞争策略。

▶对于公司员工来说，没有哪一个员工不希望公司的规章制度松一些，但公司要缩减开支就必须这样做。

▶这时假如财务部采取迁就或妥协的策略来对待公司的财务制度，就是对公司不负责任。久而久之，必定造成公司制度的混乱，甚至给公司带来财务危机。

3. 情景三：在你知道自己是正确的情况下，并且问题的解决有益于团队，需要对付那些从非竞争性行为中受益的人。

例：九月份阮经理的部门有五名软件工程师不能到岗，工作计划就要拖延，整个公司计划将受影响，这是绝对不允许的。

▶ 如果这时采取回避、迁就、妥协的策略，软件开发工作可能会被拖延，就会使公司的利益受到损害。

【自检】

公司与其他公司签了一个重要的协议，要交付一定的预付款，必须在签协议的同时将款项打入对方的账户，因为已来不及打报告，负责的经理只好动用所有的资源来筹款，以配合这个协议的签订。这时候只能按照这个经理的意图来办，如果非要按别人的意图，必然要争出个输赢来。你是否同意经理的意见？

_____

_____

> **提示**
>
> 竞争方式适用于紧急又重要的事情，它能够节省时间，节省决策的成本，可以尽快达成一个结论，以优先保证重要的紧急的工作。

（二）不紧急也不重要的工作采取回避的方式解决

不要以为回避就是不负责任，在实际工作中，许多时候采取回避的策略会得到意想不到的结果。

什么情况下应采取回避的策略呢？

1. 情景一：发生冲突的事情微不足道，或者是还有更紧迫、更重要的问题需要解决。

例：行政部下达通知，销售部经理问："这个通知别的部门都是十五日收到，我们怎么是十六日收到？"

2. 情景二：当你认识到不可能满足你的要求和愿望时。

例：我今年关心的是涨工资，而今天是评先进，我并不感兴趣，所以我不关心自己能否评上，也就没有劲头去跟他们争论。

3. 情景三：当收集信息比立刻决策更重要时。

例：我们感觉销售部在东北区的市场推广计划中存在问题，没有按计划来做。这时如果直接指责他们，会引起冲突，所以我们要事先搞清楚是怎么回事。

4. 情景四：当一个问题是另一个更大问题的导火线时。

例：销售部的销售奖励政策大家都很不满意，以前讨论过多次要改，这时，如果销售部经理提出对手下的某一个特别优秀的或特差的业务员，采取特别的奖励或惩戒办法，就会引起更大的冲突。所以销售部经理不急于处理某个业务员。

5. 情景五：当你认为部门之间职能划分不清楚，但现在又不影响工作时。

例：在一个新成立的公司，财务部就年度审计问题给各部门下达了详细规范的要求，但目前各部门还没有搞，双方不必现在就纠缠此事。

这时假如利用竞争的方式解决部门之间的冲突，就不太合适。因为公司刚刚成立，要做的事情很多，这时部门职能划分与公司的其他事情比起来是小事，没有必要在这点小事上花费太多的时间和精力。

6. 情景六：当发现不是解决问题的最佳时机时。

例：人事部经理没有按计划为软件开发部招聘到程序员。软件开发部经理正想去找他问。走到路上，他听说人事部经理正在为某某事情生气，于是决定不去了。

如果软件开发部经理采取竞争的方式与人事部经理正面接触，去谈为软件开发部招聘的事，本来人事经理心里正有气没有地方撒，搞不好会把矛盾引到自己身上，甚至还会产生更大的冲突，会成为其他问题的导火线。在这种情况下，最好采取回避的策略，暂时先回避一下，以后再说。

【自检】

有个职业经理说，我需要做的沟通工作太多，太累。有个做 IT 的员工工作有问题，但他找的参考书不对路，我得告诉他怎么找书；有个材料上周交给相关部门了，过了一周还没有答复，我得去问一问；部门的耗材需要购买，打了报告给行政部，一周过去了也没有买回来，我还要去问一问……而且我还有很多更重要的事情，一些问题只能先放一放。你用什么办法把这位经理从这么多事情中解放出来？

> **提示**
>
> 　　使用回避的方法。在处理不重要也不紧急的工作的时候，回避的效果是最好的。有些没必要今天去解决的事情可以放到明天或更晚一点。因为人的精力是有限的，解决问题总要有个先后顺序，先解决重要紧急的，其他不重要、不紧急的事情，可以采取回避的方式，先把它放一放，等有时间了再去处理。

（三）紧急而不重要的工作采取迁就的方式解决

不要以为迁就说明自己软弱，就是害怕对方。迁就往往是先退一步，为的是后进一步。

什么情况下可以采取迁就的策略呢？

1. 情景一：当你发现自己是错的时。

例：市场部本月有好几次加班，由于他们没有把加班单及时交给人力资源部，所以加班费没有按时发下来。这显然是市场部的责任，这种情况下市场部应该去找人力资源部说明是自己没有及时交加班单引起的，并承认错误。

2. 情景二：当你想表现出自己通情达理时。

例：像前面的例子，既然市场部已经承认是自己的错，责任在自身，以后早点把加班单送过来，人力资源部就应该原谅对方，表现出自己的通情达理。

3. 情景三：你明知这个问题对别人比对你更重要时。

例：前面例子中人力资源部坚持的是公司的考勤制度，制度是绝对不能随便受到破坏、受到挑战的。显然制度比几十元钱的加班费更为重要，你显然应该知道不要向制度挑战。这时，你可以迁就人力资源部的态度不好等。

4. 情景四：当别人给你带来的麻烦可以承受时。

例：本月销售部交来的报表，有许多格式填得不对，财务部人员想销售部也不常犯这种错，于是他们就花了一个多小时的时间改报表。

5. 情景五：当融洽和稳定至关重要时。

例：公司进行一项重大的推广计划，这项计划关系到公司的生死存亡，市场部和软件开发部为谁写这个产品说明书争论不休，这是没有必要的。这时采取迁就策略是最恰当的。

6. 情景六：当你允许别人从错误中得到学习经验时。

例：人力资源部收到各部门报来的人员需求表，看到上面填得五花八门。这时，可以采取迁就的办法，以后在适当的时候再和他们讲清楚应该怎么填写。

7. 情景七：为了对以后的事情建立起责任感时。

例：刚刚来到公司的任经理为软件开发部招聘软件工程师，但由于任经理对情况不熟悉，结果招来的人软件开发部不满意。任经理主动上门检讨自己，听取软件开发部对招聘工作的意见和要求。

【自检】

公司规定周四报销，结果销售部的肖经理周二就来报销，这段时间他一直在外面跑，天南海北的，好不容易才回公司一次，明天还要到上海去出差。柴经理认为他确实很急，就给他报了账。柴经理是否违反了原则？

_____

_____

_____

> **提示**
>
> 　　一些职能部门就是给其他部门提供服务的，很多情况下采取迁就的方式其实是一种变通，这不是对原则的违反，也许有些规定本身就不适用于所有的情况，采取迁就的方式很容易化解冲突。

（四）紧急而不重要的工作采取妥协的方式解决

妥协表面上看是双方都后退了一步，好像是双方都吃了亏，实际上是双方都达成了目标。

什么情况下应采取妥协的策略？

1. 情景一：当目标十分重要，但过于坚持己见可能造成更坏的后果时。

例：计算机公司的软件开发一部、二部就联合开发一种新软件的具体合作事宜想达成一个协议，由于种种原因一直没有达成，而双方又都不具备独立开发的实力。这时国家一项重点工程正准备招标这种新软件产品，于是两个软件开发部决定在双方合作条件上各做出一些让步，使双方达成协议共同开发这种新软件产品，以便在竞标中获胜，从而使双方获利。

▶ 在这种情况下，如果软件开发一部、二部采取竞争的策略，双方谁也不让步，双方的实力又都不够，可能中标的就是其他具有实力的公司。最后的结局是双方都劳民伤财，而没有结果。

▶ 如果两个部门都采取回避的策略。两个部门谁也不理谁，自己又都知道自己没有竞标的实力，而默默地放弃参加竞标。这样两个部门都会失去一次发展自己公司的机会。

▶ 最好的办法就是双方都采取妥协的策略，你让三分，我让三分。从而使两个部门增加了竞标的实力，使双方都能获利或减少损失。

2. 情景二：当对方做出承诺，不再出现类似的问题时。

例：如果销售部的报表需要财务部花很大的力气来修改，这时销售部经理承诺以后不再发生此类问题，财务部可以采取的办法是："好，这次就算了，下不为例"。

3. 情景三：当为了对一个复杂的问题达成暂时的和解时。

例：由于用人部门对于职位说明书的填写不准确，往往使人力资源部招来的人不能满足用人部门的准确要求。但是，如果要解决这个问题，就需要公司进行整体的组织设计和职位分析，而这项工作没有几十万元和几个月是完不成的。这时用人部门可以和人力资源部达成暂时的和解：由用人部门先提出招聘的条件，由人力资源部进行修改完善，再由用人部门加以确认之后即可。

4. 情景四：当时间十分紧迫需要采取一个妥协方案时。

例：我们在工作中经常会出现第一套方案、第二套方案、第三套方案，就是为妥协用的。

（五）不紧急而重要的工作采取合作的方式解决

合作是五种冲突处理策略中最好的一种。通过事先的沟通达成共识，既满足了自己的愿望，同时也站在对方的立场上为对方的利益考虑。对于很重要，但不是特别紧迫的，有时间进行沟通的问题，必须采取这种策略。

什么情况下可以采取合作的策略？

1. 情景一：当你发现两个方面都很重要并不能进行妥协时。

例：财务部要出台新的财务管理办法，这件事与销售部、行政部的关系最为密切，因为销售部和行政部在费用方面比较特殊。财务部事先与这两个部门进行沟通，为的是既能坚持财务制度，又便于这两个部门报销费用。这两个部门要考虑怎样才能既使本部门报销时方便又要遵守公司的财务制度。

在这种情况下，如果采取回避、迁就、妥协的策略来处理冲突，就会使双方的利益受损，以致公司的利益受到损害，造成公司的财务制度不够严密，或是销售部、行政部的工作效率被人为地降低。

2. 情景二：当你需要了解、综合不同人的不同意见时。

例：公司将进行整体的品牌推广，这件事不只是企划部的事情，它涉及产品开发、市场定位、销售、企业文化……也就是说，需要听取发展部、市场部、销售部、人力资源部的意见。这就需要合作。

3. 情景三：当部门之间在主要的职责上相互关联时。

例：市场部作一个大的推广计划，这个计划的成败实际上要在销售的业绩上得到体现和检验，而销售业绩又是销售部工作的结果，这时市场部不能离开销售部。两个部门的业绩是相关的，这时就必须采取合作的方式。

4. 情景四：当有可能扩大双方共同的利益时。

例：前面例子中软件一部、二部可以不合作，各自有各自的业务范围，但是合作可以扩大双方的利益。对于软件一部、二部来说，及早建立合作关系和战略，比应急的妥协要好得多。

合作需要成本，需要时间和精力，所以应该处理不紧急的工作。另外，合作的方式是用来解决原则性的重要的工作，事先要规定一些重要的内容，把合作的模式建立起来，以达到更好的管理和团队合作的目的。

【自检】

市场部前段时间在华东区做的广告效果不好，影响了销售部的业绩，由于这个区是重点，所以销售部非常有意见，销售部经理找了市场部多回，也争吵了好几次，像这种情况，有没有合适的方式解决？

_____

_____

_____

> **提示**
>
> 　　企业里面，类似这样的冲突很多，对于这种问题最好的解决办法是采取合作的方式。

第三节　团队建设

一、团队建设的意义和作用

团队建设就是有计划有组织地增强团队成员之间的沟通交流，增进彼此的了解与信赖，在工作中分工合作更为默契，对团队目标认同更统一明确，完成团队工作更为高效快捷，围绕这一目标所从事的所有工作都称为团队建设。

（一）团队建设的意义

1. 团队具有目标导向功能。团队精神的培养，使员工齐心协力，拧成一股绳，朝着一个目标努力。

2. 团队具有凝聚功能。任何组织群体都需要一种凝聚力。团队精神则通过对群体意识的培养，通过员工在长期的实践中形成的习惯、信仰、动机、兴趣等文化心理，来沟通人们的思想，引导人们产生共同的使命感、归属感和认同感，反过来逐渐强化团队精神，产生一种强大的凝聚力。

3. 团队具有激励功能。团队精神要靠员工自觉地要求进步，力争与团队中最优秀的员工看齐。而且这种激励不是单纯地停留在物质的基础上，还要得到团队的认可，获得团队中其他员工的尊敬。

4. 团队具有控制功能。员工的个体行为需要控制，群体行为也需要协调。团队精神所产生的控制功能，是通过团队内部所形成的一种观念的力量、氛围的影响，去约束规范，控制职工的个体行为。这种控制不是自上而下的硬性强制力量，而是由硬性控制向软性内化控制；由控制职工行为，转向控制职工的意识；由控制职工的短期行为，转向对其价值观和长期目标的控制。因此，这种控制更为持久有意义，而且容易深入人心。

（二）团队建设的作用

1. 建立与维持积极、能取得成绩的工作氛围。

2. 尽量建设性地处理负面的情况。

3. 在待人处事上保持客观中立。

4. 消除人际间的障碍，建立互谅与合作的关系。

5. 使人继续朝着有利于理想实现的方向进发。

6. 树立正确榜样，说明应该怎样有效地工作。

第一，加强团队建设，有利于提高企业核心竞争力；

第二，加强团队建设，有助于企业提高凝聚力；

第三，加强团队建设，有利于帮助企业建立企业文化。

二、团队建设的方法

（一）角色界定途径

团队角色是深受团队建设者喜爱的一种方法。贝尔宾1981年提出了一组八个重要角色：董事长、塑造者、资源调研员、楔子、团队工人、公司工人、监听评价者和完成者。

研究证明成功的团队是通过不同性格的人结合在一起的方式组成的，另外，成功的团队中必须包括担任不同角色的人。在此基础上，贝尔宾提出了团队建设的五个原则：

1. 每个团队既承担一种功能，又承担一种团队角色；

2. 一个团队需要在功能以及团队角色之间找到一种令人满意的平衡，这取决于团队的任务；

3. 团队的效能取决于团队成员内的各种相关力量，以及按照各种力量进行调整的程度；

4. 有些团队成员比另一些团队成员更适合某些团队角色，这取决于他们的个性和智力；

5. 一个团队只有在具备了范围适当、平衡的团队角色时，才能充分发挥其技术资源优势。

（二）价值观途径

许多人认为，团队建设的核心是，在团队成员之间就共同价值观和某些原则达成共识，因此，建设团队的主要任务是建立上述共识。

魏斯特（West，M. A.）提出了形成共识的五个方面，并以此作为指导团队建设的原则。

1. 明确：必须明确建立团队的目标、价值观及指导方针，并且经过多次讨论。

2. 鼓动性价值观：这些观点必须是团队成员相信并且愿意努力工作去实现的。

3. 力所能及：团队共识必须是团队确实能够实现的，确定不现实或者无法达到的目标是没有用处的，因为这只会使人更想放弃。

4. 共识：所有团队成员都支持这一观点是至关重要的，否则他们可能发现各自的目标彼此相反或者无法调和根本冲突。

5. 未来潜力：团队共识必须具有在未来进一步发展的潜力。拥有固定的，无法改变的团队共识是没有意义的，因为人员在变，组织在变，工作的性质也在变，需要经常重新审视团队共识，以确保它们仍然能够适应新的环境和新的情况。

（三）任务导向途径

以任务为导向的建设途径，强调团队要完成的任务。按照这一途径，团队必须清楚地认识到某项任务的挑战，然后在已有的团队知识基础上研究完成此项任务所需要的技能，并发展成具体的目标和工作程序，以保证任务的完成。

卡特森伯奇（Katzenbach）及史密斯（Smith）强调，在表现出色的团队中，这一途径尤其重要。为此，他们在实现组织环境中找出了建设高效团队的八条基本原则：

1. 确定事情的轻重缓急，并确定指导方针；

2. 按照技能和技能潜力，而不是个人性格选拔团队成员；

3. 对第一次集会和行动予以特别关注;

4. 确立一些明确的行为准则;

5. 确定并且把握几次紧急的、以能力为导向的任务和目标;

6. 定期用一些新的事实和信息对团队成员加以考验;

7. 尽可能多地共度时光;

8. 利用积极的反馈、承认和奖励所带来的力量。

(四) 人际关系途径

该途径通过在成员间形成较高程度的理解和尊重,来推动团队的工作,T 小组训练即是这类途径的早期方法。这类途径主要是在心理学的实验依据基础上通过开展良好的交流与培训加以实现。上述途径虽各有偏重,如价值观途径强调的是长期团队的培养,任务导向途径则适用于短期团队建设。

三、团队建设的阶段

(一) 形成期

在这一阶段,团队成员刚刚走到一起,团队整体目标尚不清晰。成员彼此之间的了解与信任都相对有限,人际关系处于彼此试探阶段。在形成期,整个团队还未建立规范,处于磨合状态。在这一阶段,成员之间心理距离比较远,容易发生冲突,团队的一致性很小,战斗力不强;在形成阶段,管理人员有两个方面的主要任务:一方面要初步理顺团队的内部关系,另一方面要建立团队与外界的联系。团队领导首先应该从各方面给团队进行明确的定位,包括团队的目标、权责、人员、工作计划、成员角色等等。同时,管理人员必须立即掌握团队,快速让成员进入状况,降低不稳定的风险。确保团队工作的顺利进行。在形成期,人与人之间的关系尚未稳定,不能太过坦诚,因为对方可能无法一致接受。此阶段的领导风格要采取控制型,不能放任,由领导者自己确立大致合理的目标,并清晰直接地传递给团队成员,不能让成员自己想象和猜测。要尽快建立必要的规范,不求完美,但求尽快让团队进入轨道。

(二) 震荡期

形成期以后,团队的秩序初步形成,随着时间的推移,团队中隐藏的问题也逐渐暴露。部分成员可能为了获得控制权和领导权开始发生冲突和斗争。成员力争维护自己的权益,组织内部的气氛变得紧张。这一阶段可以称为震荡期。这种团队的震荡体现在成员与成员之间、成员和环境之间及新旧观念与行为之间等方面。

团队进入震荡期后,成员之间由于立场、观念、方法及行为等方面的差异而产生各种冲突,人际关系陷入紧张局面,甚至出现敌视及向领导者权威挑战的情况。这时,有关工作行为、任务目标及工作指导等方面的问题都应暂时被搁置一边,维系团队、团结和秩序成为领导者的主要工作。震荡期的团队领导者和成员,一方面要认识到震荡期是团队成长所必须经历的阶段,冲突暴露了潜在问题,适当的冲突和震荡也有助于成员绩效的提高;另一方面,领导和成员都应积极促成冲突的解决,并且要清楚地认识到协调个人的差异和安定大家的情绪是需要时间的。

在团队建设中,组织会在其内部建立起尽量与团队运作相适应的制度系统,如人事制度、考评制度、奖惩制度等。这些制度可能是不完善的，也极有可能不为已经习惯于传统体制的人员相适应。这时要做的工作，一是使成员尽快适应新的体制，二是不断完善和推广新的体制，使之适应成员的实际情况、环境的客观变化及团队建设计划的执行步伐。另外，新的制度体系通常是与传统体制并存的。不仅新旧体制会有矛盾，而且新旧体制通常与传统体制并存。处于新旧体制之下的团队成员也常常感到无所适从。要做的工作，一是尽量消除新旧体制之间的矛盾；二是表示推行新体制的决心，消除团队成员狐疑观望的态度，使之尽快全身心地投入团队建设之中。在震荡期，许多有关解决冲突、促进沟通及改善人际关系的方法和技巧都可得到广泛深入的运用。

（三）规范期

经过震荡期，团队将逐渐走向规范期。在规范期，组织成员开始以一种合作方式组合在一起，并且在各派竞争力量之间形成了一种试探性的平衡。经过努力，团队成员逐渐了解了领导者的想法与组织的目标，建立了共同的愿景，互相之间也产生了默契，对于组织的规范有了了解，违规的事情减少。这使得日常工作能够顺利进行。但是团队成员对领导者的依赖很强，还不能形成有效的自我管理。在这一阶段，最重要的是形成有力的团队文化。通过团队文化促成共同价值观的形成，调动个人的活力和热忱，培养成员对团队的认同感和归属感。

（四）收获期

"养兵千日，用兵一时"。团队经过组建、震荡和规范，开始变得成熟。团队成员开始懂得如何应付复杂的挑战，能高效率地执行其角色，并且可以根据需要相互配合，任务得以高效地完成。领导者在这一阶段重点考虑的不再是打造团队的问题，而是如何发挥团队力量的问题。在收获期，团队成员成为一体，愿意为团队奉献，智慧与创意源源不断。

在收获期，团队成员的注意力已经集中到了如何提高团队效率和效益上来，他们把全部精力用于应对各种挑战，这是一个出成果的阶段。此时，团队成员的角色都很明确。并深刻领悟到完成团队的工作需要大家的配合和支持，同时已学会以建设性的方式提出异议，大家高度互信，彼此尊重，也呈现出接受群体外部新方法、新输入和自我创新的学习性状态。整个团队已熟练掌握如何处理内部冲突的技巧，也学会了团队决策和团队会议的各种方法，并能通过团队会议来集中大家的智慧作出高效决策。在执行任务过程中，团队成员加深了了解，增进了友谊。同时整个团队在摸爬滚打中更加成熟，工作也更加富有成效。这时，领导者必须创造鼓励参与和授权的工作环境，使得团队的工作效率更高。

本章分析了团队管理的概念和类型，如何为团队构筑共同的愿景和目标及其意义。

管理学家本尼斯认为，所有一流的团队以及一流的组织都是围绕一个共同的梦想或内在目的而组建起来的。了解团队要实现的具体目标有助于确保每一个成员明确自己要发挥的优势及所扮演角色的重要性。团队成员的个人成功要依靠他人的帮助及成员的责任感。"每一个团队参与者都有责任保证团队的正常运作。"

案例分析

钱峰在兴隆电梯厂工作。在他刚上任担任生产主管时，面对的是一团混乱的局面。由于厂里没有一套严格的员工工作考核制度，所以厂里的生产始终存在很大的问题。员工工作积极性不高，而且没有行之有效的监督措施，生产任务总是不能按时完成。客户的订单通常要拖一个月以上才能交货，很多需求方因此故意提前两个月把生产任务交给兴隆厂，以此来保证能够按时拿到货。还有就是产品质量方面问题严重。兴隆厂交付的电梯在客户测试时大多会出现大大小小的故障，需要交还厂家进行返修。尽管该厂的市场声誉不怎么样，但是前几年由于这个行业的厂家非常少，兴隆电梯厂在当时还是可以依靠十几个老客户维持生产，所以当时员工并不为生计发愁。

但是钱峰上任后，外部市场情况发生了急剧改变。由于市场开放程度的进一步加大，许多外地甚至是国外的电梯生产厂家也加入到竞争行列。兴隆厂原有的市场顿时萎缩。眼看工厂有失去市场后倒闭的危险，钱峰果断作出决定：彻底打破原有的按照总体效益平均分配个人收益的做法。车间主任的工资福利直接和本车间效益挂钩，车间内建立班组，以班组为考核对象。同时，他还鼓励车间内的每个员工自愿地组成QC小组，具体解决生产过程中出现的难题，或者解决来自客户对于电梯质量抱怨的技术问题。车间内每个员工的收入与车间的绩效、QC小组解决质量问题的绩效紧密联系起来，这样，通过把工厂任务和员工个人的利益直接挂钩，大大激发了员工生产的积极性。通过这些手段，钱峰改变了兴隆厂原有的颓势局面，逐渐找回了自己原有的市场份额。

钱峰的成功使得他在当地名声大振，不久，钱峰就被一家大型的新达电器制造公司聘为总经理。钱峰到新达电器公司后同样面临重重困难。原来的新达公司采用的是传统的管理模式，分设不同的职能部门，研发部负责新产品设计，生产部负责生产和质量，财务部负责成本控制与资金运作，人事部负责人员管理，营销部负责销售和售后服务等，各部门各司其职，没有多少直接的联系。最令钱峰头疼的事情之一就是公司新产品的研发速度太慢，根本跟不上市场的需求步伐，有时对于老客户提出的技术上的改进要求也不能及时满足。钱峰经过调查后逐渐发现，研发部门的员工根本没有工作积极性和工作热情。他们自己也抱怨说，有时根本就不知道客户提了哪些要求，他们设计出来的图纸拿到生产部去试生产，往往由于各种理由被搁在一边，研发人员的薪水似乎与新产品的研发速度没有什么关系等。因此，前两年新达公司始终在赢利与亏损的边缘挣扎。

钱峰上任后半年，开始对公司部门结构进行改革。他首先在研发部搞试点，在原有研发人员的基础上，成立以项目为中心的研发小组，在这个小组中不但有参与产品开发的技术骨干人员，同时该小组必须在研发部之外吸纳其他职能的人员加入，比如可以要求营销部、生产部、财务部等人员加入这个小组，共同为这个项目的研发出谋划策。同时制定与此相对应的激励措施，采取集体奖励的形式，然后在研发小组内部实行自主再分配。这样一来，大家的积极性明显地提高了许多，相互之间抱怨的声音也少了。新达公司的产品在市场上的竞争力愈来愈强，公司效益也有了增长，钱峰又成功了。

分析思考：

1. 试分析钱峰在两个不同公司组建的团队分别属于什么类型的团队？它们各有什么特点？

2. 面对两种不同的工作困境，钱峰分别采取什么方法来解决问题？

3. 对比两个团队的不同特点，分析说明钱峰所采取方案的合理性。

技能训练

【**训练一**】建设高效的工作团队——造句竞赛

实践目的：这项练习旨在让班上的成员体验作为团队共同完成一项具体任务，并对这种体验进行分析。

时间要求：团队用 20 分钟时间完成第 1 步和第 2 步全班再用 15—20 分钟的时间一起分析和评估这段经历和体验。

实践程序：

1. 把全班成员分成 6 人一组的工作团队，每个团队需要起个队名，编首队歌；

2. 每个团队在"造句竞赛"中用给定的"原料"在规定的时间里制造"产品"；

3. 在 20 分钟后，所有的团队回到教室，全班和老师一起判断这些"产品"是否符合练习的要求，按要求造句最多的团队为冠军；（7 分钟）

4. 每个团队对这项练习进行书面报告，于下次课分享，内容包括回答下列问题：

A. 团队使用的策略是什么？

B. 成员个体在完成任务当中扮演什么角色？

C. 团队的有效性如何？

D. 团队怎样做更为有效？

5. 全班对以下问题进行讨论：

A. 高效团队与低效团队之间的差异是什么？

B. 你从中得到一些有关高效团队设计的经验了吗？

举例：

1. 待加工原料：高效团队需要一起工作和承担共同的责任，以完成重要的任务。他们毕竟要比一个"团队称号"做得更多。

2. 生产过程：从上述句子中找出任意字、符号造出新句子，符合语法规则，语义明确。

3. 产品举例：

A. 他要一个"高"的称号。

B. 高工承担的工作更多。

C. 他们的工作需要共同完成。

D. 他的任务比高工的工作重要得多。

E. 一队必须完成工作。

【**训练二**】如何建立信任

戴眼罩行走，两人一组。

第一阶段：一个人带眼罩行走，另一人手牵手，可以提示；

第二阶段：一人带眼罩行走，另一人在其左右，但不能身体接触，也不能使用语言提示；

第三阶段：一人带眼罩行走，另一人与其保持一定距离，不能使用语言提示。

训练说明：

1. 领导行为、观点的连续性、一致性，保持沟通，是信任建立的根本保障；

2. 手把手教，引导，建立信任，授权，同时不断给予指导。

课后习题

1. 团队的定义。

2. 团队与群体之间的差异。

3. 高效团队呈现的特征。

4. 西游记中，唐僧、孙悟空、沙和尚、猪八戒西天取经的故事中四个人分别扮演了什么角色？

5. 团队建设中角色界定途径应该遵循什么样的原则？

6. 建设团队的途径。

7. 您如何看待您的团队？您将采取何种步骤改善您的团队？

第十三章

沟通能力

学习目标

1. 理解沟通的含义、分类及影响因素
2. 掌握倾听及反馈的技巧
3. 掌握语言沟通与非语言沟通的特点及技巧
4. 了解针对不同对象的不同沟通技巧

引　言

沟通很重要，沟通是每个人必须具备的素质。

沟通是事业成功的金钥匙。在每个人的职业生涯中，无论是求职应聘、入职试用还是晋升发展，与人沟通的能力常常成为各项能力之首。

沟通很重要，而达到良好的沟通效果并不容易。沟通是一种能力，并不是一种本能。它不是天生具备的，而是可以后天培养的，需要我们去努力学习、努力经营的一种能力。

本章的主旨在于帮助读者提高沟通能力，以实现良好的沟通效果。主要阐述了三大方面的内容：第一，沟通的基本理念，主要涉及沟通的概念，沟通的分类以及沟通的影响因素；第二，实现良好沟通效果的方法，包含主动倾听，积极反馈，口头语言、书面语言及肢体语言的表达技巧；第三，在组织中针对不同对象的沟通技巧。

第一节　沟通基本理念

一、沟通的概念

沟通是为了达到设定的目标，将信息、思想、情感进行传递，并达到相互理解的过程。沟通的概念包含以下几层含义：

（一）沟通首先需设定目标

沟通首先要设立明确的目标，这是进行沟通之前最重要的前提。只有有了明确的目标才能称之为沟通，如果没有目标，则只能称之为闲聊。

（二）沟通传递的是信息、思想、情感

沟通是包含着意义的传递。沟通所传递的内容不仅仅是单纯的信息，还包括着更加重要的思想和情感。

（三）沟通双方需达成相互理解

沟通并非仅仅是将信息传递出去，而是需要接收者将传递者传递的信息接收，加以理解，给予反馈，最终沟通双方达成相互的理解。在沟通的过程之中，或许不能达成完全的一致意见，但是有效的沟通，需要双方能够理解对方所要表达的含义。

（四）沟通是双方互动的过程

沟通不是一个单向的活动，或许你已经将你要表达的信息传递给对方，但这并不意味着对方已经在与你沟通，沟通是需要信息发送者与信息的接收者双方共同参与，及时反馈的互动过程，从而需要最终达成相互的理解。所以说，沟通是双方互动的过程。

二、沟通的分类

沟通按照不同的分类标准，可以进行多种类别的划分。

（一）按照沟通的渠道，可以分为语言沟通与非语言沟通

1. 语言沟通

语言沟通是指通过语言符号来实现沟通，包括口头语言沟通、书面语言沟通。口头语言沟通是指通过口头语言实现沟通，是我们日常生活中最常用的沟通方式，包括我们面对面的谈话、电话、开会、小组内讨论、演讲等形式。口头语言沟通具有亲切性，而且能够及时反馈。但是口头沟通并非正式的沟通形式，俗话说"口说无凭"，说明口头沟通准确性比较低，信息在传递过程中容易出现误差。

书面语言沟通是指借助于书面语言材料，实现信息的交流与传达，包括信函、广告、传真、E-mall 等形式。书面沟通的内容具有可修改性，使得书面沟通的准确性比较高；且书面沟通具有持久性，可以超越时间、空间的限制。书面沟通的局限性在于沟通速度较慢，效率较低。

2. 非语言沟通

非语言沟通是除语言以外的各种人际沟通的方式，非语言沟通在实际的沟通活动中起

着非常重要的作用。据研究，55％的信息是通过非语言沟通进行传递的。非语言沟通主要是肢体语言沟通。肢体语言包含广泛，主要包括动作、表情、眼神、手势、体态、语音、语调、节奏等方面。

（二）按照沟通的流向分类

按照沟通的流向，可以分为上行沟通、横向沟通、下行沟通。

1. 上行沟通

上行沟通是指在组织之中，团队成员及基层管理人员通过一定的渠道及方式，与组织管理层进行信息的传递与交流。上行沟通可以通过层层沟通或是越级沟通的方式。通过上行沟通，员工可以将建议或是意见反映给领导；领导也可以据此了解组织经营以及员工思想的状况，达到上下沟通的良好互动。

2. 横向沟通

横向沟通是指组织中层次相当的人员所进行的信息的传递与交流。横向沟通有助于企业中各部门之间增进理解，提高工作效率。但是，横向沟通往往导致沟通头绪太多，信息量过大，容易造成沟通的混乱。

3. 下行沟通

下行沟通是指组织中高层管理人员与组织成员或基层管理人员所进行的信息的传递与交流。下行沟通可以使得组织成员清晰地理解组织的目标及要求，增强员工对于组织的归属感。

（三）根据沟通的数目及影响的范围分类

根据沟通的数目及影响的范围，可以分为自身沟通、人际沟通、小组沟通、公共场合沟通、大众沟通。

1. 自身沟通

自身沟通是个人自我内部的沟通，主要包括自身的思想、情感以及看待自己的方式。自身沟通是以自我为中心，自己是唯一的发送者及接收者。人们进行自身内部沟通的时候，虽不与他人接触，但是他人的想法也往往会影响到自身沟通。如果老师对学生进行鼓励，学生会以更积极的态度看待自己。

2. 人际沟通

人际沟通是在一对一的基础之上进行信息的传递，人际沟通大多数时间发生在两个人之间，当然也可以包含两个以上的人。人际沟通通常发生在非正式的环境之中，反馈的机会很多，交谈者有很多机会可以来验证相互的理解是否正确。

3. 小组沟通

小组沟通是少数人员在一起解决某个问题时发生的信息的传递。小组的沟通比一对一的沟通更为复杂，因为小组成员是为了某一目的而聚集到一起的，其信息传递的目的性及结构性非常强烈。

4. 公共场合沟通

公共场合的沟通通常是演讲者向听众发送信息，并与听众进行双向互动的过程。公共场合的沟通反馈机会明显要比人际沟通、小组沟通中反馈的机会少很多。更多的时候，通过非语言的方式做出反馈。比如说，通过鼓掌来打断演说。

5. 大众沟通

大众沟通也称为大众传播，即通过广播、电视、报纸、杂志、网络来实现信息的传递。大众沟通最大的特点是以信息的传播为主，对于接收的反馈是通过之前的预测或是之后的评估后的修正来完成的；大众沟通还具有影响广泛而深远的特点，基本上生活中的每个人都会受到大众沟通的影响。

（四）按照沟通渠道产生方式的不同分类

按照沟通渠道产生方式的不同分类，可以分为正式沟通与非正式沟通。

1. 正式沟通

正式沟通是指在组织系统内部，根据组织原则与次序进行信息的传递与交流。一般正式沟通以书面沟通为主，包含组织内外的公文往来、通知、公告、制度文件等。一般组织的政策、决定都采用正式沟通的方式，其特点是：沟通速度慢，具有权威性、严肃性、约束性的特点；但是显得呆板、缺乏灵活性；而且比较难进行双向沟通。

2. 非正式沟通

非正式沟通是指正式沟通之外的信息交流、传递的形式。非正式沟通对于沟通渠道的选择比较自由，具有形式灵活、速度迅速的特点。非正式沟通有时候能够提供正式沟通场合难以提供的大量的信息。

三、影响沟通的因素

在实际的沟通过程之中，很多沟通过程都并非畅通无阻的，有很多因素影响着沟通的目标的达成。本节主要从三个方面阐述对沟通有着重要影响的因素：发送方对于沟通的影响，接收方对于沟通的影响以及沟通的渠道、环境对于沟通的影响。

（一）发送者对于沟通效果的影响

1. 发送者目的不明

如果发送者对于沟通的目的并不明确，发送者说得再多，接收者也是不知所云，这样的沟通肯定无法正常进行。所以，在沟通的准备阶段，发送者首先要明确沟通的目的，清晰需要通过什么渠道向谁传递什么信息并且需要达到什么目的，才能并将所需传递的内容清晰地传达给接收方。

2. 发送者技巧欠缺

发送者因本身的语言、思路、沟通技巧方面的欠缺，导致所要传达的信息含义不清、思维不明、文理不通，这样就会产生沟通双方的误解，使得接收方无法理解发送方所要传达的真实信息。

（二）接收者对于沟通效果的影响

1. 接收者主观臆断

接收者在接收信息时，按照自己的主观臆断来理解信息，对信息进行了"过滤"与"加工"，这样导致信息在传递过程中变得支离破碎或是含义曲解。比如，在组织中，管理层向执行层所进行的下行沟通中，由于管理层所传递的信息经过逐级领会，往往会"添枝加叶"，所传递的信息也被断章取义，从而导致信息变得模糊或是失真。

2. 接收者选择性接收

接收者在进行信息的接收时，并没有按照发送者的意图，全部接收信息的含义，而是对于信息进行了选择性的接收。导致了信息传递的缺失，含义的不完整。

3. 接收者主观意愿

或许由于接收者对于发送者所传递的信息主观上不感兴趣，或许由于接收者之前在沟通过程中存在不愉快的体验，导致接收者拒绝接收发送者的信息，对于信息的传递与交流存在抵触，这样就导致沟通无法顺利地进行。

（三）客观因素对于沟通效果的影响

1. 沟通渠道

不同的沟通渠道适合特定的沟通需求。在选择沟通渠道时，要充分考虑信息传达的特定要求，接收方的具体情况。在沟通过程中，由于沟通渠道的不恰当，也会导致沟通效果受到影响甚至是沟通失败。例如，如果是公司的规章制度的传达，需要通过书面的、正式的渠道传达，如果是通过口口相传，将使得制度的真实性以及效力减弱甚至是丧失。

2. 沟通环境

沟通都在一定的环境中进行，如果是面对面的沟通，环境对于沟通的影响将更大。环境包括社会环境以及沟通现场的物理环境。舒适的交流氛围和融洽的人际关系，会促进沟通顺畅地进行。如果沟通现场的光线、温度、气氛等物理条件是舒适而适合沟通的，将更加有利于沟通。

第二节　良好沟通实现的方法

在沟通过程中，存在着各种各样的障碍，影响着有效沟通的实现，但是，我们依然可以通过运用有效的沟通方法来达到良好的沟通效果。本节内容主要从主动倾听、积极反馈、语言及非语言沟通技巧等方面介绍实现良好沟通效果的方法。

一、主动倾听

（一）倾听的含义

倾听是接收口头及非语言信息，确定其含义和对此做出反应的过程。

倾听的内容并不仅仅是语言，还包含对非语言信息的反应。例如，你正在与对方进行谈话，你能够通过对方皱眉头、双手交叉于胸前等肢体语言来确定对方并没有在倾听。你能够通过倾听对方的这种非语言的表达方式，可以获得对方传达的信息。

或许有些人认为倾听能力是与生俱来的，但实际并非如此，只有听才是与生俱来的无意识行为。倾听并不仅仅是生理意义上的听，而是积极的主动的有意识的听觉与心里活动。表 12 - 1 显示了听与倾听的区别：

表 12-1　听与倾听的区别

听	倾听
用耳朵接收听得见的声音 只有声音，没有信息 被动的，无意识的行为	主动获取信息 关注信息的传达 积极的，有意识的行为

倾听可以分为几个不同的层次。最浅层次为"心不在焉"的倾听。这个层次的听者，并没有真正地倾听，没有表现任何倾听的努力，这可以从对方的体态语言表现出来：例如眼神没有与你交流，在左顾右盼，基本上是属于听而不闻，这样的沟通肯定不会得到良好的结果。

第二层次为"假装倾听"。这时的听者，也并没有在倾听，或许是由于心里正有其他的想法，仅仅是出于礼貌，又或是由于惧怕上级的权力假装在倾听。假装倾听的人，会身体前倾，努力做出倾听的样子，但实际上并没有用心在听。

第三层次为"选择性倾听"。选择性的倾听表现为听者遇到喜欢的感兴趣的话题就认真对待，对于其不感兴趣或是持不同观点的话题就敷衍。

第四层次为"专注倾听"。专注倾听的听者是对谈话者的每句话都认真地听，对其所谈论的内容均听得仔细认真，但是没有用心，也没有动真情实感，这是一种呆板而被动地听，只是倾听的态度认真、专注。

第五层次为"主动倾听"。主动倾听是在倾听的过程中，不仅仅将谈话的内容听得仔细、认真、明白，还对于谈论者所要表达的观点、思想进行整体、考虑，并且站在对方的立场上，设身处地地考虑、理解对方谈话的含义。

（二）倾听的重要性

著名的玫琳凯化妆品公司创始人玫琳凯·艾施说："一位优秀的管理人员必须应该多听少讲，这也就是为何上帝赐予我们两只耳朵，一张嘴巴的缘故吧。"

倾听是达到实现沟通的重要方法，也是沟通过程中重要的一方面。有研究表明：人们在沟通之中，有53％的时间在听，16％的时间在说，14％的时间在写，17％的时间在读。用于听的时间最长，由此可见，提升倾听的技巧对于沟通过程非常重要。

1. 倾听是给予对方的尊重

在沟通过程中，倾听是给予对方尊重。耐心倾听，对方可以减少自卫的意识，产生被尊重与被欣赏的感觉，同时产生同伴、知音的感觉，促进彼此的沟通了解。也将更乐于与你沟通、配合。

2. 倾听是获得信息的重要方式

善于倾听的人，总是能够从别人的谈话中获得新鲜的知识，了解新的信息，接收新的观点。每个人的知识结构总是不同的，认真倾听对方的话，也许就能让困扰你的问题得到解决。

如果沟通的目的是说服别人，多听对方的意见将会更加有效。你能从倾听中获取更多的对方的优势、弱点以及坚持的观点，这为你提供了更多的说服成功的基础信息。

（三）倾听的方式

根据倾听时侧重的对象不一样，可以将倾听分为四种不同的方式：侧重于人的倾听、侧重于行动的倾听、侧重于内容的倾听、侧重于时间的倾听。

1. 侧重于人的倾听

侧重于人的倾听是指听者关注对方的情感、听者寻找与对方共同兴趣，并对情感做出反应。这种倾听方式，通常见于家庭、朋友之间。

2. 侧重于行动的倾听

侧重于行动的倾听是指听者关注的是准确的表述，对混乱的内容没有任何耐心。这种倾听方式，通常见于组织沟通。

3. 侧重于内容的倾听

这种倾听方式是指听者关注的是复杂的信息，在倾听的过程中，可以不附带任何情感，对信息进行精心的分析、理解，并做出判断。这种倾听通常见于同事之间。

4. 侧重于时间的倾听

这种倾听方式是指听者更喜欢简短地、迅速地与他人沟通，并且经常告知对方有多长时间可以给对方。这种倾听方式通常见于需要时间限制的工作。

优秀的倾听者，能够根据不同的沟通对象，不同的沟通目标，不同的沟通环境来调节不同的倾听方式。

（四）主动倾听的技巧

为了达到有效的倾听技巧，我们倡导主动倾听。主动倾听就是在倾听过程中，将注意力集中在对方所说的内容之上，并将对方的重要观点在头脑中进行规划，并考虑提出问题或是对对方提出的观点进行有效的反馈，并且站在对方的立场上，设身处地地考虑、理解对方谈话的含义。

如何主动倾听呢？需要做到以下几点：

1. 态度上的保证

主动倾听要做到全心的投入。集中精力、集中思想、积极思考，保持开放的沟通姿态，这首先是主动倾听的态度上的保证。

2. 不打断对方

在倾听的时候，最容易犯的一个错误，就是打断对方的谈话，急着发表自己的见解。这样，使对方感到没有受到尊重；没有将对方的谈话听完，往往难以避免断章取义，更加不能全面地理解对方所要表达的含义，由此而做出武断、错误的判断。

3. 关注谈话内容

倾听时，要关注讲话者所说的内容，而并不是评价说话者，要关注传达的全部内容，而并非是部分。做到关注传达的内容的同时，捕捉要点，识别信息的中心思想。尽管一般情况下，人们的谈话并非都是金玉良言，许多都是平常的话语。但是，说话者常常将话语的含义隐含在一段话中，在倾听的过程中，要善于从说话人的言语层次中捕捉要点。有时候，说话人在强调某些重点语句时，常采用放慢语速、突然停顿、提高声调，或是故意降低声调以及手势等方式加以提示，倾听时，也可以从说话人的语气、手势的变化来捕捉信息。

4. 适时的插话

在倾听过程中，当然应该以倾听为主，但有时候适时的插话能够使得沟通的效果更好。插话的频率要适度，内容要有所选择。插话的内容大致有以下几个方面：一是对对方所说的话表示赞赏与认可，例如"对"、"有道理"、"这个观点我同意"等。二是对自己没有听清楚的话进行询问，例如"您刚刚说什么"，"您的意思是不是……"，"您刚才的说话，我没听清楚，您再重复一遍好吗"。插话的时候，需要注意不要随意打断对方的谈话，要以商量的口吻插话。

5. 设身处地的听

设身处地的听，不仅仅是努力理解讲话者所说的内容抓住其内容的要点，而且是要站在对方的立场上去听，去理解他，这才是真正的、设身处地的倾听。设身处地的倾听是为了理解对方，多从对方的角度着想：他为什么要这么说？他这么说是为了表达什么样的信息、思想和情感？例如当对方和你沟通的过程中，抬手看表也说明他现在想赶快结束这次沟通，你必须去理解对方：对方是否有急事？可以约好时间下次再谈，对方会非常感激你的通情达理，这样做将为下次的沟通打下良好的基础。

二、积极反馈

(一) 反馈的含义

反馈就是沟通双方期望得到一种信息的回流。沟通过程中，及时的积极的反馈是重要组成部分。在沟通过程中，没有反馈的信息沟通是一种单向的行为，并不是完善的沟通过程。所以说，没有反馈就不能称为完整的沟通。有效的反馈也可以起到激励与调节的作用，有助于良好沟通的实现。

(二) 反馈的类型

反馈有多种形式，可以是语言的也可以是非语言的。语言形式的反馈是通过口头或是书面的方式对所获取的信息做出反应，非语言形式的反馈是用一系列的肢体语言对所获取的信息做出反应。常见的语言反馈类型有：评价、复述、提问。

1. 评价

评价是对所获得的信息加以判断并提出建议。若是以评价方式进行反馈，评价尽量保持中立的态度，不要过于简单地否定。可以将评价类型的反馈分为两种：一种是正面的反馈，另一种是建设性的反馈。正面的反馈就是对对方做得好的事情予以表彰，希望好的行为再次出现。例如"我非常赞同您的这个观点"，"您这样的理解非常到位，一针见血"等。建设性的反馈，就是在别人做得不足的地方，你给他一个建议，建设性的反馈是一种建议，而不是一种批评。例如"我认为，您说的这件事情，如果这样处理，将会更加妥当"，"如果这样，您是否觉得更好些呢"。

2. 复述

复述即通过简洁的语言，重新解释对方的意见。复述可以让听者理解说话者的信息，也可以鼓励说者继续。在沟通过程中，复述一般运用在对方重要观点的澄清，重要信息的确认。复述是通过对有关信息的重复，以核实所获信息的正确性，给予双方澄清观点，保持理解一致的机会，以保证沟通继续顺畅地进行。一般情况下，可以使用如下语言："您的意思是……"；"您是这样认为的吗"。

3. 提问

提问是针对所获信息不清楚、不明晰的地方进行询问。在沟通过程中，首先要确认对方的需求，才能达成共识，确认对方的需求，就必须通过提问。

①问题的类型

在沟通的过程中，应该针对提问的目的和对方的特点，恰当地运用不同类型的问题。一般可将问题分为封闭性问题与开放性问题。

A. 封闭性问题是指能够得出特定答案的，可以使得问题获得特定的信息的问题。常用的语言表示是：是不是？好不好？能不能？在哪里？几点了？封闭性问题的答案相应的也非常简单明了。

封闭性问题常用于查问或是确认某些事实，只需要简单明了的回答。如我们能否拿到优惠的价格？请告知我们交货的时间地点。

封闭性的问题还可适用于当你希望谈话局限在某一方面，希望对方给予你预期内的答案。比如，您进入肯德基餐厅，已经点好单，服务员再追问一句：今天消费满50元，加1元就可以获得甜筒冰激凌，您需要吗？

B. 开放性问题是能够让被询问方充分发表自己的观点，阐述自己的意见，陈述某些事实的问题。常用的语言是：你怎么认为？你为何这样理解？怎样？等等。

在沟通之中，要善于运用开放式问题。开放式问题适用于让对方充分陈述某些事实现状的时候，比如，可以这样问对方：请您给我们描述下今天这件事情发生时的情形。

开放性问题也适用于需要向对方了解详细的情况，具体的、全面的信息的时候，比如，您的朋友跟您抱怨：现在的这份工作真不愉快。您可以这样问：这份工作的哪些方面让你这样不愉快了？

开放式问题也适用于鼓励对方充分表达与深入阐述自己的时候。比如您这样询问：您认为这种情况会产生怎样的后果？或者您有什么好的方法来解决这个问题？

C. 封闭性问题与开放性问题须根据沟通过程中不同情形的不同需要选择。封闭性问题能够在短时间内获得明确性的答案，但是不利于信息的收集，仅适用于信息的确认，也不利于讨论、解释。在沟通之中，如果封闭性问题过于频繁，将容易使得对方产生被动、紧张的情绪。运用开放性的问题可以获取更多更全面的信息，有助于双方对于传递信息的理解，谈话的氛围也相应比较轻松，但是开放性问题容易导致时间的浪费，也容易导致谈话偏离主题，反而模糊了沟通的目标。

因此，在沟通的过程之中，封闭性与开放性的问题需要根据沟通的需要，具体情境的设置，来协调运用。

②提问的技巧

在沟通过程中，如需提出推动沟通顺利继续，有助于沟通更为顺畅的问题，需要掌握提问技巧。

A. 提问要适度。提问的内容需要适度，所有的问题都需围绕谈话的主题，如果提问与谈话的主题相关性不大，会导致对方认为提问者没有认真倾听，从而影响沟通的有效性。提问也是展现思维能力的事情，提问者需认真倾听对方的谈话，关注细节，发现疑惑点或是理解不清晰、有歧义的地方，根据沟通的需要，抓住疑点，提出问题。

提问的数量也需适度，如果提问的数量过多、过于频繁，会影响对方的表述，造成过多的困扰，也是对对方的谈话的打断，也会影响沟通的顺畅进行。

B. 提问需把握好时机。当提问者理解了对方的谈话内容，明确了所要提出的问题的时候，不要急于表达，不要打断对方，等待对方对此观点充分表达完全后，再提出问题，这也是主动倾听的一个方面。这样可以表达对于谈话者的尊重，也避免打断对方的思路。但如果提问延误了时机，待某个话题已经讨论完毕后，再提出问题，同样也会打断谈话的思路，导致沟通的中断，对沟通造成不好的影响。

一般而言，如果对方很忙，就不应该提琐碎的问题；如果对方在伤心、失意，不应该提复杂、生硬、会引起对方不愉快的问题；如对方表示需要安静独处、冷静思考时，就不应该提出任何问题。

C. 提问需因人而异。俗话说：到什么山唱什么歌，提问也需要见什么人发什么问。所提问题的内容与问题的方式也需要提问者充分考虑沟通对方的情况，包含其个人性别、年龄、文化传统、教育背景、性格内涵等方面。如果没有考虑沟通对方的因素，所提的问题很有可能对方根本无法理解，甚至是误解。

有些人性格外向直率，什么问题都能谈笑风生；有些人则性格内向、孤僻自卑，对任何问题都比较敏感。对于性格外向的人，提问题注意尽量开门见山，简洁明了，避免不着边际、走题的谈话；对于性格内向的人，尽量运用连锁性的问题，比如"后来呢""接下来怎么样了""怎么会这样呢"，这样的问题可以促使对方源源不断、步步深入地谈下去。

每个人的知识水平以及所处的文化背景、社会环境各有千秋，提问题时需了解对方，避免所提问题的唐突。例如如果你对一个中国人问："在哪儿工作啊""工作不错吧""家里几口人啊"等，表示你对对方的尊重与关心，如果你对一个美国人提这样的问题，会被认为是打探隐私，极不礼貌的行为。假设你询问一位并不懂得烹饪技术的飞行员，如何才能做出美味可口的菜肴，肯定无法得到想要的答案。

4. 非语言反馈

在反馈的过程中，肢体语言的运用也非常重要。例如，在沟通过程中，保持双方的目光接触，有利于倾听者注意力集中，也是对对方的鼓励。赞许性的点头，加以适当的表情再辅之以目光的接触，更会增强反馈的有效性。同时，也要注意避免消极的肢体语言，例如，在倾听过程中，显得漫不经心地翻阅报纸杂志，或是把玩铅笔，或是不断地抬手看表等这些下意识的动作表明倾听者并没有集中注意力进行沟通，对方也会认为倾听者对于此次谈话并不感兴趣，而可能导致沟通草草结束。关于肢体语言的更多的内容，我们会在下部分内容"有效的肢体语言"详细阐述。

三、语言沟通技巧

语言沟通是建立在语言文字基础之上的，是最有效的沟通方式之一，语言沟通可以分为口头语言沟通与书面语言沟通。

（一）口头语言沟通

口头语言是用说话的方式表达出来的语言。口头沟通按照方式的不同，可以分为谈话、演讲、电话、会议、小组讨论等方式。优化口头语言沟通需注意以下因素：

1. 针对沟通对象

在进行口头语言沟通时，如果我们使用的含义与对方的词语和观点相同，那么沟通就会更为成功。因此在语言沟通之前，需要了解沟通对象的需要、类型、情绪、个性、观念，围绕设定好的沟通目标，找到双方的共同点，选择合适的话题，引起对方的兴趣。

2. 良好的语言表达

在进行语言选择的时候，需要注意语言表达必须含义清晰、简洁精练、形象生动。含义清晰是语言表达的基础，语义不详的表达容易导致沟通双方的误解，从而导致沟通的失败。

简洁精练的语言可以使得在较短的时间内，双方完成有效的沟通。简洁精练的语言表达更容易给予沟通对方留下深刻的印象。

形象生动的语言会使得话语富有魅力，激发对方的兴趣，收到良好的沟通效果。形象生动的话语就是把抽象的描述变为具体的信息，将枯燥的理论变为生动的描述。寓理于事可以使得话语达到形象生动的效果。寓理于事是指为了充分说明某一道理，运用典型的事例来说明。说话时，善于运用比喻等修辞手法也可以使得话语形象生动。当然，形象生动并不是说话的目的，只能增强说话的效果，在进行口头沟通的时候，关键是要做到情理形的统一。

3. 得体的声音表达

在进行口头表达的时候，得体的声音能够为你的观点得到更多的支持，能够更有利地说服对方。

①掌握语调

语调能够反应沟通者的内心世界，表露情感与态度。当人生气、愤怒、激动的时候，所表现出来的语调也是不自然的。语调得体，节奏鲜明，会为你的说明打上无形的标点符号。如果用来表示惊讶、反问、鼓励、号召等意义，可以提高语调，以加强效果；如果用来表示自信、肯定、结束的含义，可以用降调，表明你的态度；如果表示说明、叙述、解释等含义，可以用平调，以表示庄重、严肃，也便于将含义解释清晰。无论谈论的话题是什么，需要保持说话的语调与所谈及的内容的匹配性。

②控制发音

正确而恰当的发音，能够有助于准确地表达思想，只有清晰的发音才能够提升言辞效果，不良的发音不仅有损形象，而且容易让对方疑惑、误解。

③控制节奏

节奏对于语言表达非常重要。节奏是指说话时由于不断的发音与停顿而形成的强弱有序和周期性的变化，如果在说话过程中，不考虑节奏，就容易导致单调乏味。停顿也可以分为两种类型：其一，心里停顿，说话者按照自己所要表达的内容，需要引起对方的重视和思考时，突然产生停顿，可以引起对方的注意，从而产生心理的共鸣。其二，逻辑停顿，在某一观点或是问题阐述结束后，在语言表达上停顿，这有利于含义清晰的表达以及重点的突出。

最后，在口头沟通的时候，需要注意语速。语速太快，容易导致对方听不清楚，或是感知跟不上，容易导致沟通过程中的紧张情绪，持续的、过快的语速，将导致对方的疲乏与厌烦，甚至对于倾听的放弃。

（二）书面语言的沟通

书面沟通是指以书面为载体，运用文字、图示进行的信息沟通的过程。根据不同的形式，书面沟通可以分为备忘录、电子邮件、商务信函、建议书、报告、摘要等。

1. 书面沟通的特点

书面沟通具备与口头沟通明显不同的自身的特点。

①书面沟通具有准确性、权威性

书面沟通一般采用公认的书面词语表达，口语化的用语较少，所以产生歧义的机会也少些，在发送信息前也可以进行细致的考虑和检查，能够达到较高的准确率。而且书面沟通落笔为证，一般采用正式发布，更具有确定性与权威性。

②书面沟通具有规范性

书面语言更加强调规范，书面语言的规范性也保证了沟通的顺利进行，所以困难或者复杂的信息适合采用书面沟通。

③书面沟通具有持久性

书面语言更适合存档，方便日后的查阅、引用、取证。可以长期保存，不受时间、地点的限制，在传递过程中也不容易造成失真。

2. 书面沟通技巧

书面沟通能力最重要的就是写作能力。在进行书面沟通时，要注意如下：

①克服心理障碍

具备良好的书面沟通能力，首先须克服书面沟通中的心理障碍。很少有人会说他们喜欢埋头写公文，对于多数人而言，"写"是一件令人头疼的事情，因此，急于打发，草草了事。而草草了事的文书，更容易带来错误，给组织带来损失。一组对组织中的管理者的调查显示，当问到他们在写什么时，多数的回答是"写那些不得不写的东西"。心理学家罗布特·博爱斯指出，要克服写作心理障碍，撰写者需做到：首先，要积极参与公司组织的各项活动，与沟通对象交流得越充分，对所需写的事情的背景了解越深刻，写作起来就越得心应手。其次，要树立书面写作的自信心，坚信自己通过不断的练习，会越写越好。最后，就书面写作的问题与他们多做交流，更加重视同事的反馈信息，从而提高书面写作的水平。

②分析沟通对象

进行书面沟通之前，要分析读者。了解读者的情况，如知识水平、理解能力、个人喜好以及对现有问题所持有的观点等情况。多问如下问题：

谁是这份书面文字的阅读者，他们是公司内部的人，还是外部的人？

如是公司内部的人，他的职务是什么？职责范围又是什么？

读者对于此份材料中谈及的内容是否熟悉？

他们对你表述的内容、观点会有什么反应？

对沟通对象了解得越多，就知道选择对方感兴趣的信息或是选择对对方有用的信息，知道用什么方式写作，用什么语言写作。就越能有的放矢，沟通的成功性就越大。

③讲究格式规范

书面沟通须讲究规范格式。每种书面沟通形式都有各自的规范格式。在进行书面沟通时，人们经常将重点放在内容的书写上，而忽略了格式。书面沟通的内容固然重要，但是格式的规范与美观也非常重要。格式规范美观的文书首先让读者感觉撰写者的专业，对所表述的内容也增加了几分信任感；同时，也让阅读者有一种赏心悦目的感觉，能够提高阅读的兴趣。反之，如果是格式混乱的文书，会让人产生阅读的抵触情绪，不愿意阅读，或是匆匆过目，容易造成沟通的误解，甚至是沟通的障碍。

④条理清晰、重点突出

进行书面沟通时，根据沟通的目的，有效地组织信息，按照书写的逻辑规律将信息组织起来，达到书面文书的逻辑条理清晰，让人阅读的时候，能够清晰地把握其行文的脉络。在进行书面表达的时候，要时刻记住自己所要表述的重点，不要将重点淹没在繁多的语言修饰中，要开宗明义地将重点突出出来，让读者一眼便能够看到所表述的重点，所表达的主要观点。

⑤简明扼要、通俗易懂

书面沟通的内容需简明扼要、通俗易懂。有的写作者常常觉得要把最优秀的一面展现在纸上，就将很复杂的句子、晦涩的专业术语、生僻的词语等全部搬到了书面表达中，这样不仅仅有损于信息本身而且还会阻碍读者的阅读，也容易造成误解。因此，书面沟通时，文字力求简明扼要，通俗易懂，便于读者理解。

3. 书面沟通的局限性

书面沟通也具有自身不可避免的局限性。

①反馈的缓慢

日常采用书面沟通较费时，反馈有限而且缓慢，有时候甚至根本无法得到反馈，有时候书面信息无法保证接收者一定能够收到、阅读并了解。

②信息的忽略

在书面沟通过程中，书写者的语气、强调的重点、表达特色以及发文的目的等经常被接收者忽略而使得理解有误。书面沟通所传达的信息会因为信息内容所描述的情况以及发文和收文的人、时间、地点、环境等不同而有所变更。

③错误性的代价

书面沟通一般较为严谨、正式，如发布后出现错误，将会带来较为严重的后果。

表 12-2 显示了书面沟通与口头沟通的各自特点及差异：

表 12 - 2　书面沟通与口头沟通的特点及差异

	书面沟通	口头沟通
优点	适合传达事实和意见 适合传达复杂或困难的信息 更容易进行回顾 便于存档保管以便日后查证 准确性较高 正式，富有权威	迅速，消失快 双向沟通，能够立即获得反馈 适合表达感觉与感情 语言更加个性化、形象化 可以根据语言与非语言的反馈，现场及时进行改正与调整 准确率较低
缺点	耗时 反馈有限且缓慢 缺乏有助于理解的非语言暗示 有时候，人们不愿意阅读书面资料 如出现错误，代价将比较严重	说话时难以进行快速深入的思考 有时难以控制时间 容易带个人色彩，从而影响信息的可靠性

（三）沟通渠道的选择

在沟通的过程中，为了完成一个良好的沟通效果，首先要选择正确的沟通渠道，因为不同的渠道之间的差距是非常大的，会给沟通带来不一样的效果。

1. 常用的沟通渠道

现在常用的沟通渠道主要有如下几种：

①电话

电话是传统而常见的一种沟通方式。电话沟通也是语言沟通的一种，电话的语言沟通不仅仅包含信息内容，也包含了说话的抑扬顿挫的语气，这也是一种肢体语言的表现。

②面谈

面对面的沟通仍然是最好的沟通方式。当有可能选择的时候，首先选择面对面谈话将会使得沟通更为直观、顺畅。但是，随着通信设备发展迅速，在沟通的过程中，由于习惯，首先会选择电话或者 E-mall，而忘了最好的方式仍然是面对面谈话。

③电子邮件

电子邮件是一种典型的书面语言沟通。电子邮件日益得到了较为广泛的应用，已经成为一种非常流行并且常用的沟通方式。电子邮件可以传递大量的、准确的信息，甚至很多动画片都可以通过电子邮件来传递。在沟通大量信息的时候，用电子邮件是非常好的一种方法。但是电子邮件有一个非常重要的不足之处：不能很好地传递思想和情感。当你和对方要交流情感的时候，不适合选择电子邮件进行沟通。如果你和你的亲人长期不见面，均采用电子邮件来沟通，时间长了，你的感情也会慢慢地淡化。

2. 选择的标准

在选择沟通渠道时，要遵循一个原则：根据沟通内容偏重度来选择。在选择沟通渠道的过程中，要考虑到沟通的内容本身是以信息为主还是以思想和情感为主，在实际运用中根据这两个不同内容的偏重来选择合适的方法。

例如，如需将你的一份报告传给同事或交给上级，更多的是一种信息的沟通，这时采用电子邮件的沟通方式会较好。如果和客户沟通的过程中，更重要的是为了增加你和客户之间的感情和信任，这时信息是次要的，情感是主要的，那么采取面对面的会谈效果会更好。

因此，在选择沟通渠道时，要充分考虑所传递的信息的内容偏重，根据要传递的内容选择合适的沟通渠道，不然，同样会对沟通造成严重的负面影响。

四、非语言沟通技巧

（一）非语言沟通含义及分类

非语言沟通指的是指语言沟通以外的各种人际沟通方式，它包括形体语言、副语言、空间利用及沟通环境等，是不使用任何语言的信息沟通。在信息传递中心，语言信息的传递仅占 7％，高达 93％的信息是通过非语言沟通来传递的，其中，55％的信息是通过面部表情、形体姿势和手势传递的，38％的信息是通过语音语调传递的。非语言沟通在实际的沟通活动中起着非常重要的作用，甚至比语言表达更重要，正如"不仅仅在于你说什么，更重要的是你怎么说"。

合理运用非语言信息，首先须明确非语言沟通的类型及各自的主要功能。非语言包括多种类型，主要包含副语言、肢体动作、服装与修饰以及空间与距离等。

1. 副语言：副语言就是一种你说话的方式。包含语速、语调、音量等方面。

2. 肢体动作：包含面部表情、姿势、眼神等方面。

3. 服装与修饰：包含穿着服装、形体修饰等方面。

4. 空间与距离：人们利用和理解空间的方式，包括座位的布置、谈话的距离等。

（二）非语言沟通的特点

各种类型的非语言沟通都具有以下四个特点：

1. 与文化特征的关联

许多非语言的信息是我们还是孩子的时候学习到的，是由父母和其他相关群体传给的。不同文化群体特征的人，具有不同含义的非语言信息。比如，美国人在第一次相遇的时候，会将目光接触看得很重要，会很用力地握手。在很多文化中，男性的非语言行为与女性的非语言行为是差异很大的，比如，女性，无论是女孩还是妇女在相互沟通的时候都会靠得很近；但男性则会保持一定的距离，会错开而坐，甚至不会过多地直视对方。

2. 与语言信息的矛盾

我们可以学会操纵语言，但是操纵非语言是更为困难的事情。所以，有时会出现两者矛盾的状况。这也是语言信息与非语言信息的很重要的关系。

3. 在下意识中进行

人们通常意识不到自己的非语言信息，很多非语言都是在人们下意识中进行的。比如，与自己不喜欢的人在一起时，下意识地保持的距离比跟自己喜欢的人在一起时远；我们不经意的双臂交叉，可能表明自己持反对意见。

4. 展现情感与态度

面部表情、手势、形体动作、目光等都向他人传递了我们的情感与态度。别人能从我们的面部表情发现情感与情绪的波动。比如，如果你向对别人表达你的热情，你可能表现出愉快的面部表情，热情的姿势，更近的人际距离和友好的接触。

（三）非语言信息的解析

具备认识和辨析这些非语言信息的能力将有助于沟通能力的提升。

1. 姿势解析

在一般的沟通过程中，手势都是无意识的。比如，当说话者激动的时候，手臂会快速地晃动。不过，可以通过训练使得自己有意识地利用一些手势来加强沟通的效果。在日常的沟通之中，以下手势用来表达或是代替语言信息的传递：

头部：点头表示赞同、赞许；摇头表示不同意；双手抱头表示沮丧、懊恼；抹鼻子表示在说谎。

手及手臂：双臂展开表示友好；双手插袋表示冷淡、不关心；握拳表示愤怒、激动；不停地搓手表示急切的心情；双手交叉在胸前表示戒备、没兴趣。

脚：脚尖点地表示轻松；跺脚表示气愤或是兴奋；抖腿表示紧张、焦虑。

姿势的解析：不同的姿势表达了不同的信息。一般而言，无论是站立还是坐着，当一个人放松的时候，身体处于舒展的状态；而当一个人紧张、害怕的时候，身体处于紧绷的状态。比如，面试时，如果应试者弓着背，两臂僵硬，就传达了紧张的情绪；如果应试者懒散地坐着，表明他过于随便，并不重视。

表 12-3 显示了手势姿势的沟通渠道：

表 12-3　手势姿势的沟通渠道

肢体语言表述	行为含义
手势	柔和的手势表示友好、商量，强硬的手势则意味着："我是对的，你必须听我的"。
脸部表情	微笑表示友善礼貌，皱眉表示怀疑和不满意。
姿态	双臂环抱表示防御，开会时独坐一隅意味着傲慢或不感兴趣。
声音	演说时抑扬顿挫表明热情，突然停顿是为了造成悬念，吸引注意力。

美国的神经学者深入研究了比尔·克林顿就莱温斯基性丑闻事件向陪审团陈述的证词，他们发现克林顿说真话时很少触摸自己的鼻子。但在克林顿撒谎的时候，他的眉头就会在谎言出口之前不经意地微微一皱，而且每四分钟触摸一次鼻子，在陈述证词期间触摸鼻子的总数达到 26 次之多。

2. 眼神解析

眼神信息包含所有由眼睛传递的信息。眼神信息最重要的一个方面就是眼神的接触。一般情况下，在实际的沟通情境中，眼神接触可以通过传递兴趣、关注、理解来表示对他人的兴趣，提高可信度；迎合他人的眼神认为是诚实、可靠的信息；没眼神接触是表示是缺乏兴趣、不予关注，或是心虚欺骗或是害羞等信息。盯着看意味着不礼貌，但也可能表示兴趣，寻求支持。

俗话说：眼睛是心灵的窗户。只以眼神为基础，有时能够描述个人品质的展现。眼神可以正确反映一个人是在表达什么样的情感。人们通常把情感的温度显现在目光中，因此，希望了解他人的心情以及情感的人，可以通过对方的眼神提供的信息进行判断。

在不同的文化中，眼神所表达的信息也是不同的。在很多文化中，眼睑下垂表示对长辈、上级的尊重与服从。在中国，过分地盯着对方看，是不礼貌的行为。但阿拉伯人相互对视的频率很高，在他们看来，对视是一种友好的表示。然而，在伊斯兰国家，异性之间不允许有目光对视的行为。显然，在多元文化的组织中，上述差异的沟通过程中常常会引起误解，因此，对于不同文化的不同非语言信息的了解与熟悉非常重要。

3. 服装解析

服装会使得人们对其主人产生强烈和直观的印象，它对非语言沟通的作用也是非常重要的。人们可以从一个人的服装得到很多信息：性别、年龄、社会经济地位、职业等。在威廉姆的《你的穿着决定你是谁》一书中，他认为，人们可以根据别人的服装做出关于这个人的十种判断：经济水平、教育水平、可信程度、社会地位、辩论水平、经济背景、社会背景、教育背景、成功度、道德品质。

服装在所有装饰性特征中具有最大的可变性和最多的暗示。例如，职业装表明一种特定的工作行为，他的设计是要表现雇主期望的一种特定形象。有些职业的服装穿着会影响沟通的效果。比如说，老师的服装确实会影响学生的感觉。在一项对教辅人员的研究中表明，那些衣着随意的人得到学生最肯定的评价。

4. 空间与距离解析

在沟通中，通过控制交流双方的空间距离进行的沟通，称为空间沟通。人们在交谈中对于距离的掌握表达了他们的信仰、价值观以及文化内涵。通常，根据不同的需要，沟通距离可以分为以下四种（根据美国文化人类学家爱德华·赫尔［E. T. Hall］的研究）：

①亲密距离：一般在 0～0.5 米，交谈者有意识地与对方进行频繁的身体接触，适用对象为夫妻、亲人或是知心朋友。

②私人距离：一般在 0.5～1.2 米，此种距离的沟通，常常会发生进一步的人际交往。人们习惯性设定的私人距离反映了我们自信心的强弱和保护个人隐私的心态。成功的沟通者，在与他人沟通中，会对他人设定的私人距离保持足够的敏感。

③社交距离：一般在 1.2～3.5 米，此种距离一般用于商业活动或是咨询活动。

④公众距离：一般在 3.5 米以上。

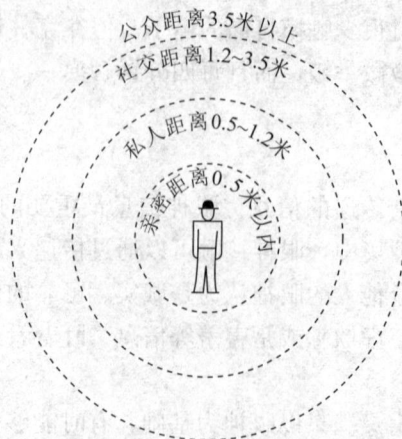

图 12-1　沟通距离图

每个人都有自己的"自主空间"，即他所感觉舒适、安全的沟通距离，只有在"自主空间"内得到足够安全感的人，才容易敞开心扉，愿意和我们沟通。常有一些百货销售员，从我们一进店门，就紧跟在我们的身边，介绍这介绍那，给我们很大的压迫感，使我们急于想离开这个空间。造成这种适得其反的结果，往往是他们不了解、不尊重他人"自主空间"的缘故。

当然，这种沟通的划分，也不是绝对的，受到不同的文化背景的制约，不同的文化背景对于沟通距离的敏感度是不一样的。比如，德国文化崇尚秩序井然，德国人更倾向于划分出界限分明的私人领地，直白地表明保留个人隐私的需要。相反，阿拉伯人就根本就不知道什么为沟通的私人距离，他们在谈话中非常的亲密无间。而且沟通距离与沟通双方的关系密切程度非常有关，双方的关系越紧密，沟通距离越近；双方的关系越疏远，沟通距离也越远。

（四）非语言沟通与语言沟通的关系

非语言沟通与语言沟通关系密切。通常，语言沟通与非语言沟通可以分为以下四种关系：

1. 重复

当人们谈论到某个话题的时候，伴以肢体语言加以辅佐。比如在回答问路者的话时，伴随着手指的动作。

2. 矛盾

在实际的沟通中，语言沟通与非语言沟通会出现不一致的时候，即二者出现了矛盾的关系。在实际的沟通活动中，如语言沟通与非语言沟通所传递的信息不一致时，一般人们更容易相信非语言沟通所传递的信息。

3. 代替

在没有语言信息传达的时候，非语言信息可以替代传递有效的信息。比如，刚从经理办公室走出来的小王，虽一句话都没有说，但是一脸的懊丧，不需要语言表达，非语言信息已经直接表明，他和上司的谈话并不顺利。

4. 强调

在实际的沟通之中，通过非语言信息强调语言信息所表达的含义。比如，在鼓励对方继续加油时，拍一拍对方的肩。

既然语言沟通与非语言沟通有以上四种关系，我们在实际的沟通活动中，就需要将两者的关系合理运用，以达到预期的效果。

（五）有效利用肢体语言

利用肢体语言赢得良好的第一印象：决定性的 7 秒钟。好的第一印象会赢得对方一定的信任，愿意以合作的态度与你沟通。当我们与别人进行沟通的时候，多长时间会形成别人对我们的第一印象？科学测试证明，当我们出现在别人面前的时候，7 秒钟就形成了对你的第一印象。所以在沟通过程前 7 秒钟要给对方留下一个良好的第一印象。你的表情、眼神、衣着，或者一两句简单的问候语还有简单的动作，这些形成了第一印象。在沟通过程中，我们的表情、眼神是形成对方对你有一个良好印象、产生对你信任、合作态度的一个非常重要的因素。这就需要我们在沟通之前，要做一个必要的准备，以便给对方留下一个很好的第一印象。

非语言沟通需适合所扮演的角色。随着角色的不一样，非语言沟通也应该随着角色的不同而变化。学会观察处于相应角色中的人们的非语言沟通。企业负责人如何沟通的？有怎样的非语言行为？一个好老师在他的角色中，进行了哪些非语言的沟通？通过观察与模拟适应不同角色的不同非语言行为。

合理运用语言沟通与非语言沟通的关系，改善非语言沟通。因非语言行为与社会、文化等因素紧密相连，所以，改变它们并不容易。而我们需要关注的是与语言信息相矛盾的非语言沟通。如果发现别人经常误解自己，那就要用恰当的方式去了解是否是由于非语言暗示所造成的并及时进行修正。

第三节　不同对象的沟通技巧

生活中处处需要沟通，组织中也不例外。企业的各种经营活动都必须借助沟通得以展开。一个组织为达到管理的最终目的，必须依赖各种形式的沟通活动，而这些沟通活动的成功与否决定了管理的成效。

为了实现组织目标而进行的组织内部和组织外部的知识、信息传递和交流活动称为管理沟通。从本质上讲，管理沟通涵盖组织沟通的方方面面，包括组织环境下的个体沟通、人际沟通和组织沟通。本节主要涉及组织中与上级、下属、同事的沟通。

一、与上司的沟通技巧

每个人都有自己的上司，都避免不了与上司沟通，与上司沟通的结果将直接影响到个人前途的发展，与上级的有效沟通可以减少矛盾冲突发生，使得双方关系融洽，在工作上更好地配合，有助于创造更高的工作效率，更优的工作业绩。

（一）与不同风格的上司沟通

与上级的有效沟通，首先建立在对上司的了解之上。只有了解了上司的风格与个性，才能更好地理解上司的期望与要求。而由于个人的素质和经历不同，不同的领导就会有不同的领导风格。仔细揣摩每一位领导的不同性格，在与他们交往的过程中区别对待，运用不同的沟通技巧，会获得更好的沟通效果。

一般的领导风格可以分为控制型、合作型、导向型。

1. 控制型

控制型领导在工作之中充满强硬的态度，竞争的心态，对于工作的安排，工作方案的决策，要求下属立即完全服从，并很少咨询下属的观点及意见。同时，此种类型的领导对于细小的琐事并不感兴趣，而是旨在关注控制大局的重要事件。与控制型领导的沟通，要简明扼要、干脆利索、不拖泥带水、不拐弯抹角。面对这一类人时，无关紧要的话少说、直截了当、开门见山地谈即可。此外，此类领导很重视自己的权威性，不喜欢部下违抗自己的命令。所以应该更加尊重他们的权威，认真对待他们的命令，在称赞他们时，也应该称赞他们的成就，而不只是他们的个性或人品。

2. 合作型

合作型风格的领导关注员工，重视个人的情感，旨在创造更为和谐的工作氛围。其本人也喜欢交流，喜欢参与各种互动。在工作之中，合作型的领导会给予下属更多的积极的评价，也重视下属提出的建议与意见，并与下属一起共同工作，而且善于建立下属的组织归属感。面对合作型领导，一定要公开赞美，而且赞美的话语一定要真心诚意，言之有物，否则虚情假意的赞美会被他们认为是阿谀奉承，从而影响他们对你个人能力的整体看法。对合作型的领导，应该和蔼友善，也不要忘记留意自己的肢体语言，因为他们对一举一动都会十分敏感。另外，他们还喜欢与部下当面沟通，喜欢部下与自己开诚布公地谈问题，即使对他有意见，也希望能够摆在桌面上交谈，厌恶在私下里发泄不满情绪的部下。与合作型领导共事，必须要勇于分担责任，多参与，勇于提出自己的意见与建议。

3. 导向型

导向型的领导思考问题推崇逻辑，不喜欢感情用事，注重工作主动性，属于成就驱动的人，在工作中以绩效导向，希望将工作做得又快又好，倾向于制定较高的绩效标准，并且以身作则，对下属的要求也是一样。如果下属不能很好地完成任务，将有可能用其他人替换。与导向型领导进行沟通时，应该直奔主题，直接谈他们感兴趣而且是实质性的东西，导向型的领导喜欢直截了当的沟通方式，对他们提出的问题也应该直接作答。

（二）向领导请示汇报技巧

1. 聆听领导命令

如果领导明确指示由你去完成某项工作，那么你一定要用最简洁有效的方式明白领导的意图和工作的重点。首先，利用传统的 5W2H 的方法来快速记录工作要点（关于 5W2H 的方法的具体内容在本书第十三章第一节有详细阐述，此处不再赘述），接着再用简洁的语言复述领导意图，以得到领导的确认。例如，领导要求你完成一项关于 ABC 公司的团体保险计划，你可以说："总经理，我对这项工作的认识是这样的，为了增强我们公司在团体寿险市场的竞争力（why），您希望我们团险部门（who）不遗余力（how）于本周五之前（when）在 ABC 公司总部（where）和他们签订关于员工福利保险的合同（what），请您确认一下是否还有遗漏。"如果领导对你关于目标的理解点头认可了，那么你可以进入下一个步骤。

2. 探讨目标可行性

作为下属，在接受命令之后，应该积极开动脑筋，对即将负责的工作有一个初步的认识，告诉领导你的初步解决方案，尤其是对于可能在工作中出现的困难要有充分的认识，对于在自己能力范围之外的困难，应提请领导协调别的部门加以解决。比如上例中关于争取 ABC 公司的员工福利保险合同这个目标，你应该快速地反映行动的步骤和其中的困难。

3. 拟订工作计划

在明确工作目标并和领导就该工作的可行性进行讨论之后，你应该尽快拟订一份工作计划，再次交与领导审批。在该工作计划中，你应该详细阐述你的行动方案与步骤，尤其是对你的工作时间进度要给出明确的时间表，以便于领导进行监控。

4. 随时汇报进展

现在，你已经按照计划开展工作了，那么你应该留意自己的工作进度是否和计划书一致；无论是提前还是延迟了工期，你都应该及时向你的领导汇报，让领导知道你现在干什么，取得了什么成效，并及时听取领导的意见和建议。

5. 及时总结

经过你和部门同事的共同努力，你们终于完成了这项工作，获得了 ABC 公司的团险保单，当大家都在兴高采烈地欢庆成功之时，你应该及时将此次工作进行总结汇报，总结成功的经验和其中的不足之处，以便于在下一次的工作中改进提高。同时不要忘记在总结报告中提及领导的正确指导和同事的辛勤工作。至此，一项工作的请示与汇报才算基本结束。

千万不要忽视请示与汇报的作用，因为它是你和领导进行沟通的主要渠道。你应该把每一次的请示汇报工作都做得完美无缺，这样领导对你的信任和赏识也就会慢慢加深了。

二、与下属的沟通技巧

成功的企业经理人都非常重视与下属保持良好的沟通，这也正是他们成功的秘诀之一。只有有能力与下属进行有效的沟通的领导才能够真正地激励员工，从而成就自己的事业。凭借良好的沟通，能够得到和谐愉悦、高绩效的优质团队。

（一）与下属的日常沟通技巧

在与下属的日常沟通之中，给予下属适度的赞扬是一种领导艺术、不需要任何成本的激励手段。赞美的语言需要根据对方的特点，赞美资格较老、办事稳重的员工与赞美刚毕业的小伙子肯定是不一样的话语。赞美某位员工的时候，要充分考虑对其他员工的影响，不要因为赞美某个员工而无意伤害其他员工。

在日常的沟通中，上司需积极倾听员工的发言。倾听员工发言时，职业经理人力求把自己置于员工的角色，以正确理解他们的意图，做到设身处地地倾听。理解员工的意图之后，不要急于做出判断，充分了解情况后，再发表自己的见解。这样双向的上下级沟通，能够做到有效沟通。

（二）向下属下达命令技巧

命令是主管对部下特定行动的要求或禁止。它也是一种沟通，只是命令带有组织阶层上的职权关系；它隐含着强制性，会让部下有被压制的感觉。若主管经常都用直接命令的方式要求员工做好这个、完成那个，也许部门看起来非常有效率，但是工作品质一定无法提升。为什么呢？因为直接命令剥夺了部下自我支配的原则，压抑了部下的创造性思考和积极负责的心理，同时也让部下失去了参与决策的机会。

命令虽然有缺点，但要确保部下能朝组织确定的方向与计划执行，命令是绝对必要的，那么你要如何使用你的命令权呢？命令的目的是要让部下按照你的意图完成指定的行为或工作，因此，你下达命令时应该考虑下列两点：

1. 正确传达命令

下达命令时，要正确地传达命令，不要经常变更命令；不要下一些自己都不知道缘由的命令；不要下一些过于抽象的命令，让部下无法掌握命令的目标；不要为了证明自己的权威而下命令。

2. 积极接受命令

如何提升部下积极接受命令的意愿呢？需注意下列四个传达命令的沟通技巧：

首先，态度和善，用词礼貌。作为一名主管，在与下属沟通的时候可能会忘记使用一些礼貌用语，如"小张，进来一下"、"小李，把文件送去复印一下"。这样的用语会让下属有一种被呼来唤去的感觉，缺少对他们起码的尊重。因此，为了改善和下属的关系，使他们感觉自己更受尊重，需使用一些礼貌的用语，例如"小张，请你进来一下"、"小李，麻烦你把文件送去复印一下"，一位受人尊敬的主管，首先应该是一位懂得尊重别人的主管。

其次，让部下明白这项工作的重要性。下达命令之后，告诉部下这项工作的重要性，如"这次项目投标能否成功，将决定我们公司今年在总公司的业绩排名，对公司来说至关重要，希望你能竭尽全力争取成功"。通过告诉部下这份工作的重要性，以激发部下的成就感。让他觉得"我的领导很信任我，把这么重要的工作交给了我，我一定要努力才不负众望"。

再次，给部下更大的自主权，一旦决定让部下负责某一项工作，就应该尽可能地给他更大的自主权，让他可以根据工作的性质和要求，更好地发挥个人的创造力。例如，"这次展示会交由你负责，关于展示主题、地点、时间、预算等请你做出一个详细的策划，下个星期你选一天我们要听取你的计划。"

最后，让部下提出疑问。可询问部下有什么问题及意见，如，"关于这个投标方案，你还有什么意见和建议吗？"如果采纳了部下好的意见，并称赞他。例如，"关于这点，你的意见很好，就照你的意见去做。"

三、与同事的沟通技巧

同事关系是工作之中一种重要的关系。同事关系的好坏，影响着我们工作的效率。那么如何与同事进行有效的沟通呢？

（一）团结合作

身处职场，单打独斗能够获得好的绩效是不可能的。工作中，必须与同事携手共进，把大家的技能、才华、专长全部集合起来共同努力，才能使任务完成得更好，让整个团队更大更强。团结合作是每个人在与同事进行沟通的时候奉行的原则。

有个天堂与地狱的故事，大家可能都熟悉：有个人向上帝提出了个请求，想参观天堂与地狱。上帝答应了他的要求，首先带他参观了地狱。刚进入地狱之门，景象让他大吃一惊，所有的桌子上摆满了水果、蔬菜、肉食、酒，可谓琳琅满目，可是，地狱的每个人都是无精打采、面黄肌瘦。原来，这里的每个人，左手捆了一把叉子，右手捆了一把刀子，刀叉都有四尺长的把手，根本不可能把饭菜送到自己嘴里。虽然面前摆着美味佳肴，可是，每个人都在挨饿。然后，那个人又到天堂参观。更让他吃惊的是：天堂的所有景象都和地狱一样，唯一不同的是，天堂里的人都是神采奕奕、笑容满面的。为什么呢？这个人很是疑惑。不久，他发现，原来天堂里的每个人都是互相喂饭吃的。

这个故事就是告诉每一个人，要互相帮助、团结合作才能显示出每个人的价值，才会快乐。如果每个人都只是考虑自己，不顾及他人，没有团队合作的精神，那么每个人都只能挨饿。因此，只有彼此协作才能创建和睦的工作氛围，才能共创优秀的业绩。

（二）求同存异

同事之间因为经历、立场的不同，看待同一事情的观点会产生极大的差异，这种情况，容易引起同事之间的争论。这种情况之下，首先需要心平气和、有理有据地进行交流，避免争执，尽量使得双方努力寻找双方的共同点，争取存异求同。如果实在是不能求得一致，不妨进行冷处理，使得争论逐渐淡化，同时又保存自己的立场与观点。

（三）避免优越

在与同事的沟通之中，不要显示自己的优越性。有些人或是因为自己思路敏捷、才华过人，或是因为经济条件优越，过于表现自己，总想让别人知道自己有能力，要处处获得他们的敬佩与羡慕，其结果却往往适得其反，失掉了在同事中的威信与信任，造成同事之间或是关系疏远或是关系紧张。如果与同事谈话，处处显示高人一等，无形之中是对对方的自尊与自信的一种挑战与轻视，容易使得对方产生排斥心理，甚至敌意也就不自觉地产生了。法国哲学家罗西法古说："如果你要得到仇人，就表现得比你的朋友优越吧；如果你要得到朋友，就让你的朋友表现得比你优越"，说的正是这个道理。

案例分析

案例一：××的邮件

××是医疗软件生产商 A 公司的首席执行官，他非常喜欢用电子邮件进行沟通。最近，他对员工的职业道德非常失望，于是向全公司 400 名管理者发了一封惹恼了众人的电子邮件。在此，列出此电子邮件的部分内容：

在这样的文化下，让首席执行官实施另一项福利措施真是让人心寒，看看这么多员工，工作时间越来越不够 40 小时，早晨 8：00 以前，停车场的车子是稀稀拉拉的，到了下午 5 点，情况又是如此。身为管理者，你要么是不知道员工在做什么，要么就是不在乎这件事情……你必须改变这种局面，否则就别在这里待着……身为管理者，你们在公司所做的事情，让我恶心！

在邮件中，××还说到道：管理者要把会议时间安排在早 7：00，晚 6：00 或是周末，要保证裁员 5%，实施考勤打卡系统。这封邮件发出去几个小时，它的复印件就出现在雅虎的网页。3 天之内，A 公司的股票下跌了 22%。尽管有人质疑这种刻薄无情的批评根本不应该传播，但是，至少有一件事情是肯定的：××错误地选择了沟通的渠道。像这种涉及情感而且十分敏感的信息，通过面对面的会谈传递要比通过电子邮件好很多。

分析思考：××在与公司的管理人员沟通中出现了什么错误？

分析：我们在沟通过程中，要充分考虑所传递的信息的内容偏重，根据要传递的内容选择合适的沟通渠道，不然，会对沟通造成严重的负面影响。

案例二：××的明智之举

××是中国营销管理实力派人物，他讲述了一件他与父亲之间发生的事："在上高中的时候，我刚开始在学校住宿，后来我觉得在学校住宿会影响我的学习效率，于是我准备在外面租房子，搬到外面去住。我很清楚我父亲不会同意这件事情，于是我就瞒着他，在外面租了房子。在外面住了一段时间后，一次我的同学不小心说漏了嘴，我父亲知道了。他大发雷霆，并说等我回去后收拾我。我同学向我道歉，并让我回家和父亲好好谈谈，不要闹脾气，我想了想，以我的急脾气加上父亲现在正在气头上，我想和他面对面进行交流并说服他，那免不了要大吵大闹，肯定会越弄越糟。于是，我决定给我的父亲写封信，信中诚恳地分析我的具体情况，并向他保证我在外面住绝对会小心谨慎，严格要求自己，约束自己。信寄回去后一个星期，我回家了，父亲怒火已消，他以很平静的态度和我谈论了这件事，在我再次解释保证之后，他接受了。至今，我都在庆幸我当时的明智之举……"

分析思考：此案例中，××通过怎样的沟通方式使得父亲同意了他的行为？此案例说明了什么？

分析：此案例非常鲜明地描述了口头语言沟通与书面语言沟通的各自特点，表明将口头语言沟通与书面语言沟通很好地结合运用将能达到良好的沟通效果。

案例三：××的人格魅力

××的同事都说她"外柔内刚"，她自己也承认这一点，说："常常在我与下属的谈话结束很久之后，他们才开始觉察到我在责备他们。"××的装束很女性化，说话温柔，语气平和，即使在批评他人，也从不怒目圆睁。她待人和气，具有一流的倾听技巧。也许正是这种特质打动了员工，他们都很尊敬她，说她温柔的外表下藏着坚强的意志。

"有一件事我永远难忘，至今还在历历在目。当时，我必须开除一位员工，她是我最好的朋友，在与她沟通的过程之中，我有些事情没有处理好，最后影响了我们的关系。我一直以此为鉴，努力掌握处理问题的技巧。"××说。

××在工作中逐渐掌握了更多的技巧。做了多年的主管之后，××总结出了三类最难打交道的员工以及与他们有效沟通的方法。一是满腹牢骚的员工，"在与他们沟通的时候，我尽量开导他们，让他们往远处着想，给他们尝试的机会"。二是桀骜不驯的员工，"他们真是令人头痛，我曾被他们气得浑身发抖，但是，在与他们沟通的时候，我有原则，我绝不纵容不讲道理的人。我会让他们知道，在我们这里，只要有道理，什么都可以商量，否则免谈"。三是能力差的员工，"我并不歧视他们，在与他们沟通的时候，也更加注意语言的表达，工作中给他们创造增进技艺的机会并给予指导。多数员工进步很快，我会继续鼓励他们"。

××说，与最难打交道的"问题员工"相处的技巧是：主动与他们沟通，深入了解他们。××曾与9位上司共事，他们都是控制型的，但她都能与这些主管和睦相处。这是她的优势，也是她成功的基础。

分析思考：××是如何通过有效的管理沟通成功处理与上司和下属的关系的？

分析：这是一个成功的管理沟通的案例，它描述了××从开始的并不成熟的沟通者到成为一名成功的管理者的过程。××在工作之中吸取教训，对不同类别的下属采取不同的沟通方式，从而为她的成功奠定了基础。

课后习题

1. 如何理解沟通的概念？沟通可以分为哪些种类？

2. 影响良好沟通实现的因素有哪些？

3. 在沟通过程中，如何才能做到主动倾听，主动反馈？

4. 口头沟通与书面沟通各自的特点及优缺点是什么？

5. 在沟通过程中，运用哪些肢体语言能够让沟通更为顺畅？

6. 如何才能做到很好地向领导请示汇报工作？

第十四章

法律法规

▎▎ **学习目标**

    1. 了解服务外包行业相关政策及法律法规

    2. 熟悉国务院颁布服务外包相关政策、《知识产权法》、《著作权法》、《侵权责任法》和《合同法》的相关规定

    3. 掌握信息系统和互联网安全领域的法规种类

▎▎ **引 言**

    中国服务外包产业支持政策密集出台，落实力度持续加大。在国务院领导下，各部委间协调配合，围绕国务院办公厅《关于促进服务外包产业发展问题的复函》，各部委相继出台多部配套文件，制定了一系列具体政策措施，总体来看，我国支持服务外包产业发展的政策体系日趋完善。

第一节　服务外包从业和法律法规

一、我国支持服务外包发展政策的特点

（一）在政府各层面迅速达成共识，提高对服务外包行业重要性的认识

在中央政府层面，进一步明确服务外包产业作为国家提升全球竞争力的重点，设定明确的产业发展目标（例如在出口、就业方面的目标）和产业规划；加大对服务外包的媒体宣传，将服务外包的发展作为对外双边和多边经贸关系的重要组成部分。在地方政府层面，根据各地的现实条件、比较优势和整体经济发展布局，制定当地的服务外包产业发展规划。中央政府应对各地的规划制定进行切实的指导和协调，实现优势互补，避免重复建设。

（二）强化推动服务外包产业发展的基础工作

参照国际成功经验，设立服务外包行业协会，与各级政府及企业共同致力产业发展，负责为政府制定行业政策提供建议，为企业引入全球最佳实践提升运营和交付能力，进行国际市场的营销与品牌建设等工作；同时，政府应协调相关部门或者中介机构建立和完善服务外包统计体系、统一统计口径，出台针对服务外包的统计制度和管理程序。

（三）制定和完善相关政策和法律法规

政府应在平衡长短期目标的基础上，灵活地出台相关政策，打造有利于服务外包发展的产业环境。例如，进一步扩展原来仅限于软件公司的优惠政策（例如税收优惠），使之惠及服务外包行业以及相关的配套设施业务；而行业协会应将知识产权保护作为一项重要目标，带领成员企业发表遵守知识产权的重大声明，定期评估协会成员遵守法规声明的情况，并建立相关认证制度等。

（四）促进国际合作，帮助本土服务外包企业做大做强

鼓励企业与领先的跨国公司建立合资或进行其他方式的合作，以获取国际客户资源、树立品牌形象、培养专业技能。同时，支持有条件的本土服务外包领先企业探索走出国门，对国外公司或者客户的内部服务部门进行并购。与行业协会、领先的全球企业或咨询机构合作，为并购提供专业的咨询和建议。帮助企业建立良好的融资渠道，建立贷款、信用担保快捷通道，给企业提供更方便的资金支持。

（五）鼓励国内外包示范工程、推动 IT 运营模式的转变和创新

从各地方政府入手，率先进行服务外包，建立 1～2 个示范工程并进行大力宣传；鼓励 3～5 家大型国有企业（如航空、电信、银行等）进行 IT 服务外包，或与领先的国际服务外包商通过合资或合作的方式进行 IT 服务的外包。

（六）打造"中国外包"的国际品牌

制定中国的总体外包品牌战略，制定针对全球外包客户和服务提供商的宣传要点，出台具体举措提升中国在服务外包方面的优势、能力及优惠政策的了解。建立国家级服务外

包的权威性论坛，形成执行品牌战略的重要平台，树立中国服务外包业的良好形象，实现与全球外包客户和服务提供商的定期交流。在驻外使领馆中设立专门负责宣传、接洽服务外包事宜的人员或部门。同时，与目前在中国发包的全球知名跨国企业合作，打造"具有全球号召力"的标志性案例，宣传它们在中国实施外包的成功经验。协调各地服务外包宣传工作，既保证与整体品牌战略一致，又帮助各地强调其鲜明的地方独特优势。

（七）建立公私合作的人才培训机制，加强服务外包人才的培养

设计制定和国际接轨的课程体系，建立全国性服务外包人才认证体系（如语言、专业技能、行业知识、项目管理能力等）；鼓励公私合作机制，由政府提供一定的教育资金并确定政策导向，教育机构（提供培训场所、讲师）、行业协会和企业（提供培训内容、讲师培训等）共同参与，同时鼓励成立第三方服务外包培训机构，面向社会在职人员提供服务外包职业技能培训。

（八）有效利用中国自身的优势

中国有高质量和大规模的基础设施和制造业基础，有不断增长的 IT 服务市场，有200 多家各行业的跨国公司在中国建立了研发中心。同时，中国拥有大量可培养的工程师和 IT 人才，劳动力资源丰富且成本低廉。除此之外，与东北亚国家（如日本、韩国）的地理和文化相似性、语言优势帮助中国确立了在东北亚服务外包与离岸市场的绝对领先地位。合理、科学地利用这些得天独厚的优势，是实现服务外包的基础推动力。

二、国家层面的政策

从 2007 年开始，从国务院到各相关部委，发布了一些推动服务外包的政策，几乎涵盖了服务外包的各个环节，包括企业发展、园区建设、人才培训、标准研发、研究机构建设与中介组织发展等。具体如下：

- 《国务院关于印发进一步鼓励软件产业和集成电路产业发展若干政策的通知》（国发〔2011〕4 号）；
- 《关于技术先进型服务企业有关企业所得税政策问题的通知》（财税〔2010〕65号）；
- 《工信部关于鼓励服务外包产业加快发展及简化外资经营离岸呼叫中心业务试点审批程序的通知》（工信部通字〔2010〕550 号）；
- 教育部办公厅、商务部办公厅《关于在江苏、浙江两省开展地方高校计算机学院培养服务外包人才试点工作的通知》（教商厅函〔2010〕34 号）；
- 人力资源和社会保障部、商务部《关于进一步做好促进服务外包产业发展有关工作的通知》（人社部发〔2010〕56 号）；
- 《关于支持和鼓励服务外包企业海外并购的若干意见》（商合发〔2010〕358 号）；
- 《关于示范城市离岸服务外包业务免征营业税的通知》（财税〔2010〕64 号）；
- 《海关总署商务部关于全面推广实施国际服务外包业务进口货物保税监管模式的通知》（署加函〔2010〕281 号）；
- 《财政部商务部关于做好 2010 年度支持承接国际服务外包业务发展资金管理工作的通知》（财企〔2010〕64 号）；

• 《国务院办公厅关于鼓励服务外包产业加快发展的复函》（国办函〔2010〕69号）；

• 财政部、国家税务总局、商务部、科技部、国家发改委《关于技术先进型服务企业有关税收政策问题的通知》（财税〔2009〕63号）；

• 财政部、商务部《关于做好2009年度支持承接国际服务外包业务发展资金管理工作的通知》；

• 商务部《商务部办公厅关于征求〈中国服务外包示范城市综合评价指数〉意见及报送示范园区名单的函》（商办资函〔2009〕52号）；

• 国务院《关于促进服务外包产业发展问题的复函》（国办函〔2009〕9号）；

• 中国人民银行、商务部、银监会、证监会、保监会、外汇局《关于金融支持服务外包产业发展的若干意见》（银发〔2009〕284号）；

• 《商务部办公厅关于中西部等地区国家级经济技术开发区服务外包基础设施项目享受中央财政贴息政策的通知》（商办资函〔2009〕81号）；

• 财政部、国家税务总局《关于扶持动漫产业发展有关税收政策问题的通知》（财税〔2009〕65号）；

商务部《关于境内企业承接国际服务外包业务信息保护的若干规定（征求意见稿）》；

• 人力资源和社会保障部、商务部《关于服务外包企业实行特殊工时制度有关问题的通知》（人社部发〔2009〕36号）；

• 教育部、商务部《关于加强服务外包人才培养促进高校毕业生就业工作的若干意见》（教商〔2009〕5号）；

• 商务部《关于促进中国服务外包发展状况的报告》（商资发〔2008〕130号）；

• 工业和信息化部《关于支持服务外包示范城市国际通信发展的指导意见》（工信部电管〔2009〕107号）；

• 科技部、财政部、国家税务总局《高新技术企业认定管理办法》（国科发〔2008〕172号）；

• 财政部、国家税务总局《关于国家大学科技园有关税收政策问题的通知》（财税〔2007〕120号）；

• 商务部《商务部办公厅转发劳动保障部办公厅对苏州工业园区技术先进型现代服务企业试行特殊工时制度批复的函》（商办资函〔2007〕147号）；

• 商务部、教育部、人力资源部和社会保障部《关于推动服务外包人才网络招聘工作的若干意见》（商资发〔2008〕161号）；

• 信息产业部《关于利用电子信息产业发展基金支持服务外包基地城市建设软件与信息服务外包公共支撑平台的通知》（信办联产函〔2007〕97号）。

三、地方层面的政策

中国服务外包示范城市大力推进国务院鼓励政策的实施，并通过制定地方性政策、完善人才培养体系、大力促进大学生就业、加快示范园建设等载体建设、制定信息安全保护规定改善投资环境等方面，促进本地服务外包产业发展。

地方政府促进服务外包发展政策呈现出三大特点：一是落实国家层面各项政策力度

大；二是对国家层面各项政策进行了细化和配套；三是因地制宜地对服务外包政策进行了创新。例如，苏州制定了《关于促进苏州工业园区服务外包发展的若干意见》，大连制定了《大连市进一步促进软件和服务外包产业发展的若干规定》，杭州制定了《杭州市服务外包知识产权保护若干规定》等。

第二节　《知识产权法》和《著作权法》

现代社会中，知识产权作为一种私权在各国普遍获得确认和保护，知识产权制度作为划分知识产品公共属性与私人属性界限并调整知识创造、利用和传播中所形成的社会关系的工具在各国普遍确立，并随着科学技术和商品经济的发展而不断地拓展、丰富和完善。特别是在经济全球化背景下，知识产权制度发展迅速，不断变革和创新，当前世界经济已经处于知识经济时代，技术创新已是社会进步与经济发展的最主要动力，与之相对应，知识产权越来越成为提升市场核心竞争力和进行市场垄断的手段，知识产权制度因此成为基础性制度和社会政策的重要组成部分。

一、知识产权法的定义及特征

（一）定义

知识产权法是指因调整知识产权的归属、行使、管理和保护等活动中产生的社会关系的法律规范的总称。

（二）特征

知识产权法的综合性和技术性特征十分明显，在知识产权法中，既有私法规范，也有公法规范；既有实体法规范，也有程序法规范。但从法律部门的归属上讲，知识产权法仍属于民法，是民法的特别法。具体如下：

1. 无形财产权。2. 确认或授予必须经过国家专门立法直接规定。3. 双重性：既有某种人身权（如签名权）的性质，又包含财产权的内容。但商标权是一个例外，它只保护财产权，不保护人身权。4. 专有性：知识产权为权利主体所专有。权利人以外的任何人，未经权利人的同意或者法律的特别规定，都不能享有或者使用这种权利。5. 地域性：某一国法律所确认和保护的知识产权，只在该国领域内发生法律效力。6. 时间性：法律对知识产权的保护规定一定的保护期限，知识产权在法定期限内有效。

二、知识产权法法律渊源

（一）国内法律渊源

1. 知识产权法律，如《著作权法》、《专利法》、《商标法》；

2. 知识产权行政法规。其主要有著作权法实施条例、计算机软件保护条例、专利法实施细则、商标法实施条例、知识产权海关保护条例、植物新品种保护条例、集成电路布图设计保护条例等；

3. 知识产权地方性法规、自治条例和单行条例，如深圳经济特区企业技术秘密保护条例；

4. 知识产权行政规章，如国家工商行政管理局关于禁止侵犯商业秘密行为的规定；

5. 知识产权司法解释，如《最高人民法院关于审理专利纠纷案件适用法律问题的若干规定》、《最高人民法院关于诉前停止侵犯注册商标专用权行为和保全证据适用法律问题的解释》。

（二）国际法律渊源

我国在制定国内知识产权法律法规的同时，加强了与世界各国在知识产权领域的交往与合作，加入了10多项知识产权保护的国际公约。主要有：与贸易有关的知识产权协定（TRIPS协定）、保护工业产权巴黎公约、保护文学和艺术作品伯尔尼公约、世界版权公约、商标国际注册马德里协定、专利合作条约等。其中，世界贸易组织中的TRIPS协定被认为是当前世界范围内知识产权保护领域中涉及面广、保护水平高、保护力度大、制约力强的国际公约，对我国有关知识产权法律的修改起到了重要作用。

三、我国立法现状

在知识产权的权利生成环节，商标法把具备"显著性"并"不与他人在先取得的合法权利相冲突"的标识作为注册商标的条件，同时还明确规定"带有民族歧视性的"、"夸大宣传并带有欺骗性的"、"有害于社会主义道德风尚或者有其他不良影响的"标识，不能注册并禁止使用；专利法首先确立了"对违反国家法律、社会公德或者妨害公共利益的发明创造，不授予专利权"的原则，并规定授予专利权的发明创造必须具备新颖性、创造性和实用性，授予专利权的外观设计"不得与他人在先取得的合法权利相冲突"，同时还把科学发现、智力活动的规则和方法、疾病的诊断和治疗方法、动物和植物品种、用原子核变换方法获得的物质，作为授予专利权的除外情况。这些规定不仅确保了商标权和专利权的授权质量，也保证了私人利益与公共利益间的和谐。在知识产权权利归属问题上，专利法明确界定了共同完成的发明创造、委托完成的发明创造、职务发明创造与非职务发明创造的权利归属，著作权法也对共同创作作品、委托创作作品、职务作品与非职务作品的著作权归属作了专门的规定，这些规定暗含着个人利益之间的和谐共处。在知识产权权利行使环节，知识产权专有权决定着知识产权的行使必然与市场自由竞争、信息资源共享、公共健康权等社会公共利益之间存在着天然的矛盾和利益冲突，对此，知识产权法在保护知识产权专有权的同时，对这种专有权的行使和范围作出了一定的限制，这就是知识产权的公共秩序限制、时间限制、地域限制、权能限制和行使范围限制。尽管这些限制在知识产权的不同制度中的表现和程度不尽相同，但它们的功能和目标是相同的，即在知识产权行使与市场自由竞争、信息资源共享、公共健康等社会公共利益的维护之间达成了和谐。在知识产权保护环节，知识产权法不仅对知识产权的保护范围和保护措施作了明确的规定，还对侵犯知识产权的行为进行了具体的列举和界定，从权利和责任的角度使权利人和使用人的利益得以协调。

但是，知识产权法并没有将和谐作为其价值目标，更没有作为其终极价值目标，其对和谐的追求也仅仅局限在正义和效益价值目标的范围内，也就是说，和谐作为知识产权法的价值目标在我国是缺位的。例如，著作权法的立法目标是"保护文学、艺术和科学作品作者的著作权，以及与著作权有关的权益，鼓励有益于社会主义精神文明、物质文明建设的作品的创作和传播，促进社会主义文化和科学事业的发展与繁荣"；专利法的立法目标是"保护发明创造专利权，鼓励发明创造，有利于发明创造的推广应用，促进科学技术进步和创新"；商标法的立法目标是"加强商标管理，保护商标专用权，促使生产、经营者保证商品和服务质量，维护商标信誉，以保障消费者和生产、促进社会主义市场经济的发展"。这三部法律对正义和效益价值目标都作了明确的表述，却无一将和谐作为价值目标或终极价值目标。在当今知识产权领域的矛盾和冲突日益加剧的情况下，我国知识产权法和谐价值的缺位，已经不能适应现实的迫切需要。

四、著作权法

（一）著作权的定义

著作权是指作者和其他著作权人对文学、艺术和科学工程作品所享有的各项专有权利。它是自然人、法人或者其他组织对文学、艺术和科学作品依法享有的财产权利和人身权利的总称。著作财产权是无体财产权，是基于人类智慧所产生的权利，故属智慧财产权，是知识产权的一种。著作权自作品创作完成之日起产生，在中国实行自愿登记原则。

（二）著作权的内容

著作权包括下列人身权和财产权：

1. 发表权，即决定作品是否公布于众的权利；

2. 署名权，即表明作者身份，在作品上署名的权利；

3. 修改权，即修改或者授权他人修改作品的权利；

4. 保护作品完整权，即保护作品不受歪曲、篡改的权利；

5. 复制权，即以印刷、复印、拓印、录音、录像、翻录、翻拍等方式将作品制作一份或者多份的权利；

6. 发行权，即以出售或者赠与的方式向公众提供作品的原件或者复制件的权利；

7. 出租权，即有偿许可他人临时使用电影作品和以类似摄制电影的方法创作的作品、计算机软件的权利，计算机软件不是出租的主要标的的除外；

8. 展览权，即公开陈列美术作品、摄影作品的原件或者复制件的权利；

9. 表演权，即公开表演作品，以及用各种手段公开播送作品表演的权利；

10. 放映权，即通过放映机、幻灯机等技术设备公开再现美术、摄影、电影和以类似摄制电影的方法创作的作品等的权利；

11. 广播权，即以无线方式公开广播或者传播作品，以有线传播或者转播的方式向公众传播广播的作品，以及通过扩音器或者其他传送符号、声音、图像的类似工具向公众传播广播的作品的权利；

12. 信息网络传播权，即以有线或者无线方式向公众提供作品，使公众可以在其个人选定的时间和地点获得作品的权利；

13. 摄制权，即以摄制电影或者以类似摄制电影的方法将作品固定在载体上的权利；

14. 改编权，即改变作品，创作出具有独创性的新作品的权利；

15. 翻译权，即将作品从一种语言文字转换成另一种语言文字的权利；

16. 汇编权，即将作品或者作品的片段通过选择或者编排，汇集成新作品的权利；

17. 应当由著作权人享有的其他权利。

著作权人可以许可他人行使前款第 5 项至第 17 项规定的权利，并依照约定或者本法有关规定获得报酬。

著作权人可以全部或者部分转让本条第一款第 5 项至第 17 项规定的权利，并依照约定或者本法有关规定获得报酬。

(三)《著作权法》的相关规定

1.《著作权法》所保护的"作品"是指：

①文字作品；

②口述作品；

③音乐、戏剧、曲艺、舞蹈、杂技艺术作品；

④美术、建筑作品；

⑤摄影作品；

⑥电影作品和以类似摄制电影的方法创作的作品；

⑦工程设计图、产品设计图、地图、示意图等图形作品和模型作品；

⑧计算机软件；

⑨法律、行政法规规定的其他作品。

2. 著作权的限制

在下列情况下使用作品，可以不经著作权人许可，不向其支付报酬，但应当指明作者姓名、作品名称，并且不得侵犯著作权人依照本法享有的其他权利：

①为个人学习、研究或者欣赏，使用他人已经发表的作品；

②为介绍、评论某一作品或者说明某一问题，在作品中适当引用他人已经发表的作品；

③为报道时事新闻，在报纸、期刊、广播电台、电视台等媒体中不可避免地再现或者引用已经发表的作品；

④报纸、期刊、广播电台、电视台等媒体刊登或者播放其他报纸、期刊、广播电台、电视台等媒体已经发表的关于政治、经济、宗教问题的时事性文章，但作者声明不许刊登、播放的除外；

⑤报纸、期刊、广播电台、电视台等媒体刊登或者播放在公众集会上发表的讲话，但作者声明不许刊登、播放的除外；

⑥为学校课堂教学或者科学研究，翻译或者少量复制已经发表的作品，供教学或者科研人员使用，但不得出版发行；

⑦国家机关为执行公务在合理范围内使用已经发表的作品；

⑧图书馆、档案馆、纪念馆、博物馆、美术馆等为陈列或者保存版本的需要，复制本馆收藏的作品；

⑨免费表演已经发表的作品，该表演未向公众收取费用，也未向表演者支付报酬；

⑩对设置或者陈列在室外公共场所的艺术作品进行临摹、绘画、摄影、录像；

⑪将中国公民、法人或者其他组织已经发表的以汉语言文字创作的作品翻译成少数民

族语言文字作品在国内出版发行；

⑫将已经发表的作品改成盲文出版；

⑬为实施九年制义务教育和国家教育规划而编写出版教科书，除作者事先声明不许使用的外，可以不经著作权人许可，在教科书中汇编已经发表的作品片段或者短小的文字作品、音乐作品或者单幅的美术作品、摄影作品，但应当按照规定支付报酬，指明作者姓名、作品名称，并且不得侵犯著作权人依照本法享有的其他权利。

以上规定适用于对出版者、表演者、录音录像制作者、广播电台、电视台的权利的限制。

第三节 《侵权责任法》和《合同法》

一、侵权责任的定义

侵权责任是指民事主体因实施侵权行为而应承担的民事法律后果。侵权责任是任何人都对他人承担这样一种义务，即不因为自己的错误（过错）行为而侵害了他人的合法权益，否则即能构成侵权行为，要对受害方承担责任。

二、侵权行为的特征

（一）侵权责任是民事主体因违反法律规定的义务而应承担的法律后果

民事义务有法定义务和约定义务，法定义务是通过法律的强制性规范、禁止性规范设定的义务。这种义务对于每个自然人、法人具有普遍的适用性，违反此种义务，即构成侵权行为责任。而约定义务则是特定当事人之间设定的某种义务，违反约定义务，构成违约责任。

（二）侵权责任以侵权行为为前提要件

侵权责任产生的基础是侵权行为，没有侵权行为则不存在承担侵权责任的问题。侵权责任正是行为人实施侵权行为应承担的法律后果。

（三）侵权责任的形式具有多样性

侵权责任的行为人或责任人除了要承担赔偿损失、返还财产等财产责任外，在多数情况下，还可能同时承担停止侵害、恢复名誉、消除影响、赔礼道歉等非财产形式的责任。

三、侵权责任的承担

（一）承担方式

1. 停止侵害；2. 排除妨碍；3. 消除危险；4. 返还财产；5. 恢复原状；6. 赔偿损失；7. 赔礼道歉；8. 消除影响、恢复名誉。

以上承担侵权责任的方式，可以单独适用，也可以合并适用。

（二）不承担责任和减轻责任的情形

1. 被侵权人对损害的发生也有过错的，可以减轻侵权人的责任。2. 损害是因受害人故意造成的，行为人不承担责任。3. 损害是因第三人造成的，第三人应当承担侵权责任。4. 因不可抗力造成他人损害的，不承担责任。5. 因正当防卫造成损害的，不承担责任。但是正当防卫超过必要的限度，造成不应有的损害的，正当防卫人应当承担适当的责任。6. 因紧急避险造成损害的，由引起险情发生的人承担责任。如果危险是由自然原因引起的，紧急避险人不承担责任或者给予适当补偿。紧急避险采取措施不当或者超过必要的限度，造成不应有的损害的，紧急避险人应当承担适当的责任。

四、合同的定义

合同是指平等主体的双方或多方当事人（自然人或法人）关于建立、变更、终止民事法律关系的协议。此类合同是产生债权的一种最为普遍和重要的根据，故又称债权合同。

合同是一种民事法律行为，是两方或多方当事人意思表示一致的民事法律行为，以设立、变更、终止民事权利义务关系为目的的民事法律行为。

五、合同的特征

（一）合同是双方的法律行为。即需要两个或两个以上的当事人互为意思表示（意思表示就是将能够发生民事法律效果的意思表现于外部的行为）。

（二）双方当事人意思表示须达成协议，即意思表示要一致。

（三）合同系以发生、变更、终止民事法律关系为目的。

（四）合同是当事人在符合法律规范要求条件下而达成的协议，故应为合法行为。

六、合同的签订

（一）要约

为当事人一方向他方提出订立合同的要求或建议。提出要约的一方称要约人。在要约里，要约人除表示欲签订合同的愿望外，还必须明确提出足以决定合同内容的基本条款。要约可以向特定的人提出，亦可向不特定的人提出。要约人可以规定要约承诺期限，即要约的有效期限。在要约的有效期限内，要约人受其要约的约束，即有与接受要约者订立合同的义务；出卖特定物的要约人，不得再向第三人提出同样的要约或订立同样的合同。要约没有规定承诺期限的，可按通常合理的时间确定。对于超过承诺期限或已被撤销的要约，要约人则不受其拘束。

（二）承诺

为当事人一方对他方提出的要约表示完全同意。同意要约的一方称要约受领人，或受要约人。受要约人对要约表示承诺，其合同即告成立，受要约人就要承担履行合同的义务。对要约内容的扩张、限制或变更的承诺，一般可视为拒绝要约而为新的要约，对方承诺新要约，合同即成立。

（三）签订形式

1. 书面合同

书面合同是指以文字为表现形式的合同形式。多以合同书、信件和数据电文（包括电报、电传、传真、电子数据交换和电子邮件）等形式表现。

书面合同是合同成立的证据。根据法律的要求，凡是合同必须能得到证明，提供证据，包括人证和物证。在用信件、电报或电传磋商时，往来函电就是证明。口头合同成立后，如不用一定的书面形式加以确定，那么它将由于不能被证明而不能得到法律的保障，甚至在法律上成为无效。书面合同是合同生效的条件。一般情况下，合同的成立是以接受合同的生效为条件的。但在有些情况下，签订书面合同成为合同生效的条件。我国《合同法》第10条规定："法律、行政法规规定采用书面形式的，应当采用书面形式。当事人约定采用书面形式的，应当采用书面形式。"书面合同是合同履行的依据。国际货物买卖合同的履行涉及很多部门，如以分散的函电为依据，将给履行合同造成很多不便。所以买卖双方不论通过口头，还是信件、电报磋商在达成交易后将谈定的完整的交易条件，全面清楚地列明在一个书面文件上，对进一步明确双方的权利和义务，以及为合同的履行提供更好的依据，具有重要意义。

2. 口头合同

口头合同是指通过口头达成的协议，人们除法律、行政法规规定采用书面形式的合同外，均可采用口头形式订立合同或协议。

只要其内容不违反法律和行政法规的强制性规定；一方没有以欺诈、胁迫的手段订立合同，损害国家利益；双方不是恶意串通，损害国家、集体或者第三人利益；双方不是以合法的形式掩盖非法目的；没有损害社会公共利益；订立合同的主体具有民事行为能力和民事权利能力；意思表示真实，这个合同就成立并具有法律效力，受法律保护。但是口头合同没有书面的凭据，一旦发生纠纷，当事人举证困难，难以分清是非，不利于保护自己的合法权益。建议在即时交易中可以采用口头合同。如果是长期的业务合作，也可以通过电话订立合同，但后续履行合同时，双方可以通过书面、电子邮件、传真等书面方式来工作。这样，这些工作的文件、信函、意见、信息沟通，也都会成为口头合同的有益补充和证明。

第四节　信息系统安全和互联网安全

法律是信息网络安全的制度保障。离开了法律这一强制性规范体系，信息网络安全技术和经营管理人员的行为，都失去了约束。即使有再完善的技术和管理的手段，都是不可靠的。同样没有安全缺陷的网络系统。即使相当完善的安全机制也不可能完全避免非法攻击和网络犯罪行为。信息网络安全法律告诉人们哪些网络行为不可为，如果实施了违法行为就要承担法律责任，构成犯罪的还承担刑事责任。一方面，它是一种预防手段；另一方面，它也以其强制力为后盾。为信息网络安全构筑起最后一道防线。

法律也是实施各种信息网络安全措施的基本依据。信息网络安全措施只有在法律的支撑下才能产生约束力。法律对信息网络安全措施的规范主要体现在：对各种计算机网络提出相应的安全要求；对安全技术标准、安全产品的生产和选择作出规定；赋予信息网络安全管理机构一定的权利和义务，规定违反义务的应当承担的责任；将行之有效的信息网络安全技术和安全管理的原则规范化等。

一、我国信息网络安全法律体系

我国现行的信息网络法律体系框架分为四个层面：

（一）一般性法律规定

如宪法、国家安全法、国家秘密法、治安管理处罚条例、著作权法、专利法等。这些法律法规并没有专门对网络行为进行规定，但是，它所规范和约束的对象中包括了危害信息网络安全的行为。

（二）规范和惩罚网络犯罪的法律

这类法律包括《中华人民共和国刑法》、《全国人大常委会关于维护互联网安全的决定》等。其中刑法也是一般性法律规定。这里将其独立出来作为规范和惩罚网络犯罪的法律规定。

（三）直接针对计算机信息网络安全的特别规定

这类法律法规主要有《中华人民共和国计算机信息系统安全保护条例》、《中华人民共和国计算机信息网络国际联网管理暂行规定》、《计算机信息网络国际联网安全保护管理办法》、《中华人民共和国计算机软件保护条例》等。

（四）具体规范信息网络安全技术、信息网络安全管理等方面的规定

这类法律主要有《商用密码管理条例》、《计算机信息系统安全专用产品检测和销售许可证管理办法》、《计算机病毒防治管理办法》、《计算机信息系统保密管理暂行规定》，《计算机信息系统国际联网保密管理规定》、《电子出版物管理规定》、《金融机构计算机信息系统安全保护工作暂行规定》等。

（五）我国信息网络安全法律体系的特点

1. 确立了信息网络安全管理的基本法律原则

从现有的信息网络安全法律法规中可以看出，我国大致上确立了多项信息网络安全管理的基本法律原则。主要包括：①重点保护原则；②预防为主原则；③责任明确原则；④严格管理原则；⑤促进社会发展的原则等。

2. 建立了多项信息网络安全的保障制度

到目前为止，我国已经建立的信息网络安全保障制度主要有：计算机信息系统安全等级保护制度，计算机信息系统国际联网备案制度，安全专用产品销售许可证制度，计算机案件强行报案制度，计算机信息系统使用单位安全负责制度，计算机病毒专营制度，商用密码管理制度，互联网信息服务安全管理制度，电信安全管理制度，信息安全检测、评估和认证安全监督管理制度，计算机信息媒体进出境申报制度等。

3. 明确了计算机信息网络安全的管理部门

我国计算机信息网络的安全保护监督管理工作由公安机关行使。1994年2月，国务院颁布的《中华人民共和国计算机信息系统安全保护条例》赋予公安机关行使对计算机信息系统的安全保护工作的监督管理职权。1995年2月，全国人大常委会颁布的《中华人民共和国人民警察法》明确了公安机关具有监督管理计算机信息系统安全的职责。1997年12月施行的《计算机信息网络国际联网安全保护管理办法》将公安机关的监督职权扩展到了

信息网络的国际联网领域。

二、我国服务外包信息安全管理

服务外包中的信息安全日益受到各方面的重视。早在 2009 年 1 月 15 日发布的《国务院办公厅关于促进服务外包产业发展问题的复函》（国办函〔2009〕9 号）文件中就明确要求"研究制定商业信息数据保密条例"，随后商务部、工业和信息化部等有关部门加大服务外包信息安全研究力度，起草了《关于境内企业承接服务外包业务信息保护的若干规定》，并于 2009 年 12 月 28 日由两部门联合对外发布。

（一）首次明确界定保密信息的范围

以往对于保密信息的界定比较宽泛，各家企业对于保密信息的理解也不甚相同。此次《规定》第三条中，对于保密信息作了更加具体的表述："保密信息是指符合以下条件的业务资料或数据：接包方在承接服务外包业务过程中从发包方所获取；发包方采取保密措施且不为公众知悉；接包方根据合同约定应当承担保密义务。"通过对保密信息的明确界定，为接包企业在与发包企业合作过程中需要保护哪些信息，确保信息安全方面提供了必要的依据。

（二）对于外包企业在服务过程中获得保密信息提出具体的保护措施

从内容上看，商务部和工信部的这一规定，最大的亮点就在于明确规定了服务外包企业对于服务过程中获得的保密信息的保护措施。《规定》的第五、六条中，对于服务外包企业在服务过程中如何保护获得的保密信息作了具体表述："接包方应成立信息保护机构或指定专职人员负责制定本企业的信息保护规章制度，对保密信息采取合理的、具体的、有效的保密措施。接包方应通过与员工，特别是涉密人员签订保密协议、竞业禁止协议，以及与涉密的第三方人员签订保密协议等措施确保信息安全。"具体措施的推出，其首要作用是表明我国政府对于知识产权保护的积极态度，也可提升我国企业在境外知识产权输出企业中的形象。同时，在我国的国内服务外包业务中，商务部的强制性保密行为规范也能够填补我国国内企业的知识空白，有利于保护中国国内的知识产权。此外，这一与国际接轨的保密行为规范也降低了境外企业与境内企业之间关于商业秘密保护的谈判难度和谈判成本，有利于增强我国服务外包企业的国际竞争力。

（三）鼓励接包企业制定内部信息安全管理体系及获取信息安全认证

发包方十分重视其知识产权的保护，进而对接包方内部服务信息安全标准也要求较高。所以《规定》第八条特别强调，"鼓励接包方积极借鉴国内外信息安全认证要求、行业最佳实践来制定企业内部信息安全管理体系，并获取国内、国际信息安全认证。"ISO 27001 是目前最被发包方看重的标准之一。ISO 27001 是标志信息安全的最主要国际化标准之一，被数百家世界级组织采用，该标准要求企业必须构建高标准的信息安全体系，在保障业务连续性、保护客户信息安全等方面达到 39 个目标。通过 ISO 27001 信息安全管理体系国际认证，表明我国服务外包企业在保障客户信息安全、强化内部管理方面已居于国内领先水平，并在国际上得到认可。

课后习题

1. 国务院颁布的服务外包政策有哪些？
2. 知识产权法的定义和特征是什么？
3. 知识产权法的法律渊源有哪些？
4. 著作权法的权利内容有哪些？
5. 侵权责任的承担方式有哪些？
6. 什么是合同？
7. 合同签订的步骤和形式有哪些？

第十五章

职业素养

学习目标

1. 了解职业道德的概念及特点
2. 了解职业道德修养的含义及内容
3. 理解职业道德修养的途径和方法
4. 理解服务外包行业的职业道德的基本规范
5. 理解服务外包行业的职业素养

引　言

　　职业素养是指职业内在的规范和要求，是在职业过程中表现出来的综合品质，包含职业道德、职业技能、职业行为等方面。其中职业技能是通过学习、培训掌握的适应工作岗位的技术能力。与职业技能相比职业道德在职业素养中具有更深刻的内涵和更广泛的意义。一个不尊崇职业道德或不恪守职业承诺的人，其职业技能再高，都不可能成为有素质的职业人。如果一个人基本的职业素养不够，比如说忠诚度不够，那么技能越高的人，其隐含的风险越大。因此，在相同的职业技能前提下，职业道德是决定员工能否适应企业发展的核心。良好职业素养的形成是现代服务外包企业员工要达到的终极目标，但现代服务外包实践中所呈现出的往往是技能至上的培训理念，完全忽略了隐性职业素养的培育，从而导致尴尬的工作和就业困境。员工隐性的职业素养决定了员工在服务外包产业能够达到的高度。

第一节　职业道德

一、什么是职业道德

所谓职业道德，是指所有从业人员在职业活动中遵守的符合职业特点所要求的道德准则、道德情操与道德品质的总和，它既是对本职人员在职业活动中行为的要求，同时又是职业对社会所负的道德责任与义务。涵盖了从业人员与服务对象、职业与职工、职业与职业之间的关系。是职业品德、职业纪律、专业胜任能力及职业责任等的总称，属于自律范围，它通过公约、守则等对职业生活中的某些方面加以规范。职业道德既是本行业人员在职业活动中的行为规范，又是行业对社会所负的道德责任和义务。

随着现代社会分工的发展和专业化程度的增强，市场竞争日趋激烈，整个社会对从业人员的职业观念、职业态度、职业技能、职业纪律和职业作风的要求越来越高。特定的职业不但要求人们必须具有特定的知识和技能，而且必须具备特定的道德品质。同时，职业道德因职业的不同而有所不同。服务外包产业因产业的特殊性，对从业人员职业道德提出了更高的要求。

二、职业道德的基本特点

要全面地了解和掌握职业道德，不仅应当立足于社会分工，研究它的发展及其同职业活动的关系，而且应当在此基础上，研究它的主要社会特征，以及它同阶级道德或社会道德的相互关系。具体地说，职业道德的一般特征表现在以下四个方面：

（一）专业性和有限性

每种职业都担负着一种特定的职业责任和职业义务。由于各种职业的职业责任和义务不同，从而形成各自特定的职业道德的具体规范。道德是调节人与人之间关系的价值体系。鉴于职业的特点，职业道德主要调整两个方面的关系。一方面调节从业人员内部的关系，即运用职业道德规范约束职业内部人员的行为，促进职业内部人员的团结与合作。另一方面调节从业人员和服务对象之间的关系。从历史角度看，各种服务外包企业为了维护自己的利益，为了维护自己的职业信誉和职业尊严，不但要制定和巩固某些职业道德规范，以调整本职业集团内部的相互关系，而且要注意社会各个方面对本职业的要求，即通过自己的职业活动，来协调本职业与社会各方面的关系，使这种关系变得融洽。而对于不属于本职业的人，或本职业人员在该职业之外的行为活动，它往往不具备调节和约束作用。

（二）稳定性和连续性

由于职业具有不断发展和世代延续的特征，不仅其技术世代延续，其管理员工的方法、与服务对象打交道的方法，也有一定的历史继承性。如"有教无类"、"学而不厌"、"诲人不倦"，从古至今始终是教师的职业道德。职业道德的特点，在于每种职业都有其道德的特殊内容。职业道德的内容不是一般的反映阶级道德或社会道德的要求，而是着重反映本职业特殊的利益要求；不是在一般意义的社会实践基础上形成的，而是在特定的职业实践基础上形成的。所以，它通常表现为某一职业特有的道德传统和道德习惯，表现为从事某一职业的人们所特有的道德心理和道德品质。这种为某一特定职业所具有的道德传统、道德心理和道德准则，形成职业道德相对的连续性和稳定性。

（三）多样性和适用性

我们知道，由于各种职业道德的要求都较为具体、细致，因此其表达形式多种多样。职业道德是依据本职业的业务内容、活动条件、交往范围以及从业人员的承受能力等因素制定的行为规范和道德准则，因此，职业道德不是固定的一种，它是多种多样的，有多少种职业就有多少种职业道德。但是每种职业道德又必须具有具体、灵活、多样、明确的特点，这样才便于人们记忆、接受和执行，并逐渐将此形成习惯。

（四）纪律性和规范性

纪律也是一种行为规范，但它是介于法律和道德之间的一种特殊的规范。它既要求人们能自觉遵守，又带有一定的强制性。就前者而言，它具有道德色彩；就后者而言，又带有一定的法律色彩。也就是说，一方面，遵守纪律是一种美德，另一方面，遵守纪律又带有强制性，具有法令的要求。例如，工人必须执行操作规程和安全规定；军人要有严明的纪律等。因此，职业道德有时又以制度、章程、条例的形式表达，让从业人员认识到职业道德又具有纪律的规范性。

三、职业道德的重要性

良好的职业道德，对于从业人员高质量地完成工作，保证社会健康有序发展，形成良好的社会精神风貌，都有着十分重要的意义。江泽民同志曾经指出："各行各业都要重视职业道德建设，逐步形成适合自身特点的职业道德规范。"

（一）良好的职业道德是每个从业人员必备的素质

百行德为首。从业人员的敬业意识、职业责任感、品德修养不仅是做人的一种基本涵养，也是职业活动中必不可少的基本素质。从业人员的素质就像一座冰山，露出水面的、容易被人看到的部分是一个人素质中的学历和专业知识，它只是冰山一角，而冰山以下人们看不到的是人素质中的职业道德修养，是冰山的一大部分，它是一个人在工作中的责任感、价值观、毅力、协作精神等，而这一部分决定着一个从业者能否在事业上取得成功。

一个从日本回国的留学生想开一家日式料理店，在朋友的帮助下，先是不厌其烦地委托咨询公司在众多可供选择的地址中作详细调查，待确定位置后，他又请装修公司细致入微地装修好店铺的每一个角落。朋友们都认为已经可以开业了，早开业可以早进账，如果有不妥的地方可以在开业后改，但他还是不放心，说还要再等一个星期才能正式开业，并且从第二天开始请朋友免费来吃饭，但每吃一次要给他提一条改进的意见或建议。他认为不能拿顾客做试验，顾客你只能骗一次，以后他们就不会和你打交道了，你的店就得关门，做生意跟做人一样，没有下次。他在接纳朋友方方面面的建议后，经过认真整改才正式开业，果然生意红火至今。他对顾客认真负责、一丝不苟、一步到位的开店精神给同行们树立了榜样。一个店铺、一个工厂乃至一个行业的发展壮大，固然需要高超的技术水平、先进的技术装备、良好的经营策略，但更需要每个从业人员的认真态度和敬业精神。职业道德是每一位从业人员的必然要求。

（二）良好的职业道德是社会主义现代化建设的重要保证

个人事业的成功需要具备良好的职业道德，一个国家的发展进步亦是如此。社会主义现代化建设是一个系统工程，需要每个行业相互协调发展，而具有良好的职业道德是各行各业得以进步的重要保证。

新中国成立以后，我国各条战线涌现出了许多催人奋进、鼓舞人心的行业精神：霓虹灯下经受住了"糖衣炮弹"考验的上海南京路上"好八连精神"；毫不利己、专门利人、全心全意为人民服务的"雷锋精神"；一心为了群众，把整个身心都交给群众的"焦裕禄精神"；艰苦创业、攀登科学高峰，代表中国知识分子深厚爱国之情的"钱学森精神"；用生命和鲜血向全国人民奉献"亏了我一个，幸福十亿人"的可歌可泣的"猫耳洞精神"；为人民献身、为人民牺牲、对党和人民无限忠诚的"孔繁森精神"；万众一心、众志成城、不怕困难、顽强拼搏、坚忍不拔、敢于胜利的"九八抗洪精神"；热爱祖国、无私奉献、自力更生、艰苦奋斗的"两弹一星"精神；团结协作，勇攀世界航天科学高峰的"航天精神"；在四川汶川大地震中，全国人民表现出的"一方有难、八方支援，不畏艰险，重建家园"的抗震救灾精神等，这些崇高精神正是其高尚职业道德的集中表现，继承和发扬这些精神，对于弘扬社会主义职业道德，激励每个职工的工作热情和斗志，确保我国社会主义现代化建设取得成功的意义重大。

（三）良好的职业道德是社会主义精神文明建设的重要组成部分

职业道德同家庭美德、社会公德共同构成了社会主义道德的基本体系，它们从不同角度为社会的健康有序发展提供了保障，对社会主义精神文明建设发挥着重要作用，而其中职业道德的作用更是不可替代的。

良好的职业道德会直接促进社会风气的净化。如出版社严格遵守职业道德，就能出版更多的优秀作品，提高出版物的思想品位、艺术品位，杜绝低级粗俗的出版物对人心灵的毒害，防止精神污染；服务行业具有良好的职业道德，以优质高效的服务回报社会，就会直接促进良好社会风尚的形成。从业者在工作中奉公守法、合法经营、有所作为，就会促使不良社会风气得到扭转，正气就能压倒邪气。良好的职业道德对社会主义精神文明建设的作用显而易见。

（四）良好的职业道德是世界经济与科技飞速发展的客观要求

当今世界，科技与经济发展速度迅猛，产生了许多新的学科种类，也随之产生了许多新的职业。与之相适应，就必然会产生新的职业道德规范和要求，只有具备良好的职业道德素质，才能更好地运用新的科技为人类造福。如近年来生物技术领域取得的突破性进展，使动物可以实现单性生殖——克隆，这种技术运用会引发一系列伦理和职业道德问题，从事或掌握这一技术门类的人只有严格遵守职业道德规范，才能避免这种技术的滥用，否则会冲垮人类最基本的伦理道德防线，使人类的伦理意识陷入绝境。同样由于科技的进步，对医生的职业道德要求提高了，比如孕妇去做胎儿性别检查，在有自由堕胎权利的地区，医生就不能告诉孕妇胎儿的性别，否则就会导致新生儿的性别比例失调，不利于人类的发展繁衍。在科技飞速发展的今天，新的情况、新的职业道德要求会渗透到社会生活的每一个领域，这就要求从业者具备良好的职业道德习惯，以适应世界经济与科技飞速发展的需求。

在当今国际化的社会里，每一行业的发展，每一点新鲜见识的增长，都得益于行业之间的相互合作，而只有具备良好的职业道德素质，才能与人合作共处，共同提高。农业经济、工业经济条件下的人们崇尚个人奋斗的"单打"式发展策略，知识经济条件下则鼓励合作与交换的"网络"式发展。我们处在竞争与合作共生共存的时代，更强调与人相容，合作共处，单枪匹马、孤军奋战很难有大作为。今天的事业是团队的事业，今天的竞争是团队的竞争。在世界政治、经济、军事领域的竞争，就是综合国力的竞争。我们要保持清醒的头脑，要有国家民族的危机感，时不我待的紧迫感，责无旁贷的使命感，需要我们具备良好的职业道德素质。一个国家，一个民族，如果没有现代科技，没有先进的科学知识，一打就垮；如果没有优秀历史传统，没有民族人文精神，没有良好的职业道德，不打自垮。所以说，良好的职业道德在当代科技知识日新月异的条件下不可替代。

第二节　职业道德修养

一、职业道德修养的含义

职业道德修养是指从事各种职业活动的人员，按照职业道德基本原则和规范，在职业活动中所进行的自我教育、自我锻炼、自我改造和自我完善，是自己形成良好的职业道德品质和达到一定的职业道德境界。

二、职业道德修养的实质及内容

职业道德修养实质上就是两种对立的道德意识之间的斗争，是善和恶、正和邪、是和非之间的斗争，对于从业者来说，要取得职业道德品质上的进步，就必须自觉地进行两种道德观的斗争。职业道德修养上的两种道德观的斗争，有其自身的特点。它是一个从业者头脑中进行的两种不同的思想斗争。尽管这两种不同思想反映着复杂的道德关系，但它是在一个人的头脑中进行的。对于职业道德修养，用形象一点的话来说，就是自己同自己"打官司"，即"内省"。

正是由于这种特点，必须随时随地认真培养自己的道德情感，充分发挥思想道德上正确方面的主导作用，促使"为他"的职业道德观念去战胜"为己"的职业道德观念，认真检查自己的一切言论和行动，改正一切不符合社会主义职业道德的东西，才能达到不断提高自己职业道德的水平。

职业道德修养包括职业道德理论知识修养、职业道德情感修养、职业道德意志修养等。

三、职业道德修养的途径与方法

一个从业人员良好的职业道德品质，不是天生的，而是在日常学习、工作和生活中按照职业道德规范的要求，不断地进行自我教育、自我改造、自我磨炼和自我完善中逐步形成的。

当代社会，从业人员掌握职业道德修养的途径和方法，养成恪守职业道德的良好习惯，不仅有利于社会的和谐，也有利于每个从业人员的成长和发展。

（一）加强职业道德修养，要端正职业态度

1. 加强职业道德修养是培养正确的职业态度的需要

要求从业者在日常生活中锻炼个人品质，努力做到爱祖国、爱人民、文明礼貌、勤奋节俭，促进自己在职业生活中自觉做到爱岗敬业、服务人民、奉献社会。从业者的这种职业态度是与社会公德、家庭美德相统一的。

2. 文明礼让是做人的起码要求，也是个人道德修养境界和社会道德风貌的具体表现

文明礼让体现的是一种良好的职业态度。它主要表现在仪容端庄、待人和气、举止文明、谦恭礼让等方面。

要做到文明礼让，首先要提倡讲礼貌、重礼节、懂礼仪；其次，要懂得谦让，学会宽容，严于律己，宽以待人；最后，要努力提高社会公德意识。具有良好的社会公德和家庭美德，是养成正确职业态度的基础。

（二）加强职业道德修养，要强化职业道德情感

职业道德情感是指从业人员在职业活动中对事物进行善恶判断所引起的情绪体验。

1. 加强职业道德修养应强化职业道德情感，注重从中国优秀传统道德中汲取营养

中华民族的优秀道德传统对于加强职业道德修养有很大的借鉴意义。因此，从业人职业道德情感的培养离不开中华民族优秀道德传统的继承和弘扬。

中华民族的优秀道德传统包括：注重整体、国家利益；推崇"仁爱"原则；恪守诚信；讲求慎独、内省；孝敬父母、尊老爱幼；艰苦朴素；刚健有为、自强不息；舍生取义等。继承和弘扬中华民族优秀道德传统，要求从业者在日常生活中将其内化为职业情感，并促使其形成"善"的职业行为。

2. 强化职业道德情感有赖于从业人员对道德行为的直接体验

从业人员只有在职业活动中积极体验，才能积累基本的职业道德情感，形成对职业行为的正确判断。

①从业人员应借鉴"慎独"的方法，在任何时候都严格按照职业道德要求去做，在独处中强化职业道德情感。

②从业人员还要"积善成德"，从小事做起，在点点滴滴的行为体验中加强和巩固职业道德情感。

③从业者在日常工作生活中，还要经常进行自我反思。用职业道德标准对照检查自己的言行，同不符合职业道德规范要求的行为作斗争，使自己养成合乎职业道德的自觉的行为习惯。

（三）加强职业道德修养，要注重历练职业意志

职业道德意志是指从业人员在职业活动中，为了履行职业道德义务，克服障碍，坚持或改变职业道德行为的一种精神力量。

职业道德意志在职业道德修养中起着重要作用，是职业道德情感转化为职业道德行为的桥梁。

具备坚强的职业道德意志，从业人员在履行道德义务时，就能够恰当地处理职业活动中遇到的各种矛盾和冲突，接受市场经济条件下对从业者道德品质的考验，做出正确的行为选择。

1. 市场经济环境下的职业道德应该讲法治、讲诚信、讲效率、讲公平

社会主义市场经济条件下，社会对职业人员提出了更高的道德要求，如诚实守信，公平竞争，团队精神，遵纪守法，保守秘密等。

①发展市场经济是一把双刃剑

社会主义市场经济在推动社会物质文明进步的同时，也给社会发展带来了很多负面影响，如在一些领域中出现了见利忘义、以次充好、以假乱真等丑恶现象。为了保障市场经济的健康发展，需要加强职业道德修养，培养从业人员良好的职业道德品质。

②市场经济是一种道德经济、信用经济

在市场经济条件下，做人、做事都必须树立诚信为荣、虚假为耻的观念。这样，个人才能在社会上立足，企业才能发展，国家才能进步。

③市场经济也是一种法制经济

它通过法律的强制性约束作用，保证经济正常有效地运行。为了更好地适应市场经济发展的要求，首先，从业人员应努力学习职业生活中的法律知识，明确权利与义务，提高自己的认知能力和判断能力；其次，还应努力提高法律意识，并将其内化为自身的素质，提高到自觉意识的层面，并体现在职业活动中，使自己的职业活动规范、高效，促进事业获得成功。

2. 市场经济环境下的职业道德包含着为人民服务的道德要求

①市场经济中的商品生产也是一种"为他性"、"服务性"的生产

市场运行的内在机制决定了市场经济在一定程度上可以说是一种"为利"、"谋利"的经济。但市场经济作为一种发达的商品生产，产品有满足他人的需要，才能在市场中进行交换，才能获取利润。所以市场经济也是一种"为他性"的生产、"服务性"的生产，是一种为满足他人的需求、社会的需求而进行的生产。只有符合了这样一个前提条件，市场经济才能使前者变为现实，才能实现自己的利益。

②市场经济的"为他性"和"服务性"与为人民服务的要求存在一致性

一方面，市场经济的"为他性"和"服务性"与为人民服务的要求不是毫不相干或根本对立的，它们通过社会主义商品生产、交换、消费等各个环节具体体现出来；另一方面，为人民服务的精神根植于社会主义市场经济的特殊属性之中，是对这种特殊属性在道德意识上的自觉把握，在价值观念上的自觉升华。

在当前社会主义市场经济条件下，应充分发挥社会主义道德对市场经济的价值导向作用，发挥市场经济的积极效用，避免市场经济的消极效应，促进和保障社会主义市场经济体制的健康发展。

第三节　服务外包行业职业道德基本规范

一、敬业

（一）敬业的内涵

1. 敬业的含义

敬业就是尊重自己的职业和岗位，以恭敬和负责的态度对待自己的工作，做到工作专心，严肃认真，尽职尽责，精益求精，具有强烈的职业责任感和职业义务感。

敬业包含了四层含义：①恪尽职守。②勤奋努力。③享受工作。④精益求精。

敬业是中华民族的传统美德，是一切职业道德基本规范的基础，也是做好本职工作的重要前提和可靠保障。

2. 敬业的特征

敬业要求人们干一行、爱一行、钻一行、精一行，做到爱业、勤业、乐业和精业。敬业的这些内在要求，决定了其具有以下特征：

①主动

具有敬业精神的从业人员，能够自觉意识到自己的职责。在工作出现偏差失误时，具有宽广胸怀，敢于承认自己的责任，不推卸责任。

②务实

敬业不是空洞的话语口号，必须落实到具体工作岗位上，以实际行动才能判断一个人是否真正敬业。

③持久

敬业是一种职业品质，它要求从业人员对自己能够长期坚持这种职业品质，始终不渝地做到高标准和严要求。

（二）践行敬业的基本要求

1. 强化职业责任

要求每个人都做到热爱自己现有的工作岗位是不现实的，但敬业是从业人员最起码的行为准则和道德规范。

①了解职业责任

职业与责任相伴，一个人从事了一份职业，就相应地承担着一份责任，就要对社会、对服务对象负责。

爱岗敬业，首先，要求我们认真了解与自己所从事的行业相关的规定，了解自己的职业责任。其次，要求我们据此深入理解和把握工作性质、内容、要求，特别是职业技能方面的要求，认真做好进入实施操作前的准备工作。这是完成工作任务、履行职业责任的前提和基础。

②强化责任意识

责任重于泰山。在职业活动中，一个小小的疏忽，就有可能造成大的损失。这不仅会影响从业人员自身的发展，而且会对企业和社会的发展带来一定危害。

2. 坚守工作岗位

爱岗，就是热爱自己现在从事的工作岗位，一个人能够做到爱岗，能够从工作中获得满足，这是幸福的事情。但是，爱岗并不是说一个人必须守在某一工作岗位上，爱岗并不排斥去选择别的岗位。

①遵守规定

一个敬业的人，应该自觉遵守规章制度，做遵守规定的模范。

②履行职责

首先，职责是神圣的，担负职责是光荣的。其次，从业人员无论干什么工作，都应该尽自己的最大努力把工作做好，认认真真履行自己的职责。再次，从业人员对于不喜欢做的工作，同样要尽心尽力，不可放弃责任。即便一个人想"跳槽"，只要他还在目前的岗位上工作一天，就应认真完成好一天的工作，争取有所创造，有所贡献。

③临危不惧

在日常的职业活动中，可能会遇到一些危险情况。首先，为了人民的生命和财产安全，从业人员要临危不惧，挺身而出，迎难而上。这是敬业精神的具体体现，也是岗位职责的本质要求。其次，与歹徒斗争、抢险救灾还要把握策略方法，不能蛮干。

3. 提高职业技能

敬业是一种精神，也是一种能力，敬业内在要求从业人员必须提高职业技能。

①提高职业技能，要勇于实践。

实践出真知，人在实践中才能长本事。职业技能的提高也需要从业人员在职业工作中不断地去实践。

②提高职业技能，要开拓创新

创新是指人们为了发展的需要，运用已知的信息，不断突破常规，发现或产生某种新颖、独特、有社会价值或个人价值的新事物、新思想的活动。

创新是敬业的内在要求。从业人员要树立创新意识，坚定创新信念，坚持创新实践，从而不断取得创新成果。

二、诚信

（一）诚信的内涵

1. 诚信的含义

①"诚"与"信"的含义

诚信是一个合成词。一般而言，"诚"是指真实，不欺骗，"信"是指遵守约定，践行承诺，由此可知，诚信就是真实无欺，遵守约定和践行承诺的行为。

在传统文化中，"诚"有三层含义：一是指自然万物的客观实在性；二是指对"天道"的真实反映；三是指尊重事实和忠实本心的待人对物的态度。综合上面三层意思，"诚"的基本含义就是尊重客观实在，真诚待人不虚妄，忠于本心，言行一致，是人们待物做事和待人处世的一种真实无妄的态度和品行。

在传统文化中，"信"有四层含义，一是指信实，忠于客观实情和本心是"信"的本质要求；二是指交友之道，与朋友相交要言而有信；三是指安身立命的做人原则，是人之为人的根本；四是指作为治国方略的"信"，强调取信于民。

②在现代汉语中，"信"有广义与狭义之分。广义的"信"首先是指一种关系范畴，在人类社会交往中个人与个人、个人与集体、社会组织之间形成的某种约定或契约关系，其次是指一种道德意识和行为规范，是对主体责任意识和行为规范的要求；再次是指一种行为品质，是行为主体自觉、主动履行承诺和约定的实践活动；最后，信用还是人的品行的实践效果，是赢得他人信任或失去他人信任的社会心理。狭义的信用主要指经济活动中以利益让渡和偿还、增值为互动驱力的约期实践。

综上可知，诚信的本质内涵是真实、守诺、信任，即尊重实情、有约必履、有诺必践、言行一致、赢得信任。

2. 诚信的特征

①通识性

通识性特征是从诚信道德的适用范围上来说的。它是指诚信道德要求的内容在时空上具有普适性。虽然不同民族、不同时代对诚信的理解和阐释都带有时代性和民族文化的烙印，但是其基本价值取向是趋于一致的。

②智慧性

智慧性特征是从诚信道德在具体运用的方式上来说的。诚信是一个原则性的要求，但在履行这一原则时还需要讲究技巧性，要考虑场合和对方的接受程度。

③止损性

止损性特征是从诚信道德的功能上来说的。它是指人们在社会交往中为避免自己的利益受到较大损害，也应该根据社会的利益满足系统的情况而设置止损原则。

④资质性

资质性特征是从诚信道德的价值上来说的。它是指诚信是一个企业的无形资产和一个人的人格声誉，它不是实物或货币，但能够代表实物或货币行使交换的媒介或支付功能，从而为企业和个人带来更多的发展机会。

（二）践行诚信的要求

1. 尊重事实

①坚持正确原则，不为个人利害关系左右

职业生活中交织着各种各样的利益关系，在面对利益分配、奖惩、职业集体发展目标等原则问题上，要求从业人员坚持原则，不以个人的利害关系放弃原则。

②澄清事实，主持公道

职场上的人员形形色色，为避免导致职业生活中存在着是非曲直的混乱甚至颠倒，要求从业人员做到以下两点：

首先，作为职场中的一员，要勇于澄清事实，分辨善恶，不能为了保全自己的个人利益而违背原则和良心。

其次，作为领导者，应该积极、诚恳、及时地指出员工工作中存在的问题并及时解决；遇到歪曲事实的事件时，要主持公道，分辨是非善恶，以免影响企业员工的团结，造成不必要的损失。

③主动担当，不自保推卸

在工作中，由于主客观因素的影响，可能造成这样或那样的失误或事故，因此要求相关人员主动担当起自己的职业责任，而不能为了保住自己的位子或免于处罚，千方百计地找理由推卸责任或冤枉无辜者。

2. 真诚不欺

①诚实劳动，不弄虚作假

劳动效率的高低不仅取决于劳动者的技能、劳动条件，而且也取决于劳动者的工作态度。"态度决定高度"，在劳动生产中，态度决定效率。

②踏实肯干，不搭便车

搭便车是借用经济学上的一个概念，在这里是指在职业集体中不付出劳动而侵占他人劳动成果的现象。对于企业而言，这种搭便车的行为严重地危害着企业整体的效益。对于个人而言，个人工作不踏实和偷懒耍滑可能失去岗位。

③以诚待人，不欺上瞒下

在职业生活中，人与人之间的交流必不可少。在工作中，要达到良好的交流效果，就需要领导者与员工以及员工之间在交流过程中彼此坦诚，真实地表达自己的想法，不隐瞒事情，不传递虚假信息，实事求是地描述客观实情。一个企业的业绩很大程度上取决于管理者与员工之间是否配合默契，关系是否融洽，双方之间的交流是否真诚。

3. 讲求信用

①择业信用

择业是每个人获得某一职位之前必经的一个过程，个人的职业信用首先表现为择业信用。择业信用允许人们在进入某一行业前进行比较和选择，但在经过权衡、思考、抉择后，一旦与某一单位签订了合约，就应当信守约定，不能随意地更改或者单方面毁约。择业信用在给予人择业自由的同时也赋予了人们信守约定的责任。

②岗位责任信用

岗位责任信用是对已经进入某一个行业和就职于某一岗位的员工的道德要求，也是诚信原则的具体化。岗位责任信用对员工的要求具体表现为三个方面：首先，要求上岗人员忠于职守。其次，要求员工严格遵守职业单位的各项规章制度。最后，要求员工要有诚信的工作态度。

岗位责任信用对管理者而言，要求管理者以信用为本，用信用赢得员工的认可和信任，以形成强大的向心力与凝聚力促进企业的发展。松下幸之助说："领导者的信用是一种强大的无形力量，也是一种无形的财富。"

③离职信用

现代社会，由于个人发展的需要和人才流动的需要，人们离职再选岗位的行为已成为一种常见的职业生活现象。它必然涉及离职信用的问题。离职信用对离职人员有三个方面的具体要求：首先，不能随意离职，必须履行就职时与单位或公司签订的履职时间合同。其次遵守单位离职申请的规定。再次离职前后，不仅要考虑自己的利益，也要考虑就职单位的工作和需要。遵守离职信用是每个职业人应该遵守的职业本分。

4. 信誉至上

①理智信任

理智信任首先要排除怀疑一切的心理，对人和环境要有基本的信任，它是日常工作顺利进行的一个基本前提。其次，要反对不明是非、不辨善恶的盲目信任。最后，还要赏识人，正确地评价人。赞赏和信任是对一个人最大的肯定，能够最大限度地激发人的积极性和创造性。

②积淀个人信誉

在职业生活中，每个人的言行、品德表现和工作业绩，都是一种信誉积累。好名誉是一个长期遵约守信、言行一致沉淀的结果，甚至需要用一生的努力去经营。但是，信誉的毁灭是件轻而易举的事情，甚至一个很小的细节就足以导致其毁于一旦。

③维护职业集体的荣誉

维护职业集体的荣誉，不仅是企业对从业人员的一种职业道德要求，也是从业人员对企业的一种责任。职业集体的形象和荣誉离不开每一个员工的努力。员工的做事态度、责任感和解决问题的能力等都直接代表着职业集体的形象。

三、公道

（一）公道的内涵

1. 公道的含义

①公道

公道，可解释为公正的道理或"全公全正之道"。公道与公正、正义、公平是同一概念，是指给予行为对象其应得而不给其不应得的行为和品德。

②职业公道

A. 职业公道的含义

职业公道就是员工在工作中遵守职业的规章制度，从事一定的职业活动，所应该得到的而不给其不应得到的行为和品德。例如，售票员面对排队买火车票的旅客，无论对于什么人，都应按照排队的先后顺序售票，给排队的人以平等的待遇，这就是公正的行为。

B. 职业公道的表现形式

公道的表现形式，由外及里，分为公道的制度、公道的行为和公道的品德。

2. 公道的特征

①公道观念的时代性

在我国，随着时代的变化，人们的公正观念也不同。在计划经济体制下，公道表现为：无论干得怎样，人人平等一份，强调分配平等，按资排辈就是公道的。改革开放以来，企业公正的薪酬观念越来越强调按照贡献分配。

②公道标准的多元性

现代社会的价值呈现多元化特征，多元的价值观念也影响到对公道判断的标准。例如，有的人强调公平对待顾客，不分贫富，一视同仁。有的人认为，应该区别对待不同的顾客。

③公道意识的社会性

随着我国经济发展和社会进步，人们的权利意识越来越强烈，公道意识具有广泛的社会性。

（二）践行公道的要求

1. 平等待人

平等待人是指从业人员在职业活动中，以公平、对等的态度对待领导、同事和顾客的行为。

2. 公私分明

如何处理公私之间的关系，是衡量一个人公道正派的重要标准。作为从业人员，要做到公私分明。

①要有法律意识

②要有慎微意识

"千里之堤，溃于蚁穴"，要做到公私有别，必须在工作实践中从点滴做起。公私分明就是要在细节上时刻保持警惕，"勿以善小而不为，勿以恶小而为之"，养成习惯才能防微杜渐。

③要有大局意识

大局意识就是在公私利益冲突的时候，以大局为重，要勇于奉献。

3. 坚持原则

坚持原则就是为人处世以企业的规章制度为准则，不能以个人好恶、人情世故为标准。可以说，坚持原则是公正品德的必然要求。

①坚持原则，要立场坚定

②坚持原则，要方法灵活

坚持原则，并不意味着僵化呆板地执行制度。我们常常把坚持原则的人想象成为刻板、不近人情的人，这并非坚持原则的本意。坚持原则，是为了他人和国家的利益与安全，要以人为本，而不是为原则而原则，这样才能得到对方的尊敬，形成和谐的工作关系。

③坚持原则，要以德服人

遵守规范，首先必须解决认识问题，让对方明白对错，做到心悦诚服，才能建立和谐的人际关系。

四、纪律

（一）纪律的内涵

1. 纪律的含义

①纪律

一般来说，纪律是指党政、机关、部队、团体、企业等为了维护集体利益并保证工作的正常进行而制定的，要求每个成员必须遵守的规章和条文。

②职业纪律的含义

职业纪律是指在特定的职业活动范围内，从事某种职业的人们所必须共同接受、共同遵守的行为规范。它要求劳动者在职业活动中遵守秩序、执行命令，履行自己的职责。可以说，纪律是规范从业人员与工作、与企业、与他人及与社会关系的重要手段，是评价职业活动状况的基本行为尺度。

2. 纪律的特征

①职业纪律的一般特征

A. 社会性

职业活动作为一种经济现象，有着共同的规范性要求。职业活动的方式不以个人或组织意志为转移，而是由社会生产和生活条件决定的。因此，职业纪律的制定具有广泛的客观基础，一般为社会所接受，具有广泛的社会性。

B. 强制性

纪律一旦制定出来，在一定范围和一定时间内，便是强制性的行为规范。对违反职业纪律的行为，企业将根据实际情况，作出相应的处罚。

C. 普遍适用性

纪律面前，人人平等。在纪律面前，没有特殊的从业人员和管理者。

D. 变动性

随着时间推移和形势的变化，企业会对职业纪律在不同范围内做出某些调整、修改，或者增加新的制度规定，对一些已经过时的纪律予以废除。

②现代企业职业纪律的新特征

现代企业的职业纪律有了一些新的特征。一方面，随着管理方式的扁平化发展，职业纪律的制定出现了人性化趋势，一改以往历史上动辄以罚款形式出现的冰冷、坚硬的面孔，逐渐增添了人文特色和"温情"关怀。另一方面，随着法制化进程的加快，人们的维权意识不断增强，职业纪律的制定和执行在向着依法办事转化。过去有些通过纪律本身能够解决的问题，现在通过法律才能解决。

③现代企业从业人员如何正确对待职业纪律

对现代从业人员来说，员工树立纪律观念，要从以下几个方面入手。

A. 以积极的心态看待和适应制度、纪律，不挑衅制度和纪律。

B. 以平和的心态看待制度和纪律，不做不值得做的事情。

C. 以科学的心态对待制度、纪律，通过合理合法途径提出改进制度和纪律的意见或建议。

（二）践行纪律的要求

1. 学习岗位规则

职业纪律无论对从业人员还是企业都具有重要的意义，因此，在理解遵守职业纪律的原则要求基础上还要对其具体的内容进行记忆。

①原原本本学习岗位规则

②完整、准确、细致把握岗位规则

③反复研读岗位规则

2．执行操作规程

①牢记操作规程

②演练操作规程

③坚持操作规程

3．遵守行业规范

①熟悉、理解行业规范是个学习过程

②遵守和落实行业规范的要求

4．严守法律法规

①从业人员要严格遵守国家的法律法规

②遵守法律法规，从业人员需要注意的问题

首先，要树立法治观念。

其次，要坚持"法律面前人人平等"的原则。

再次，要正确区分和处理"人情与法"的关系，树立法高于人情的理念。

最后，要正确看待法律与自由、权利的关系。法律是维护自由、保障人权的，而不能相反，把法律法规与个人自由、权利对立起来。

在现实生活中，从业人员还要做到学法、知法、守法、用法。

五、合作

（一）合作的含义

1．合作的含义

合作，是指个人与个人之间、群体与群体之间，就社会生活的某一内容、范围、目的或对象，为达到共同的目的，通过某些具体方式，彼此相互配合、协调发展的联合行为或过程。职业合作是一种重要的伦理规范，是在职业生活中培育和发扬人的合群、协调、尽责、全局观念的过程。

2．合作的特征

作为企业职业行为方式和从业人员交往方式，合作是企业文化和从业人员职业道德的外在表现。对合作特征的正确理解，在于把握好社会性、互利性和平等性的区别。

①社会性

在市场经济活动中，职业合作是客观存在的、不以人的意志为转移的活动。可以说，合作是一种广泛的社会存在，任何人都生活在合作中。

合作的社会性要求从业人员具有大局意识和团体观念，清楚个人和企业的共同目标，明确个人角色定位和在组织中的作用，自觉地担负起职业责任，这样才能为自己的职业生涯创造更多成功的机会。

②互利性

所谓职业合作的互利性，是指任何社会活动，都有一定的目的。职业合作的目的，是使合作双方共同发展、共同繁荣，实现双赢。使从业人员的目标与企业发展的目标保持一致，最终保证从业人员与企业获得共同发展。

③平等性

所谓职业合作的平等性，是指职业合作双方具有平等的地位，是在自愿、互利的基础上实行的不同方式的联合。平等相待的合作态度，有利于解决矛盾、化解冲突、增加信心。作为企业中的一员，只有在工作中互相支持、互相鼓励，才能以最佳状态为团队努力工作。

（二）践行合作的要求

1. 求同存异

求同存异是合作的要求之一，要求应试者理解求同存异的含义以及求同存异的具体要求。

从业人员要做到求同存异，需要注意把握以下几点要求：

①换位思考，理解他人

在工作过程中，从业人员要用平等、尊重、理解的心态，设身处地地为别人着想，理解他人的难处，从而为形成合作奠定基础。

②胸怀宽广，学会宽容

作为从业人员，对于别人在工作中的不足，要学会宽容，要热心帮助，要以共同发展的心态来交流合作。

③和谐相处，密切配合

从业人员在职业活动中，不仅要时刻注意与上司、与同事之间相互尊重，而且要建立相互信任、相互配合、相互支持、荣辱与共、共同进步的协作关系。只有和谐相处，密切配合，才能真正实现合作的价值。

2. 互助协作

①互助协作的含义

互助协作是指人们为达到共同的理想和目标，而表现出互相帮助、协同合作的精神。对从业人员来说，互助协作是在职业活动中，员工之间互相帮助、互相配合、共同努力以完成企业的工作任务。

②互助合作的具体要求

要做到互助合作，需要把握以下两点要求：

A. 树立帮助他人就是帮助自己的观念

互助合作是团队合作的体现，要求从业人员在工作中遇到困难时，帮助他人搬开脚下的石头、克服困难继续前进。在互助合作过程中，从业人员可以成为帮助者和快乐者。

B. 竭尽全力帮助他人

对从业人员来说，不仅要做好本职工作，虚心学习别人的优点和长处，尽一切努力提高工作能力，而且要尽自己所能，想方设法地帮助他人，为整个企业团结合作创造良好的条件，不断拓展自己的职业道路。

3. 公平竞争

①公平竞争的含义

公平竞争是指人们之间进行的公开、平等、公正的竞争。按照职业道德的要求，公平竞争需要从业人员在职业行为中树立团结合作、争先创优的意识。

②公平竞争的具体要求

要做到公平竞争，需要把握以下两点要求：

A. 在竞争中团结合作

作为团队的一员，首先要把合作的意识放在竞争之前，处处从大局考虑。

B. 在合作中争先创优

机会总是留给有准备的人。作为一名从业人员，要在合作中获得竞争优势，不断开拓自我的发展空间，就需要不断充实自我、提高自我、超越自我。要达到这个目标，协调各种人际关系和业务关系，形成团结合作的氛围是十分必要的。

六、奉献

(一) 奉献的内涵

1. 奉献的含义

从词源上来说，"奉"是指捧、进献；"献"是指献祭，以进物表敬意。一般意义上理解，"奉献"就是为了他人或者集体的利益而舍弃自己的利益。

对从业人员来说，奉献就是在职业生活中，不以追求报酬为最终目的而付出劳动、时间，并创造出成果的思想和行为。可见，奉献不仅表现为一种行为，而且也表现为一种思想品质和对工作的态度。同时，奉献还意味着在工作中追求卓越，精益求精，体现为一种高度的职业责任感。

从奉献的范围来说，奉献可以是本职工作之内的，也可以是职责之外的。

奉献精神与多劳多得并不矛盾，奉献是一种最高层次的职业道德，从业人员具有这种精神，不但能成为一个称职的员工，而且能成为一个优秀的员工。

2. 奉献的特征

①非功利性：非功利性是奉献的本质属性。不管奉献以何种方式表现，也不管以何种成果提供，都具有非功利性的特点。

②普遍性：奉献的普遍性是指奉献没有特定的主体，人人都可以成为奉献的主体。在一个企业里面，奉献不仅是领导者、先进模范人物的事情，而且也是每一个成员的要求。人人都可以成为奉献者，也都应该成为奉献者。

③可为性：奉献是职业道德的最高境界，但并非高不可攀，人人都应当去做，并且是可以做到的。奉献并非总是表现为"丰功伟绩"，它也常常体现在微小之处，更多地体现在平凡的工作中。简言之，奉献是人人皆可为的，能否做到，关键要看个人的心态。

(二) 践行奉献的要求

1. 尽职尽责

尽职尽责，就是根据所处岗位的性质和要求，全力做好本职工作，努力担负应有的责任，精益求精，圆满地完成工作任务。尽职尽责是践行奉献精神的一个最基本要求。包含以下三个含义：

①要明确岗位职责

明确岗位职责是尽职尽责的一个前提。从业人员首先要了解自己岗位的职责，才能有的放矢地去做工作。

②要培养职业情感

培养职业情感是从态度上指导从业人员做到尽职尽责。

首先，培养职业情感要求从业人员热爱自己所从事的职业。

其次，培养职业情感要求从业人员不甘平庸，具有主动性。主动性是从业人员职责感的体现。有主动性才能发挥创造性，它不以时间、地点和条件为转移，总是对工作产生持续驱动力。

③要全力以赴地工作

全力以赴从具体行为上指导从业人员做到尽职尽责。全力以赴就是要求从业人员全身心地投入到自己的工作岗位中去，一心一意地做好本职工作。

2. 尊重集体

尊重集体就是坚持整体利益至上的道德原则，胸怀全局、大公无私、以整体利益为重。

①以企业利益为重

以企业的整体利益为立足点和出发点是企业对每一个员工的基本要求，也是从业人员应该遵守的一个基本道德规范。尊重企业的利益不仅是企业得以发展的前提，也是员工自身在企业内得到发展的前提条件。

②正确对待个人利益

正确对待个人利益，要求从业人员正确处理好个人利益与集体利益的关系，不受个人主义、拜金主义和享乐主义的侵蚀。从业人员要认识到企业利益与个人利益的一致性。

③要树立职业理想

职业理想对员工的行为具有导向作用。其作用主要表现在能使从业人员不被眼前的一己私利蒙蔽双眼，能从长远的角度思考问题，将企业利益放在首位。同时，职业理想有利于端正从业人员的职业态度，使他们以积极热情的态度投入到工作中去，提高工作业绩。

3. 为人民服务

①培育为人民服务的荣誉感

从业人员应树立以为人民服务为荣的观念。首先，要有强烈服务人民的使命感。其次，要不怕困难和挫折，竭尽全力满足客户的需要。

②提高为人民服务的本领

首先，要真正做到为人民服务，要认真学习，努力提高为人民服务的技能。

其次，要通过树立远大目标来激发学习动力，不断增强自身的综合实力。

最后，要向优秀员工看齐。见贤思齐，以榜样为目标，激励自己前进。

第四节　服务外包行业职业素养

服务外包行业职业素养主要表现在以下几个方面：

一、尊重他人

在服务外包企业，尊重领导和同事是一个员工敬业的基本表现。在竞争越来越激烈的现代职场，敬业是成就大事不可或缺的重要条件，它是强者成为强者的一个重要原因，也是一个弱者变成一个强者应该具备的职业品行，你如果在工作中具有敬业精神，把敬业变成一种习惯，那么无论从事什么行业，你都是所处领域里的佼佼者。

很多人认为技艺比修养更重要，学习懂得一门技艺就会有饭吃，但是现实的世界恰恰相反，人首先是应该学会尊重和服从，这个尊重讲的就是我们从来都视而不见、听而不闻的儒家核心——如何尊重他人，尤其是领导和同事。

工作是上天对人类的恩典，优秀的员工把工作当做崇高的使命，在工作中要以尊重、忠诚、敬业之心对待工作，全身心地投入工作，努力在工作中实现自我价值。

二、富有责任心

从现代服务外包企业的角度看，要尊重上司，对领导交代的任务要及时完成，领导没有交代的，只要是自己的分内之事，也应该积极完成，如果还能做一些分内之外的，只要对公司有利的，这个员工就具备了积极向上的责任心。例如，有事外出，一定要向上司报告请假，回来后还要及时销假等这些都是有责任心的具体表现。

责任心的另一个重要表现就是要善于从细节做起，细节是一个非常关键的环节，作为员工要有从细节处入手的行为习惯，特别是对待顾客的态度和服务项目。曾几何时，从细节入手成了众多服务外包公司质量控制的关键因素，很多公司甚至将自己不擅长的客户投诉解决交给了专门的呼叫中心处理，于是催生了中国服务外包的呼叫业务板块。

在现代服务外包界，大家较为认同的是谁能做到细节的成功，谁就能占领服务外包产业的高峰。

员工是否富有责任心主要表现在能否做到不推卸责任，并且没有任何借口。对于一个职业人来说，责任心与自尊心、自信心、进取心、雄心、恒心、事业心、善心等相比，是"群心"灿烂中的核心。一个员工如果能够承担起责任，一步一个脚印地对待自己的工作，那么公司必将给予他实实在在的回报，相反，如果他敷衍工作，消极怠工，试图逃避责任，那么将永远不会拥有令人骄傲的事业，永远也不会创造令他人羡慕的价值。

责任心对现代服务外包员工来说，是一种人生观、团队认同感的现实表现，责任心的提升是以组织价值观的认同和归属感的产生为前提的，责任心也是不断完善的。很多员工在谈到自己的公司时，使用的代名词通常是"他们"而不是"我们"，这是一种缺乏责任感的最典型表现。

很多现代人把工作当做谋生的手段，事实上，一个人要选择一项自己所热爱的事业，并全身心地投入，做到勇敢和负责才能真正掌握自己的命运。员工要敬重自己的工作，就需要在工作中认真负责、一丝不苟、善始善终，这是一种最基本的为人之道。以主人公的心态去对待工作，工作自然而然就能做得更好。承担责任十分艰难，许多人对承担责任感到非常畏惧，但是，如果一旦突破这样的障碍，就能为人生不断带来崭新的契机。

更有很多员工认为，拿多少薪资做多少事情，总是计较个人利益得失，比如加班有没有钱等。在现代服务外包企业，个人能否有所提高，并不是斤斤计较个人利益得失，只关注自己的薪资是否比别人多，这在很大程度上要看你是否重视作贡献。单纯提高薪水并不能让员工更快乐；但如果人们被自己尊重的团队成员所尊重，就会产生满足感，并能更加敬业地工作；除了得到自己所尊重的团队成员的尊重，如果自己的团队或者企业能够为外界所尊重，这往往令员工最快乐。

对于现代服务外包企业的员工来说，没有任何借口的行为要点是，当自己负责的工作出现问题，勇于负责需要自己切实地投入到工作中去，而且要有足够的信心确信目前的工作会有一定的影响力。如果连自己都不相信对方、整个团队不看好你的工作，那你就不可能有动力使自己全力以赴，在工作中发挥最大潜能。

现代服务外包企业重视员工勇于承担责任，负有责任的员工，可以让自己的能力和智慧得到充分的发挥施展，而在这个过程中，员工自然也会得到组织、领导、同事的认可。在现实生活中，有很多员工不愿意多承担责任，但是结局不是一辈子在原地踏步，就是永远被别人踩在脚下，永无出头之日。

工作中并非那些有权力的人才有责任，作为一名普通的员工，也并非没什么责任可言。如果你是有这样想法的员工，那么，没有意识到责任并不等于没有责任，没有意识到责任就是对责任的另一种逃避。

一个不负责任的员工往往会找很多借口为自己辩解。一个有责任感的员工应时时刻刻要求自己：责任面前没有任何借口，没有任何挡箭牌可以推卸责任。与其挖空心思找各种理由来推卸责任，还不如想一想怎么做能够真正承担起责任，把出现的损失降到最低。表14-1、表14-2对现代企业的员工责任心进行了一些分析：

表14-1　主动性对比

主动性强的员工	主动性差的员工
发挥创意勇于负责	墨守成规避免犯错
自觉自发	问题多多
有独立思考能力	凡事只求遵守公司规则
老板虽然没有交代，但自己主动思考，做好准备	老板没让做的事，绝不会插手

表14-2　真主动与假积极

真主动	假积极
为自己而做	做给别人看
为自己设定最严格的标准	仅仅达到别人为你设定最低限度的标准
如果你对自己的期望比上司对你的期许更高，那么你就无须担心会失去工作	如果只有在别人注意时才有好的表现，那么你永远无法达到成功的顶峰

三、以客户为中心

从现代服务外包产业的角度看，从事服务外包工作本身就是一项非常挑战自我的工作，员工一定要做到以客户为中心，公司需要我们做什么，员工应尽最大努力去做，需要我们加强哪方面的知识我们就去完善，员工在自己的位置上把自己的事认认真真办好了就是忠诚，行动就在此时，地方就在足下。

如果一个员工做到以客户为中心，对客户发自内心的真诚，能引发你工作的责任感和提供优质服务的使命感，同时也有助于客户服务经验的积累。在公司发展的道路上，公司越来越看重那些能给企业带来忠诚客户的人员，既为企业带来了更多的客户，也实现了个人的价值，拥有丰富客户服务经验的员工，价值不可估量。反之，如果一个员工不能处理客户的抱怨，面对顾客表现为缺乏信心、担心害怕面对顾客、处理客户投诉感到紧张、面对顾客的咨询表现麻木、漠不关心等负面心理，也将直接影响到公司的形象，会让企业蒙羞。

在外包企业，员工在工作中缺少对客户内心感受的关注，对客户的心态把握不准，不具备对冲突的协调与处理以及危机公关能力，使他们在为客户提供服务时表现出冷漠、缺乏耐心甚至是对抗等消极的服务态度，不但会造成服务效率与服务质量低下，而且消极的服务会促使本来对产品不满意的客户负面情绪高涨，加深了他们对企业的反感与失望，引发出客户更强的不合作态度，有可能使一个小的问题上升到大的冲突，处理不当就给企业带来很大的经济损失和形象上的负面影响，最终影响公司品牌形象、影响销量。

每个员工必须清楚客户对自己企业的口碑（赞同、认可或抱怨），对于一个企业的发展会带来重大影响。员工必须知道人们对于负面口碑的宣泄远远高过对正面口碑的宣扬，不良的口碑更会让客户到处宣扬（平均一个客户会把正面口碑告诉他的 5 个亲友，而会把负面口碑告诉他的 25 个亲友——好事不出门，坏事传千里）。

认识到这些，就会清楚对于一个企业的发展来说以客户为中心的服务真的很重要，甚至比营销还要重要，因为创建一个品牌很难，但破坏一个品牌很容易。

以客户为中心在现代服务外包业的应用有很多，最常见的就是客户关系管理 CRM。CRM（Customer Relationship Management，客户关系管理）其核心思想是"以客户为中心"，提高客户满意度，改善客户关系，从而提高企业的竞争力。从就其功能来看，CRM系统是通过应用现代信息技术，使企业市场营销、销售管理、客户服务和支持等从以客户为中心来重新设计业务流程信息化，实现客户资源有效利用的管理软件系统。

以客户为中心是一种勇于承担责任的公司胸襟，表现在为客户服务、为消费者服务是公司应该承担的责任，也是公司的义务。这样的公司拥有强烈的集体荣誉感：时刻记住，你不是一个人在独自战斗，而是有整个客服团队在后面支持你。你是团队的一分子，团队的成绩有你的付出。

四、善于总结

从现代服务外包企业的角度看，员工会遇到企业遭遇挫折或者上司更换的时候，我们应该以一种什么样的态度对待突如其来的变化，最重要的是能够居安思危，改变行为做事方式，认真对待这些事情，认真对待失败，分析失败的原因，就会重新站立起来。

单凭经验，无法让个人不断满足企业的发展需要，还必须拥有生生不息的动力，求变、求进步以及自我的更新。威尔·罗杰斯说过："如果你只是坐着不动，即使你是在顺向的车道上，也会被碾过。"很多员工在工作后总是墨守成规，原因是不能及时总结失败的教训。当其他员工在休息时，我们应该觉得不舒服，应该及时不断地满足客户需求，到客户处走动拜访，需求客户的积极支持，到竞争对手处搜集情报以及其他自我激励的方式不断寻求自我完善，这些都是善于总结，不断成长的重要措施。只有这样，员工才能在服务外包行业不断发展，否则你的客户会逐渐地远离你。同样地，现代服务外包企业的员工能否永续发展，除了根据该员工的成功记录外，更重要的是考核该员工克服挫折、失败、困境的能力。没有一个人是完美无缺、毫无瑕疵的，在成长的过程中，一定会遇到困难，评价我们的标准并非是完美而是我们的韧性，个人在成功之时，不应该是踌躇满志地回答：我们做得有多好？而是问自己：我们如何能使明天做得比今天更好？这种谦卑的态度以及不断寻求新的挑战，勇敢的承诺要达到目标，从成功及失败中学习，一定会让个人更好地发展。

"吃一堑，长一智"，吸取教训是非常重要的。但是，"吃一堑，长一智"不会自动地"长一智"，关键还要看你能否变"教训"为"经验"。只要你能从错误中吸取教训，便不会重蹈覆辙。只有不断总结、积累工作经验，你才能成为老板心中值得栽培的人才。

失败是一种反馈，在你还没有找到合适的成功方法之前，吸取教训是最重要的，不幸是一笔财富，对待失败也应采取这样的态度。松下幸之助曾说："偶尔犯了错误无可厚非，但从处理错误的方法，我们可以看清楚一个人。"

作为现代企业的员工和管理者，如果遇到决策错误，当事情发生后，我们要从内心表现出我们对过去的错误和失败有痛心疾首的感悟，我们要真心实意地从中吸取经验教训，错误的、失败的和成功的经验都是一笔很大的财富。失败后我们可能会伤心落泪，但我们绝不能一蹶不振，我们要从这个悲痛之中爬出来，常常记起这个教训，时时以此来提醒自己不重蹈覆辙。我们每天面对的都是新的一天，我们每天面对的都是新的事情，我们每天面对的都是新的挑战。我们的生命不止，我们的脚步就不能停下来。

五、学会沟通合作

从现代服务外包企业的角度看，同事之间真心地友爱同事，上下左右都能做到和谐相处，这样，企业就自然有了凝聚力。事实上，对我国外包企业来说，即使是底层的最基础的员工需求，像软件类，软件开发人员，涉及编写代码、技术文档，也需要与团队成员和项目经理共同完善设计方案，要有较强的专业技能和表达沟通能力，目前，我国外包企业对人才都有技术、经验以及团队协作能力的需求，而外包人才普遍缺乏团队合作和沟通能力。

在现代服务外包企业环境中，良好的人际关系决定着企业工作效率的提高，建立怎样的人际关系，如何建立，都影响和决定着企业工作效率的优劣。所有同事都应该和睦相处，每个人都应谦逊有礼，乐于协助同事共同完成工作目标或任务。

在服务外包日常工作中，建立和提高企业的团队意识和活力管理水平，必须是基于一种现实的人际关系，而非虚拟的人际模式，但是今天很多的企业在信息化时代，特别是电脑成为主要的工作媒介后，大家都忽略了现实的人际沟通，所以导致工作效率非常的低下，很多人沉迷于网络世界，现实和虚拟世界不分，以为科技可以解决一切人际问题，用虚拟世界的沟通方式对照现实处境，结果总是沟通不畅。在一个现代组织中，每一个员工都有着不同的兴趣、爱好与价值准则，这也正是组织内部富有活力、充满朝气所在。但是一个企业要发展必须依靠健康向上的组织文化，这将会引导员工树立正确的世界观、人生观、价值观，引导员工将自己的行为与组织的整体目标协调起来。同时，良好的组织文化，有利于营造和谐的人际关系，温馨的组织气氛，有利于增强员工之间信任与理解，使每个员工都有归属感。正是这种融洽的、正向激励的工作氛围，才能真正激发出员工的工作激情。

管理者也应该明白组织的核心应该是自由、平等与协作，那么他就应该更加主动地去和员工一同分享，可以采取换位思考等方式去积极与员工们接触，促进组织内部上下左右之间沟通和了解，积极营造出和睦的工作氛围，最终使管理行之有效。

良好的沟通和交流是团队有效合作的最重要的保证。人际间的互助与合作，需要给予他人充分的尊重。每一项工作，都不可能独立完成，每取得一项小小的成功，都凝聚着大家的心血。有着成员的优势互补，有着伙伴坚实的支持，个体的潜能必将发挥极致，尽善尽美地做好每个环节，并取得成功。

当今时代是一个知识经济的时代，企业之间的竞争不仅是人才的竞争，更是优秀团队间的竞争。单个的人才好比一粒晶莹圆润的珍珠，对于一个团队来讲，当然是上乘的珍珠越多越好。如果这些珍珠不能有效地被一条线串起来成为项链，最终还是一盘散沙，没有多大价值。只有团队成员们紧密团结、精诚合作，才能发挥出自己的优势，才能为企业构筑起一道不可攻破的防线。

服务外包日常工作过程中的面对面沟通，反映项目进展、遇到的问题、需要协调的事情等。在项目中，高声斥责其他成员不可能使你获得长久的成功。你需要心平气和地与他人进行简单明了的交谈。沟通应当遵循简单的原则，人与人之间的沟通应直截了当，心里想到什么就说什么，不要把简单的问题复杂化，这样会减少沟通中的误会。当面不说，背后乱讲，在这样对他人和自己都毫无益处，最后只能破坏团队的团结，正确的方式是提供有建设性的正面意见，在开始讨论问题时，不要拒人千里之外，大家把想法摆在桌面上，充分体现每个人的观点，这样才会有一个容纳大部分人意见的结论。因此，对一名团队成员来说，沟通是一种至关重要的能力。一群人在一起工作，其效果并不像 $1+1=2$ 那样简单，两个人协力合作的结果，可能 3 倍甚至 5 倍于一个人的力量（$1+1>2$）。相反，如果相互不合作，效果可能是 0。

六、学会时间管理，赢得尊重

一句流传久远的箴言说，"时间就是金钱"。建立在信息技术基础上、以分工更加精细为背景而产生的服务外包行业，其管理的出发点就是将不专业的技术外包给别的人来做，"珍惜时间、节约成本"已经成为讨论所有问题的前提。本条内容与服务外包职业素养在这一点上是一致的，本节主要探讨为什么要珍惜时间，以及如何珍惜时间，并给大家提供一些时间管理的方法。

从现代服务外包企业的角度看，服务外包产业的出现是为了使社会经济整体降低成本、提高效率，因此，节省时间就成为服务外包企业进行决策的一个重要原则。为了节约时间，很多企业甚至把员工的招聘和培训都外包出去。对于员工来说，如果不能尽快适应企业的要求，企业会在第一时间寻找下一个合适的人选。

服务外包行业是如何兴起的？就是因为在分工更加精细化的今天，企业认为只做自己最拿手的专业技术，将不专业的技术外包给更专业的公司来做，是最节省经济的时间管理模式。对于员工来说，在实际工作中，你所面对的任务可能头绪众多、堆积如山。很多人在这种情况下会产生巨大的压力，有的人会一头扎进文件堆里，忙得晕头转向，认为拼命工作是解决任务的最好办法，结果往往顾此失彼，自己忙得团团转，却没能及时处理最紧迫的问题，也给上级造成缺乏才干的印象。要提高工作效率，需要科学合理地安排时间，学会管理时间的方法。

（一）善于做好准备工作

一个做好了准备的人就是一个已经预约了成功的人。优秀的员工不仅要在工作之前做好准备，更要在工作中时刻提醒自己：我准备好了吗？还有什么需要我做的？我所准备的是最适合我的吗？平时准备得越充分，工作中出差错的可能性就越小。优秀的员工就是在平时的工作中尽可能地做好一切准备工作，等待着幸运女神的降临。

（二）节约时间——给每一项任务定一个完成期限

做事拖沓是服务外包企业最为忌讳的情况，因为这会使任务无法如期完成，进而失去客户的信任，还会给公司造成声誉的损失，使情况陷入被动。对于服务外包企业来说，员工一定要学会给每一项任务定一个期限，严格按照计划来完成。

七、学会诚信管理，真诚对待他人

从现代服务外包企业的角度看，诚信管理是现代服务外包企业人力资源管理的特殊方面，诚信（Integrity）则是人力资源的特殊方面。

诚信是指一个人的诚实性和信用程度，它既体现于一个人的"个性、价值取向"（王垒等）之中，这个就是中国传统文化中"诚实"的意思，又与企业的"顾客商誉价值"（任赛斯·雷克）紧密相关。传统上讲，诚信就是一个人的可靠程度和可信任程度，它是人品的核心部分。人们对诚信的理解，以前主要局限于一个人诚实的程度（honesty），后来则扩展到可靠性（dependability）、责任感（conscientiousness）、社会依从性（social conformity）和抗上性（trouble with authority）等方面。可靠性主要看个人的行为习惯，以及工作中表现出来的职业操守；责任感主要涉及个人能否代表公司形象而言，随时都能考虑公司的利益；社会依从性，主要是员工要服从企业管理，能从大局考虑问题；而抗上性主要涉及个人情绪，如果一个员工总是跟上司顶撞，这样的员工就属于抗上性明显，行为偏差严重。

（一）认识到诚信在现代服务外包行业的价值

如果一个公司这么重视诚信，那么员工一定更值得信赖。因此，公司对员工也能够完全信任，让他们发挥自己的才能。在微软公司，公司的各级管理者都会给员工较大的自由和空间发展他们的事业，并在工作和生活上充分信任、支持和帮助员工。只要是微软录用的人，微软就会百分之百地信任他。和一些软件企业对员工处处提防的做法不同，微软公司内的员工可以看到许多源代码，接触到很多技术或商业方面的机密。正因为得到公司如此的信任，微软的员工对公司才有更强的责任心和更高的工作热情。

（二）根除不真诚的习惯

在现代服务外包工作场所，每一项工作的本质就是要鼓励一定程度的"做戏"，例如，鼓励员工收藏起一部分个性，而放大"忠诚"和"主动性"这些得到提倡的特征。类似的掩饰如果适当，不仅是可以容忍的，而且是可贵的。然而，在大多数人际交往中，真诚仍然是无价的，聪明的领导会想尽办法鼓励这种态度。

诚信是不可能凭空生出来的。它是我们每个人内在的一种精神品质。那些认为这个世界需要更多诚信的人所能做的最有用的事，就是提高他自己的诚信。每个人要对自己的诚信负责，而优秀的人则还能够营造环境来滋养别人的诚信。只有当我们检查了自己的行为，并且衡量了这些行为是否与我们的价值观、目的和诺言一致后，我们才有可能为世界的诚信作出贡献。

空泛的、含糊的、不可靠的、不真诚的企业价值观陈述，很大程度上造成了公众对个人诚信认识的退化。

（三）信守承诺，说到做到

一名优秀的员工需要明白，如果想取得别人的信任，你就必须作出承诺。在做出每一个决定之前，必须经过详细的审查和考虑。承诺之后，便要负责到底，即使中途困难，也要坚守诺言，贯彻到底。每一个优秀员工都应该是信守承诺的人，因为一个真正重视自己的承诺的人，会自动自发、想方设法去解决问题。事实上，人总有估计错误、高估自己能力的时候，重视承诺的人会为了承诺而竭尽全力，真诚地去践行承诺，给大家一个有担待、可托付的好印象。

承诺的力量是强大的，遵守并实践你的诺言会让你获得别人的信赖，你信守诺言，会为你赢得良好的口碑，使你的工作顺利地进行。诚实守信不仅反映出一个人的品行，而且能让人建立起对家庭、对社会的强烈的责任感，信守承诺是一个优秀员工执行力强的表现。

八、要有一颗感恩的心

从现代服务外包企业的角度看，与其抱怨，不如负责地去做，所谓负责，更多的是一种工作态度，一种被社会现实打磨出来的直面现实的积极心态。在工作中，有很多员工很容易找到抱怨的主题，找到发泄的对象，控诉命运的不公平。经常抱怨的员工没有哪个能够取得事业的成功。当抱怨成为一种习惯时，它的力量是巨大的，几乎可以摧毁一个人的前程。所以，对于现代企业的员工来讲，重要的是学会感恩，时刻保持积极向上的工作态度，感恩不仅是一种平和的心态，更重要的是一种非凡的气度。

心怀感恩，不是因为这是别人告诉我们不得不做，也不是我们做了就能得到多少好处，而是我们本来就应该这么做。没有任何理由，没有任何条件，做人的良知驱使我们感恩图报，去完成这一切。带着对老板的感恩去完成任务，那么终有一天，成功会与你不期而遇。优秀，也会成为你的桂冠。

在服务外包工作中，作为员工要习惯于"顺从"他人的意见和想法，因为"顺从"是最接近于人的"生命状态"，他就是最好的自我批评。很多人在日常生活中对于他人的抱怨和指责总是微微一笑，因为世人大多拘泥于现实的、世俗的生活情境，总要为了自己的面子或者所谓的"好恶"对一些事情争论不休，而真正的智者处在很高的"生命状态"，因为他们能够对他人的争论抱着容忍和宽容的心态接纳，同时沉潜于内心的"善"的最高境界。当别人发表与他不同的观点时，他就安静地听。他的美好，他的宁静，他的深邃，普通人无法了解，他从不参与到任何世俗的事务中去，当你仔细观察他，你就会发现他是因为生命状态远远高于他人而在迁就和照顾他人，他像一位圣贤那样总是在关键时刻说一两句话，平时他从不占用他人的空间和时间，这就是人格发展最正常的人，现代人大多很难做到，这跟小时候人格正常发育时没有很好发展有关。

"顺从"是一个人最基本的"生命状态"，主要表现在日常生活中，但是在具体工作中，光有谦虚还不够，在适当的时候，创造力很重要，很多企业看重的是员工的创造力。

"观乎天文，以查时变；观乎人文，以化成天下"。对于现代企业来说，只有关乎人文的员工，才能给企业运行赋予更多的文化内涵，员工之间、员工与老板之间形成互相激励和感恩价值观，落实在管理制度中，使文化资源转变为更多的经济价值，实现文化与经济的有机融合，从而不断提升企业的"硬实力"和"软实力"，企业才具有包容力，才能积淀底蕴。很多员工，尤其是刚毕业的大学生，工作中不懂得感恩，到处抱怨，必然会影响到个人和企业的发展。

抱怨并不是一个好习惯，它会让你变得更加烦躁，也会让你变得更加困顿。特别是在工作还是谋生手段的今天，千万不要因为一张抱怨的嘴而自砸饭碗。

九、学会目标管理，做好职业生涯规划

从现代服务外包企业的角度看，在制订员工个人职业规划的时候，不妨宽松一些，在实际工作中，员工要高效执行，确保完美结果。现代企业的员工需要制定任务清单，让工作条理化，随时做好工作的提前准备，形成这样的工作习惯，才能提升工作的价值，越是优秀的员工，越会把准备工作做得扎实，不重视准备工作的人，成功概率很小。很多员工正是因为没有做好准备工作的习惯，才导致错失大好的机会，也就是说，只有准备充分，后面的工作才能真正达到水到渠成的效果。

现代服务外包时代是个信息时代，是个惜时如金的时代，每一分一秒都特别宝贵，正如彼得·德鲁克所言，时间是最稀缺的资源。对于学习来讲，要在有限的时间内取得最好的学习效果，需要制订学习计划，合理安排好时间。对于服务外包企业的员工来讲，更要记住时间就是生命，用最快的速度完成任务，争取最短的时间解决客户的难题，在既定的时间内完成任务是作为服务外包行业员工的基本素养之一。

（一）制定任务清单，让工作条理化

员工如何完成自己的工作，必须首先制定合理的计划表，做好目标管理，制定任务清单，让工作条理化，养成良好的在最短的时间内完成任务的习惯。优秀的员工应该养成这种习惯，认真地做一份任务清单，无论是大任务还是小任务，不但不会约束我们的行动，还可以提高我们的工作效率。

目标管理中，有一项原则叫做"SMART"，分别由"Specific、Measurable、Attainable、Realistic、Time-based"五个词组组成。这是制定工作目标时，必须谨记的五项要点。参见表14-3。

表14-3　SMART原则

S	即 specific，代表具体的，指绩效考核要切中特定的工作指标，不能笼统
M	即 measurable，代表可度量的，指绩效指标是数量化或者行为化的，验证这些绩效指标的数据或者信息是可以获得的
A	即 attainable，代表可实现的，指绩效指标在付出努力的情况下可以实现，避免设立过高或过低的目标
R	即 realistic，代表现实性，指绩效指标是实实在在的，可以证明和观察
T	即 time-based，代表有时限，注重完成绩效指标的特定期限

每个人都有当新手的时候，一开始工作，很多问题就扑面而来。很多人开始工作时，很难预测到将来真正要从事什么工作，将来所要从事的工作，是否跟在大学里学的专业有关。大多数人，很有可能将来所做的工作，跟他当初所学的专业一点关系都没有。

从 22 岁大学毕业在 26 岁这四年，重要的不是你做了什么，重要的是你在工作中养成了怎样的良好的工作习惯。这个良好的工作习惯，指的是认真，踏实的工作作风，制定任务清单，让工作变得条理化，以及是否学会了如何用最快的时间接受新的事物，发现新事物的内在规律，比别人在更短的时间内掌握这些规律并且处理好它们。具备了以上的要素，你就成长为一个被人信任的人。

人都有惰性，也都愿意用那些用起来顺手的人。当你具备了被人信任的基础，并且在日常的工作中逐渐表现出你的踏实、聪明和细致的时候，越来越多的工作机会就会提供到你面前。原因很简单，用一句话就能交代清楚并且能被你顺利完成的工作，谁愿意说三句话甚至半小时交代一个怎么都不明白的人呢？沟通也是一种成本，沟通的时间越少，内耗越少，这是作为管理者最清楚的一件事。

当你有比别人更多的工作机会去接触那些你没有接触过的工作的时候，你就有了比别人更多的学习机会，人人都喜欢聪明勤奋的学生，作为管理者，大概更是如此。

一个新手与大多数新手，在这四年里，是看不出太大的差距的。但是这四年的经历，为以后的职业生涯的发展奠定的基础是至关重要的。很多人不在乎年轻时走弯路，很多人觉得日常的工作人人都能做好没什么了不起。然而就是这些简单的工作，循序渐进的、隐约的成为今后发展的分水岭。

漫不经心地对待基层工作的最大的损失，就是将看似简单的事物性处理方式，分界成为长远发展的能力问题。列任务清单对员工做事不拖延有很大帮助，能够使员工工作条理化，使任务一目了然，更重要的是能够养成员工良好高效的工作习惯以及为以后职业生涯奠定良好的基础。

（二）做好自己的职业生涯规划

据调研，现代服务外包企业的员工在同一岗位上工作的年限一般为 6 年，很多员工会有懈怠感，所以员工职业生涯规划非常重要，无论是企业还是员工个人都应该做好员工职业发展创新性的规划，发挥员工的"发展创造性"这一点，在确定职业生涯目标时就应得到体现。职业生涯规划和管理工作并不是指制定一套规章程序，让员工循规蹈矩、按部就班地完成，而是要让员工发挥自己的能力和潜能，达到自我实现，创造组织效益的目的。还应当看到，一个人职业生涯的成功，不仅仅是职务上的提升，还包括工作内容的转换或增加、责任范围的扩大、创造性的增强等内在质量的变化。

很多软件外包企业在管理过程中也都面临着一些共同的问题，这些问题是由行业特点决定的。比如，员工在工作中的成就感的获取是一个比较困难的事情。因为软件外包是在做客户的一些项目，没有自己的自主知识产权的品牌，比如要是一个非软件外包企业，你加入一个项目参与一个产品的开发，工作接触之后你开发的产品可能会上市、销售给消费者使用，自己会收获很大的成就感。但是在外包企业里面这就是个问题，因为你的工作都是包含在客户的产品里面的，你工作的价值在被消费者使用的时候可能别人并不知道这个产品的研发过程中有你的企业参与，有你这样的个人参与，所以在获取成就感方面会比非外包企业要难一些。这对于一些对工作成就感要求比较高的人来讲，可能在外包企业里面工作就会觉得比较痛苦。

所以，现在软件行业人员流动率比较高是一个非常大的问题，它对行业发展具有致命性的伤害。搞软件是青春饭，到了 30 岁以后就干不动了。这是一个怪现象，不管是在欧美还是日本成熟的市场上都有年龄很大的人在写程序。为什么在中国会出现这样的情况呢？这和频繁跳槽有很大的关系。现在在软件企业里，工作三年的人就算是资深的老员工了。但是对于一个企业来讲，如果把一个管理的职位给一个人是要有一定的时间积累的。对于一年换一个工作的人，没有哪个企业敢于把自己的管理岗位给他。如果做不到管理岗位，你的工资、能够获取的报酬是有一定的上限的，通过跳槽可以接近这个限，当离限越来越近的时候，愿意雇你的企业会越来越少。因为这时候你没有办法做一些管理，他支付的成本太高，他宁愿招一些成本低的人做开发工作。

案例分析

案例一：

南京某大学大四学生，计算机专业毕业，去南京某软件公司应聘，老板让这个大学生作了自我介绍后，老板说：“我们从你的简历当中无法很好地了解你的水平，这里是一份面试题，请你做一下。”这位大学生回答道：“怎么，还需要做题啊？”老板说：“嗯，也许你认为自己计算机水平很好了，但是根据我们公司录取员工的惯例，我们不能凭你一句话就能判定你是否适合我们公司，所以还是要做一下测试的！”

分析思考：

1. 结合服务外包行业职业素养的相关知识，分析该大学生犯了哪些错误。
2. 如果是你，你该如何处理此类情况。

案例二：

一位同学的晚辈亲戚小 Y 在某财经大学毕业了，要求我帮他找份工作，碍于情面，我帮小 Y 在一家分析和投资公司找到了一份工作。参加工作不久，部门给小 Y 配置了一台笔记本电脑，这台电脑是部门其他人员使用过的，小 Y 接过电脑后发现，电脑里有一些以前的文件，心想既然这台电脑交给他使用，这些旧文件应该是没有用处了吧。于是他就把电脑上的文件全部删除了。过了一个月，小 Y 的主管找到他：“小 Y，你笔记本电脑上的文件还在吗？”小 Y 回答：“不是没有用了吗？我已经把它们都删除了。”主管当时脸就白了，这是他们办公室 10 多个人花了数月时间准备的一份投资项目评估报告，而且当时没有备份，当时老板在谈判中急需这份文件。结果，小 Y 被辞退了，距他刚参加工作还不到三个月。

分析思考：

1. 结合服务外包行业职业素养的相关知识，分析该大学生犯了哪些错误。
2. 如果是你，你该如何处理此类情况。

课后习题

1. 什么是职业道德，职业道德具体有哪些特点？
2. 简述职业道德的重要性。

3. 什么是职业道德修养，职业道德修养的实质是什么？
4. 如何培养自己的职业道德修养？
5. 简述服务外包行业职业道德基本规范。
6. 简述服务外包行业的职业素养。

参考文献

著作、教材

1. 王洛林：《全球化：服务外包与中国的政策选择》，经济管理出版社．

2. 汪应洛：《服务外包概论》，西安交通大学出版社．

3. 王庆海：《管理学概论》，清华大学出版社，2008.1.

4. 陈功：《分析的艺术》，中国经济出版社，2001.10.

5. 侯星芳：《大学生能力素质概论》，苏州大学出版社，2001.10.

6. 郑禹：《大学生能力体系研究》，中国科学技术大学出版社，2008.11.

7. 李谦：《现代沟通学》，经济科学出版社．

8. 李谦：《沟通能力训练教程》，经济科学出版社．

9. 康青：《管理沟通》，中国人民大学出版社．

10. 郑兰先、王双萍：《商务沟通实务》，北京大学出版社．

11. 余世维：《有效沟通》，北京大学出版社．

12. 张德俊：《职场关系与沟通技巧》，航空工业出版社．

13. 吴海侠、高琳：《商务沟通与谈判》，化学工业出版社．

14. 张根东：《管理学原理》，甘肃人民出版社，2008.

15. 斯蒂芬·P. 罗宾斯：《管理学》，中国人民大学出版社，2011.

16. 周三多等：《管理学：原理与方法》，复旦大学出版社，2003.

17. 梁栩凌等：《管理学实务与案例》，中国铁道出版社，2006.

18. 唐云锦：《管理学导论》，西南交通大学出版社，2002.

19. 吴亚平：《管理学原理教程》，华中科技大学出版社，2007.

20. 孙永正等：《管理学》（第二版），清华大学出版社，2007.

21. 杨亚婕：《管理学理论与实务》，云南大学出版社，2010.

22. 喻昌学：《职业素质与修养》，科学出版社，2010.

23. 王成军：《官产学三重螺旋研究》，社会科学文献出版社，2005.

24. 中国服务外包研究中心：《中国服务外包发展报告 2009》，上海交通大学出版社，2010.

25. 朱晓明、潘龙清、黄峰：《服务外包——把握现代服务业发展新机遇》，上海交通大学出版社，2009.

26. 卢锋：《服务外包的经济学分析：产品内分工视角》，北京大学出版社，2009.

27. 薛倩：《从理论和实践视角看我国软件外包的发展》，上海外国语大学出版社，2009.

28. 吕辉：《我国软件外包产业发展现状研究》，北京交通大学出版社，2009.

29. 王晓红：《我国设计服务外包与竞争力》，人民出版社，2011.

30. 陈维政、余凯成、黄培伦：《组织行为学高级教程》，高等教育出版社，2010.

31. 程东升、刘丽丽：《华为经营管理智慧》，当代中国出版社，2005.

32. 黄俊华：《教练的智慧》，中山大学出版社，2008.

33. 罗德礼、李婉：《组织行为学教程》，暨南大学出版社，2010.

34. 注明生：《冲突管理》，九州出版社，2007.

35. 王石：《道路与梦想——我与万科 20 年》，中信出版社，2006.

36. 郑雄伟：《2011 全球服务外包发展报告》，2011.5.

37. Aecenture：《服务外包市场研究报告——中国与全球》，2009.

38. 琳达·多明圭兹：《企业外包实务》，中国财政经济出版社.

39. 约拿森·里维德、约翰·辛克斯：《业务外包》，中国市场出版社.

40. 罗伯特·克莱珀、温德尔·琼斯：《信息技术、系统与服务的外包》，电子工业出版社，2008.

41. 斯蒂芬·P. 罗宾斯：《组织行为学》，中国人民大学出版社.

42. 桑德拉·黑贝尔、理查德·威沃尔二世：《有效沟通》，华夏出版社.

学术论文

1. 张培培：《我国承接国外 IT 服务外包的现状与对策研究》，《现代商贸工业》，2011.

2. 宋丽丽：《信息技术国际服务外包东道国选择影响因素实证研究》，《国际贸易问题》，2011.

3. 《IDC 预测全球软件外包市场规模将持续增长》，《中国计算机报》，2011.

4. 樊永岗：《印度 IT 外包服务业的发展及对中国的启示》，《经济纵横》，2010.

5. 张园林、匡兴华、刘鹏：《IT 外包研究现状述评》，《中国管理信息化》，2011.

6. 王永刚：《浅析中国 IT 外包所面临的问题》，《科技广场》，2010.

7. 刘庆林、刘小伟：《国外服务业外包理论研究综述》，《山东社会科学》，2010，(6).

8. 喻美辞：《国际服务外包、技术外溢与承接国技术进步》，《世界经济研究》，2010，(4).

9. 卢锋：《我国承接国际服务外包问题研究》，《经济研究》，2009，(9).

10. 荆林波：《全球服务外包发展与风险防范》，《中国科技投资》，2009，(1).

11. 吕智、王习农：《服务外包主要承接国比较与借鉴》，《我国外资》，2009，(8).

12. 韦有周：《印度服务外包发展情况及启示》，《时代经贸》，2009，(11).

13. 王晓红：《全球服务业离岸外包的发展趋势与我国的政策选择》，《宏观经济研究》，2008，(6).

14. 赵楠：《印度发展服务外包模式探析》，《当代亚太》，2007，(3).

15. 杨祖勇：《大学生职业素养培养的思考》，《池州学院学报》，2010，（8）．

16. 陈伟、李华：《服务外包人才培养模式研究》，《现代管理科学》，2009，（1）．

17. 张妙第、贡文清：《迈向"职业自觉"的战略抉择》，《职业技术教育》，2009，（31）．

18. 姜春荣：《国际服务外包浪潮与中国服务外包产业发展战略研究》，中国社会科学院博士学位论文，2006．

19. 陈剑锋、唐振鹏：《国外产业集群研究综述》，《外国经济与管理》，2002，（8）．

20. 陈菲：《服务外包动因机制分析及发展趋势预测》，《中国工业经济》，2005，（6）．

21. 刘德、陈国青：《企业信息技术外包及其策略》，《计算机系统应用》，1999，（12）．

22. 王庆喜：《金融服务外包风险及其对策》，《华东经济管理》，2005，（5）．

23. 于强：《订单式模式在服务外包人才培养实施中的问题与对策》，《中国经贸导刊》，2010，（11）．

24. 张国盛：《滨海新区服务外包人才开发对策研究》，《天津大学》，2009．

25. 苏茂芳：《试论职业道德教育的途径与方法》，《教育与职业》，2009，（6）．